国学经典

宋 涛／主编

中国历史上第一部纪传体通史

史记

辽海出版社

【 第四卷 】

前　言

　　"史记"本来是古代史书的通名，司马迁称自己的著作为《太史公书》，班固把它记录在《汉书·艺文志》里，便直写"《太史公》百三十篇"。就是后汉时应劭的《风俗通义》和荀悦的《汉纪》提到这书也只称它为"太史公记"，还没有把"史记"的名词专门隶属给司马迁。直到唐朝编撰《隋书》，才正式把"《史记》一百三十卷"列为"史部"中的头一部，下注"目录一卷，汉中书令司马迁撰"。于是"史记"之名便由通名演化为专名。

　　《史记》的记事，上起轩辕，下至汉武帝太初年间，是一部纪传体通史。它包括本纪、表、书、世家、列传五个部分，共一百三十篇，五十余万字，是一部博大精深、前无古人的历史著作，也是我国文学史上最伟大的文学著作之一。

　　《史记》在史学的成就，首先表现在司马迁创设了一种全新的具有影响力的记事体例。司马迁在写史时，首先掌握了他那时代里所认可的历史上的政治中心人物，所以他把黄帝以下一直到他当代的帝王，编成《五帝本纪》等十二篇。这些"本纪"在详载帝王事迹的同时，把同一时代社会上发生的重大变化也有计划地编排进去，贯穿起来，基本上成为有系统的编年大事记。其次把"并时异世，年差不明"的事迹，仿周代史官谱牒的体制，编成《三代世表》等十篇。于是历代相传的世系，列国间交涉纠纷的关系，主要职官的更迭等繁复混杂的事项都给这纵横交织的表格排列得头绪分明，眉目清疏了。再次，创立《礼书》《乐书》《律书》《历书》《天官书》《封禅书》《河渠书》《平准书》等八篇。这些"书"，不仅仅是"朝章国典"，还包括天文、地理、政治、经济、风俗、艺术等种种知识。还有，创编了"世家"三十篇。把春秋、战国和汉初主要王侯、外戚的传世本末写成了各个不同的国别史。最后是《伯夷列传》等人物传记七十篇，总称"列传"。列传基本上是描写各个人物生活的"专传"，但对于那些业绩相连、彼此相关的人物，写成了叙述多人的"合传"。还有些人，或者行事的作风相类似，或者品质的气味差不多，便"以类相从"地作成了若干篇"类传"。每篇末了，又大都附有"论赞"。

　　《史记》是一部反映我国古代三千年社会发展的通史，是我国先秦文化的集大成者，司马迁在研究总结先秦文化方面做出了巨大贡献。但是司马迁更伟大更重要的贡献在于他对秦汉之际和对西汉社会前期的研究。

综观《史记》各体，"纪"是年代的标准，"传"是人物的动态，"世家"是纪传合体的国别史，"表"和"书"是贯穿事迹演化的总线索。它们之间互相联系、互相补充，而以"本纪"和"列传"作为经纬线，由此贯穿分别组织安排，成为古代修史的范式，一直被以后历代史学家所推崇。在吸收继承以往解作的基础上，我们重新注解了《史记》，用以帮助读者认知《史记》。

关于原文：

原文参照前代版本，编注对原著的错漏、衍文等，用［　］、〈　〉等符号做了整理，对原文直接予以引用，不再注出。对文中的难以辨识字、残字，注文中参照有关史料补充注解。

关于注释：

①为便于读者阅读，编注者把原文各卷分成若干段落，在段落后作注释。

②对原文中古地名，注出今地名。

③对原文中官职、典籍、制度择要注释。

④对今人不易理解的词语作注释。

⑤对原文中的难字、生僻字注现代汉语拼音并解释。

中国是文化悠久的民族，垂统五千年，就因为有深厚的根本，固能承前启后，传之久远。《史记》的博大精深和它在史学与文学上的伟大成就使我国历史的本源再现。故此，鲁迅曾称赞《史记》为"史家之绝唱，无韵之《离骚》"。

目 录

目 录

孙子吴起列传第五

孙子武者①，齐人也②。以兵法见于吴王阖庐③。阖庐曰："子之十三篇④，吾尽观之矣，可以小试勒兵乎⑤？"对曰："可。"阖庐曰："可试以妇人乎？"曰："可。"于是许之。出宫中美女，得百八十人。孙子分为二队，以王之宠姬二人各为队长⑥，皆令持戟⑦。令之曰："汝知而心与左右手、背乎⑧？"妇人曰："知之。"孙子曰："前，则视心；左，视左手；右，视右手；后，即视背。"妇人曰："诺。⑨"约束既布⑩，乃设铁钺⑪，即三令五申之⑫。于是鼓之右⑬，妇人大笑。孙子曰："约束不明，申令不熟，将之罪也。"复三令五申而鼓之左，妇人复大笑。孙子曰："约束不明，申令不熟，将之罪也；既已明而不如法者⑭，吏士之罪也⑮。"乃欲斩左、右队长。吴王从台上观，见且斩爱姬⑯，大骇。趣使使下令曰⑰："寡人已知将军能用兵矣⑱。寡人非此二姬，食不甘味，愿勿斩也！"孙子曰："臣既已受命为将，将在军，君命有所不受⑲。"遂斩队长二人以徇⑳。用其次为队长㉑，于是复鼓之。妇人左右、前后、跪起皆中规矩绳墨㉒，无敢出声。于是孙子使使报王曰："兵既整齐，王可试下观之，唯王所欲用之㉓，虽赴水火犹可也。"吴王曰："将军罢休就舍㉔，寡人不愿下观。"孙子曰："王徒好其言㉕，不能用其实。"于是阖庐知孙子能用兵，卒以为将㉖。西破强楚㉗，入郢㉘；北威齐、晋㉙，显名诸侯；孙子与有力焉㉚。

【注释】

①孙子武：即孙武，字长卿，齐人。春秋时兵家。②齐：西周姜姓封国，都临淄（今山东省淄博市东北），为太公吕望之后。③吴：西周姬姓封国，始祖是周太王之子太伯、仲雍。有今江苏省、上海市大部和安徽省、浙江省一部分地方。阖（hé）庐（？—前496年）：一作阖闾。春秋末年吴国国君，名光。④十三篇：指《孙子兵法》，亦称《孙子》，是中国最早最杰出的兵书。⑤小试：小规模地试验，指操演阵势。⑥宠姬：宠爱的侍妾。⑦戟（jǐ）：古代兵器，将戈、矛合成一体，既能直刺，又能横击。⑧而：同"尔"，第二人称代词。⑨诺：应答的声音。⑩约束：管束。这里指纪律。布：宣布。⑪铁钺（fū yuè）：同"斧钺"。⑫三令五申：再三地告诫，说明。申，申述，说明。⑬鼓之右：击鼓传令，使她们向右。⑭不如法：不遵从号令。⑮吏士：军官和士兵。⑯且：将要。⑰趣（cù）：急忙，迅速。⑱寡人：古代国君对自己的谦称，意思是寡德的人。⑲将在军，君命有所不受：将领在外面统率部队，对于国君的命令不能随意听从，以免贻误军机。⑳徇（xùn）：巡行示众。㉑用其次：依次派第二个人。㉒中（zhòng）：符合。规矩绳墨：本指木工用来画圆、作方、取直的圆规、曲尺、墨线，这里

比喻命令和纪律。㉓唯：随便；尽管。㉔罢休就舍：回到宾馆里去休息。㉕徒：只。其：第一人称代词，"我的"。㉖卒：终于。㉗楚：西周芈（mǐ）姓封国。㉘郢（yǐng）：楚国的国都。即今湖北省江陵县东北。入郢：前506年，吴王阖庐拜伍子胥为将，一连打了五次胜仗，攻入楚国都城郢。㉙北威齐、晋：指前484年，吴救鲁伐齐，在艾陵大败齐军，活捉齐国大将国书，和前482年，吴王夫差与晋定公会盟黄池，争夺盟主这两件事。威：声威震动。晋：西周姬姓封国，武王子叔虞之后。㉚与（yù）有力焉：他参加进去出了力。阖庐时攻入楚国都城郢，夫差时战胜齐军以及在黄池与晋国争霸这几件事，在《左传》的记载中都没有提到孙武。与，参与。

　　孙武既死，后百余岁有孙膑①。膑生阿、鄄之间②，膑亦孙武之后世子孙也。孙膑尝与庞涓俱学兵法③。庞涓既事魏④，得为惠王将军，而自以为能不及孙膑⑤，乃阴使召孙膑⑥。膑至，庞涓恐其贤于己⑦，疾之⑧，则以法刑断其两足而黥之⑨，欲隐勿见⑩。齐使者如梁⑪，孙膑以刑徒阴见⑫，说齐使⑬。齐使以为奇，窃载与之齐⑭。齐将田忌善而客待之⑮。

【注释】

　　①孙膑（bìn）：本名不传。因为他受过膑刑（剔去膝盖骨），所以就用"膑"来称呼他。但从下文"断其两足"来看，这里实际指刖刑，即砍去两脚。②阿（wō）：齐邑，即今山东省阳谷县东北的阿城镇。鄄（juàn）：卫邑，后属齐，在今山东省鄄城县北。③庞涓：魏国人，相传曾和孙膑一道在鬼谷子处求学。④魏：战国七雄之一。⑤能：才干。⑥阴：暗中。⑦贤于己：才干超过自己。于，比。⑧疾：同"嫉"。妒忌。⑨以法：按法律。这里指假借罪名。刑：施行刑罚。动词。黥（qíng）：即墨刑。在犯人面上刺字，再涂上墨。⑩欲隐勿见（xiàn）：意思是让孙膑不能行动，不能见人，隐藏起来不露面。⑪如：往；到。⑫以刑徒阴见：以罪犯的身份暗地里会见齐使。⑬说（shuì）：用话劝说。⑭窃：秘密地。⑮田忌：田齐的宗族。姜齐传至康公，被大臣田和夺取了政权，仍号齐国（后人也称田齐，以区别于姜齐）。客待之：把他作为宾客来对待。客，名词作状语。

　　忌数与齐诸公子驰逐重射①。孙子见其马足不甚相远②，马有上、中、下辈③。于是孙子谓田忌曰："君弟重射④，臣能令君胜。"田忌信然之，与王及诸公子逐射千金。及临质⑤，孙子曰："今以君之下驷与彼上驷⑥，取君上驷与彼中驷，取君中驷与彼下驷。"既驰三辈毕，而田忌一不胜而再胜⑦，卒得王千金。于是忌进孙子于威王⑧。威王问兵法，遂以为师⑨。

【注释】

　　①驰逐：赛马。重射（shè）：数目很大的赌注。②马足：马的脚力。③上、中、下辈：上、中、下三等。即下文的上驷、中驷、下驷。辈，等级。④弟：通"第"。但；尽管。⑤临质：面临现场比赛。⑥与：对待；对付。⑦再胜：两次获胜。⑧进：推荐。⑨以为师：即以之为师。把他尊为老师。

　　其后魏伐赵①，赵急，请救于齐。齐威王欲将孙膑②，膑辞谢曰："刑余之人不可③。"于是乃以田忌为将，而孙子为师④，居辎车中，坐为计谋⑤。田忌欲引兵之赵，孙子曰："夫解杂乱纷纠者不控卷⑥，救斗者不搏撠⑦。批亢捣虚⑧，形格势禁⑨，则自为解耳。今梁、赵相攻，轻兵锐卒必竭于外⑩，老弱罢于内⑪；君不若引兵疾走大梁⑫，据其街路，冲其方虚⑬，彼必释赵而自救。是我一举解赵之围而收弊于魏也⑭。"田忌从之。魏果去邯郸⑮，与齐战于桂陵⑯，大破梁军。

【注释】

①赵：战国七雄之一。赵凤之后，世代为晋卿。②欲将孙膑：想任孙膑为将。③刑余之人：指受过残酷肉刑仅仅留下性命的。④师：与上文"师"意义不同，这里指军师。⑤坐为计谋：坐于军营出谋献计，不直接参与战斗。⑥杂乱纷纠：形容事情像纠集在一起的乱丝一样，难于解开。控卷（quán）：握紧拳头用劲。卷，通"拳"。⑦搏：搏斗。撽（jǐ）：击刺。⑧批亢捣虚：避实击虚。⑨格：受阻碍。⑩竭：精疲力竭。⑪罢（pí）：通"疲"。⑫疾：迅速。⑬方虚：正当空虚的地方。⑭收弊于魏：坐收魏国自行挫败的效果。⑮去：离开。邯郸（hán dān）：赵国国都，在今河北省邯郸市。⑯桂陵：魏地名。在今山东省菏泽市东北，一说在今河南省长垣县西北。

后十三岁，魏与赵攻韩①，韩告急于齐。齐使田忌将而往，直走大梁。魏将庞涓闻之，去韩而归，齐军既已过而西矣②。孙子谓田忌曰："彼三晋之兵③，素悍勇而轻齐，齐号为怯，善战者因其势而利导之④。兵法：百里而趣利者蹶上将，五十里而趣利者军半至⑤。使齐军入魏地为十万灶⑥，明日为五万灶，又明日为三万灶。"庞涓行三日，大喜，曰："我固知齐军怯，入吾地三日，士卒亡者过半矣⑦。"乃弃其步军，与其轻锐倍日并行逐之⑧。孙子度其行⑨，暮当至马陵⑩。马陵道狭，而旁多阻隘⑪，可伏兵。乃斫大树白而书之曰⑫："庞涓死于此树之下。"于是令齐军善射者万弩⑬夹道而伏，期曰⑭："暮见火举而俱发。"庞涓果夜至斫木下，见白书，乃钻火烛之⑮。读其书未毕⑯，齐军万弩俱发，魏军大乱相失⑰。庞涓自知智穷兵败，乃自刭⑱，曰："遂成竖子之名⑲！"齐因乘胜尽破其军，虏魏太子申以归⑳。孙膑以此名显天下，世传其兵法㉑。

【注释】

①韩：战国七雄之一。包括现在山西省东南角和河南省中部。②齐军既已过而西：指齐军已经越过魏国国界，西行进入魏国了。因为魏国在齐国的西面。③三晋：春秋末年，晋国为韩、赵、魏三家瓜分，成为战国时的韩、赵、魏三国，历史上称为三晋。④因其势而利导之：因为魏兵认为齐兵胆怯，齐就伪装胆怯逃亡，引诱魏兵深入。⑤"百里而趣利"两句：出自《孙子·军争篇》，而词句有变化。⑥为十万灶：筑可以供十万人煮饭用的灶。⑦亡者过半：逃亡的士兵超过半数。⑧轻锐：轻装的精锐部队。⑨度（duó）其行：估计庞涓追兵的行程。⑩马陵：魏国地名。在今河北省大名县东南。⑪阻隘：险要地带。⑫斫（zhuó）：砍削。白：削去树干的外皮，使其露出白木。使动用法。⑬善射者万弩：能射强弓的射手一万人。⑭期：约定。⑮钻火烛之：取火照树上的字。⑯书：写的字。⑰相失：由于大乱溃散，互相去联系。⑱自刭（jǐng）：割颈自杀。⑲竖子：骂人的话。⑳太子申：魏惠王的太子。㉑世传其兵法：指孙膑的兵法。

吴起者，卫人也①，好用兵。尝学于曾子②，事鲁君③。齐人攻鲁，鲁欲将吴起，吴起取齐女为妻④，而鲁疑之。吴起于是欲就名⑤，遂杀其妻，以明不与齐也⑥。鲁卒以为将。将而攻齐，大破之。鲁人或恶吴起曰⑦："起之为人，猜忍人也⑧。其少时，家累千金，游仕不遂⑨，遂破其家。乡党笑之⑩，吴起杀其谤己者三十余人⑪，而东出卫郭门⑫。与其母诀⑬，啮臂而盟曰⑭：'起不为卿相⑮，不复入卫。'遂事曾子。居顷之，其母死，起终不归。曾子薄之⑯，而与起绝⑰。起乃之鲁，学兵法以事鲁君。鲁君疑之，起杀妻以求将。夫鲁小国，而有战胜之名，则诸侯图鲁矣⑱。且鲁、卫，兄弟之国也⑲，而君用起，则是弃卫。"鲁君疑之，谢吴起⑳。

【注释】

①卫：西周姬姓封国，为武王弟康叔之后。有今河南省北部、山东省西部、河北省南部的各一部分和山西省东南一小部分地方。②曾子：名参（shēn），鲁国人，孔子学生。③鲁：西周姬姓封国，开国君主是周公旦之子伯禽。有今山东省南部和江苏省北部一小部分地方。④取：通"娶"。⑤就名：成名立业。⑥不与齐：不亲附齐国。与，亲附。⑦恶（wù）：说别人的坏话。⑧猜忍：疑忌残忍。⑨游仕不遂：出外游历谋求官职，没有如愿。⑩乡党：周制以五百家为党，一万二千五百家为乡，后以"乡党"泛指同乡邻里。⑪谤己者：讥笑自己（指吴起）的人。⑫郭门：外城的城门。⑬诀：话别。⑭啮（niè）臂而盟：在胳膊上咬了一口，血淋淋地发誓。啮，咬。⑮卿相：泛指高级官职和爵位。⑯薄之：瞧不起他。⑰绝：断绝关系。⑱图鲁：打鲁国的主意。⑲鲁、卫，兄弟之国：鲁是周公儿子伯禽的后代，卫是周公弟康叔的后代，所以说鲁、卫是兄弟国家。⑳谢：辞谢；疏远不信任。

吴起于是闻魏文侯贤①，欲事之。文侯问李克曰②："吴起何如人哉？"李克曰："起贪而好色③，然用兵司马穰苴不能过也④。"于是魏文侯以为将，击秦⑤，拔五城⑥。

【注释】

①魏文侯：战国时魏国的建立者，名魏斯。②李克：子夏的学生，魏国的贤臣。一说李克即李悝（kuī）。③贪：此指贪慕荣名。④司马穰苴（ráng jū）：春秋时齐国大夫，深通兵法。⑤秦：西周嬴姓封国，原来据有今陕西省中部和甘肃省东南部一带地方。⑥拔：攻克。

起之为将，与士卒最下者同衣食。卧不设席①，行不骑乘②，亲裹赢粮③，与士卒分劳苦。卒有病疽者④，起为吮之⑤。卒母闻而哭之。人曰："子，卒也，而将军自吮其疽，何哭为？"母曰："非然也⑥。往年吴公吮其父，其父战不旋踵⑦，遂死于敌。吴公今又吮其子，妾不知其死所矣⑧。是以哭之。"

【注释】

①席：卧席。这里指柔软的垫褥。②骑乘：骑马或坐车。③亲裹赢粮：亲自包扎并担负军粮。④病疽（jū）：生毒疮。⑤吮（shǔn）：用嘴含吸。⑥非然也：不是这样呵。⑦不旋踵（zhǒng）：脚跟不向后转。⑧妾：古代妇女自称的谦辞。死所：指死的地方或死的时间。

文侯以吴起善用兵，廉平①，尽能得士心，乃以为西河守②，以拒秦、韩。

【注释】

①廉平：廉洁公正。②西河：魏国郡名，一称"河西"。辖境在今陕西省东部黄河西岸地区。守：郡守。初为武职，防守边郡，后逐渐成为地方长官。

魏文侯既卒，起事其子武侯①。武侯浮西河而下②，中流③，顾而谓吴起曰："美哉乎，山河之固！此魏国之宝也！"起对曰："在德不在险④。昔三苗氏左洞庭⑤，右彭蠡⑥，德义不修⑦，禹灭之⑧。夏桀之居⑨，左河、济⑩，右泰、华⑪，伊阙在其南⑫，羊肠在其北⑬，修政不仁，汤放之⑭。殷纣之国⑮，左孟门⑯，右太行⑰，常山在其北⑱，大河经其南⑲，修政不德，武王杀之⑳。由此观之，在德不在险。若君不修德，舟中之人尽为敌国也㉑。"武侯曰："善。"

【注释】

①武侯：魏击。②浮西河而下：坐船顺黄河南下。③中流：河的中间；半途。④在德不在险：要使国家巩固和强盛，在于给人民以恩德，而不在于形势的险要。⑤三苗氏：即有苗氏，虞舜时代中国南方的部落名称。洞庭：即今湖南省北部的洞庭湖。⑥彭蠡（lǐ）：即今江西省北部的鄱阳湖。⑦德义不修：没有德行，不讲信义。⑧禹：也叫大禹、夏禹，姒姓，传说中古代部落联盟领袖。⑨夏桀：夏朝最后一个君主，名履癸。是中国历史上有名的暴君。⑩河、济：黄河和济水。⑪泰、华（huà）：泰山和华山。⑫伊阙：山名，伊水经流其间，形成缺口，故名伊阙。⑬羊肠：即羊肠坂，太行山上的坂道，在今山西晋城市东南一带。萦曲如羊肠，故名。这里借羊肠坂概指太行山。⑭汤：即商汤。⑮殷纣（zhòu）：商代最后的一个君主，以残暴著称。⑯孟门：山名。在今山西省吉县西。⑰太行：山名。在今河南省沁阳市北。⑱常山：即恒山。古代五岳之北岳。在今河北阳曲县西北。⑲大河：即黄河。⑳武王：姓姬名发，周文王的儿子，消灭殷纣，建立西周王朝。㉑敌国：仇敌。

即封吴起为西河守，甚有声名。魏置相，相田文①。吴起不悦，谓田文曰："请与子论功，可乎？"田文曰："可。"起曰："将三军，使士卒乐死，敌国不敢谋，子孰与起②？"文曰："不如子。"起曰："治百官，亲万民，实府库③，子孰与起？"文曰："不如子。"起曰："守西河而秦兵不敢东乡④，韩、赵宾从⑤，子孰与起？"文曰："不如子。"起曰："此三者，皆出吾下，而位加吾上⑥，何也？"文曰："主少国疑⑦，大臣未附，百姓不信，方是之时，属之于子乎？属之于我乎？"起默然良久，曰："属之子矣。"文曰："此乃吾所以居子之上也。"吴起乃自知弗如田文。

【注释】

①相田文：让田文做魏相。相，使动用法。田文，当时魏国的大臣。②子孰与起：您跟我比谁强？孰，谁。③实府库：使仓库充实。府，收藏财物或文书的地方；库，储存物品的建筑物。④乡（xiàng）：通"向"。⑤宾从：归附。⑥加：凌驾于，高出于。⑦主少国疑：继位的国君年纪很轻，国内又不安定。

田文既死，公叔为相①，尚魏公主而害吴起②。公叔之仆曰："起易去也。"公叔曰："奈何？"其仆曰："吴起为人节廉而自喜名也③。君因先与武侯言曰④：'夫吴起，贤人也，而侯之国小，又与强秦壤界⑤，臣窃恐起之无留心也⑥。'武侯即曰：'奈何？'君因谓武侯曰：'试延以公主⑦，起有留心则必受之，无留心则必辞矣。以此卜之⑧。'君因召吴起而与归，即令公主怒而轻君⑨。吴起见公主之贱君也，则必辞。"于是吴起见公主之贱魏相，果辞魏武侯。武侯疑之而弗信也⑩。吴起惧得罪，遂去，即之楚⑪。

【注释】

①公叔：即公叔座，亦作公叔痤，魏国大臣，曾连任魏武侯、魏惠王相国。②尚：娶。古时臣子娶国君的女儿叫尚。公主：国君的女儿。害：畏忌。③节廉

而自喜名也：高傲而且喜欢好名声。④因：乘机会。⑤壤界：接壤连界。⑥无留心：没有长久留在魏国的心愿。⑦试延：试探。延，逗引。⑧卜：占卜。这里是推断的意思。⑨轻：鄙薄。⑩弗信：不信任。⑪之：往；到。

楚悼王素闻起贤①，至则柜楚。明法审令②，捐不急之官③，废公族疏远者④，以抚养战斗之士。要在强兵⑤，破驰说之言从横者⑥。于是南平百越⑦；北并陈、蔡⑧，却三晋⑨；西伐秦。诸侯患楚之强。

【注释】

①楚悼王：名熊疑，公元前401至前381年在位。素：平日。②明法：明确制订法规。审令：具体审定法令命令。③捐：弃置；裁减。④废公族疏远者：废除疏远王族的供养例分。⑤要：主要。⑥破：揭穿；斥责。⑦百越：古代越族散居在南方各地，部落众多，所以称作百越，又称百粤。⑧陈：西周妫姓封国，舜裔胡满之后。蔡：西周姬姓封国，武王弟叔度之后。⑨却：拒绝；排除。三晋：指韩、赵、魏三国，这里仅指韩、魏。

故楚之贵戚尽欲害吴起①。及悼王死，宗室大臣作乱而攻吴起②，吴起走之王尸而伏之③。击起之徒因射刺吴起，并中悼王④。悼王既葬，太子立⑤，乃使令尹尽诛射吴起而并中王尸者⑥。坐射起而夷宗死者七十余家⑦。

【注释】

①故楚之贵戚：指以前被吴起废除供养的疏远王族。②宗室：同一祖宗的贵族，指皇帝或国君的宗族。③走之王尸而伏之：逃跑过去伏在楚悼王的尸体上。④中（zhòng）：射着。⑤太子：即楚肃王，名熊臧。⑥令尹：楚国的最高官职，相当于相国。⑦坐：因；由于。夷宗：灭族。

太史公曰：世俗所称师旅①，皆道《孙子》十三篇，《吴起兵法》，世多有，故弗论，论其行事所施设者②。语曰③："能行之者未必能言，能言之者未必能行。"孙子筹策庞涓④，明矣⑤；然不能蚤救患于被刑⑥。吴起说武侯以形势不如德，然行之于楚，以刻暴少恩亡其躯⑦。悲夫！

【注释】

①称：称道。师旅：师、旅皆为军队编制单位。②论其行事所施设者：评论他们生平行事所涉及的事实。③语：指当时流行的成语。④筹策：算计，揣度，估量。⑤明：神灵，神明。⑥蚤：通"早"。⑦刻暴少恩：指得罪楚国疏远的王族。刻，刻薄。亡：丧失。

伍子胥列传第六

伍子胥者，楚人也，名员①。员父曰伍奢，员兄曰伍尚。其先曰伍举，以直谏事楚庄王②，有显③，故其后世有名于楚。

【注释】

①员：读 yún。②按《左传》记载，以直谏奉事楚庄王的是伍举。伍举是伍员的祖父，伍参是伍员的曾祖。楚庄王：春秋时楚国国君。姓熊名侣，公元前613 年至前 591 年在位。③显：声望。

楚平王有太子名曰建①，使伍奢为太傅②，费无忌为少傅③。无忌不忠于太子建。平王使无忌为太子取妇于秦④，秦女好⑤，无忌驰归，报平王曰：“秦女绝美，王可自取，而更为太子取妇⑥。”平王遂自取秦女而绝爱幸之，生子轸。更为太子取妇。

【注释】

①楚平王：名弃疾，庄王以后第五个楚王，前 528 年至前 516 年在位。②太傅：也叫太子太傅，辅导太子的官。③费无忌：《左传》作“费无极”。④取：同“娶”。⑤好：漂亮。⑥更：另外。

无忌既以秦女自媚于平王①，因去太子而事平王。恐一旦平王卒而太子立，杀己，乃因谗太子建。建母，蔡女也②，无宠于平王。平王稍益疏建③，使建守城父④，备边兵。

【注释】

①以：因为。②蔡女：据《左传》记载：楚平王驻防蔡国时，郹（jú）阳地方长官的女儿和他私通，生了太子建。③稍：渐渐。④城父：春秋时陈邑，后被楚国侵占，作为外围边防的城镇。

顷之，无忌又日夜言太子短于王曰①：“太子以秦女之故，不能无怨望②，愿王少自备也。自太子居城父，将兵，外交诸侯，且欲入为乱矣③！”平王乃召其太傅伍奢考问之④。伍奢知无忌谗太子于平王，因曰：“王独奈何以谗贼小臣疏骨肉之亲乎⑤？”无忌曰：“王今不制⑥，其事成矣。王且见禽⑦。”于是平王怒，囚伍奢，而使城父司马奋扬往杀太子⑧。行未至，奋扬使人先告太子：“太子急去！不然将诛！”太子建亡奔宋。

【注释】

①短：短处；坏处。②望：怨恨；埋怨。③且：将要。④考问：审问。⑤独：

乃；却；难道，岂。⑥制：制止；制裁。⑦见禽：被捕。⑧司马：军事长官，主管军法。

无忌言于平王曰："伍奢有二子，皆贤，不诛，且为楚忧①。可以其父质而召之②。不然，且为楚患！"王使使谓伍奢曰："能致汝二子③，则生；不能，则死。"伍奢曰："尚为人仁，呼必来。员为人刚戾忍诟④，能成大事，彼见来之并禽，其势必不来。"王不听，使人召二子曰："来，吾生汝父⑤；不来，今杀奢也。"伍尚欲往，员曰："楚之召我兄弟，非欲以生我父也，恐有脱者⑥，后生患，故以父为质，诈召二子。二子去，则父子俱死。何益父之死？往而令仇不得报耳！不如奔他国，借力以雪父之耻；俱灭，无为也⑦。"伍尚曰："我知往终不能全父命。然恨父召我以求生而不往⑧，后不能雪耻，终为天下笑耳。"谓员："可去矣！汝能报杀父之仇，我将归死⑨。"尚既就执⑩，使者捕伍胥⑪。伍胥贯弓执矢向使者⑫，使者不敢进，伍胥遂亡。闻太子建之在宋，往从之。奢闻子胥之亡也，曰："楚国君臣且苦兵矣！"伍尚至楚，楚并杀奢与尚也。

【注释】

①忧：祸害，祸患。②质：抵押。③致：招来。④刚戾（lì）：刚强猛烈，难以制伏。忍诟（gòu）：忍受耻辱。⑤生：使……生。⑥脱：脱逃。⑦无为：没有用处，没有意义。⑧恨：以这为恨事。⑨归死：自首就死。⑩就执：接受逮捕。⑪伍胥：伍子胥的省称。⑫贯（wān）弓：同"弯弓"。

伍胥既至宋，宋有华氏之乱①，乃与太子建俱奔于郑。郑人甚善之。太子建又适晋②。晋顷公曰③："太子既善郑，郑信太子。太子能为我内应，而我攻其外，灭郑必矣。灭郑而封太子。"太子乃还郑。事未会④，会自私欲杀其从者⑤，从者知其谋，乃告之于郑。郑定公与子产诛杀太子建⑥。建有子名胜。伍胥惧，乃与胜俱奔吴。到昭关⑦，昭关欲执之。伍胥遂与胜独身步走，几不得脱。追者在后。至江，江上有一渔父乘船⑧，知伍胥之急，乃渡伍胥。伍胥既渡，解其剑曰："此剑直百金⑨，以与父。"父曰："楚国之法⑩，得伍胥者赐粟五万石⑪，爵执珪⑫，岂徒百金剑邪⑬！"不受。伍胥未至吴而疾，止中道，乞食。至于吴，吴王僚方用事⑭，公子光为将⑮。伍胥乃因公子光以求见吴王⑯。

【注释】

①华氏之乱：指宋国大夫华亥、向宁、华定发动的政变。②适：到。③晋顷公：晋国国君，姓姬名去疾，前525—前512年在位。④事未会：事情还没有准备妥当。会，完备。⑤会：恰巧。自私：个人私事。⑥郑定公：郑国国君，姓姬名宁，前529—前514年在位。⑦昭关：楚国的关隘名。故址在今安徽省含山县西北小岘山上，是当时吴、楚交通要道。下句的"昭关"指把守昭关的官兵。⑧渔父（fǔ）：渔翁。父，对老年人的尊称。⑨直：同"值"。⑩法：法令。这里指悬赏捉拿的赏格。⑪石：容量单位，古制十斗为一石。⑫爵执珪（guī）：封给执珪的官爵。爵，指给予官阶、爵位，动词。珪，是上尖下方的玉，周天子把它赐给各国诸侯，代表王命的权力象征。⑬邪：通"耶"。⑭吴王僚：姓姬。前526—前515年在位。用事：掌握政权。⑮公子光：吴王僚的堂兄弟。⑯因：通过；经由。

久之，楚平王以其边邑钟离与吴边邑卑梁氏俱蚕①，两女子争桑相攻，乃大怒，至于两国举兵相伐。吴使公子光伐楚，拔其钟离、居巢而归②。伍子胥说吴王僚曰：“楚可破也。愿复遣公子光。”公子光谓吴王曰：“彼伍胥父兄为戮于楚③，而劝王伐楚者，欲以自报其仇耳。伐楚未可破也。”伍胥知公子光有内志④，欲杀王而自立，未可说以外事，乃进专诸于公子光⑤，退而与太子建之子胜耕于野。

【注释】

①钟离：县名。在今安徽省凤阳县东。卑梁氏：古吴边邑名，在今安徽天长市西北。蚕：养蚕。动词。②拔：攻占。居巢：古邑名。③为戮：被杀。④有内志：有对内的企图。⑤进：推荐。

五年而楚平王卒①。初，平王所夺太子建秦女生子轸，及平王卒，轸竟立为后②，是为昭王③。吴王僚因楚丧，使二公子将兵往袭楚④。楚发兵绝吴兵之后，不得归。吴国内空⑤，而公子光乃令专诸袭刺吴王僚而自立⑥，是为吴王阖庐⑦。阖庐既立，得志，乃召伍员以为行人⑧，而与谋国事。

【注释】

①五年：指五年以后，这时是吴王僚在位的十二年。②立为后：继位为王。后，继承者。③昭王：前515—前489年在位。④二公子：指吴王僚的同母弟盖余、烛庸。⑤内空：军队在外，内部空虚。⑥“公子光乃令专诸”句：吴王僚十二年（前515年），公子光设宴请吴王僚，专诸藏匕首于鱼腹中进献，刺杀吴王僚，自己也当场被杀。⑦阖（hé）庐：前514—前496年在位。⑧行人：官名。掌管朝觐、聘问、出使等事务，春秋、战国时各国都有设置。

楚诛其大臣郤宛、伯州犁①。伯州犁之孙伯嚭亡奔吴②，吴亦以嚭为大夫③。前王僚所遣二公子将兵伐楚者，道绝不得归。后闻阖庐弑王僚自立④，遂以其兵降楚；楚封之于舒⑤。阖庐立三年，乃兴师与伍胥、伯嚭伐楚，拔舒，遂禽故吴反二将军。因欲至郢⑥。将军孙武曰：“民劳，未可，且待之。”乃归。

【注释】

①郤（xì）：姓。②嚭：读 pǐ。③大夫：古代国君之下设卿、大夫、士三级，大夫是高级官吏。④弑（shì）：古代称臣杀君、子杀父母为“弑”，含有叛逆行为的意义。⑤舒：地名。在今安徽省庐江县西南。⑥郢（yǐng）：楚国国都，在今湖北省江陵县东北。

四年，吴伐楚，取六与灊①。五年，伐越，败之。六年，楚昭王使公子囊瓦将兵伐吴②。吴使伍员迎击，大破楚军于豫章③，取楚之居巢④。

【注释】

①六：地名。今安徽省六安市。灊（qián）：地名。今安徽省霍山县东北。②公子囊瓦：楚公子贞，字子囊；他的孙名瓦，字子常。古人常以祖父的字为氏，所以瓦叫囊瓦。“公子”当为“公孙”。③豫章：古地区名。在长江以北淮水以南。汉高祖六年，始移名豫章于江南。④取楚之居巢：吴楚相争，此来彼往，居巢前被吴占，后又被楚占，这时再被吴占。

九年，吴王阖庐谓子胥、孙武曰：“始①，子言郢未可入，今果何如？”二子对曰：“楚将囊瓦贪，而唐、蔡皆怨之②。王必欲大伐之，必先得唐、蔡乃可③。”阖庐听之，悉兴师与唐、蔡伐楚，与楚夹汉水而陈④。吴王之弟夫概将兵请从，王不听，遂以其属五千人击楚将子常⑤。子常败走，奔郑。于是吴乘胜而前，五战，遂至郢。己卯⑥，楚昭王出奔；庚辰，吴王入郢。昭王出亡，入云梦⑦，盗击王，王走郧⑧。郧公弟怀曰⑨："平王杀我父，我杀其子，不亦可乎？"郧公恐其弟杀王，与王奔随⑩。吴兵围随，谓随人曰："周之子孙在汉川者，楚尽灭之⑪。"随人欲杀王，王子綦匿王⑫，己自为王以当之。随人卜⑬，与王于吴，不吉；乃谢吴，不与王。

【注释】

①始：当初；以前。②"楚将囊瓦贪"二句：唐、蔡是和楚国接界的两个小国。③得：取得一致，结成同盟。④陈：同"阵"。⑤子常：即囊瓦。⑥己卯：古代历法，用天干地支记年月日，这是十一月的己卯日。⑦云梦：楚王的游猎区，多系沼泽地。大致包括江汉平原及东、西、北三面一部分丘陵山峦。⑧郧（yún）：原为小国，后被楚所灭。⑨郧公：楚王所封的公爵，名斗辛。⑩随：古国名。西周初分封的诸侯国，姬姓。在今湖北省随县。春秋后期为楚的附庸。⑪"周之子孙"两句：指周朝所封在汉水附近的一些和周天子同姓（姬姓）的国家，都被楚国灭掉。⑫王子綦（qí）：楚昭王的哥哥公子结。⑬卜：占卜。古人预测吉凶的一种迷信行为。

始，伍员与申包胥为交①。员之亡也，谓包胥曰："我必覆楚②。"包胥曰："我必存之。"及吴兵入郢，伍子胥求昭王③。既不得，乃掘楚平王墓，出其尸，鞭之三百④，然后已。申包胥亡于山中，使人谓子胥曰："子之报仇，其以甚乎⑤！吾闻之：'人众者胜天，天定亦能破人。'今子故平王之臣⑥，亲北面而事之⑦，今至于僇死人⑧，此岂其无天道之极乎？"伍子胥曰："为我谢申包胥曰：'吾日莫途远⑨，吾故倒行而逆施之。'"于是申包胥走秦告急，求救于秦。秦不许。包胥立于秦廷，昼夜哭，七日七夜不绝其声。秦哀公怜之⑩，曰："楚虽无道，有臣若是，可无存乎？"乃遣车五百乘救楚击吴⑪。六月⑫，败吴兵于稷⑬。会吴王久留楚求昭王，而阖庐弟夫概乃亡归，自立为王。阖庐闻之，乃释楚而归，击其弟夫概。夫概败走，遂奔楚。楚昭王见吴有内乱，乃复入郢。封夫概于堂谿⑭，为堂谿氏。楚复与吴战，败吴，吴王乃归。

【注释】

①申包胥：楚君蚡冒的后代，姓公孙，因封在申地（今河南南阳市北），所以叫申包胥。交：知交。②覆：颠覆；覆灭。③求：搜寻。④"掘楚平王墓"三句：这件事，《年表》《楚世家》及《季布传》都说是"鞭墓"，而《吴世家》《伍子胥传》却说是"鞭尸"。⑤以：通"已"。⑥故：原来是；过去是。⑦亲：亲自。⑧僇（lù）：侮辱。⑨莫：通"暮"。⑩秦哀公：秦国国君，前536—前501年在位。⑪乘（shèng）：古代一车四马为一乘。⑫六月：指阖庐为王十年的六月。⑬稷：地名。⑭堂谿：地名。在今河南省西平县西。

后二岁，阖庐使太子夫差将兵伐楚，取番①。楚惧吴复大来，乃去郢，徙于鄀②。当是时，吴以伍子胥、孙武之谋，西破强楚，北威齐、晋③，南服越人④。

【注释】

①番（pó）：今江西省鄱阳县。夫差：应为终累。②鄀（ruò）：地名。又名鄢或鄢郢，在今湖北省宜城市东南。③威：威胁。④服：镇服。

其后四年，孔子相鲁。

后五年，伐越①。越王句践迎击②，败吴于姑苏③，伤阖庐指④，军却。阖庐病创将死⑤，谓太子夫差曰⑥："尔忘句践杀尔父乎？"夫差对曰："不敢忘。"是夕，阖庐死。夫差既立为王，以伯嚭为太宰⑦，习战射。二年后伐越，败越于夫湫⑧。越王句践乃以余兵五千人栖于会稽之上⑨，使大夫种厚币遗吴太宰嚭以请和⑩，求委国为臣妾⑪。吴王将许之。伍子胥谏曰："越王为人能辛苦。今王不灭，后必悔之。"吴王不听，用太宰嚭计，与越平⑫。

【注释】

①越：也叫於越。姒姓，相传始祖是夏代少康的庶子无余，建都会稽（今浙江省绍兴市）。②句践：越国国君。越王允常之子，又称菼（tǎn）执。前497—前465年在位。句，通"勾"。③姑苏：今江苏省苏州市。④指：通"趾"，脚趾。⑤创（chuāng）：创伤。⑥夫（fū）差：阖庐太子。⑦太宰：官名。掌王家内外事务。⑧夫湫（jiǎo）：即夫椒，古山名。⑨会（kuài）稽：山名。在浙江省中部绍兴一带。⑩厚币：重礼。币，金、帛、璧、皮、币等礼物。遗：行贿收买。大夫种：越国大夫文种，字少禽（一作子禽）。楚国郢人。⑪委国：把国家的政权交给人。委，付与。⑫平：媾和。

其后五年，而吴王闻齐景公死而大臣争宠①，新君弱，乃兴师北伐齐。伍子胥谏曰："句践食不重味②，吊死问疾③，且欲有所用之也。此人不死，必为吴患。今吴之有越，犹人之有腹心疾也。而王不先越而乃务齐，不亦谬乎！"吴王不听，伐齐，大败齐师于艾陵④，遂威邹、鲁之君以归⑤。益疏子胥之谋。

【注释】

①齐景公：齐国国君，名杵臼。前547—前490年在位。②食不重（chóng）味：意为吃饭时不用两味荤菜。形容生活较苦。③吊死：哀悼死去的人。④大败齐师于艾陵：艾陵之战当在前484年（周敬王三十六年），吴救鲁伐齐，距夫湫之战十年。艾陵，古地名，在今山东省莱芜市东北。一说在今泰安市东南。⑤邹：古国名。本作邾。有今山东省费、邹、滕、济宁、金乡等县地。鲁：古国名。在今山东省西南部。

其后四年，吴王将北伐齐，越王句践用子贡之谋①，乃率其众以助吴，而重宝以献遗太宰嚭。太宰嚭既数受越赂，其爱信越殊甚，日夜为言于吴王。吴王信用嚭之计。伍子胥谏曰："夫越，腹心之病，今信其浮辞诈伪而贪齐②。破齐，譬犹石田，无所用之。且《盘庚之诰》曰③：'有颠越不恭，劓殄灭之，俾无遗育，无使易种于兹邑④。'此商之所以兴。愿王释齐而先越；若不然，后将悔之无及。"而吴王不听，使子胥于齐。子胥临行，谓其子曰："吾数谏王，王不用，吾今见吴之亡矣。汝与吴俱亡，无益也。"乃属其子于齐鲍牧⑤，而还报吴。

【注释】

①子贡：春秋时卫国人。姓端木，名赐。孔丘的学生。②浮辞：没有根据的花言巧语。③《盘庚之诰》：盘庚，商代国王，汤的第九代孙。④"有颠越不恭"四句：见于《尚书·盘庚》中篇，与原文略有出入。颠越不恭：颠倒礼法，不遵上命。颠越，颠倒，坠落。易：延。兹邑：指新都殷，兹，此。⑤属（zhǔ）：同"嘱"，托付。鲍牧：齐国大夫，这时已被杀四年，应为鲍氏。

吴太宰嚭既与子胥有隙①，因谗曰："子胥为人刚暴，少恩，猜贼②，其怨望恐为深祸也。前日王欲伐齐，子胥以为不可，王卒伐之而有大功。子胥耻其计谋不用③，乃反怨望。而今王又复伐齐，子胥专愎强谏④，沮毁用事⑤，徒幸吴之败以自胜其计谋耳。今王自行，悉国中武力以伐齐⑥，而子胥谏不用，因辍谢⑦，详病不行⑧。王不可不备，此起祸不难。且嚭使人微伺之⑨，其使于齐也，乃属其子于齐之鲍氏。夫为人臣，内不得意，外倚诸侯，自以为先王之谋臣，今不见用，常鞅鞅怨望⑩。愿王早图之！"吴王曰："微子之言⑪，吾亦疑之。"乃使使赐伍子胥属镂之剑⑫，曰："子以此死。"伍子胥仰天叹曰："嗟乎！谗臣嚭为乱矣，王乃反诛我！我令若父霸⑬。自若未立时，诸公子争立，我以死争之于先王，几不得立。若既得立，欲分吴国予我，我顾不敢望也。然今若听谀臣言以杀长者⑭。"乃告其舍人曰⑮："必树吾墓上以梓⑯，令可以为器；而抉吾眼县吴东门之上⑱，以观越寇之入灭吴也。"乃自刭死。吴王闻之大怒，乃取子胥尸盛以鸱夷革⑲，浮之江中。吴人怜之，为立祠于江上⑳，因命曰胥山㉑。

【注释】

①隙：感情上的裂痕、隔阂。②猜贼：猜忌狠毒。③耻：以动用法，以……为耻。④愎（bì）：执拗。⑤沮（jǔ）：败坏。毁：毁谤。⑥悉：尽。⑦辍（chuò）谢：辞谢，推辞。⑧详：通"佯"，伪装。⑨微伺：暗中探察。⑩鞅鞅（yāng）：同"怏怏"，因不平或不满而郁郁不乐。⑪微：无。⑫属镂（lòu）：剑名。用钢铸成的剑。⑬若：你。⑭长者：年纪大、辈分高的人。⑮舍人：派有差使的门客。⑯树：种植。⑰器：即梓器，棺材。⑱抉（jué）：挑出，挖出。县：通"悬"。⑲鸱（chī）夷：也作"鸱鵷"。皮制的袋子。⑳江上：江边。㉑胥山：山名。在今江苏省吴县西南。

吴王既诛伍子胥，遂伐齐。齐鲍氏杀其君悼公而立阳生①。吴王欲讨其贼，不胜而去。其后二年②，吴王召鲁、卫之君会之橐皋③。其明年，因北大会诸侯于黄池④，以令周室。越王句践袭杀吴太子⑤，破吴兵。吴王闻之，乃归，使使厚币与越平。后九年，越王句践遂灭吴，杀王夫差⑥；而诛太宰嚭，以不忠于其君，而外受重赂，与己比周也⑦。

【注释】

①悼公：齐景公的儿子，前488—前485年在位。阳生：即悼公。这里应是立壬。②其后二年：应为其后一年，即艾陵之战的第二年（前483年）。③前483年（夫差十三年），夫差在橐（tuó）皋（吴国地名，在今安徽省巢县西北拓皋镇）会见了鲁哀公，又在郧（即立发埧，在今江苏省如皋市东，一说在今山东莒县南）会见了卫出公。④前482年（周敬王三十八年），夫差与晋定公争夺霸主，在黄池大会诸侯，史称"黄池之会"。黄池，即黄亭，卫国地名，在今河南省封丘县西南。⑤越王勾践趁夫差到黄池会盟的机会，统率大军直捣吴国都城，杀死吴国太子友。⑥前473年，越王勾践灭亡吴国，要将夫差发配到甬东的岛上去（今浙江省定海县），夫差自缢而死。⑦比周：语出《论语·为政》："君子周而不比，小人比而不周。"周，与人团结；比，与坏人勾结。

伍子胥初所与俱亡故楚太子建之子胜者，在于吴。吴王夫差之时，楚惠王欲召胜归楚①。叶公谏曰②："胜好勇而阴求死士③，殆有私乎④！"惠王不听。遂召胜，使居楚之边邑鄢⑤，号为白公⑥。白公归楚三年而吴诛子胥⑦。

【注释】

①楚惠王：楚昭王之子，前488—前432年在位。②叶公：楚国贵族，姓沈，名诸梁，字子高，封于叶（今河南省叶县），故称叶公。③阴求：暗中访求。

④殆（dài）：大概；恐怕。⑤鄢（yān）：古地名。在今河南省鄢陵县西北。⑥白公：太子建之子，名胜。⑦按《楚世家》，白公归楚在周敬王三十三年（前487年），而子胥被杀在周敬王三十六年，因此应为"归楚四年"。

白公胜既归楚，怨郑之杀其父，乃阴养死士求报郑。归楚五年①，请伐郑，楚令尹子西许之。兵未发而晋伐郑，郑请救于楚。楚使子西往救，与盟而还。白公胜怒曰："非郑之仇，乃子西也②。"胜自砺剑，人问曰："何以为？"胜曰："欲以杀子西。"子西闻之，笑曰："胜如卵耳，何能为也！"

【注释】

①五年：应为"八年"。晋伐郑，在周敬王四十年（前480年）。②"非郑之仇"二句：不是仇视郑国，却是仇视子西。

其后四岁①，白公胜与石乞袭杀楚令尹子西、司马子綦于朝②。石乞曰："不杀王，不可。"乃劫之王如高府③。石乞从者屈固负楚惠王亡走昭夫人之宫④。叶公闻白公为乱，率其国人攻白公⑤。白公之徒败，亡走山中，自杀⑥。而虏石乞，而问白公尸处，不言将亨⑦。石乞曰："事成为卿⑧，不成而亨，固其职也。"终不肯告其尸处。遂亨石乞，而求惠王复立之。

【注释】

①周敬王四十年晋国攻打郑国，周敬王四十一年（前479年）白公胜作乱，因此应为"其后一年"。②前479年，白公胜进攻吴国，打了胜仗，便带着武将石乞到朝堂上向楚惠王报功。③如：往；到，高府：楚国的别府名。④按《左传》，背负楚惠王往昭夫人宫的是圉公阳，而不是屈固。昭夫人：昭王夫人，即惠王的母亲，越女。⑤国：指叶公的封地。⑥自杀：按《左传》，"白公奔山而缢"。⑦亨：同"烹"。一种煮杀的酷刑。⑧卿：西周、春秋时周王、诸侯所属的高级大臣都称卿。

太史公曰：怨毒之于人甚矣哉①！王者尚不能行之于臣下，况同列乎②！向令伍子胥从奢俱死③，何异蝼蚁④。弃小义，雪大耻，名垂于后世，悲夫！方子胥窘于江上，道乞食，志岂尝须臾忘郢邪？故隐忍就功名⑤，非烈丈夫孰能致此哉？白公如不自立为君者⑥，其功谋亦不可胜道者哉！

【注释】

①怨毒：极端怨恨。②同列：指处在同等地位的人。③向：假使。④蝼蚁：蝼蛄和蚂蚁。⑤隐忍：勉力含忍，不露真情。⑥白公胜作乱时，扣押楚惠王，要立楚昭王的哥哥王子启为国王，王子启不答应，白公胜便把他杀了，自己当了楚王。

仲尼弟子列传第七

孔子曰"受业身通者七十有七人"①，皆异能之士也。德行：颜渊，闵子骞，冉伯牛，仲弓。政事：冉有，季路。言语：宰我，子贡。文学②：子游，子夏。师也辟③，参也鲁④，柴也愚⑤，由也喭⑥，回也屡空⑦。赐不受命而货殖焉⑧，亿则屡中⑨。

【注释】

①孔子（前551—前479年）：名丘，字仲尼。②文学：指古代文献，即孔子所传的《诗》《书》《易》等。③师：颛（zhuān）孙师。辟：同"僻"。偏激。④参（shēn）：曾参。鲁：迟钝。⑤柴：高柴。愚：愚笨。⑥由：仲由。喭（yàn）：粗鲁。⑦回：颜回。空：贫穷；没有出路。⑧赐：端沐赐。命：天命。⑨亿：同"臆"。预料；揣度。中（zhòng）：正对上。

孔子之所严事①：于周则老子②；于卫③，蘧伯玉④；于齐⑤，晏平仲⑥；于楚⑦，老莱子⑧；于郑⑨，子产⑩；于鲁⑪，孟公绰⑫。数称臧文仲⑬、柳下惠⑭、铜鞮伯华⑮、介山子然⑯，孔子皆后之，不并世⑰。

【注释】

①所严事：所尊敬的人。②周：朝代名。老子：即老聃，姓李名耳，字伯阳。③卫：古国名。开国君主是周武王的弟弟康叔。④蘧（qú）伯玉：卫国大夫，名瑗。孔子在卫国时，曾在他家住过。⑤齐：古国名。前11世纪周分封的诸侯国。姜姓。开国君主是吕尚。⑥晏平仲：名婴。齐国贤大夫，历仕灵公、庄公、景公三世。详见《管晏列传》。⑦楚：古国名。芈（mǐ）姓。始祖鬻熊。详见《楚世家》。⑧老莱子：春秋末年楚国隐士。⑨郑：古国名。姬姓。⑩子产：即公孙侨、公孙成子，字子产。⑪鲁：古国名。前11世纪周分封的诸侯国。姬姓。开国君主是周公旦的儿子伯禽。春秋时国势衰弱，春秋后期公室为季孙氏、孟孙氏、叔孙氏三家瓜分。⑫孟公绰：鲁国大夫。以上老子、蘧伯玉、晏平仲、老莱子、子产、孟公绰都和孔子是同时代人。⑬称：赞许；称赞。臧文仲：鲁国的大夫臧孙辰，历仕庄、闵、僖、文四朝。⑭柳下惠：春秋时鲁国贤大夫。姓展，名获，字子禽。柳下是他的食邑，惠是谥号。⑮铜鞮（dī）：晋国大夫羊舌赤（字伯华）的食邑，在今山西省沁县南。⑯介山子然：即介之推，一作介子推、介推。春秋时晋国贵族。⑰不并世：不在同一时代。

颜回者①，鲁人也，字子渊。少孔子三十岁。

【注释】

①颜回（前521—前490年）：孔子最得意的学生。

颜渊问仁①。孔子曰："克己复礼②，天下归仁焉③。"

【注释】

①仁：古代儒家的一种含义极广的道德范畴。意为爱人。②克己：约制自己。③归仁：称仁。归，与，许。

孔子曰："贤哉，回也！一箪食①，一瓢饮，在陋巷，人不堪其忧，回也不改其乐。""回也如愚②；退而省其私③，亦足以发，回也不愚。""用之则行，舍之则藏，唯我与尔有是夫！"

【注释】

①箪（dān）：古代盛饭的竹器。②回也如愚：指孔子跟颜渊讲学时，颜渊默不作声，像个蠢人。③省（xǐng）：察看。

回年二十九，发尽白，蚤死①。孔子哭之恸②，曰："自吾有回，门人益亲③。"鲁哀公问④："弟子孰为好学？"孔子对曰："有颜回者好学，不迁怒⑤，不贰过⑥。不幸短命死矣，今也则亡⑦。"

【注释】

①蚤：通"早"。②恸（tòng）：极哀痛。③门人：学生。④鲁哀公：鲁国国君，姓姬，名蒋。前494—前466年在位。⑤迁怒：受了甲的怒气发泄到乙身上。⑥贰过：重犯同一过失。贰，重复一次。⑦亡：通"无"。

闵损①，字子骞。少孔子十五岁。

【注释】

①闵损（前536—前487年）：鲁国人。在孔门中以德行和颜渊并称。

孔子曰："孝哉，闵子骞！人不间于其父母昆弟之言①。"不仕大夫，不食污君之禄②。"如有复我者③，必在汶上矣④。"

【注释】

①间（jiàn）：间隙。这里指钻空子。昆：兄。②"不仕大夫"二句：据《论语》，季氏使闵子骞做他采邑费（bì）地（今山东省费县西北）的长官，闵子骞推辞不干。③复我：再来召我。④汶（wèn）上：汶水的北面。汶，水名，即山东省的大汶河。水的北面叫"阳"，汶上即汶水的北面。这里暗指齐国。

冉耕①，字伯牛。孔子以为有德行。

【注释】

①冉耕（前544年—？）：鲁国人。在孔门中以德行著称。

伯牛有恶疾①，孔子往问之，自牖执其手②，曰："命也夫！斯人也而有斯疾③，命也夫！"

【注释】

①恶疾：泛指难治的病。②自牖（yǒu）执其手：因伯牛有恶疾，不想见人，所以孔子从窗户里伸手进去握着他的手。③斯：这。指示代词。

冉雍①，字仲弓。

【注释】

①冉雍（前522年—？）：鲁国人。

仲弓问政。孔子曰："出门如见大宾，使民如承大祭。在邦无怨①，在家无怨②。"

【注释】

①邦：古代指诸侯封国。怨：结怨。②家：卿大夫管辖的封地。

孔子以仲弓为有德行，曰："雍也可使南面①。"

【注释】

①南面：面向南方。这里指可任诸侯之治。

仲弓父，贱人①。孔子曰："犁牛之子骍且角②，虽欲勿用③，山川其舍诸④？"

【注释】

①贱：地位卑微。②犁牛：杂色的牛。骍（xīn）：纯红色。角：指两角长得周正。③虽欲勿用：指连杂色牲畜的幼畜也不能用来祭祀。④山川：指山川之神，这里比喻上层统治者。其：难道。语气副词。

冉求①，字子有。少孔子二十九岁。为季氏宰②。

【注释】

①冉求（前552—前489年）：鲁国人。②季氏：即季孙氏。春秋后期鲁国掌握政权的贵族。宰：这里指大夫总管家务的家臣，即总管。

季康子问孔子曰①："冉求仁乎？"曰："千室之邑②，百乘之家③，求也可使治其赋④。仁则吾不知也。"复问："子路仁乎⑤？"孔子对曰："如求。"

【注释】

①季康子：季孙肥，鲁哀公时正卿，当时把持鲁国政权。②邑：古代居民聚居的地方。③家：诸侯分封给卿、大夫的采邑。④赋：兵赋。古代按田赋出兵，所以兵役叫"赋"。⑤子路：仲由的表字。

求问曰："闻斯行诸①？"子曰："行之。"子路问："闻斯行诸？"子曰："有父兄在，如之何其闻斯行之②？"子华怪之③，"敢问问同而答异？"孔子曰："求也退④，故进之⑤；由也兼人⑥，故退之⑦。"

【注释】

①斯：则，就。②如之何：对它该怎么办。③子华：公西赤的表字。④退：办事退缩犹豫。⑤进：促进。⑥兼人：胆量有两个人的大，办事急躁。⑦退：抑制。

仲由①，字子路，卞人也。少孔子九岁。

【注释】

①仲由（前542—前480年）：鲁国卞（今山东省泗水县）人。字子路，一字季路。

子路性鄙①，好勇力，志伉直②，冠雄鸡③，佩豭豚④，陵暴孔子⑤。孔子设礼，稍诱子路，子路后儒服委质⑥，因门人请为弟子⑦。

【注释】

①鄙：质朴。②伉（kàng）直：刚直。③冠：带帽子。动词。④豭豚（jiā tún）：猪。豭，公猪；豚，小猪。⑤陵暴：欺侮，施暴行。⑥委质：弟子初次拜见老师，致送礼物。委，交付。质，通"贽"。⑦因：经由；通过。

子路问政。孔子曰："先之①，劳之②。"请益。曰："无倦③。"

【注释】

①先之：以身作则，工作在百姓之先。②劳之：使百姓勤劳地工作。③倦：疲倦；懈怠。

子路问："君子尚勇乎①？"孔子曰："义之为上②。君子好勇而无义，则乱；小人好勇而无义，则盗。"

【注释】

①君子："君子"和"小人"是一组对立的概念。尚：崇尚。②上：通"尚"。

子路有闻，未之能行①，唯恐有闻②。

【注释】

①未之能行：即"未能行之"。②有：通"又"。

孔子曰："片言可以折狱者①，其由也与②！""由也好勇过我，无所取材③。""若由也，不得其死然④。""衣敝缊袍与衣狐貉者立而不耻者⑤，其由也与！""由也升堂矣⑥，未入于室也。"

【注释】

①片言：打官司有原告和被告两方。②其：大概。与：通"欤"。③材：同"哉"。④不得其死然：得不到好死。然，语气词。⑤衣（yì）：穿。动词。⑥"由也升堂矣"两句：堂，正厅；室，内室。先入门，再升堂，然后入室，表示做学问的几个阶段。

季康子问①："仲由仁乎？"孔子曰："千乘之国可使治其赋②，不知其仁。"

【注释】

①季康子：据《论语》，应为孟武伯。②千乘（shèng）之国：春秋时代，打仗用车子，国家的强弱都用车辆的数目来衡量。

子路喜从游①，遇长沮、桀溺、荷蓧丈人②。

【注释】

①指子路喜从孔子游。②长沮（jū）、桀溺：人名，但不是真姓名。荷：扛；担。蓧（tiáo）：古代除草用的一种竹器。

子路为季氏宰，季孙问曰①："子路可谓大臣与？"孔子曰："可谓具臣矣②。"

【注释】

①季孙：《论语》为季子然。②具臣：相当于备员，指仅备臣数而不能有所作为的臣僚。具，备。

子路为蒲大夫①，辞孔子。孔子曰："蒲多壮士，又难治。然吾语汝：恭以敬，可以执勇②；宽以正，可以比众③；恭正以静，可以报上。"

【注释】

①蒲：卫国邑名。在今河南省长垣县。②执：控制；驾驭。③比：亲近。使动用法。

初，卫灵公有宠姬曰南子①。灵公太子蒉聩得过南子，惧诛出奔②。及灵公卒而夫人欲立公子郢。郢不肯，曰：“亡人太子之子辄在。”于是卫立辄为君，是为出公。出公立十二年，其父蒉聩居外，不得入。子路为卫大夫孔悝之邑宰③。蒉聩乃与孔悝作乱④，谋入孔悝家，遂与其徒袭攻出公。出公奔鲁，而蒉聩入立，是为庄公。方孔悝作乱，子路在外，闻之而驰往。遇子羔出卫城门⑤，谓子路曰：“出公去矣，而门已闭，子可还矣，毋空受其祸⑥。”子路曰：“食其食者不避其难⑦。”子羔卒去。有使者入城，城门开，子路随而入。造蒉聩⑧，蒉聩与孔悝登台。子路曰：“君焉用孔悝？请得而杀之⑨。”蒉聩弗听。于是子路欲燔台⑩，蒉聩惧，乃下石乞、壶黡攻子路⑪，击断子路之缨⑫。子路曰：“君子死而冠不免⑬。”遂结缨而死。

【注释】

①卫灵公：卫国国君，前534—前493年在位。南子：也叫釐夫人。卫灵公的夫人，而不是妾。②南子与太子蒉聩不和。卫灵公三十九年（前496年），蒉聩因谋刺南子不成，出奔到宋国，后又跑到晋国。③孔悝（kuī）：卫国大夫，蒉聩姐姐伯姬的儿子。④孔悝作乱并非出自本心，而是被母亲伯姬逼迫的结果。⑤子羔：高柴的表字。⑥空：徒然；白白地。⑦食：前一“食”（sì）字，动词，吃；后一“食”字，名词，食物。⑧造：往。⑨得：捉住。⑩燔（fán）：焚烧。因为孔悝当时已被蒉聩控制。⑪壶黡：《卫世家》作“盂黡”。⑫缨：系在颔下的帽带。⑬免：脱去。

孔子闻卫乱，曰：“嗟乎，由死矣！”已而果死。故孔子曰：“自吾得由，恶言不闻于耳①。”是时子贡为鲁使于齐。

【注释】

①恶言不闻于耳：因为子路勇猛，谁侮辱孔子他就揍谁，所以自从孔门有了子路，就没有人敢对孔子出恶言了。

宰予①，字子我，利口辩辞。既受业，问：“三年之丧不已久乎②？君子三年不为礼③，礼必坏；三年不为乐④，乐必崩。旧谷既没，新谷既升，钻燧改火⑤，期可已矣⑥。”子曰：“于汝安乎？”曰：“安。”“汝安则为之。君子居丧，食旨不甘⑦，闻乐不乐⑧，故弗为也。”宰我出。子曰：“予之不仁也！子生三年，然后免于父母之怀⑨。夫三年之丧，天下之通义也⑩。”

【注释】

①宰予（前522—前458年）：鲁国人。②三年之丧：旧时父母或祖父母死了，儿子和长房长孙必须谢绝人事，做官的解除职务，在家守孝二十七个月，概说三年。③礼：礼仪。④乐：音乐。⑤钻燧改火：古代用钻木取火的方法，被钻的木，四季不同，马融引《周书·月令篇》说，“春取榆柳之火，夏取枣杏之火，季夏取桑柘之火，秋取柞楢之火，冬取槐檀之火”，一年一轮回。燧，古代取火的器具，即燧石。⑥期（jī）：一年。⑦旨：味美。这里指味美的食物。⑧前一个“乐（yuè）”，音乐；后一个“乐（lè）”，喜悦，快乐。⑨免：脱离。⑩通义：通行的礼仪。

宰我昼寝。子曰："朽木不可雕也，粪土之墙不可圬也^①。"

【注释】

①圬（wū）：同"杇"。泥工抹墙的工具。这里指粉刷。

宰我问五帝之德^①。子曰："予非其人也！"

【注释】

①五帝：古代传说中的上古帝王。一般指黄帝、颛顼（xū）、帝喾（kù）、唐尧、虞舜。

宰我为临菑大夫^①，与田常作乱^②，以夷其族^③，孔子耻之^④。

【注释】

①临菑：即临淄，齐国都城。在今山东省淄博市东北。临菑大夫：这里指在齐国做官。②田常：即田成子，名恒。齐国大臣。齐简公四年（前481年），杀死简公，拥立齐平公，任相国。③夷：诛杀。④耻：意动用法。

端沐赐^①，卫人，字子贡。少孔子三十一岁。

【注释】

①端沐赐（前520年—?）：端沐，即端木，复姓。

子贡利口巧辞，孔子常黜其辩^①。问曰："汝与回也孰愈^②？"对曰："赐也何敢望回！回也闻一以知十，赐也闻一以知二。"

【注释】

①黜（chù）：挫折；压制。②愈：较好；胜过。

子贡既已受业，问曰："赐何人也？"孔子曰："汝器也^①。"曰："何器？"曰："瑚琏也^②。"

【注释】

①器：器皿。②瑚琏：古代祭祀时装粮食的器皿，极为尊贵。

陈子禽问子贡曰^①："仲尼焉学？"子贡曰："文武之道未坠于地^②，在人。贤者识其大者^③，不贤者识其小者。莫不有文武之道。夫子焉不学^④？而亦何常师之有^⑤！"又问曰："孔子适是国必闻其政^⑥。求之与？抑与之与^⑦？"子贡："夫子温良恭俭让以得之。夫子之求之也，其诸异乎人之求之也^⑧。"

【注释】

①陈子禽：陈亢的表字。②文武：指周文王和周武王。③识（zhì）：记住。④夫子：古代的一种敬称。凡是做过大夫的人，都可以称为夫子。孔子做过鲁国的司寇，所以他的学生称他为夫子。后来沿袭成为学生对老师的尊称。在一定场合下，也特指孔子。⑤常师：固定的老师。⑥适：到。⑦抑：还是。选择连词。⑧其诸：方言。表不定语气，相当于"或者""大概"。

子贡问曰："富而无骄，贫而无谄，何如？"孔子曰："可也；不如贫而乐道，富而好礼。"

田常欲作乱于齐，惮高、国、鲍、晏^①，故移其兵，欲以伐鲁。孔子闻之，谓门弟子曰："夫鲁，坟墓所处，父母之国，国危如此，二三子何为莫出？"子路请出，孔子止之。子张、子石请行②，孔子弗许。子贡请行，孔子许之。

【注释】

①高、国、鲍、晏：当时在齐国握有实权的卿大夫家族。②子张：颛孙师的表字。子石：公孙龙的表字。

遂行，至齐，说田常曰："君子伐鲁过矣。夫鲁，难伐之国，其城薄以卑①，其地狭以泄②，其君愚而不仁，大臣伪而无用，其士民又恶甲兵之事，此不可与战。君不如伐吴③。夫吴，城高以厚，地广以深④，甲坚以新⑤，士选以饱⑥，重器精兵尽在其中⑦，又使明大夫守之，此易伐也。"田常忿然作色曰："子之所难，人之所易；子之所易，人之所难。而以教常，何也？"子贡曰："臣闻之，忧在内者攻强，忧在外者攻弱。今君忧在内。吾闻君三封而三不成者，大臣有不听者也。今君破鲁以广齐，战胜以骄主，破国以尊臣，而君之功不与焉⑧，则交日疏于主⑨。是君上骄主心，下恣群臣⑩，求以成大事，难矣。夫上骄则恣，臣骄则争，是君上与主有郤⑪，下与大臣交争也。如此，则君之立于齐危矣。故曰不如伐吴。伐吴不胜，民人外死，大臣内空，是君上无强臣之敌，下无民人之过⑫，孤主制齐者唯君也。"田常曰："善。虽然，吾兵业已加鲁矣⑬，去而之吴⑭，大臣疑我，奈何？"子贡曰："君按兵无伐，臣请往使吴王，令之救鲁而伐齐，君因以兵迎之。"田常许之，使子贡南见吴王⑮。

【注释】

①卑：位置低下，与"高"相对。②其地狭以泄：《越绝书》《吴越春秋》都作"其池狭以浅"。池，指护城河。③吴：古国名。④地广以深：联系上文，与鲁对举，应为"池广以深"。⑤甲：铠甲。这里泛指武备。⑥士：军士。选：齐整。饱：充足。⑦重器：比喻能任大事的人。⑧与（yù）：在其中。⑨日：一天天。⑩恣（zì）：放纵。⑪郤（xì）：通"隙"。嫌隙；隔膜。⑫过：过失。⑬业已：已经。业，已。⑭之：往；到。⑮南：方位名词用作状语。

说曰①："臣闻之，王者不绝世②，霸者无强敌，千钧之重加铢两而移③。今以万乘之齐而私千乘之鲁④，与吴争强，窃为王危之。且夫救鲁，显名也；伐齐，大利也。以抚泗上诸侯⑤，诛暴齐以服强晋⑥，利莫大焉。名存亡鲁，实困强齐⑦，智者不疑也。"吴王曰："善。虽然，吾尝与越战，栖之会稽⑧。越王苦身养士，有报我心。子待我伐越而听子。"子贡曰："越之劲不过鲁，吴之强不过齐，王置齐而伐越⑨，则齐已平鲁矣。且王方以存亡继绝为名⑩，夫伐小越而畏强齐，非勇也。夫勇者不避难，仁者不穷约⑪，智者不失时，王者不绝世，以立其义。今存越示诸侯以仁，救鲁伐齐，威加晋国，诸侯必相率而朝吴⑫，霸业成矣。且王必恶越⑬，臣请东见越王，令出兵以从，此实空越，名从诸侯以伐也。"吴王大说⑭，乃使子贡之越。

【注释】

①说（shuì）：劝说。②王者：指行王道的人。下句的"霸者"指行霸道的人。③千钧：极言其重。钧，古代重量单位，一钧是三十斤。铢两：极轻微的重量。铢，古代重量单位，二十四铢为一两，十六两为一斤。这句话是用比喻暗示吴王，一旦齐国占据了鲁国，吴国的优势就可能变成劣势。④万乘：指天子，战国时也指大国。私：占为私有。⑤泗上：泗水的北面。这里暗指中原各国。泗，水名，即山东省中部的泗水。⑥诛：讨伐；惩罚。晋：古国名。⑦存、困：使动用法。

⑧栖：居住；停留。会（kuài）稽：这里指会稽山，在今浙江省中部。前494年。⑨置：搁开；废置。⑩存亡继绝：使亡国保存，使灭国延续。⑪穷：困厄。约：缠缚。这句话暗示吴王，应援救处于困境的鲁国。⑫相率：相继。⑬且：语助词，用在句首，相当"夫"。⑭说（yuè）：通"悦"。

越王除道郊迎①，身御至舍而问曰②："此蛮夷之国③，大夫何以俨然辱而临之④？"子贡曰："今者吾说吴王以救鲁伐齐，其志欲之而畏越，曰'待我伐越乃可'。如此，破越必矣。且夫无报人之志而令人疑之，拙也；有报人之意，使人知之，殆也⑤；事未发而先闻，危也。三者举事之大患。"句践顿首再拜曰⑥："孤尝不料力，乃与吴战，困于会稽，痛入于骨髓⑦，日夜焦唇干舌，徒欲与吴王接踵而死⑧，孤之愿也。"遂问子贡。子贡曰："吴王为人猛暴，群臣不堪⑨；国家敝以数战，士卒弗忍；百姓怨上，大臣内变；子胥以谏死⑩，太宰嚭用事⑪，顺君之过以安其私：是残国之治也⑫。今王诚发士卒佐之以徼其志⑬，重宝以说其心，卑辞以尊其礼，其伐齐必也。彼战不胜，王之福矣。战胜，必以兵临晋，臣请北见晋君，令共攻之，弱吴必矣。其锐兵尽于齐，重甲困于晋⑭，而王制其敝，此灭吴必矣。"越王大说，许诺。送子贡金百镒⑮，剑一，良矛二。子贡不受，遂行。

【注释】

①除道：清扫道路。②身御：亲自驾车。舍：官舍。③蛮夷：古代对南方各族的泛称，有时也通指四方各族。含有轻贬的意思。④俨然：庄严的样子。⑤殆（dài）：危险。⑥句践（？—前465年）：越国国君。前497—前465年在位。句，通"勾"。古代九拜礼之一。⑦痛：恨。⑧徒：只；但。这里指一道。⑨堪：胜任；禁受。⑩子胥（？—前484年）：吴国大夫。姓伍，名员，字子胥。⑪太宰嚭：太宰，官名。掌管王家内外事务。嚭，姓伯，名嚭。用事：掌权。⑫残国：临近灭亡的国家。残，将尽。⑬诚：如果。徼（yāo）：通"邀"。求取；投合。⑭甲：古代战士的护身衣。引申为兵士。⑮镒（yì）：古代重量单位。一镒为二十两或二十四两。

报吴王曰："臣敬以大王之言告越王①，越王大恐，曰：'孤不幸②，少失先人③，内不自量④，抵罪于吴⑤，军败身辱，栖于会稽，国为虚莽⑥，赖大王之赐，使得奉俎豆而修祭祀⑦，死不敢忘，何谋之敢虑！'"后五日，越使大夫种顿首言于吴王曰⑧："东海役臣孤句践使者臣种⑨，敢修下吏问于左右⑩。今窃闻大王将兴大义，诛强救弱⑪，困暴齐而抚周室，请悉起境内士卒三千人，孤请自被坚执锐⑫，以先受矢石。因越贱臣种奉先人藏器，甲二十领⑬，铁屈卢之矛⑭，步光之剑⑮，以贺军吏。"吴王大说，以告子贡曰："越王欲身从寡人伐齐⑯，可乎？"子贡曰："不可。夫空人之国，悉人之众，又从其君⑰，不义。君受其币⑱，许其师，而辞其君。"吴王许诺，乃谢越王。于是吴王乃遂发九郡兵伐齐⑲。

【注释】

①敬：敬重；不怠慢。②孤：古代王侯对自己的谦称。③少：年少。先人：祖先，包括已死的父亲。④内：内心。⑤抵：当。⑥虚：通"墟"。废墟。莽：草丛。⑦奉：捧；进献。俎（zǔ）豆：俎和豆都是古代祭祀用的器具。修：整治。祭祀：旧指祭神和祀祖。⑧大夫种：越国大夫。姓文，名种，字少禽。⑨东海：因为越国地临东海，这里以东海代越国。役臣：供驱使的臣子。⑩修：写。这里指写信。下吏：下级官吏。问：询问。⑪诛：讨伐；惩处。⑫被：通"披"。坚、

锐：形容词用作名词。坚，指坚固的铠甲；锐：指锐利的武器。⑬领：衣领。引申为衣服的件数。⑭铁（fū）：通"斧"。疑为衍字。屈卢：古代造矛的良匠名。后用作良矛的代称。⑮步光：古剑名。⑯寡人：古代君主的自称。⑰从：使……从。使动用法。⑱币：礼物；货币。⑲郡：春秋至隋唐时的地方行政区划名。

子贡因去之晋，谓晋君曰①："臣闻之，虑不先定不可以应卒②，兵不先辨不可以胜敌③。今夫齐与吴将战，彼战而不胜，越乱之必矣；与齐战而胜，必以其兵临晋。"晋君大恐，曰："为之奈何？"子贡曰："修兵休卒以待之。"晋君许诺。

【注释】

①晋君：指晋定公。②卒：通"猝"。突然；仓促。③辨（bàn）：通"办"。治理；准备。

子贡去而之鲁。吴王果与齐人战于艾陵①，大破齐师，获七将军之兵而不归②，果以兵临晋，与晋人相遇黄池之上③。吴、晋争强。晋人击之，大败吴师。越王闻之，涉江袭吴，去城七里而军④。吴王闻之，去晋而归，与越战于五湖⑤。三战不胜，城门不守，越遂围王宫，杀夫差而戮其相⑥。破吴三年，东向而霸⑦。

【注释】

①与齐人战于艾陵：前484年（吴王夫差十二年），吴救鲁伐齐，在艾陵大败齐军。②获七将军之兵：在艾陵之战中，吴军俘获齐国大将国书、副将高无丕等五人，而不是七人。③与晋人相遇黄池之上：艾陵之战后二年，即前482年（夫差十四年），夫差与晋定公争夺霸主，在黄池大会诸侯，史称"黄池之会"。④城：指吴国都城，即今江苏省苏州市。⑤五湖：泛指太湖流域的所有湖泊。⑥杀夫差：前473年，勾践灭亡吴国，要将夫差发配到甬东（今浙江省定海县）的岛上去，夫差自缢而死。相：指太宰嚭。⑦东向而霸：前473年，即在灭吴的同一年，勾践带领兵马渡过淮河，在徐州（古地名，在今山东省滕州市南）大会诸侯，成为东方的霸主。

故子贡一出，存鲁，乱齐，破吴，强晋而霸越。子贡一使，使势相破①，十年之中，五国各有变②。

【注释】

①使势相破：使诸侯势力互相破坏。②五国：指鲁、齐、吴、晋、越。

子贡好废举①，与时转货赀②。喜扬人之美③，不能匿人之过④。常相鲁、卫⑤，家累千金，卒终于齐。

【注释】

①废举：同"废居"。废，出卖；举，买进。②与时：随时。转货：贱买贵卖。赀：通"资"。钱财。这句是说。③美：美德；好处。④匿：隐藏。过：过失；过错。⑤常相鲁、卫：这件事情无法找到依据。

言偃，吴人，字子游。少孔子四十五岁。

子游既已受业，为武城宰①。孔子过，闻弦歌之声②。孔子莞尔而笑曰③："割鸡焉用牛刀④？"子游曰："昔者偃闻诸夫子曰⑤：'君子学道则爱人⑥，小人学道则易使⑦。'"孔子曰："二三子⑧，偃之言是也。前言戏之耳⑨。"孔子以为子游习于文学⑩。

【注释】

①武城：鲁国邑名。在今山东省费县西南。此为南武城。宰：县长。②弦歌：又作"绚诵"。③莞（wǎn）尔：微笑的样子。④割鸡焉用牛刀：比喻治理这样的小县，不必用教育。焉，哪；牛刀，杀牛刀。⑤诸："之于"的合音词。⑥道：指儒家所奉行的政治主张。⑦使：驱使。⑧二三子：犹言学生们。⑨前言戏之：孔子听到弦歌声，非常高兴，故意说反话，经子游质问，便承认是戏言。⑩习：熟悉。

卜商①，字子夏。少孔子四十四岁。

【注释】

①卜商（前507年—？）：晋国温）今河南省温县西南）人，一说卫国人。

子夏问："'巧笑倩兮，美目盼兮，素以为绚兮①。'何谓也？"子曰："绘事后素②。"曰："礼后乎③？"孔子曰："商始可与言《诗》已矣。"

【注释】

①前二句诗见《诗·卫风·硕人》，后一句是逸诗。倩（qiàn）：美丽。盼：眼睛黑白分明的样子。绚（xuàn）：色彩华丽。这几句诗原是赞美一个女子的容貌。②绘：绘画。素：白底。③礼后：指礼产生在仁义之后。

子贡问："师与商孰贤？"子曰："师也过①，商也不及②。""然则师愈与③？"曰："过犹不及④。"

【注释】

①过：做事过分。②不及：做事赶不上。③愈：胜过；较好。④犹：如同。

子谓子夏曰："汝为君子儒①，无为小人儒。"

【注释】

①儒：儒生；信奉儒家学说的读书人。

孔子既没，子夏居西河教授①，为魏文侯师②。其子死，哭之失明。

【注释】

①西河：魏国地名。在今山西、陕西省间黄河西岸。②魏文侯：战国时魏国的建立者。名斯。

颛孙师①，陈人，字子张。少孔子四十八岁。

【注释】

①颛孙师（前503年—？）：复姓颛孙，名师。

子张问干禄①。孔子曰："多闻阙疑②，慎言其余，则寡尤③；多见阙殆，慎行其余，则寡悔。言寡尤，行寡悔，禄在其中矣。"

【注释】

①问：学。干：求。②阙：通"缺"。有"保留""回避"的意思。③寡：少。尤：过错。

他日从在陈、蔡间①，困②，问行③。孔子曰："言忠信，行笃敬④，虽蛮貊之国⑤，行也。言不忠信，行不笃敬，虽州里⑥，行乎哉？立则见其参于前也⑦，在舆则见其倚于衡⑧，夫然后行。"子张书诸绅⑨。

【注释】

①陈：古国名。妫姓。开国君主胡公（名满），相传是舜的后代，周武王灭商后所封。国都陈（今河南淮阳县）。蔡：古国名。前11世纪周分封的诸侯国。②困：孔子周游列国时，从陈国去蔡国的途中，因故被陈国人包围，绝粮七天。③行：通达。④笃（dǔ）：忠实。⑤蛮貊（mò）：南蛮和北狄，古代对南方和北方少数民族的贬称。⑥州里：指本乡本土。古代以五家为邻，五邻为里……二千五百家为州。⑦参：显现。⑧衡：同"横"。车辕前的横木。⑨绅：士大夫系在腰间的大带子。

子张问："士何如斯可谓之达矣①？"孔子曰："何哉，尔所谓达者？"子张对曰："在国必闻②，在家必闻③。"孔子曰："是闻也，非达也。夫达者，质直而好义，察言而观色，虑以下人④，在国及家必达。夫闻也者，色取仁而行违，居之不疑，在国及家必闻。"

【注释】

①达：通达。指见识高超，不同流俗。②国：诸侯统治的国家。③家：卿大夫的封地。④下人：指对人谦恭有礼，甘居人下。下，动词。

曾参①，南武城人②，字子舆。少孔子四十六岁。

【注释】

①曾参（前505—前435年）：字子舆。鲁国人，以孝著称。②南武城：古邑名，即武城。在今山东费县西南。

孔子以为能通孝道①，故授之业。作《孝经》②。死于鲁。

【注释】

①通：贯通。孝：孝顺父母。②作《孝经》：《汉书·艺文志》说："《孝经》者，孔子为曾子陈孝道者也。"

澹台灭明①，武城人，字子羽。少孔子三十九岁。

【注释】

①澹（tán）台灭明（前512年—？）：复姓澹台，名灭明，字子羽。

状貌甚恶①。欲事孔子②，孔子以为材薄③。既已受业，退而修行④，行不由径⑤，非公事不见卿大夫。

【注释】

①恶（è）：丑陋，与"美"相对。②事：侍奉。③材：同"才"。资质；才能。④修行：培养自己的德行。⑤径：小路。这里指邪路。

南游至江①，从弟子三百人，设取、予、去、就②，名施乎诸侯③。孔子闻之，曰："吾以言取人，失之宰予④；以貌取人，失之子羽。"

【注释】

①南游至江：相传澹台灭明南游到了吴国。②设：大，完善。③施：传扬。④失之宰予：宰予虽能言善辩，但对孔子坚持"三年之丧"的主张表示怀疑，所以孔子说他对宰予的看法错了，原不应该看重他。

宓不齐①，字子贱。少孔子三十岁。

【注释】

①宓（fú）不齐（前521—？）：鲁国人。

孔子谓子贱："君子哉！鲁无君子，斯焉取斯①？"

【注释】

①斯：此，这个。焉：哪里。

子贱为单父宰①，反命于孔子②，曰："此国有贤不齐者五人③，教不齐所以治者。"孔子曰："惜哉！不齐所治者小，所治者大则庶几矣④！"

【注释】

①单父（shàn fǔ）：县名，一作亶父。在今山东省单县。②反命：回去报告。③贤不齐者：即"贤于不齐者"。④庶几（jī）：差不多。

原宪①，字子思。

【注释】

①原宪（前515年—？）：也叫原思，仲宪。鲁国人，一说宋国人。

子思问耻。孔子曰："国有道，谷①。国无道，谷，耻也。"

【注释】

①谷：指俸禄。

子思曰："克、伐、怨、欲不行焉①，可以为仁乎？"孔子曰："可以为难矣②，仁则吾弗知也。"

【注释】

①克：好胜。伐：自夸其功。怨：怨恨。欲：贪心。②难：难能可贵。

孔子卒，原宪遂亡在草泽中①。子贡相卫，而结驷连骑②，排藜藋入穷阎③，过谢原宪④。宪摄敝衣冠见子贡⑤。子贡耻之，曰："夫子岂病乎⑥？"原宪曰："吾闻之，无财者谓之贫，学道而不能行者谓之病⑦。若宪，贫也，非病也。"子贡惭，不怿而去⑧，终身耻其言之过也。

【注释】

①草泽：荒野。②结驷连骑：车马接连不断。③藜藋：本是两种草，这里指用草编织的门。穷阎：这里指偏陋狭小的住处。阎，里巷。④过谢：探望。⑤摄：整理。⑥岂：怎么。⑦病：耻辱。⑧怿（yī）：喜悦。

公冶长①，齐人，字子长。

【注释】

①公冶长：复姓公冶，名长。

孔子曰："长可妻也①。虽在缧绁之中②，非其罪也。"以其子妻之③。

【注释】

①妻（qì）：把女子嫁给别人。动词。②缧绁（léi xiè）：捆绑犯人的绳子。这里指监狱。③子：在古代，儿子、女儿都叫作"子"。这里指女儿。

南宫括①，字子容。

【注释】

①南宫括：复姓南宫，名括，鲁国人。《论语》作南宫适（同"括"音）

问孔子曰："羿善射①，奡荡舟②，俱不得其死然③；禹、稷躬稼而有天下④？"孔子弗答。容出。孔子曰："君子哉若人⑤！上德哉若人⑥！""国有道，不废⑦；国无道，免于刑戮。"三复"白珪之玷⑧"，以其兄之子妻之⑨。

【注释】

①羿（yì）：即后羿。传说中夏代东夷族首领。原为有穷国的君主，擅长射箭。②奡（ào）：也是古代传说中的人物，夏代寒浞的儿子，是个大力士，能在陆地行舟，后被夏帝少康所杀。③然：这里"焉"。④禹：也叫大禹、夏禹。稷（jì）：传说是周朝的祖先，教民种植庄稼，被尊为五谷之神。躬：亲自。详见《周本纪》。⑤若人：这个人。若，此，这。⑥上：通"尚"。崇尚。⑦不废：指南宫括总是做官，不被废弃。⑧白珪之玷（diàn）：《诗·大雅·抑》有关于白珪的四句诗："白珪之玷，尚可磨也；斯言之玷，不可为也。"白珪是一种珍贵而莹洁的玉器，玷是污点。⑨兄之子：孔子的哥哥叫孟皮。这时孟皮可能死了，所以孔子替他女儿主婚。

公皙哀①，字季次。

【注释】

①公皙（xī）哀：齐国人。《孔子家语》作"公皙克"。

孔子曰："天下无行①，多为家臣，仕于都②；唯季次未尝仕。"

【注释】

①天下：这里指天下的读书人。②都：都邑；城市。

曾蒧①，字皙。

【注释】

①曾蒧（diǎn）：曾参的父亲。蒧，通"点"。

侍孔子，孔子曰："言尔志。"蒧曰："春服既成①，冠者五六人②，童子六七人，浴乎沂③，风乎舞雩④，咏而归。"孔子喟尔叹曰⑤："吾与蒧也⑥！"

【注释】

①春服：春天的衣服。多指夹衣。成：定。②冠（guàn）者：指成年人。③沂（yí）：水名。此为西沂水（非沂河），发源于山东曲阜县东南尼山麓，经曲阜市南流入泗水。④风：迎风乘凉。舞雩（yù）：鲁国祭天求雨的地方。⑤喟（kuì）尔：深深地叹息的样子。⑥与：赞许；同意。

颜无繇①，字路。路者，颜回父。父子尝各异时事孔子。

【注释】

①颜无繇（yóu。前545年—？）：《孔子家语》说，名颜由。

颜回死，颜路贫，请孔子车以葬。孔子曰："材不材①，亦各言其子也。鲤也死②，有棺而无椁③，吾不徒行以为之椁，以吾从大夫之后④，不可以徒行。"

【注释】

①材：有才华。指颜回。不材：没有才华。②鲤：孔鲤（前532—前483年），字伯鱼。孔子的儿子。③棺、椁（guǒ）：古代的棺材有的有两层，内"棺"外"椁"。④从大夫之后：孔子曾经做过鲁国的司寇，属大夫一级。

商瞿，鲁人，字子木。少孔子二十九岁。

孔子传《易》于瞿①，瞿传楚人馯臂子弘②，弘传江东人矫子庸疵③，疵传燕人周子家竖④，竖传淳于人光子乘羽⑤，羽传齐人田子庄何⑥，何传东武人王子中同⑦，同传菑川人杨何⑧。何元朔中以治《易》为汉中大夫⑨。

【注释】

①《易》：即《周易》，又叫《易经》。②馯（hàn）臂子弘：姓馯，名臂，字子弘。③江东：汉代称从安徽省芜湖市以下的长江下游南岸地区为江东。因长江自芜湖至江苏南京间成南北流向，这样以下江南地区也可称江东了。④燕：古国名。本作匽、郾。公元前11世纪周分封的诸侯国。⑤淳于：古国名。春秋时为淳于国后为杞国的都城。在今山东省安丘市东北。光子乘羽：姓光，名羽，字子乘。⑥田子庄何：姓田，名何，字子庄。⑦东武：古邑名。在今山东省诸城县。⑧菑川：即淄川县，在今山东省淄博市。杨何：字叔元。⑨元朔：《汉书·儒林传》作"元光"。元光（前134—前129年）、元朔（前128—前123年）都是汉武帝年号。中大夫：官名。掌管论议。属于郎中令。

高柴①，字子羔。少孔子三十岁。

【注释】

①高柴（前521年—？）：卫国人，一说齐国人。

子羔长不盈五尺，受业孔子，孔子以为愚。

子路使子羔为费郈宰①。孔子曰："贼夫人之子②！"子路曰："有民人焉，有社稷焉③，何必读书，然后为学？"孔子曰："是故恶夫佞者④。"

【注释】

①费（bì）郈：通"鄪郈"。古邑名。在今山东省费县西北。郈（hòu）：衍字。②贼：残害。③社稷：社，土神；稷，谷神。④恶（wù）：憎恶。佞（nìng）者：惯于花言巧语的人。

漆雕开①，字子开。

【注释】

①漆雕开（前540年—？）：复姓漆雕，名开。鲁国人。

孔子使开仕。对曰："吾斯之未能信①。"孔子说。

【注释】

①吾斯之未能信：即"吾未能信斯"。

公伯缭①，字子周。

【注释】

①公伯缭：复姓公伯，名缭。《论语》作公伯寮，鲁国人。有人认为他不是孔子的学生。

周愬子路于季孙①。子服景伯以告孔子②，曰："夫子固有惑志③缭也，吾力犹能肆诸市朝④。"孔子曰："道之将行，命也；道之将废，命也。公伯缭其如命何！"

【注释】

①愬：通"诉"。进谗言；毁谤。②子服景伯：鲁国大夫，名何。③夫子：指季孙。④肆：处死以后陈列尸体。

司马耕①，字子牛。

【注释】

①司马耕：复姓司马，名耕。宋国人。牛为桓魋之弟，桓魋任宋司马，故牛遂以司马为姓氏。

牛多言而躁。问仁于孔子。孔子曰："仁者，其言也讱①。"曰："其言也讱，斯可谓之仁乎？"子曰："为之难，言之得无讱乎？"

【注释】

①讱（rèn）：难，指话难说出口，引申为说话谨慎。

问君子①。子曰："君子不忧不惧②。"曰："不忧不惧，斯可谓之君子乎？"曰："内省不疚③，夫何忧何惧！"

【注释】

①承前省略主语"牛"。②君子不忧不惧：司马耕的哥哥桓魋在宋国担任司马，想要作乱，司马耕常怀忧惧，所以孔子这样开导他。③省（xǐng）：反省；自我检查。

樊须①，字子迟。少孔子三十六岁。

【注释】

①樊须（前515年—？）：齐国人，一说鲁国人。

樊迟请学稼①。孔子曰："吾不如老农。"请学圃②。曰："吾不如老圃。"樊迟出。孔子曰："小人哉，樊须也！上好礼，则民莫敢不敬；上好义，则民莫敢不服；上好信，则民莫敢不用情③。夫如是，则四方之民襁负其子而至矣④，焉用稼！"

【注释】

①稼：种植谷物。②圃：种蔬菜、花草的园地。③情：真情。④襁（qiǎng）：背小孩的宽带子。

樊迟问仁。子曰："爱人。"问智。曰："知人。"

有若少孔子十三岁①。有若曰："礼之用，和为贵。先王之道，斯为美。小大由之②，有所不行；知和而和，不以礼节之③，亦不可行也。""信近于义④，言可复也⑤。恭近于礼，远耻辱也⑥。因不失其亲⑦，亦可宗也⑧。"

【注释】

①有若（前508年—？）：鲁国人。②由：经过。之：指"礼之用，和为贵"。③节：节制；约束。④信：信约；约言。⑤复：通"覆"，检验，仔细审察。⑥远：使……远。使动用法。⑦因：依靠；凭借。⑧宗：主；可靠。

孔子既没，弟子思慕。有若状似孔子，弟子相与共立为师，师之如夫子时也。他日，弟子进问曰："昔夫子当行，使弟子持雨具，已而果雨。弟子问曰：'夫子何以知之？'夫子曰：'《诗》不云乎："月离于毕，俾滂沱矣①。"昨暮月不宿毕乎？'他日，月宿毕，竟不雨。商瞿年长无子，其母为取室②。孔子使之齐，瞿母请之。孔子曰：'无忧，瞿年四十后当有五丈夫子③。'已而果然。敢问夫子何以知此？"有若默然无以应。弟子起曰："有子避之，此非子之座也！"

【注释】

①月离于毕，俾滂沱矣：见《诗·小雅·渐渐之石》。离：通"丽"。依附。毕：星官名，二十八宿之一。俾：使。滂沱（pāng tuó）：下大雨的样子。②取室：娶妻。取，同"娶"。③丈夫子：男孩子。

公西赤①，字子华。少孔子四十二岁。

【注释】

①公西赤（前509年—？）：复姓公西，名赤。鲁国人。

子华使于齐，冉有为其母请粟①。孔子曰："与之釜②。"请益。曰："与之庾③。"冉子与之粟五秉④。孔子曰："赤之适齐也⑤，乘肥马⑥，衣轻裘。吾闻君子周急不继富⑦。"

【注释】

①粟：小米。②釜（fǔ）：古代量名，容当时的量器六斗四升，约合今天的容量一斗二升八合。③庾：古代量名，容量为当时的十六斗，约合今天的三斗二升。④秉：古代量名。⑤适：往；去。⑥肥马：指肥马驾的车辆。⑦周：通"赒"。救济。

巫马施①，字子旗。少孔子三十岁。

【注释】

①巫马施（前521年—？）：复姓巫马，名施。鲁国人，一说陈国人。

陈司败问孔子曰①："鲁昭公知礼乎②？"孔子曰："知礼。"退而揖巫马旗曰③："吾闻君子不党④，君子亦党乎？鲁君娶吴女为夫人，命之为孟子。孟子姓姬⑤，讳称同姓，故谓之孟子。鲁君而知礼⑥，孰不知礼！"施以告孔子。孔子曰："丘也幸，苟有过⑦，人必知之。臣不可言君亲之恶⑧，为讳者，礼也。"

【注释】

①陈司败：陈国的司寇。司败，即司寇，主管司法的官。②鲁昭公：鲁国国君。③退：指孔子退出去。④党：这里有包庇、偏袒的意思。⑤"孟子姓姬"以下三句：鲁国的国君是周公的后代，姓姬；吴国的国君是太伯的后代，也姓姬。

⑥而：如果。⑦苟：如果。⑧君亲：国君和父母。

梁鳣①，字叔鱼。少孔子二十九岁。

【注释】

①梁鳣（zhān）："鳣"，一作"鲤"。齐国人。

颜幸①，字子柳。少孔子四十六岁。

【注释】

①颜幸：鲁国人。

冉孺①，字子鲁。少孔子五十岁。

【注释】

①冉孺："孺"，一作"儒"。鲁国人。

曹恤，字子循。少孔子五十岁。伯虔，字子析。少孔子五十岁。公孙龙①，字子石。少孔子五十三岁。

【注释】

①公孙龙：楚国人，一说卫国人。

自子石已右三十五人①，颇有年名及受业闻见于书传②。其四十有二人，无年及不见收传者纪于左③：

【注释】

①已：通"以"。右：古代书写竖行，自右而左。以右即以上之意。②年：年龄。名：姓名。其实三十五人中，没有年龄的有十二人，在书籍上没有记载的有六人。③四十二人中，颜骄、公良孺、秦商、叔仲会等，《孔子家语》有他们的记载。

冉季①，字子产。

【注释】

①冉季：鲁国人。

公祖句兹①，字子之。

【注释】

①公祖句兹：复姓公祖，名句兹。

秦祖①，字子南。

【注释】

①秦祖：秦国人。

漆雕哆①，字子敛。

【注释】

①漆雕哆（chǐ）：鲁国人。

颜高①，字子骄。

【注释】

①颜高：孔子在卫国时，颜高曾为孔子驾车。

漆雕徒父①。

【注释】

①漆雕徒父：字固。鲁国人。

壤驷赤①，字子徒。

【注释】

①壤驷赤：复姓壤驷，名赤。秦国人。

商泽①。

【注释】

①商泽：字子季。鲁国人。

石作蜀①，字子明。

【注释】

①石作蜀：复姓石作，名蜀。

任不齐①，字选。

【注释】

①任不齐：楚国人。

公良孺①，字子正。

【注释】

①公良孺：复姓公良，名孺。陈国人。

后处①，字子里。

【注释】

①后处：齐国人。

秦冉，字开。
公夏首①，字乘。

【注释】

①公夏首：复姓公夏，名首。鲁国人。

奚容箴①，字子晳。

【注释】

①奚容箴（zhēn）：复姓奚容，名箴。卫国人。

公肩定①，字子中。

【注释】

①公肩定：复姓公肩，名定。鲁国人。

颜祖①，字襄。

【注释】

①颜祖：鲁国人。

郳单①，字子家。

【注释】

①郳单：读 qiāo shàn。

句井疆①。

【注释】

①句井疆：卫国人。

罕父黑①，字子索。

【注释】

①罕父黑：复姓罕父，名黑。

秦商①，字子丕。

【注释】

①秦商：楚国人，比孔子小四岁。

申党①，字周。

【注释】

①申党：《论语》作"申枨"。鲁国人。

颜之仆①，字叔。

【注释】

①颜之仆：鲁国人。

荣旂①，字子祈。

【注释】

①荣旂：鲁国人。

县成①，字子祺。

【注释】

①县（xuán）成：鲁国人。

左人郢①，字行。

【注释】

①左人郢：复姓左人，名郢。鲁国人。

燕伋①，字思。

【注释】

①燕伋：鲁国人。

郑国^①，字子徒。

【注释】

①郑国：本名郑邦，因避汉高帝刘邦名讳改。

秦非^①，字子之。

【注释】

①秦非：鲁国人。

施之常^①，字子恒。

【注释】

①施之常：鲁国人。

颜哙^①，字子声。

【注释】

①颜哙：鲁国人。

步叔乘^①，字子车。

【注释】

①步叔乘：复姓少叔，名乘。齐国人。

原亢籍^①。

【注释】

①原亢籍：按《家语》，名亢，字籍。为鲁国人。

乐欬^①，字子声。

【注释】

①乐欬：鲁国人。

廉絜^①，字庸。

【注释】

①廉絜：卫国人。

叔仲会^①，字子期。

【注释】

①叔仲会：晋国人，比孔子小五十四岁。

颜何^①，字冉。

【注释】

①颜何：字称，鲁国人。

狄黑^①，字皙。

【注释】

①狄黑：卫国人。

邦巽①，字子敛。

【注释】

①邦巽（xùn）：鲁国人。

孔忠①。

【注释】

①孔忠：字子蔑，孔子哥哥的儿子。

公西舆如①，字子上。

【注释】

①公西舆如：鲁国人。

公西葳①，字子上。

【注释】

①公西葳（diàn）：鲁国人。

太史公曰：学者多称七十子之徒，誉者或过其实①，毁者或损其真，钧之未睹厥容貌②，则论言③。弟子籍出孔氏古文④，近是。余以弟子名姓文字悉取《论语》弟子问，并次为篇⑤，疑者阙焉。

【注释】

①或：也许。②钧：同"均"。厥：其。代七十子之徒。③则：而。④孔氏古文：指《论语》。⑤并次：合编。

商君列传第八

　　商君者，卫之诸庶孽公子也①，名鞅，姓公孙氏②，其祖本姬姓也。鞅少好刑名之学③，事魏相公叔座为中庶子④。公叔座知其贤，未及进⑤。会座病⑥，魏惠王亲往问病⑦，曰："公叔病有如不可讳⑧，将奈社稷何⑨？"公叔曰："座之中庶子公孙鞅，年虽少，有奇才，愿王举国而听之！"王嘿然⑩。王且去，座屏人言曰⑪："王即不听用鞅，必杀之，无令出境。"王许诺而去。公叔座召鞅谢曰："今者王问可以为相者，我言若⑫，王色不许我⑬。我方先君后臣⑭，因谓王即弗用鞅，当杀之。王许我。汝可疾去矣⑮，且见禽⑯。"鞅曰："彼王不能用君之言任臣，又安能用君之言杀臣乎？"卒不去。惠王既去，而谓左右曰："公叔病甚，悲乎，欲令寡人以国听公孙鞅也，岂不悖哉⑰！"

【注释】

①卫：西周姬姓封国，是周武王弟弟康叔的后代。②姓公孙氏：古代姓和氏有区别，姓是标志家族系统的称号，氏是古代贵族标志宗族系统的称号，是姓的支系。③刑名之学：刑名，亦作"形名"。原指形体（或实际）和名称。④中庶子：大夫家中的执事人员，地位略高于舍人。⑤进：推荐。⑥会：恰巧。⑦魏惠王：战国时魏国国君，姓姬，名罃，前369—前319年在位。（今河南省开封市）。⑧不可讳：死的委婉说法。讳，忌讳。⑨社稷：古代帝王、诸　侯所祭祀的土神（社）和谷神（稷），因此往往用社稷指代国家。⑩嘿：通"默"。⑪屏人：遣退随侍人员。⑫若：你。⑬色：神色。⑭先君后臣：先考虑君上，后顾及臣下。⑮疾去：赶快离开。疾，迅速。⑯禽：通"擒"。⑰悖（bèi）：糊涂；荒谬。

公叔既死，公孙鞅闻秦孝公下令国中求贤者①，将修缪公之业②，东复侵地③，乃遂西入秦，因孝公宠臣景监以求见孝公④。孝公既见卫鞅，语事良久，孝公时时睡，弗听。罢而孝公怒景监曰："子之客妄人耳，安足用邪！"景监以让卫鞅⑤。卫鞅曰："吾说公以帝道⑥，其志不开悟矣。"后五日，复求见鞅。鞅复见孝公，益愈，然而未中旨⑦。罢而孝公复让景监，景监亦让鞅。鞅曰："吾说公以王道而未入也⑧。请复见鞅。"鞅复见孝公，孝公善之而未用也。罢而去。孝公谓景监曰："汝客善，可与语矣。"鞅曰："吾说公以霸道⑨，其意欲用之矣。诚复见我，我知之矣。"卫鞅复见孝公。公与语，不自知膝之前于席也⑩。语数日不厌。景监曰："子何以中吾君⑪？吾君之欢甚也。"鞅曰："吾说君以帝王之道比三代⑫，而君曰：'久远，吾不能待。且贤君者，各及其身显名天下，安能邑邑待数十百年以成帝王乎⑬？'故吾以强国之术说君，君大说之耳⑭。然亦难以比德于殷、周矣。"

【注释】

①秦孝公：战国时秦国国君，姓嬴，名渠梁。前361—前338年在位。②缪公：即秦穆公，春秋时秦国国君，名任好。他任用百里奚、蹇叔、由余为谋臣，击败晋国，后向西发展，为当时五霸之一。缪，通"穆"。③东复侵地：侵地，指原晋国的河西地带。秦穆公时曾占领河西地带，到秦惠公死，秦国内乱，晋国夺回河西地带。④景监：姓景的太监。⑤让：埋怨；责备。⑥说（shuì）：进言。五帝，传说中的五位上古帝王。⑦旨：意旨；心意。⑧王道：三王之道。三王，指夏禹、商汤、周文王；一说，指夏禹、商汤和周文王、武王。⑨霸道：五霸之道，即齐桓公、晋文公之道。⑩膝之前于席：古人席地而坐，两膝据席，全身端直，臀部靠在脚跟上。⑪中（zhòng）：中意。使动用法。⑫三代：指夏、商、周三个朝代。⑬邑邑：同"悒悒"，忧闷不乐的样子。⑭说（yuè）：通"悦"。

孝公既用卫鞅，鞅欲变法①，恐天下议己。卫鞅曰："疑行无名，疑事无功。且夫有高人之行者，固见非于世；有独知之虑者，必见敖于民②。愚者暗于成事③，知者见于未萌④。民不可与虑始而可与乐成⑤。论至德者不和于俗，成大功者不谋于众。是以圣人苟可以强国，不法其故⑥；苟可以利民，不循其礼。"孝公曰："善。"甘龙曰⑦："不然。圣人不易民而教⑧，知者不变法而治。因民而教，不劳而成功；缘法而治者，吏习而民安之。"卫鞅曰："龙之所言，世俗之言也。常人安于故俗，学者溺于所闻⑨。以此两者居官守法可也⑩，非所与论于法之外也。三代不同礼而王，五伯不同法而霸⑪。智者作法，愚者制焉⑫；贤者更礼，不肖者拘焉⑬。"杜挚曰⑭："利不百，不变法；功不十，不易器。法古无过，循礼无邪。"卫鞅曰："治世不一道，便国不法古。故汤、武不循古而王⑮，夏、殷不易礼而亡⑯。反古者不可非，而循礼者不足多^⑰。"孝公曰："善。"以卫鞅为左庶长^⑱，卒定变法之令。

【注释】

①鞅，承上文而误衍，当删。②教：通"謷（áo）"。诋毁。③暗：不明白；不理解。④知：通"智"。⑤虑始：在事业开始之初进行商讨。乐成：在事业成功之后快乐地享受。⑥法：效法。⑦甘龙：秦国的大臣。⑧易民：改变民俗。⑨溺：沉浸；贪恋。⑩此两者：指"常人"和"学者"。⑪五伯（bà）：即五霸，所指不一。⑫制：制约。⑬拘：拘束。⑭杜挚：秦国的大臣。⑮汤、武：商汤和周武王，分别为商朝和周朝的开国君主。⑯夏、殷：指夏桀和殷纣，分别为夏朝和殷朝（即商朝）的亡国之君。⑰多：重视；赞扬。⑱左庶长：秦国的爵位共二十等，由下而上，左庶长列第十位。

令民为什伍^①，而相牧司连坐^②。不告奸者腰斩^③，告奸者与斩敌首同赏^④，匿奸者与降敌同罚^⑤。民有二男以上不分异者，倍其赋。有军功者，各以率受上爵^⑥；为私斗者，各以轻重被刑大小。僇力本业^⑦，耕织致粟帛多者复其身^⑧。事末利及怠而贫者^⑨，举以为收孥^⑩。宗室非有军功论^⑪，不得为属籍^⑫。明尊卑爵秩等级，各以差次名田宅^⑬，臣妾衣服以家次^⑭。有功者显荣，无功者虽富无所芬华^⑮。

【注释】

①什伍：编制户籍，五家为"伍"，十家为"什"。②牧司：检举。牧，察看。连坐：连带科罪。③奸：邪恶诈伪的坏人。④当时新令，告奸一人，赐爵一级；斩敌首一颗，也赐爵一级。⑤当时新令，隐藏奸人的人本身处刑，家口没入官中，收为奴婢，跟降敌的处罚一样。⑥率（lǜ）：标准。⑦僇（lù）力：通"戮力"。努力。⑧复其身：免除本人的徭役或赋税。⑨事末利：从事工商业。⑩收孥（nú）：拘捕他们的妻子儿女作为官府的奴婢。⑪宗室：国君的亲属。⑫属籍：宗室的谱牒。⑬差（cī）次：次第。差，等。名：占有。⑭臣妾：男女奴婢。⑮芬华：尊荣。

令既具^①，未布，恐民之不信，已乃立三丈之木于国都市南门^②，募民有能徙置北门者予十金。民怪之^③，莫敢徙。复曰"能徙者予五十金"。有一人徙之，辄予五十金^④，以明不欺。卒下令。

【注释】

①具：准备就绪。②国都市南门：古代的国都，前面是朝廷，后面是市场，左面是祖庙，右面是社稷。市场也有范围界限。③怪之：以之为怪。④辄：就。金：古代计算货币的单位。

令行于民期年^①，秦民之国都言初令之不便者以千数^②。于是太子犯法^③。卫鞅曰："法之不行，自上犯之。"将法太子^④。太子，君嗣也，不可施刑，刑其傅公子虔，黥其师公孙贾^⑤。明日，秦人皆趋令^⑥。行之十年，秦民大说，道不拾遗，山无盗贼，家给人足^⑦。民勇于公战，怯于私斗，乡邑大治。秦民初言令不便者有来言令便者^⑧。卫鞅曰："此皆乱化之民也^⑨。"尽迁之于边城。其后民莫敢议令。

【注释】

①期（jī）年：一整年。②之：往；到。初令：新法令。初，形容词。③于是：在这时。④法：依法惩治。⑤黥（qíng）：古代的一种肉刑，即墨刑。用刀锥在

犯人额颊等处刺字，再涂上墨，这样脸上便留下墨字。⑥趋：趋向；遵奉。⑦家给人足：家家富裕，人人饱暖。⑧初言：当初说。⑨乱化：扰乱教化。化，教化，指已形成的风俗习惯。

于是以鞅为大良造①。将兵围魏安邑②，降之③。居三年，作为筑冀阙宫庭于咸阳④，秦自雍徙都之⑤。而令民父子兄弟同室内息者为禁⑥。而集小乡邑聚为县⑦，置令、丞⑧，凡三十一县。为田开阡陌封疆⑨，而赋税平。平斗桶权衡丈尺⑩。行之四年，公子虔复犯约，劓之⑪。居五年，秦人富强，天子致胙于孝公⑫，诸侯毕贺⑬。

【注释】

①大良造：即大上造，秦国的第十六等爵。地位相当于相。②安邑：魏国国都，在今山西省夏县西北。③降：使动用法。④作为：造作营为。冀阙：即魏阙，古代宫殿朝廷前面的城楼和阙门，是公布法令的地方。冀，记。意为出列教令，当记于此门阙。咸阳：在今陕西省咸阳市东北二十里。⑤雍：秦国的故都，在今陕西省凤翔县南。⑥同室内息：同室居住。⑦集：合并。⑧令：县令，一县的长官。丞：县丞，县令的副手。⑨阡陌（qiān mò）：纵横交错的田塍。南北叫阡，东西叫陌。封：作为分界标志的土堆。疆：划定的疆界。⑩平斗桶权衡丈尺：即统一度量衡制度。⑪劓（yì）：割鼻的刑罚，古代五刑之一。⑫天子：指周显王。胙（zuò）：祭肉。天子把祭肉赐给诸侯，表示特别的尊宠。⑬毕：都。

其明年①，齐败魏兵于马陵②，虏其太子申，杀将军庞涓。其明年，卫鞅说孝公曰："秦之与魏，譬若人之有腹心疾，非魏并秦，秦即并魏。何者？魏居领厄之西③，都安邑，与秦界河而独擅山东之利④。利则西侵秦，病则东收地⑤。今以君之贤圣，国赖以盛。而魏往年大破于齐，诸侯畔之⑥，可因此时伐魏。魏不支秦⑦，必东徙。东徙，秦据河山之固，东乡以制诸侯⑧，此帝王之业也。"孝公以为然，使卫鞅将而伐魏。魏使公子卬将而击之⑨。军既相距⑩，卫鞅遗魏将公子卬书曰⑪："吾始与公子欢，今俱为两国将，不忍相攻，可与公子面相见，盟，乐饮而罢兵，以安秦、魏。"魏公子卬以为然。会盟已，饮，而卫鞅伏甲士而袭虏魏公子卬，因攻其军，尽破之以归秦。魏惠王兵数破于齐、秦，国内空，日以削，恐，乃使使割河西之地献于秦以和⑫。而魏遂去安邑⑬，徙都大梁⑭。梁惠王曰："寡人恨不用公叔座之言也。"卫鞅既破魏还，秦封之於、商十五邑⑮，号为商君。

【注释】

①明年：指秦孝公二十一年（前341年）。②马陵：魏国地名。③领厄（è）：山岭险要的地方。指今山西省永济市以东中条山一带。领，通"岭"。厄，地形险要处。④界河：以黄河为界。⑤"利"与"病"对举。收：取得。⑥畔：通"叛"。⑦不支秦：不能抵挡秦兵东进。⑧乡（xiàng）：通"向"。⑨公子卬（áng）：魏国公族。⑩相距：前锋互相对峙，但未正式交战。⑪遗（wèi）：致送；给予。⑫河西之地：相当于现在陕西省合阳、澄城、大荔一带地方，在黄河的西面。⑬魏遂去安邑：魏这时才离开安邑，正证明前面"围安邑降之"有误。⑭大梁：今河南省开封市。⑮於（wū）、商：今陕西省商县东九十里有商城，西二百多里有於城。

商君相秦十年，宗室贵戚多怨望者①。赵良见商君②。商君曰："鞅之得见也，从孟兰皋③，今鞅请得交，可乎？"赵良曰："仆弗敢愿也。孔丘有言曰：'推贤而戴者进④，聚不肖而王者退⑤。'仆不肖，故不敢受命。仆闻之曰：'非其位而居之曰贪位，非其名而有之曰贪名。'仆听君之义，则恐仆贪位贪名也。故不敢闻命。"商君曰："子不说吾治秦与⑥？"赵良曰："反听之谓聪⑦，内视之谓明⑧，自胜之谓强⑨。虞舜有言曰⑩：'自卑也尚矣⑪。'君不若道虞舜之道⑫，无为问仆矣。"商君曰："始秦，戎、翟之教⑬，父子无别，同室而居。今我更制其教，而为其男女之别，大筑冀阙，营如鲁、卫矣⑭。子观我治秦也，孰与五羖大夫贤⑮？"赵良曰："千羊之皮，不如一狐之掖⑯；千人之诺诺⑰，不如一士之谔谔⑱。武王谔谔以昌⑲，殷纣墨墨以亡⑳。君若不非武王乎，则仆请终日正言而无诛㉑，可乎？"商君曰："语有之矣，貌言华也㉒，至言实也㉓，苦言药也㉔，甘言疾也㉕。夫子果肯终日正言，鞅之药也。鞅将事子㉖，子又何辞焉！"赵良曰："夫五羖大夫，荆之鄙人也㉗。闻秦缪公之贤而愿望见，行而无资，自粥于秦客㉘，被褐食牛㉙。期年，缪公知之，举之牛口之下，而加之百姓之上㉚，秦国莫敢望焉㉛。相秦六七年，而东伐郑㉜，三置晋国之君㉝，一救荆国之祸㉞。发教封内㉟，而巴人致贡㊱；施德诸侯，而八戎来服㊲。由余闻之㊳，款关请见㊴。五羖大夫之相秦也，劳不坐乘㊵，暑不张盖㊶，行于国中，不从车乘，不操干戈，功名藏于府库㊷，德行施于后世。五羖大夫死，秦国男女流涕，童子不歌谣㊸，舂者不相杵㊹。此五羖大夫之德也。今君之见秦王也，因嬖人景监以为主㊺，非所以为名也。相秦不以百姓为事，而大筑冀阙，非所以为功也。刑黥太子之师傅，残伤民以骏刑㊻，是积怨畜祸也㊼。教之化民也深于命，民之效上也捷于令。今君又左建外易㊽，非所以为教也。君又南面而称寡人㊾，日绳秦之贵公子㊿。《诗》曰：'相鼠有体，人而无礼；人而无礼，何不遄死[51]。'以《诗》观之，非所以为寿也。公子虔杜门不出已八年矣，君又杀祝欢而黥公孙贾[52]。《诗》曰：'得人者兴，失人者崩[53]。'此数事者，非所以得人也。君之出也，后车十数，从车载甲，多力而骈胁者为骖乘[54]，持矛而操闟戟者旁车而趋[55]。此一物不具，君固不出。《书》曰：'恃德者昌，恃力者亡[56]。'君之危若朝露，尚将欲延年益寿乎？则何不归十五都[57]，灌园于鄙[58]，劝秦王显岩穴之士[59]，养老存孤[60]，敬父兄，序有功[61]，尊有德，可以少安。君尚将贪商、於之富，宠秦国之教，畜百姓之怨，秦王一旦捐宾客而不立朝[62]，秦国之所以收君者[63]，岂其微哉？亡可翘足而待！"商君弗从。

【注释】

①怨望：怨恨。望，埋怨。②赵良：秦国隐士。③从孟兰皋：由于孟兰皋的介绍。④推贤：推荐贤能。戴者：爱民而有才能的人。⑤不肖：不贤的人。王者：讲王道的人。⑥与（yú）：表疑问、反问或感叹的语气助词。通"欤"。⑦反听：自问。⑧内视：省察自己。⑨自胜：克制自己。⑩虞舜：传说中父系氏族社会后期部落联盟领袖。⑪自卑：虚心谦逊。尚：尊重。⑫道：由，从，遵循。⑬戎、翟：指落后民族。翟，通"狄"。⑭营：经营缔造。⑮五羖（gǔ）大夫：即秦国大夫百里奚。姓百里，名奚。⑯掖：通"腋"。狐皮以腋部价值最高。⑰诺诺：随声附和。⑱谔谔：正色直言。⑲武王：周武王，姓姬名发，西周王朝的建立者。⑳墨墨：同"默默"。㉑诛：责备。㉒貌言：表面话。㉓至言：正言；真心话。㉔苦言：苦口危言。㉕甘言：甜言蜜语。㉖事：师事；尊为老师。㉗荆：楚国的别名。㉘粥（yù）：通"鬻（yù）"，售卖。㉙被（pī）：通"披"。褐：粗布短衣。食（sì）：通"饲"。㉚加：凌驾。百姓：这里指百官。㉛望：埋怨；不满。㉜东伐郑：指秦穆公三十三年（前627年），偷袭郑国失败。㉝三置晋国之君：指穆公九年（前651年），晋献公死，穆公派百里奚送晋公子夷吾回国，立为惠公；

穆公二十二年（前638年），晋公子圉由秦国回到晋国，立为怀公；穆公二十四年（前636年），从楚国迎取晋公子重耳，送回晋国，立为文公。㉞一救荆国之祸：指晋楚城濮之战。穆公二十八年（前632年），秦国跟宋、晋、齐等国在城濮（今山东鄄城县西南临濮集）击败楚国，从而制止了楚国北进的祸乱。救，止。㉟发教：施行德化。封内：境内。㊱巴：本周朝姬姓封国，秦设巴郡，地当今四川省东半部。㊲八戎：泛指四境的少数民族。㊳由余：本是晋国人，逃到西戎（西方民族）。戎王派他到秦国察看虚实。㊴款关：叩门。㊵坐乘：古代的车都是立乘的，只有尊敬耆老的安车才设座位。㊶盖：车上的帷幔。㊷府库：收藏史籍的档案库。㊸歌谣：合音乐的叫歌，随口唱的叫谣。这里指唱歌。㊹舂（chōng）：捣米。相杵（xiàng chǔ）：捣米时发出的与杵相应的劳动号子声。㊺嬖（bì）人：受宠幸的人。主：荐主；介绍人。㊻骏刑：严峻的刑罚。骏，通"峻"。㊼畜：通"蓄"。㊽左、外：都是指不正。建：建立威权。易：变更法度。㊾南面：古代君王面向南坐，所以称为南面。这里指卫鞅受封为商君。㊿绳：纠正；约束。引申为逼迫。51"相鼠有体"：诗见《诗·鄘风·相鼠》第三章。52祝欢：人名。大概也是太子师傅。53这两句《诗》上没有，大概出于逸诗。54骈胁：肋骨相连。这里指肌肉发达、看不见肋骨的壮汉。骖乘：古时乘车，坐在车右担任警卫的人。55阑（xì）戟：相交的戟，是一种古代兵器。旁（bàng）：靠近。56这两句不见于《尚书》。57十五都：指商、於十五邑。58鄙：僻静边远的地方。59显：尊荣。这里引申为起用。岩穴之士：隐居山林的贤人。60存：存问；抚恤。61序：叙用。62捐宾客：谢绝宾客。死的委婉说法。不立朝：不在位。63收：逮捕；报复。

后五月而秦孝公卒，太子立①。公子虔之徒告商君欲反，发吏捕商君。商君亡，至关下②，欲舍客舍。客人不知其是商君也③，曰："商君之法，舍人无验者坐之④。"商君喟然叹曰⑤："嗟乎，为法之敝一至此哉⑥！"去之魏。魏人怨其欺公子卬而破魏师，弗受。商君欲之他国。魏人曰："商君，秦之贼⑦。秦强而贼入魏，弗归，不可。"遂内秦⑧。商君既复入秦，走商邑⑨，与其徒属发邑兵北出击郑⑩。秦发兵攻商君，杀之于郑黾池⑪。秦惠王车裂商君以徇⑫，曰："莫如商鞅反者！"遂灭商君之家。

【注释】

①太子：名驷，立为惠文王。②关下：泛指秦国边境的关口。③客人：客舍的主人。④舍人：留宿客人。验：凭证。坐：连带判罪。⑤喟（kuì）然：叹息的样子。⑥敝：害。⑦贼：这里指逃犯。⑧内（nà）：通"纳"。内秦，即纳之于秦。⑨走：趋向。⑩徒属：封邑中的部属。郑：商邑北方的郑县，故城在今陕西省华县西北。⑪黾（miǎn）池：即今河南省渑池县西。⑫秦惠王：即惠文王。车裂：俗称五马分尸。古代一种极残酷的死刑。即将人头和四肢分别拴在五辆车上，以五马驾车，同时分驰，撕裂肢体。徇（xùn）：示众。

太史公曰：商君，其天资刻薄人也①。迹其欲干孝公以帝王术②，挟持浮说，非其质矣③。且所因由嬖臣，及得用，刑公子虔，欺魏将卬，不师赵良之言，亦足发明商君之少恩矣④。余尝读商君《开塞》《耕战》书⑤，与其人行事相类。卒受恶名于秦，有以也夫⑥！

【注释】

①天资：天性。②迹：寻求其真迹。考察。干：求。③质：实。④发明：证

明。⑤《商君书》，《汉书·艺文志》著录二十九篇，现存二十四篇。第三篇名《农战》，即《耕战》，第七篇名《开塞》。⑥有以：有来由。

苏秦列传第九

苏秦者，东周雒阳人也①。东事师于齐②，而习之于鬼谷先生③。

【注释】

①东周：此处指战国时的一个诸侯封国。雒（luò）阳：即洛阳。②事：服事；侍奉。齐：公元前11世纪周分封的诸侯国。姜姓。③鬼谷先生：战国时纵横家。居于鬼谷，因号鬼谷子。今传《鬼谷子》一书，系后人伪托。鬼谷，在今河南省登封市东。

出游数岁，大困而归①。兄弟嫂妹妻妾窃皆笑之，曰："周人之俗，治产业，力工商，逐什二以为务②。今子释本而事口舌③，困，不亦宜乎！"苏秦闻之而惭，自伤，乃闭室不出，出其书遍观之。曰："夫士业已屈首受书④，而不能以取尊荣，虽多亦奚以为⑤！"于是得《周书阴符》⑥，伏而读之。期年⑦，以出揣摩⑧，曰："此可以说当世之君矣。"求说周显王⑨。显王左右素习知苏秦⑩，皆少之⑪，弗信⑫。

【注释】

①困：窘迫，不得意。②什二：获得十分之二的盈利。③本：一般指农业，此处指从事手工业或商业。口舌：指游说。④夫（fú）：语首助词。业已：已经。屈首：低头，表示虚心。⑤奚（xī）：何，疑问词。⑥《周书阴符》：古兵家书名。已失传。⑦期（jī）年：一周年。⑧揣（chuǎi）摩：读书时精心探索，以求领悟其义旨。⑨周显王：姬扁。前368—前321年在位。⑩左右：身旁侍从。素：向来。习知：熟知。⑪少：轻视。⑫弗：不。

乃西至秦①。秦孝公卒②。说惠王曰③："秦四塞之国④，被山带渭⑤，东有关河⑥，西有汉中⑦，南有巴蜀⑧，北有代马⑨，此天府也⑩。以秦士民之众，兵法之教，可以吞天下，称帝而治。"秦王曰："毛羽未成，不可以高蜚⑪；文理未明，不可以并兼。"方诛商鞅⑫，疾辩士⑬，弗用。

【注释】

①秦：前8世纪周分封的诸侯国。嬴姓。②秦孝公：嬴渠梁。公元前361—前338年在位。③惠王：秦惠文王。嬴驷。前337—前311年在位。④四塞之国：秦国东有黄河和函谷、蒲津、龙门、合河等关；南有南山和武关，峣关；西有大陇山及其险隘大震关；北有黄河，所以称四塞之国。⑤被山带渭：犹言以山为被，以渭河为带。被，被子，以动用法。山，指华山，在今陕西省东部。带，带子，

以动用法。渭，渭河，黄河最大支流。⑥关河：指函谷、蒲津等关与黄河。⑦汉中：郡名。地在今陕西省秦岭以南南郑地区。⑧巴：郡名。地在今四川省东部。蜀：郡名。地在今四川省中西部。⑨代：郡名。⑩天府：指自然条件优越，形势险固，物产富饶的地方。府，仓库。⑪蜚（fěi）：通"飞"。⑫商鞅（约前390—前338年）：卫国人公孙鞅。⑬疾：通"嫉"。妒忌。辩士：指当时能言善辩，游说各国的知识分子。

乃东之赵①。赵肃侯令其弟成为相②，号奉阳君③。奉阳君弗说之④。

【注释】

①赵：战国七雄之一。开国君主赵籍，建都晋阳（今山西省太原市东南），后迁都邯郸。②赵肃侯：赵语。前349—前326年在位。③奉阳君：即公子成，赵惠文王四年（前295年），他与赵国大臣一起平定公子章之乱。④说（yuè）：通"悦"。喜悦。

去游燕①，岁余而后得见。说燕文侯曰②："燕东有朝鲜③、辽东④，北有林胡、楼烦⑤，西有云中、九原⑥，南有嘑沱、易水⑦，地方二千余里⑧，带甲数十万，车六百乘⑨，骑六千匹，粟支数年。南有碣石、雁门之饶⑩，北有枣栗之利，民虽不佃作而足于枣栗矣。此所谓天府者也。

"夫安乐无事⑪，不见覆军杀将，无过燕者。大王知其所以然乎？夫燕之所以不犯寇被甲兵者⑫，以赵之为蔽其南也。秦、赵五战，秦再胜而赵三胜。秦赵相毙，而王以全燕制其后，此燕之所以不犯寇也。且夫秦之攻⑬燕也⑭，逾云中、九原，过代、上谷⑮，弥地数千里⑯，虽得燕城，秦计固不能守也。秦之不能害燕亦明矣，今赵之攻燕也，发号出令，不至十日，而数十万之军军于东垣矣⑰。渡嘑沱，涉易水，不至四五日而距国都矣⑱。故曰秦之攻燕也，战于千里之外；赵之攻燕也，战于百里之内。夫不忧百里之患，而重千里之外，计无过于此者。是故愿大王与赵从亲⑲，天下为一，则燕国必无患矣。"

【注释】

①燕（yān）：国名，公元前11世纪周分封的诸侯国。姬姓。②燕文侯：即燕文公。前361—前333年在位。③朝鲜：今朝鲜半岛。④辽东：今辽东半岛，在辽宁省南部。⑤林胡：部族名。当时分布在今山西省北部至内蒙古自治区境内。楼烦：部族名。当时分布在今山西省北部及内蒙古自治区南部。⑥云中：郡名。地在今内蒙古自治区东南部。九原：郡名。地在今内蒙古后套及其以东一带。⑦嘑（hū）沱：水名。即滹沱河。易水：水名。在今河北省西部，源出易县境。⑧方：横直见方。⑨乘（shèng）：古时一车四马为一乘。⑩碣（jié）石：山名。⑪夫（fú）：语首助词。⑫不犯寇：不为敌国军队所侵犯。寇，入侵国境的外敌。被（pī）甲兵：穿着铠（kǎi）甲，拿着武器，意思是投身战斗。被，通"披"，穿着。⑬相毙：互相残杀，以至灭亡。⑭且：提起连词。⑮上谷：郡名。地在河北省北部。⑯弥地：遍地。⑰下"军"字：驻扎。东垣：赵邑名。⑱距：到达。⑲从（zōng）亲：合从相亲。从，通"纵"，指南北向。战国时弱国联合进攻强国，叫合纵。

文侯曰："子言则可，然吾国小，西迫强赵①，南近齐。齐、赵，强国也。子必欲合从以安燕，寡人请以国从。"

【注释】

①迫：逼近。

于是资苏秦车马金帛以至赵①。而奉阳君已死，即因说赵肃侯曰："天下卿相人臣及布衣之士②，皆高贤君之行义③，皆愿奉教陈忠于前之日久矣。虽然，奉阳君妒君而不任事，是以宾客游士莫敢自尽于前者④，今奉阳君捐馆舍⑤，君乃今复与士民相亲也，臣故敢进其愚虑。

【注释】

①资：资助，供给。②布衣：平民。③高：推崇。以动用法。④是以："以是"的倒装，犹言"因此"。⑤捐馆舍：旧时对死亡的讳称。人死，不忍直说，只说抛弃了住所。

"窃为君计者，莫若安民无事，且无庸有事于民也①。安民之本，在于择交，择交而得则民安，择交而不得则民终身不安。请言外患：齐、秦为两敌而民不得安，倚秦攻齐而民不得安②，倚齐攻秦而民不得安。故夫谋人之主，伐人之国，常苦出辞断绝人之交也。愿君慎勿出于口，请别白黑，所以异阴阳而已矣③。君诚能听臣，燕必致旃裘狗马之地④，齐必致鱼盐之海，楚必致橘柚之园⑤，韩、魏、中山皆可使致汤沐之奉⑥，而贵戚父兄皆可以受封侯。夫割地包利⑦，五伯之所以覆军禽将而求也⑧；封侯贵戚，汤武之所以放弑而争也⑨。今君高拱而两有之⑩，此臣之所以为君愿也。

【注释】

①无庸：无须；不必。②倚：倚仗；依靠。③别白黑，异阴阳：意思是：分析赵国的利害，有如黑白分明，阴阳差异。④旃（zhān）裘：同"毡裘"。古代西北游牧民族用兽毛等制成的衣服、篷帐。⑤楚：国名。⑥汤沐之奉：指供给国君、王后、公主等收取赋税，用来设置汤沐之县的私邑。汤，热水，用于浴身；沐，洗头发。奉，进献。⑦割地包利：得到他国割让的土地，收入他国进贡的物品。⑧五伯（bà）：春秋时先后称霸的五国诸侯。⑨汤：商汤。商朝建立者。原为商族领袖，陆续攻灭邻近各国，最后一举灭夏，约于公元前16世纪建立商朝。武：周武王。周朝的建立者。放弑：指商汤放逐了夏桀，周武王杀了商纣。放，放逐。弑，杀君。⑩高拱：两手相合高高举起，比喻安坐不动。

"今大王与秦①，则秦必弱韩、魏②；与齐，则齐必弱楚、魏。魏弱则割河外③，韩弱则效宜阳④，宜阳效则上郡绝⑤，河外割则道不通，楚弱则无援。此三策者，不可不孰计也⑥。

【注释】

①与：亲附；支援。②弱：衰弱。使动用法。韩：战国七雄之一。魏：战国七雄之一。③河外：黄河以南地（黄河以北地称河内），此指魏国毗邻秦国之黄河以南地。④效：献出。宜阳：韩邑名。在今河南省宜阳县。⑤上郡：郡名。⑥孰计：仔细考虑。孰，通"熟"。

"夫秦下轵道①，则南阳危②；劫韩包周③，则赵氏自操兵，据卫取淇卷④，则齐必入朝秦。秦欲已得乎山东⑤，则必举兵而向赵矣。秦甲渡河逾漳⑥，据番吾⑦，则兵必战于邯郸之下矣⑧。此臣之所为君患也⑨。

【注释】

①轵（zhǐ）道：道路名。在今河南省济源市，为豫北进入山西的孔道。②南阳：地区名。在今河南省西南部一带。③劫韩包周：夺取韩国南阳，包围周朝都城洛阳。④据卫取淇卷（quán）：占据卫国，夺取卷邑。⑤山东：地区名。战国时通称崤（yáo）山或华山以东为山东，与当时所谓"关东"含义相同。⑥河：黄河。漳：漳河。⑦番（pó）吾：赵国地名。⑧邯郸：赵都城。在今河北省邯郸市。⑨患：忧虑。

"当今之时，山东之建国莫强于赵。赵地方二千余里，带甲数十万，车千乘，骑万匹，粟支数年。西有常山①，南有河漳②，东有清河③，北有燕国。燕固弱国，不足畏也。秦之所害于天下者莫如赵，然而秦不敢举兵伐赵者，何也？畏韩、魏之议其后也。然则韩、魏，赵之南蔽也。秦之攻韩、魏也，无有名山大川之限，稍蚕食之④，傅国都而止⑤。韩、魏不能支秦，必入臣于秦。秦无韩、魏之规⑥，则祸必中于赵矣⑦。此臣之所为君患也。

【注释】

①常山：山名。在今河北省曲阳县西北。②河漳：即漳河。③清河：古河名。④蚕食：蚕食桑叶。⑤傅：通"附"。附着；逼近。⑥规（kuī）：通"窥"。窥测；窥伺。⑦中（zhòng）：临到。

"臣闻尧无三夫之分①，舜无咫尺之地②，以有天下；禹无百人之聚③，以王诸侯④；汤武之士不过三千，车不过三百乘，卒不过三万，立为天子：诚得其道也。是故明主外料其敌之强弱，内度其士卒贤不肖⑤，不待两军相当而胜败存亡之机固已形于胸中矣，岂掩于众人之言而以冥冥决事哉⑥！

【注释】

①尧：传说中父系氏族社会后期部落联盟领袖。夫：古代井田制一夫受田百亩，因称百亩为夫。②舜：传说中父系氏族社会后期部落联盟领袖。姚姓，有虞氏。咫（zhǐ）尺：比喻面积很小。咫，古代长度名，周制八寸，合今市制六寸二分二厘。③禹：传说中古代部落联盟领袖。名文命。又称大禹。姒姓，以治水有功，被舜选为继承人。舜死后继位。④王（wàng）：统领诸侯以成就王业。⑤度（duó）：推测；估计。⑥掩（yǎn）：掩盖；蒙蔽。

"臣窃以天下之地图案之①，诸侯之地五倍于秦，料度诸侯之卒十倍于秦②，六国为一，并力西乡而攻秦③，秦必破矣。今西面而事之，见臣于秦。夫破人之与见破于人也，臣人之与臣于人也，岂可同日而论哉！

【注释】

①案：通"按"。考据；查究。②料度（duó）：估算。③乡（xiàng）：通"向"。

"夫衡人者①，皆欲割诸侯之地以予秦②。秦成，则高台榭③，美宫室，听竽瑟之音④，前有楼阙轩辕⑤，后有长姣美人⑥，国被秦患而不与其忧⑦。是故夫衡人日夜务以秦权恐愒诸侯以求割地⑧，故愿大王孰计之也。

【注释】

①衡人：战国时，弱国随从强国进攻其他弱国，称为连横。衡，通"横"。②予：给。③榭（xiè）：古时土高叫台，建在高台上的敞屋叫榭。④竽瑟（yú sè）：竽，

古管乐器，形似笙而较大，管数亦较多。⑤阙（què）：古代宫殿、祠庙和陵墓前面的高建筑物，通常左右各一，建成高台，台上建楼观。因左右台观间有空缺，所以叫阙。轩辕：指车辀（zhōu）。古时称大车左右两木直而平的叫辕，小车居中一木曲而上的叫辀，统称轩辕。⑥姣：美好貌。⑦被：遭受。⑧恐愒（hè）：恐吓、胁迫。

　　"臣闻明主绝疑去逸①，屏流言之迹②，塞朋党之门③，故尊主广地强兵之计臣得陈忠于前矣④。故窃为大王计，莫如一韩、魏、齐、楚、燕、赵以从亲⑤，以畔秦⑥。令天下之将相会于洹水之上⑦，通质⑧，刳白马而盟⑨。要约曰⑩：'秦攻楚，齐、魏各出锐师以佐之，韩绝其粮道，赵涉河漳，燕守常山之北。秦攻韩、魏，则楚绝其后，齐出锐师而佐之，赵涉河漳，燕守云中。秦攻齐，则楚绝其后，韩守城皋⑪，魏塞其道，赵涉河漳、博关⑫，燕出锐师以佐之。秦攻燕，则赵守常山，楚军武关⑬，齐涉勃海⑭，韩、魏皆出锐师以佐之。秦攻赵，则韩军宜阳，楚军武关，魏军河外，齐涉清河，燕出锐师以佐之。诸侯有不如约者，以五国之兵共伐之。'六国从亲以宾秦⑮，则秦甲必不敢出于函谷以害山东矣⑯。如此，则霸王之业成矣。"

【注释】

　　①去：除掉。②屏（bǐng）：抛弃。③朋党：为私利而互相勾结的小集团。④广：增广。使动用法。⑤一：合而为一。使动用法。⑥畔：通"叛"。⑦洹（huán）水：水名。在今河南省北境。源出林县隆虑山，东流到内黄县北入卫河。⑧通质：沟通相互交换人质的情谊。⑨刳（kū）：剖开，并挖空，此处泛指宰杀。⑩要（yāo）约：订立盟约。⑪城皋：即成皋。韩邑名。⑫博关：地名。⑬武关：关名。旧址在今陕西省商南县南丹江上。⑭勃海：即今渤海。⑮宾（bìn）：通"摈"。排斥；弃绝。⑯甲：借指军队。

　　赵王曰："寡人年少，立国日浅，未尝得闻社稷之长计也①。今上客有意存天下，安诸侯，寡人敬以国从。"乃饰车百乘，黄金千溢②，白璧百双，锦绣千纯③，以约诸侯。

【注释】

　　①未尝：不曾；没有。社稷：古代帝王、诸侯所祭的土神（社）和谷神（稷），后用作国家的代称。②溢：通"镒"。古代重量单位二十两或二十四两。③纯（tún）：本指布帛的幅度，这里指一匹。一段为一纯。

　　是时周天子致文武之胙于秦惠王①。惠王使犀首攻魏②，禽将龙贾③，取魏之雕阴④，且欲东兵⑤。苏秦恐秦兵之至赵也，乃激怒张仪⑥，入之于秦⑦。

【注释】

　　①是：此。指示代词。文武之胙（zuò）：指周王祭祀周文王、武王的肉。胙，祭祀用的肉。②犀首：本魏国武官名。此处指魏国人公孙衍。③龙贾：魏将。④雕阴：地名。在今陕西省甘泉县南。⑤东：向东进发。使动用法。⑥张仪：魏国人。⑦入：使动用法。

　　于是说韩宣惠王曰①："韩北有巩洛、成皋之固②，西有宜阳、商阪之塞③，东有宛、穰、洧水④，南有陉山⑤，地方九百余里，带甲数十万，天下之强弓劲弩皆从韩出。谿子、少府时力、距来者⑥，皆射六百步之外。韩卒超足而射⑦，百发不暇止，远者括蔽洞胸⑧，近者镝弇心⑨。韩卒之剑戟皆出于冥山、棠谿、墨阳、合赙、邓师、宛冯、龙渊、太阿⑩，皆陆断牛马，水截鹄雁⑪，当敌则斩坚甲铁幕⑫，革抉咙芮⑬，无不毕具。以韩卒之勇，被坚甲⑭，蹠劲弩⑮，带利剑，一人当百，不足言也。夫以韩之劲与大王之贤，乃西面事秦，交臂而服⑯，羞社稷而为天下笑，无大于此者矣。是故愿大王孰计之。

【注释】

①韩宣惠王：即韩宣王，前332年—前312年在位。②巩：邑名。在今河南省巩义市西南。③商阪：又名商山、楚山。在今陕西省商县东南。④宛（yuān）：楚邑名。在今河南省南阳市。穰（ráng）：韩邑名。在今河南省邓州市。洧（wěi）水：水名。即今河南省双洎（jì）河。⑤陉（xíng）山：山名。在今河南省新郑市西南。⑥谿（xī）子：弩名。时力、距来：少府所造的两种弩名。时力，指制造得时，力倍于常。距，通"拒"。距来，指弩势劲利，足以拒来敌。⑦超足：齐足。放弩时，坐着用足踏弩，以手引搂机，然后发射。⑧括蔽洞胸：括，当作"铦"（xiān），箭镞。蔽，疑为衍文。⑨镝（dí）弇（yǎn）心：箭射穿心房。⑩冥山、棠谿、墨阳、合赙（fù）、邓师、宛冯、龙渊、太阿：均地名，当时韩国冶铁工业兴盛的处所。冥山，在今河南省信阳市东南，山甚高峻、为古九塞之一。棠谿，在今河南省西平县西北。墨阳，本铸剑工匠名，此处称代剑的产地。合赙，今地不详。在今南阳地区。邓，在今河南郾城县东南。师，邓国善铸剑的名师，此处用以称代剑的产地。宛冯：邑名。在今河南省荥阳市境西北。宛人在冯池铸剑，故名宛冯。龙渊，在今河南省西平县。太阿，《楚辞》里已有此剑名。⑪鹄（hú）：即天鹅。群居于湖泊沼泽地带，飞行快速而高。⑫铁幕：铁制的衣，用以保护手臂和小腿。⑬革抉（jué）：皮制的臂衣。咙芮（fá ruì）：系盾的绶带。⑭被（pī）：通"披"。穿着。⑮蹠（zhí）：通"跖"。踏。⑯交臂：叉手；拱手。

"大王事秦，秦必求宜阳、成皋。今兹效之①，明年又复求割地。与则无地以给之，不与则弃前功而受后祸。且大王之地有尽而秦之求无已，以有尽之地而逆无已之求②，此所谓市怨结祸者也③，不战而地已削矣。臣闻鄙谚曰：'宁为鸡口，无为牛后④。'今西面交臂而臣事秦，何异于牛后乎？夫以大王之贤，挟强韩之兵，而有牛后之名，臣窃为大王羞之。"

【注释】

①效：进献。②逆：接受。③市怨：讨怨；买怨。市，购买。④宁为鸡口，无为牛后：鸡口虽小，乃进食；牛后虽大，乃出粪。

于是韩王勃然作色，攘臂瞋目①，按剑仰天太息曰②："寡人虽不肖③，必不能事秦。今主君诏以赵王之教④，敬奉社稷以从。"

【注释】

①攘（rǎng）臂：捋（luō，lǔ）起袖子。瞋（chēn）目：发怒时睁大眼睛。②太息：大声叹气。③不肖：不贤。④主君：对苏秦的尊称。古时卿大夫称"主"。

又说魏襄王曰①："大王之地，南有鸿沟、陈、汝南、许、郾、昆阳、召陵、舞阳、新都、新郪②，东有淮、颍、煮枣、无胥③，西有长城之界④，北有河外、卷、衍、酸枣⑤，地方千里，地名虽小，然而田舍庐庑之数⑥，曾无所刍牧⑦。人民之众，车马之多，日夜行不绝，辚辚殷殷⑧，若有三军之众。臣窃量大王之国不下楚。

然衡人怵王交强虎狼之秦以侵天下⑨，卒有秦患⑩，不顾其祸。夫挟强秦之势以内劫其主，罪无过此者。魏，天下之强国也。王，天下之贤王也。今乃有意西面而事秦⑪，称东藩⑫，筑帝宫⑬，受冠带⑭，祠春秋⑮，臣窃为大王耻之。

【注释】

①魏襄王：魏嗣。前334年—前319年在位。②鸿沟：古运河。故道自今河南荥阳市北引黄河水，东流往东经中牟，开封，折南流至淮阳县南入颍水。陈：地名。春秋时陈国旧地，在今河南省淮阳县一带。汝南：地名。在今河南省上蔡县一带。许：地名，春秋时许国旧地。在今河南省许昌市一带。郾（yǎn）：古郾子国旧地。在今河南省郾城县一带。昆阳：邑名，在今河南省叶县。召（shào）陵：邑名。在今河南省郾城县东。舞阳：邑名。在今河南省舞阳县境。新郪（qī）：邑名。即郪丘。在今安徽省界首市东北。③淮：淮河。颍（yǐng）：颍河。淮河最大支流，在今河南省东部和安徽省西北部。煮枣：邑名。在今山东省菏泽市西南。④长城：春秋战国时各国为了互相防御，多在形势险要处修筑长城。⑤衍：地名。在今河南省郑州市北。酸枣：邑名。在今河南省延津县西南。⑥庐庑（wǔ）：庐，指村房或小屋。庑，大屋。⑦曾：乃。无所刍牧：指因为田地房屋稠密，连放牧牲畜的地方也没有，形容人口十分密集。⑧辒辒（hōng）殷殷：均象声词，形容很多车马行驶的声音。辒辒，同"轰轰"。殷殷，震动。⑨怵（xù）：通"怵"。利诱。⑩卒（cù）：通"猝"。突然。⑪西面：面向西。⑫东藩：东方的藩属。⑬筑帝宫：替秦国建筑宫殿，供秦王巡狩时居住。⑭受冠带：接受秦国的封爵，采用其服饰制度。⑮祠春秋：春秋季节贡献财物给秦国助祭。

"臣闻越王勾践战敝卒三千人①，禽夫差于干遂②，武王卒三千人③，革车三百乘，制纣于牧野④：岂其士卒众哉，诚能奋其威也。今窃闻大王之卒，武士二十万，苍头二十万，奋击二十万，厮徒十万⑤，车六百乘，骑五千匹。此其过越王勾践、武王远矣，今乃听于群臣之说而欲臣事秦。夫事秦必割地以效实⑥，故兵未用而国已亏矣。凡群臣之言事秦者，皆奸人，非忠臣也。夫为人臣，割其主之地以求外交，偷取一时之功而不顾其后，破公家而成私门，外挟强秦之势以内劫其主，以求割地，愿大王孰察之。

【注释】

①勾（gōu）践：春秋末越国君。曾被吴国打败，屈服求和。自后卧薪尝胆，刻苦图强，任用范蠡（lǐ）、文种等人，整顿国政，十年生聚，十年教训，终于转弱为强，灭亡吴国，继而在徐州（今山东省滕州市南）大会诸侯，成为霸主。句，通"勾"。②禽：同"擒"。捉。夫（fú）差：春秋末吴国君。前495—前473年在位。干遂，地名。在今江苏省苏州市西北。③武王：周武王。姬发。④纣（zhòu）：商朝最后的君主。牧野：地名。在今河南省汲县北。⑤武士、苍头、奋击、厮徒：都是当时军队的名目。武士，最精锐的士兵，由国家给予田宅。奋击，冲锋陷阵的士兵。厮徒，勤杂兵。⑥效实：表示自己的忠诚老实。

"《周书》曰①：'绵绵不绝，蔓蔓奈何？豪氂不伐，将用斧柯②。'前虑不定，后有大患，将奈之何？大王诚能听臣，六国从亲，专心并力壹意，则必无强秦之患。故敝邑赵王使臣效愚计，奉明约，在大王之诏诏之。"

【注释】

①《周书》：即《逸周书》。今有七十一篇，周代政令的纪录。②引语出自《周

书·和寤解》。豪氂(lí)，通"毫厘"。这句意思是说，在弱小的时候不去掉它，将来要去掉它的时候，将必须用斧头了。

魏王曰："寡人不肖，未尝得闻明教。今主君以赵王之诏诏之，敬以国从。"

因东说齐宣王曰[1]："齐，南有泰山[2]，东有琅邪[3]，西有清河，北有勃海，此所谓四塞之国也。齐地方二千余里，带甲数十万，粟如丘山。三军之良[4]，五家之兵[5]，进如锋矢[6]，战如雷霆，解如风雨。即有军役，未尝倍泰山[7]，绝清河[8]，涉勃海也，临菑之中七万户[9]，臣窃度之[10]，不下户三男子，三七二十一万，不待发于远县，而临菑之卒固已二十一万矣。临菑甚富而实，其民无不吹竽鼓瑟，弹琴击筑[11]，斗鸡走狗，六博蹹鞠者[12]。临菑之涂[13]，车毂击[14]，人肩摩，连衽成帷[15]，举袂成幕[16]，挥汗成雨，家殷人足，志高气扬。夫以大王之贤与齐之强，天下莫能当。今乃西面而事秦，臣窃为大王羞之。

【注释】

①齐宣王：田辟强。据《六国表》约前342—前324年在位。②泰山：山名。在今山东省中部，主峰在泰安市北，长约200公里，主峰海拔1524米。③琅邪(láng yá)：山名。在今山东省胶南市南，面临黄海。④三军：指全军。当时大国军队编制，分上、中、下或左、中、右或前、中、后三军。⑤五家：齐国征集士兵的基层组织，每五家为一轨，一家出丁一人，五人成为一伍，由轨长统率。⑥锋矢：形容士兵奋勇向前，如刀的锋刃，良弓发射的矢，有进无退。⑦倍：通"背"。背离。⑧绝：横渡。⑨临菑(zī)：齐都成。在今山东省淄(zī)博市东北。⑩度(duó)：推测；估计。⑪筑：古击弦乐器。形似筝，颈细而肩圆，有十三弦。⑫六博：古代博戏。⑬涂：通"途"。道路。⑭车毂(gǔ)：车轮中心的圆木，周围与辐相接，中有圆孔，用以插轴。⑮连衽(rèn)成帷：把衣襟连在一起就成了帐幔。⑯举袂(mèi)成幕：把衣袖连在一起就成了篷帐。

"且夫韩、魏之所以重畏秦者，为与秦接境壤界也。兵出而相当，不出十日而战胜存亡之机决矣。韩、魏战而胜秦，则兵半折，四境不守；战而不胜，则国已危亡随其后。是故韩、魏之所以重与秦战，而轻为之臣也。今秦之攻齐则不然。倍韩、魏之地[1]，过卫阳晋之道[2]，径乎亢父之险[3]，车不得方轨[4]，骑不得比行，百人守险，千人不敢过也。秦虽欲深入，则狼顾[5]，恐韩、魏之议其后也。是故恫疑虚喝[6]，骄矜而不敢进，则秦之不能害齐亦明矣。

【注释】

①倍：通"背"。背向。②阳晋：地名。在今山东郓城县西。③径：经过。亢父(gāng fǔ)：齐邑名。在今山东省济宁市西南。④方轨：两车并行。⑤狼顾：狼性狡怯，行走时常回头后顾，以防袭击。⑥恫疑：恐惧，疑虑。虚喝(hè)：虚声吓唬。

"夫不深料秦之无奈齐何，而欲西面而事之，是群臣之计过也。今无臣事秦之名而有强国之实，臣是故愿大王少留意计之。"

齐王曰："寡人不敏，僻远守海，穷道东境之国也，未尝得闻余教[1]。今足下以赵王诏诏之，敬以国从。"

【注释】

①余教：剩余的教诲，含有敬重对方的意思。另说，指从容、委婉的教诲。

乃西南说楚威王曰①："楚，天下之强国也；王，天下之贤王也。西有黔中、巫郡②，东有夏州、海阳③，南有洞庭、苍梧④，北有陉塞、郇阳⑤，地方五千余里，带甲百万，车千乘，骑万匹，粟支十年。此霸王之资也。夫以楚之强与王之贤，天下莫能当也。今乃欲西面而事秦，则诸侯莫不西面而朝于章台之下矣⑥。

【注释】

①楚威王：熊商。前339—前329年在位。②黔中：郡名。地在湖南省、湖北省、四川省和贵州省边界地区。巫郡：郡名。地在今四川省东端。③夏州：地名。在今湖北省武汉市蔡甸区北。④洞庭：即青草湖，在今湖南省岳阳市附近。苍梧：即九嶷山，在今湖南省宁远县南。⑤陉塞（xíng sài）：山名。在今河南省漯（luò）河市东。郇（xún）阳：邑名。当时属于三晋，不在楚境。⑥章台：秦国渭南离宫的台名，在今陕西西安市西北。这里用作秦国的象征。

"秦之所害莫如楚，楚强则秦弱，秦强则楚弱，其势不两立。故为大王计，莫如从亲以孤秦。大王不从亲，秦必起两军，一军出武关，一军下黔中，则鄢郢动矣①。

【注释】

①鄢：楚都，在今湖北宜城市南。

"臣闻治之其未乱也，为之其未有也。患至而后忧之，则无及已。故愿大王蚤孰计之①。

【注释】

①蚤：通"早"。

"大王诚能听臣，臣请令山东之国奉四时之献，以承大王之明诏，委社稷，奉宗庙，练士厉兵①，在大王之所用之。大王诚能用臣之愚计，则韩、魏、齐、燕、赵、卫之妙音美人必充后宫，燕、代橐驼良马必实外厩②。故从合则楚王③，衡成则秦帝④。今释霸王之业。而有事人之名，臣窃为大王不取也。

【注释】

①厉兵：磨砺兵器。厉，通"砺"。兵，兵器。②橐（tuó）驼：即骆驼。③从（zōng）合：犹言合纵成功。从通"纵"。王（wàng）：统一天下，成就王业。动词。④衡成：犹言连横成功。帝：称帝。动词。

"夫秦，虎狼之国也，有吞天下之心。秦，天下之仇雠也①。衡人皆欲割诸侯之地以事秦，此所谓养仇而奉雠者也。夫为人臣，割其主之地以外交强虎狼之秦，以侵天下，卒有秦患，不顾其祸。夫外挟强秦之威以内劫其主，以求割地，大逆不忠，无过此者。故从亲则诸侯割地以事楚，衡合则楚割地以事秦，此两策者相去远矣，二者大王何居焉？故敝邑赵王使臣效愚计，奉明约，在大王诏之。"

【注释】

①雠（chóu）：仇敌。

楚王曰："寡人之国西与秦接境，秦有举巴、蜀并汉中之心①。秦，虎狼之国，不可亲也。而韩、魏迫于秦患，不可与深谋，与深谋恐反人以入于秦②，故谋未发而国已危矣。寡人自料以楚当秦，不见胜也；内与群臣谋，不足恃也。寡人卧不安席，食不甘味，心摇摇然如县旌而无所终薄③。今主君欲一天下④，收诸侯，存危国，寡人谨奉社稷以从。"

【注释】

①巴、蜀：均国名。汉中：地区名。在今陕西省、湖北省交界地区。②反人：指返回秦国并把消息透露给秦国的人。反，通"返"。③县（xuán）旌：挂在空中随风飘荡的旌旗，比喻心神不定。县，通"悬"。终薄：附着，引申为安定。④一：统一。动词。

于是六国从合而并力焉。苏秦为从约长，并相六国①。

【注释】

①相（xiàng）：任相。动词。

北报赵王，乃行过雒阳，车骑辎重①，诸侯各发使送之甚众，疑于王者②。周显王闻之恐惧，除道③，使人郊劳④。苏秦之昆弟妻嫂侧目不敢仰视，俯伏侍取食。苏秦笑谓其嫂曰："何前倨而后恭也⑤？"嫂委蛇蒲服⑥，以面掩地而谢曰："见季子位高金多也⑦。"苏秦喟然叹曰⑧："此一人之身，富贵则亲戚畏惧之，贫贱则轻易之，况众人乎！且使我有雒阳负郭田二顷⑨，吾岂能佩六国相印乎！"于是散千金以赐宗族朋友。初，苏秦之燕，贷人百钱为资，及得富贵，以百金偿之。遍报诸所尝见德者。其从者有一人独未得报，乃前自言。苏秦曰："我非忘子。子之与我至燕，再三欲去我易水之上⑩，方是时，我困，故望子深⑪，是以后子⑫。子今亦得矣。"

【注释】

①辎（zī）重：旅行者用车装载的物资。②疑：通"拟"。比拟。③除道：清扫道路。④郊劳：到郊外迎接慰劳。⑤倨（jù）：傲慢。⑥委蛇（wēi yí）：同"逶迤"。斜行；曲折前进。蒲服：同"匍匐"。伏地而行。⑦季子：苏秦的表字。⑧喟（kuì）然：慨叹声。⑨负郭：靠近城郭。负，背倚；郭，外城。顷：计量土地面积的单位。一顷，等于一百亩。⑩易水：水名。⑪望：埋怨；责备。⑫后：次序在后。使动用法。

苏秦既约六国从亲，归赵，赵肃侯封为武安君，乃投从约书于秦。秦兵不敢窥函谷关十五年①。

【注释】

①窥：窥探。

其后秦使犀首欺齐、魏，与共伐赵，欲败从约。齐、魏伐赵，赵王让苏秦①。苏秦恐，请使燕，必报齐。苏秦去赵而从约皆解。

【注释】

①让：责备。

秦惠王以其女为燕太子妇①。是岁，文侯卒②，太子立，是为燕易王③。易王初立，齐宣王因燕丧伐燕，取十城。易王谓苏秦曰："往日先生至燕，而先王资先生见赵④，遂约六国从⑤。今齐先伐赵，次至燕，以先生之故为天下笑，先生能为燕得侵地乎？"苏秦大惭，曰："请为王取之。"

【注释】

①秦惠王：即秦惠文王嬴驷。前337—前311年在位。②文侯：即燕文公。前361—前333年在位。③燕易王：前332—前321年在位。④资：资助。⑤从（zōng）：合纵。

苏秦见齐王，再拜，俯而庆，仰而吊①。齐王曰："是何庆吊相随之速也？"苏秦曰："臣闻饥人所以饥而不食乌喙者②，为其愈充腹而与饿死同患也。今燕虽弱小，即秦王之少婿也。大王利其十城而长与强秦为仇。今使弱燕为雁行而强秦敝其后③，以招天下之精兵，是食乌喙之类也。"齐王愀然变色曰④："然则奈何？"苏秦曰："臣闻古之善制事者，转祸为福，因败为功。大王诚能听臣计，即归燕之十城。燕无故而得十城，必喜；秦王知以己之故而归燕之十城，亦必喜；此所谓弃仇雠而得石交者也⑤。夫燕、秦俱事齐，则大王号令天下，莫敢不听。是王以虚辞附秦，以十城取天下。此霸王之业也。"王曰："善。"于是乃归燕之十城。

【注释】

①吊：慰问遭遇不幸者。②乌喙（huì）：植物名。即乌头。毛茛科，多年生草本，块根，含乌头碱，有剧毒。③雁行（háng）：飞雁的行列。此处比喻走在最前面的行列。④愀（qiǎo）然：形容神色变得严肃。⑤石交：石友。友谊像石头一样坚固的朋友。

人有毁苏秦者曰："左右卖国反覆之臣也，将作乱。"苏秦恐得罪，归，而燕王不复官也。苏秦见燕王曰："臣，东周之鄙人也①，无有分寸之功，而王亲拜之于庙而礼之于廷②。今臣为王却齐之兵而攻得十城③，宜以益亲。今来而王不官臣者④，人必有以不信伤臣于王者。臣之不信，王之福也。臣闻忠信者，所以自为也；进取者，所以为人也。且臣之说齐王，曾非欺之也⑤。臣弃老母于东周，固去自为而行进取也⑥。今有孝如曾参⑦，廉如伯夷⑧，信如尾生⑨。得此三人者以事大王，何若？"王曰："足矣。"苏秦曰："孝如曾参，义不离其亲一宿于外，王又安能使之步行千里而事弱燕之危王哉？廉如伯夷，义不为孤竹君之嗣⑩，不肯为武王臣，不受封侯而饿死首阳山下。有廉如此，王又安能使之步行千里而行进取于齐哉？信如尾生，与女子期于梁下，女子不来，水至不去，抱柱而死。有信如此，王又安能使之步行千里却齐之强兵哉？臣所谓以忠信得罪于上者也。"燕王曰："若不忠信耳⑪，岂有以忠信而得罪者乎？"苏秦曰："不然。臣闻客有远为吏而其妻私于人者⑫，其夫将来，其私者忧之，妻曰：'勿忧，吾已作药酒待之矣。'居三日，其夫果至，妻使妾举药酒进之。妾欲言酒之有药，则恐其逐主母也；欲勿言乎，则恐其杀主父也。于是乎详僵而弃酒⑬。主父大怒，笞之五十⑭。故妾一僵而覆酒，上存主父，下存主母，然而不免于笞，恶在乎忠信之无罪也夫⑮？臣之过，不幸而类是乎！"燕王曰："先生复就故官。"益厚遇之。

【注释】

①鄙人：粗野的人，自称的谦辞。②庙：宗庙。古代帝王祭祀祖宗的处所。③却：退却。使动用法。④官：授予官职。使动用法。⑤曾（céng）非：未曾，未尝。⑥去：去掉。⑦曾参（shēn）：春秋末鲁国人。孔丘的学生，以孝著称。⑧伯夷：商末孤竹君长子，墨胎氏。初，孤竹君以次子叔齐为继承人。孤竹君死后，叔齐让位，伯夷不受。后二人都投奔周国。⑨尾生：人名。古代传说中坚守信约的人。⑩嗣：继承人。⑪若：你（们）。⑫私：私通；指不正当的男女关系。

⑬详（yáng）僵：假装仆倒。⑭笞（chī）：用鞭、杖或竹板抽打。⑮恶（wū）：何；怎么，疑问词。

易王母，文侯夫人也，与苏秦私通。燕王知之，而事之加厚。苏秦恐诛，乃说燕王曰："臣居燕不能使燕重，而在齐则燕必重。"燕王曰："唯先生之所为①。"于是苏秦详为得罪于燕而亡走齐②，齐宣王以为客卿③。

【注释】

①唯：听从貌。表示任凭的意思。②亡：逃亡。③客卿：别国人在本国做官，其位为卿，待以客礼，故称客卿。

齐宣王卒，湣王即位①，说湣王厚葬以明孝，高宫室大苑囿以明得意②，欲破敝齐而为燕③。燕易王卒，燕哙立为王④。其后齐大夫多与苏秦争宠者，而使人刺苏秦，不死，殊而走⑤。齐王使人求贼，不得。苏秦且死，乃谓齐王曰："臣即死，车裂臣以徇于市⑥，曰：'苏秦为燕作乱于齐。'如此则臣之贼必得矣。"于是如其言，而杀苏秦者果自出，齐王因而诛之。燕闻之曰："甚矣，齐之为苏生报仇也！"

【注释】

①湣（mǐn）王：田地。前323—前284年在位。②高：增高。使动用法。大：加大。使动用法。③破敝：破败，衰敝。使动用法。敝，通"弊"。④燕哙（kuài）：前320—前314年在位。⑤殊：死；绝命。此处指致命伤。⑥车裂：俗称"五马分尸"。古代的一种残酷的死刑。徇（xùn）：示众；对众宣示。

苏秦既死，其事大泄。齐后闻之，乃恨怒燕。燕甚恐。苏秦之弟曰代，代弟苏厉，见兄遂①，亦皆学。及苏秦死，代乃求见燕王，欲袭故事②，曰："臣，东周之鄙人也。窃闻大王义甚高，鄙人不敏，释锄耨而干大王③。至于邯郸，所见者绌于所闻于东周④，臣窃负其志⑤。及至燕廷，观王之群臣下吏，王，天下之明王也。"燕王曰："子所谓明王者何如也⑥？"对曰："臣闻明王务闻其过⑦，不欲闻其善，臣请谒王之过⑧。夫齐、赵者，燕之仇雠也；韩、魏者，燕之援国也。今王奉仇雠以伐援国，非所以利燕也。王自虑之，此则计过，无以闻者，非忠臣也。"王曰："夫齐者固寡人之雠，所欲伐也，直患国敝力不足也。子能以燕伐齐，则寡人举国委子⑨。"对曰："凡天下战国七，燕处弱焉⑩。独战则不能，有所附则无不重⑪。南附楚，楚重；西附秦，秦重；中附韩、魏，韩、魏重。且苟所附之国重⑫，此必使王重矣。今夫齐，长主而自用也⑬。南攻楚五年，畜聚竭；西困秦三年，士卒罢敝⑭；北与燕人战，覆三军，得二将⑮。然而以其余兵南面举五千乘之大宋⑯，而包十二诸侯⑰。此其君欲得，其民力竭，恶足取乎！且臣闻之，数战则民劳，久师则兵敝矣⑱。"燕王曰："吾闻齐有清济、浊河可以为固⑲，长城、钜防足以为塞⑳，诚有之乎？"对曰："天时不与，虽有清济、浊河，恶足以为固！民力罢敝，虽有长城、钜防，恶足以为塞！且异日济西不师㉑，所以备赵也；河北不师㉒，所以备燕也。今济西河北尽已役矣，封内敝矣㉓。夫骄君必好利，而亡国之臣必贪于财。王诚能无羞从子母弟以为质㉔，宝珠玉帛以事左右，彼将有德燕而轻亡宋，则齐可亡已㉕。"燕王曰："吾终以子受命于天矣。"燕乃使一子质于齐。而苏厉因燕质子而求见齐王。齐王怨苏秦，欲囚苏厉。燕质子为谢㉖，已遂委质为齐臣㉗。

【注释】

①遂：顺利；成功。②袭故事：继承产业。③锄耨（nòu）：小手锄。干：求。④绌（chù）：不足；不如。⑤负：辜负。⑥子：古时表敬意的对称词。⑦务：务必。⑧谒（yè）：说明；陈述。⑨举：全。委：托付。⑩处（chǔ）：处于；在某种地位。⑪重：加重。⑫苟：如果。⑬长（zhǎng）主：年长的君主。自用：凭自己的主观愿望行事，而不虚心听取别人的见议。⑭罢（pí）敝：疲乏，衰敝。罢，通"疲"。敝，衰败，败坏。⑮覆三军、得二将：指齐覆灭三军，而俘获燕二将。⑯宋：国名。子姓。开国君主是商纣的庶兄微子启。建都商丘（今河南省商丘市）。⑰包：包举，囊括。十二诸侯：指当时泗水流域的邹、鲁等小国。⑱久师：军队长时期作战。⑲清济：水名。山东省古济水自巨野泽以下别名清水，故称清济。浊河：水名。今名北洋河。源出山东省益都县西，东北流至寿光市北入清水泊。⑳长城：齐国北界筑有长城，西起今山东省平阴县，中经泰山，东迄琅琊山。巨防：巨大的防门（防御工事）。故址在今平阴县西北。㉑异日：往日。济西：指当时济水南段上游地区，大致相当今山东省西端。不师：即免除当地百姓的兵役征发。㉒河北：指今山东省河北省交界地区。㉓封内：封地全境。㉔从（zòng）子：兄弟的儿子，即侄儿。从，《战国策·燕策》作"宠"，较合理。母弟：同母所生的弟弟。质：抵押品。㉕已：语气助词，表示确定。㉖谢：道歉；谢罪。㉗已：后来；不多时。委质：臣下向君主献礼，表示献身。质，通"贽"，初次见人时所送的礼物。

燕相子之与苏代婚①，而欲得燕权，乃使苏代侍质子于齐。齐使代报燕，燕王哙问曰："齐王其霸乎？"曰："不能。"曰："何也？"曰："不信其臣。"于是燕王专任子之，已而让位，燕大乱。齐伐燕，杀王哙，子之。燕立昭王②，而苏代、苏厉遂不敢入燕，皆终归齐，齐善待之。

【注释】

①子之：燕国大臣。燕王哙三年（前318年），哙让给君位。后四年因齐国乘机攻破燕国，被杀。②昭王：姬职。一说为姬平。前311—前279年在位。后由他改革政治，招徕人才，曾攻破齐国，是燕国最强盛的时期。

苏代过魏，魏为燕执代。齐使人谓魏王曰："齐请以宋地封泾阳君①，秦必不受。秦非不利有齐而得宋地也，不信齐王与苏子也。今齐、魏不和如此其甚，则齐不欺秦。秦信齐，齐秦合，泾阳君有宋地，非魏之利也。故王不如东苏子②，秦必疑齐而不信苏子矣。齐、秦不合，天下无变，伐齐之形成矣。"于是出苏代。代之宋，宋善待之。

【注释】

①泾阳君：嬴市（fú），秦昭王同母弟。封于泾阳（今陕西省泾阳县境）。②东苏子：让苏子（苏代）回到东方（指齐国）去。东，使动用法。

齐伐宋，宋急，苏代乃遗燕昭王书曰①：

夫列在万乘而寄质于齐②，名卑而权轻，奉万乘助齐伐宋，民劳而实费；夫破宋，残楚淮北，肥大齐③，仇强而国害：此三者皆国之大败也④。然且王行之者，将以取信于齐也。齐加不信于王，而忌燕愈甚，是王之计过矣。夫以宋加之淮北，强万乘之国也，而齐并之，是益一齐也⑤。北夷方七百里⑥，加之以鲁、卫⑦，强万乘之国也，而齐并之，是益二齐也。夫一齐之强，燕犹狼顾而不能支，今以三齐临燕，其祸必大矣。

【注释】

　　①遗（wèi）：赠予；致送。②寄质于齐：指燕国从前有一子质于齐。③肥：壮大。使动用法。④大败：大失策；大坏事。⑤益一齐：使齐国加强一倍。⑥北夷：指齐桓公所征服的山戎、北狄、令支、孤竹等部族或国家。方：纵横。⑦鲁：国名。姬姓。

　　虽然，智者举事，因祸为福，转败为功。齐紫，败素也①，而贾十倍②；越王勾践栖于会稽，复残强吴而霸天下：此皆因祸为福，转败为功者也。

【注释】

　　①齐紫，败素也：当时齐国风俗喜欢紫色，商人用被污损的素帛，染成紫色以取利。②贾十倍：高价出卖，得到十倍的利润。

　　今王若欲因祸为福，转败为功，则莫若挑霸齐而尊之①，使使盟于周室②，焚秦符③，曰“其大上计④，破秦；其次，必长宾之⑤。”秦挟宾以待破，秦王必患之。秦五世伐诸侯⑥，今为齐下，秦王之志苟得穷齐，不惮以国为功⑦。然则王何不使辩士以此言说秦王曰：“燕、赵破宋肥齐，尊之为之下者，燕、赵非利之也。燕、赵不利而势为之者，以不信秦王也。然则王何不使可信者接收燕、赵，令泾阳君、高陵君先于燕、赵⑧？秦有变，因以为质，则燕、赵信秦。秦为西帝，燕为北帝，赵为中帝，立三帝以令于天下。韩、魏不听则秦伐之，齐不听则燕、赵伐之，天下孰敢不听？天下服听，因驱韩、魏以伐齐，曰‘必反宋地，归楚淮北’。反宋地，归楚淮北，燕、赵之所利也；并立三帝，燕、赵之所愿也。夫实得所利，尊得所愿，燕、赵弃齐如脱躧矣⑨。今不收燕、赵，齐霸必成。诸侯赞齐而王不从，是国伐也⑩；诸侯赞齐而王从之，是名卑也。今收燕、赵，国安而名尊；不收燕、赵，国危而名卑。夫去尊安而取危卑⑪，智者不为也。”秦王闻若说⑫，必若刺心然⑬。则王何不使辩士以此若言说秦⑭？秦必取，齐必伐矣。

【注释】

　　①挑（tiǎo）：挑动，怂恿。②使使：派遣使者。周室：周王室。室，指朝廷。③符：两国信使往来的凭证。④大上计：最好的计谋。⑤长宾（bìn）：永久摈弃。宾，通“摈”。⑥秦五世：指秦献公、孝公、惠文王、武王、昭襄王。⑦不惮：不怕。⑧高陵君：嬴悝。秦昭王同母弟，封于高陵（今陕西省高陵县西南）。⑨躧（xǐ）：像掼掉草鞋一样便当。躧：草鞋。⑩国伐：国家受到讨伐。⑪去：去掉。⑫若：如此。⑬若：如；像。⑭若：如此。

　　夫取秦，厚交也；伐齐，正利也。尊厚交，务正利，圣王之事也。
　　燕昭王善其书，曰：“先人尝有德苏氏，子之之乱而苏氏去燕。燕欲报仇于齐，非苏氏莫可。”乃召苏代，复善待之，与谋伐齐。竟破齐，湣王出走。
　　久之，秦召燕王，燕王欲往，苏代约燕王曰①：“楚得枳而国亡②，齐得宋而国亡，齐、楚不得以有枳、宋而事秦者，何也？则有功者，秦之深仇也。秦取天下，非行义也，暴也。秦之行暴，正告天下③。

【注释】

　　①约：约束；阻止。②枳（zhǐ）：邑名。③正告：公开地宣告。

　　“告楚曰：‘蜀地之甲，乘船浮于汶①，乘夏水而下江②，五日而至郢。汉中之甲，乘船出于巴③，乘夏水而下汉④，四日而至五渚⑤。寡人积甲宛东下随⑥，智者不及谋，勇士不及怒，寡人如射隼矣⑦。王乃欲待天下之攻函谷，不亦远乎！'楚王为是故，十七年事秦。

【注释】

①汶（mín）：水名。即岷江。②夏水：夏潦盛涨时的水。③巴：水名。在湖北省东部，与汉水相近。④汉：汉水。源出陕西省宁江县，东南流经陕西省南部、湖北省西北部和中部，在武汉市入长江。⑤五渚：泛指江、汉汇合处的湖泊。⑥随：国名。⑦射隼（sǔn）：比喻行动十分迅速。

"秦正告韩曰：'我起乎少曲①，一日而断大行②。我起乎宜阳而触平阳③，二日而莫不尽繇④。我离两周而触郑⑤，五日而国举⑥。'韩氏以为然，故事秦。

【注释】

①少曲：地区名。在今河南孟州市西北。②大行（tài háng）：指太行山羊肠坂道，在今山西晋城市天井关东南，穿过韩国境内的上党。大，通"太"。③平阳：韩邑名。在今山西省临汾市西南。④繇（yáo）：通"摇"，动摇。⑤离：通"雁"，经历。郑：新郑。韩都城，即今河南省新郑市。⑥举：拔；攻占。

"秦正告魏曰：'我举安邑①，塞女戟②，韩氏太原卷③。我下轵道④、南阳⑤，封冀⑥，包两周。乘夏水，浮轻舟，强弩在前，铦戈在后⑦，决荣口⑧，魏无大梁⑨；决白马之口⑩，魏无外黄、济阳；决宿胥之口⑫，魏无虚、顿丘⑬。陆攻则击河内，水攻则灭大梁。'魏氏以为然，故事秦。

【注释】

①安邑：战国初魏国都，在今山西省夏县西北。②女戟：地名。在太行山之西。其他不详。③韩氏：指韩国。太原：地名。在今山西太原市。卷（juǎn）：断绝。一说卷（quān）为地名，在今河南原阳县。④轵（zhǐ）：魏邑名。在今河南省济源市南。⑤南阳：魏地区名。在今河南省济源市至获嘉县一带。⑥冀：魏邑名。⑦铦（xiān）戈：锋利的兵器。铦，通"銛"，锋利。戈，我国青铜器时代的主要兵器。其向前部分名"援"，援上下皆刃，用以横击或钩杀。⑧荣口：荣泽之口。荣泽，古泽名，旧址在今河南省郑州市西北。⑨大梁：魏都城，在今河南省开封市。⑩白马：河名。在今河南省浚县南。⑪外黄：魏邑名。在今河南省民权县西北。⑫宿胥：古水名。旧址在今河南省浚县西南淇河、卫河汇合处。⑬虚：魏邑名。在今河南省延津县东。顿丘：魏邑名。在今河南清丰县西南。

"秦欲攻安邑，恐齐救之，则以宋委于齐。曰：'宋王无道，为木人以写寡人，射其面。寡人地绝兵远，不能攻也。王苟能破宋有之，寡人如自得之。'已得安邑，塞女戟，因以破宋为齐罪。

"秦欲攻韩，恐天下救之，则以齐委于天下。曰：'齐王四与寡人约，四欺寡人，必率天下以攻寡人者三。有齐无秦，有秦无齐，必伐之，必亡之。'已得宜阳、少曲、致蔺、离石①，因以破齐为天下罪。

【注释】

①蔺：邑名，在今山西省吕梁市离石区西。离石：邑名。即今吕梁市离石区。

"秦欲攻魏重楚①，则以南阳委于楚②曰：'寡人固与韩且绝矣，残均陵③，塞鄳阨④，苟利于楚，寡人如自有之。'魏弃与国而合于秦⑤，因以塞鄳阨为楚罪。

【注释】

①重：依附；尊重。②南阳：地区名。在今河南省西南部一带。③均陵：韩地名。在今湖北均县北。④鄳阸（méng è）：隘道名。即今河南省信阳市西南平靖关。阸，通"隘"。⑤与国：结盟的国家。

"兵困于林中①，重燕、赵，以胶东委于燕②，以济西委于赵。赵得讲于魏③，至公子延④，因犀首属行而攻赵⑤。

【注释】

①林中：韩邑名。在今河南尉氏县西。

②胶东：地名。即今山东省胶东半岛。③讲：媾和；订立和约。④至：当作"质"。作人质。公子延：魏延。魏国公子。⑤因：借；利用。属行（zhǔ háng）：组织进攻队伍。

"兵伤于谯石①，遇败于阳马②，而重魏，则以叶、蔡委于魏③。已得讲于赵，则劫魏，不为割。困则使太后弟穰侯为和④，嬴则兼欺舅与母⑤。

【注释】

①谯石：赵地名。今地不详。②阳马：赵地名。今地不详。③叶（shè）：楚邑名。在今河南省叶县南。蔡：上蔡。楚邑名。在今河南省上蔡县西南。④太后：指宣太后。秦昭王母。穰（rǎng）侯：魏冉。秦相。宣太后弟。封于穰（今河南省邓州市），号穰侯。⑤嬴：通"赢"。胜利。舅与母：指穰侯和宣太后。

"適燕者曰'以胶东'①，適赵者曰'以济西'，適魏者曰'以叶、蔡'，適楚者曰'以塞鄳阸'。適齐者曰'以宋'，此必令言如循环，用兵如刺蜚②，母不能制，舅不能约。

【注释】

①適（zhé）：通"谪"。谴责。②刺蜚（fěi）：比喻容易取胜。刺，杀死。蜚，有害的小飞虫。

"龙贾之战①，岸门之战②，封陵之战③，高商之战④，赵庄之战⑤，秦之所杀三晋之民数百万⑥，今其生者皆死秦之孤也⑦。西河之外⑧，上雒之地⑨，三川晋国之祸⑩，三晋之半，秦祸如此其大也。而燕、赵之秦者，皆以争事秦说其主，此臣之所大患也。"

【注释】

①龙贾之战：魏襄王五年（前314年）秦惠文王派公子卬攻魏，擒魏将龙贾。②岸门之战：韩宣惠王十九年（前314年），秦败韩军于岸门（在今河南许昌市北，此非河东岸门）。③封陵之战：魏哀王十六年（前303年），秦败魏军于封陵（在今山西省风陵渡东）。④高商之战：事不详。⑤赵庄之战：赵肃侯二十二年（前328年），赵将赵庄与秦战，为秦所败，被杀于河西（指今山西省、陕西两省间黄河南段之西）。⑥三晋：春秋末，晋国为韩、赵、魏三家所分，各自立国，史称三晋。⑦死秦之孤：指在抗秦战争中战死者的孤儿。⑧西河：黄河流经山西省与陕西省分界处的一段。西河之外，指靠此段黄河以西之地区。⑨上雒：邑名。在今陕西省洛南县东南。⑩三川：地区名。因黄河、洛河、伊河流经其间，故名三川。

燕昭王不行。苏代复重于燕。

燕使约诸侯从亲如苏秦时，或从或不①，而天下由此宗苏氏之从约②。代、厉皆以寿死，名显诸侯。

【注释】

①不（fǒu）：通"否"。②宗：尊崇。

太史公曰：苏秦兄弟三人，皆游说诸侯以显名，其术长于权变。而苏秦被反间以死①，天下共笑之，讳学其术②。然世言苏秦多异，异时事有类之者皆附之苏秦。夫苏秦起闾阎③，连六国从亲，此其智有过人者。吾故列其行事，次其时序，毋令独蒙恶声焉④。

【注释】

①反间（jiàn）：利用间谍离间敌人内部，使其落于己方圈套而取胜。②讳：避忌；隐瞒。③闾阎（lú yán）：里巷的门，借指民间里巷。④蒙：遭受。

张仪列传第十

张仪者，魏人也①。始尝与苏秦俱事鬼谷先生②，学术③，苏秦自以不及张仪。

【注释】

①魏：战国七雄之一。开国君主魏文侯。②苏秦：东周洛阳（今河南省洛阳市东）人。纵横家代表人物。详见《苏秦列传》。鬼谷先生：传说姓王，居于鬼谷（今河南登封市东），因号鬼谷子。楚国人，纵横家。事：服事；侍奉。③学术：学习游说之术。

张仪已学而游说诸侯。尝从楚相饮①，已而楚相亡璧②，门下意张仪，曰："仪贫无行，必此盗相君之璧。"共执张仪③，掠笞数百④，不服，醳之⑤。其妻曰："嘻⑥！子毋读书游说，安得此辱乎？"张仪谓其妻曰："视吾舌尚在不⑦？"其妻笑曰："舌在也。"仪曰："足矣。"

【注释】

①楚相：指楚国令尹昭阳。楚：战国七雄之一。②已而：不久。亡：丢失；失去。璧：玉器名。平圆形，正中有孔。贵族朝聘、祭祀、丧葬时的礼器，也作装饰品。③执：捉拿；拘捕。④掠：拷打。笞（chī）：用竹板或荆条打。⑤醳（shì）：通"释"。释放。⑥嘻：哼；悲恨的声音。⑦不（fǒu）：通"否"

苏秦已说赵王而得相约从亲①，然恐秦之攻诸侯②，败约后负，念莫可使用于秦者，乃使人微感张仪曰③："子始与苏秦善，今秦已当路④，子何不往游，以求通子之愿？"张仪于是之赵，上谒求见苏秦⑤。苏秦乃诫门下人不为通⑥，又使不得去者数日。已而见之，坐之堂下，赐仆妾之食。因而数让之曰⑦："以子之材能，乃自令困辱至此。吾宁不能言而富贵子⑧，子不足收也。"谢去之。张仪之来也，自以为故人，求益，反见辱，怒，念诸侯莫可事，独秦能苦赵，乃遂入秦。

【注释】

①赵王：赵肃侯，赵语。前349—前326年在位。从（zōng）亲：指秦国以外的南北各国合纵相亲，互相支援。从，通"纵"。②秦：战国七雄之一。开国君主秦襄公。③微感：暗中劝说。微，暗暗地，悄悄地。④当路：担任重要官职；掌握政权。⑤谒：名片。上写姓名、籍贯、官职和要说的事，进见时用。⑥诫：警告；叮嘱。⑦数（shǔ）：责备；数说。让：责备。⑧宁（nìng）：岂；难道。副词。

苏秦已而告其舍人曰①："张仪，天下贤士，吾殆弗如也②。今吾幸先用，而能用秦柄者③，独张仪可耳。然贫，无因以进④。吾恐其乐小利而不遂⑤，故召辱之，以激其意。子为我阴奉之⑥。"乃言赵王，发金币车马，使人微随张仪，与同宿舍，稍稍近就之⑦，奉以车马金钱，所欲用，为取给，而弗告。张仪遂得以见秦惠王⑧。惠王以为客卿⑨，与谋伐诸侯。

【注释】

①舍人：家臣。②殆：大概；恐怕。③柄：权力。④进：引荐。⑤遂：成就。⑥阴奉：暗中服侍。⑦稍稍：渐渐。⑧秦惠王：秦惠文王。嬴驷。前333—前311年在位。⑨客卿：在本国做官的外国人，以客礼相待，称为客卿。

苏秦之舍人乃辞去。张仪曰："赖子得显①，方且报德，何故去也？"舍人曰："臣非知君，知君乃苏君。苏君忧秦伐赵败从约，以为非君莫能得秦柄，故感怒君，使臣阴奉给君资，尽苏君之计谋。今君已用，请归报。"张仪曰："嗟乎，此在吾术中而不悟②，吾不及苏君明矣！吾又新用，安能谋赵乎？为吾谢苏君，苏君之时，仪何敢言。且苏君在，仪宁渠能乎③！"张仪既相秦④，为文檄告楚相曰⑤："始吾从若饮⑥，我不盗而璧⑦，若笞我。若善守汝国，我顾且盗而城⑧！"

〔注释〕

①显：有名誉有地位。②术：谋术；权谋。③宁渠（jù）：难道。渠，通"讵"，岂。④相：担任相国。⑤檄（xí）：长两尺的木简，古代有征召或宣告等事，写在檄上传发出去。⑥若：你；你的。⑦而（ér）：通"尔"。你；你的。⑧顾：但；特；待且；将。

苴、蜀相攻击①，各来告急于秦。秦惠王欲发兵以伐蜀，以为道险狭难至，而韩又来侵秦②，秦惠王欲先伐韩，后伐蜀，恐不利，欲先伐蜀，恐韩袭秦之敝，犹豫未能决。司马错与张仪争论于惠王之前③，司马错欲伐蜀，张仪曰："不如伐韩。"王曰："请闻其说。"

｜注释｜

①苴（jū）：蜀国分封的小国，地在今四川省、陕西省交界地区，建都葭萌（jiā méng 今四川省广元市西南）。②韩：战国七雄之一。开国君主韩景侯。③司马错：秦国将领。秦国灭亡蜀国后，任蜀郡太守。

仪曰："亲魏善楚，下兵三川①，塞斜谷之口②，当屯留之道③，魏绝南阳④，楚临南郑⑤，秦攻新城、宜阳⑥，以临二周之郊⑦，诛周王之罪，侵楚、魏之地。

周自知不能救^⑧，九鼎宝器必出^⑨。据九鼎，案图籍^⑩，挟天子以令于天下^⑪，天下莫敢不听，此王业也。今夫蜀，西僻之国而戎翟之伦也^⑫，敝兵劳众不足以成名，得其地不足以为利。臣闻争名者于朝^⑬，争利者于市^⑭。今三川、周室，天下之朝市也，而王不争焉，顾争于戎翟^⑮，去王业远矣。"

【注释】

①三川：地区名。②斜（yé）谷：地名。在今陕西终南山。③屯留之道：屯留境内的太行山羊肠阪道。屯留，韩邑名，在今山西省屯留县境。④南阳：地区名。分属韩、楚两国。在今河南省西南部一带。⑤南郑：韩都城。在今河南省新郑市。此南郑为郑南之意，非指汉中之南郑。⑥新城：韩邑名。在今河南省伊川县西南。宜阳：韩邑名。在今河南省宜阳县西。⑦二周：指西周、东周。⑧周：朝代名。⑨九鼎：相传为夏禹铸造，古代传国的重器，王都在哪里，鼎就在哪里。⑩案：通"按"。掌握，根据。图籍：地图和户籍。⑪挟（xié）：挟制。⑫戎翟（dí）：泛指非华夏部族。戎，古代对西方各部族的统称。⑬朝：朝廷。⑭市：市集。⑮顾：反而；却。

司马错曰："不然。臣闻之，欲富国者务广其地，欲强兵者务富其民^①，欲王者务博其德^②，三资者备而王随之矣。今王地小民贫，故臣愿先从事于易^③。夫蜀，西僻之国也，而戎翟之长也^④，有桀纣之乱^⑤。以秦攻之，譬如使豺狼逐群羊。得其地足以广国，取其财足以富民缮兵^⑥，不伤众而彼已服焉。拔一国而天下不以为暴^⑦，利尽西海而天下不以为贪^⑧，是我一举而名实附也，而又有禁暴止乱之名。今攻韩，劫天子，恶名也，而未必利也，又有不义之名，而攻天下所不欲，危矣。臣请论其故^⑨：周，天下之宗室也^⑩；齐，韩之与国也^⑪。周自知失九鼎，韩自知亡三川，将二国并力合谋，以因乎齐、赵而求解乎楚、魏，以鼎与楚，以地与魏，王弗能止也。此臣之所谓危也。不如伐蜀完^⑫。"

【注释】

①强：使动用法。富：使动用法。②王（wàng）：统一天下，成就王业。动词。③先从事于易：先收拾容易对付的国家。④长（zhǎng）：首领。⑤桀：夏朝末代君主。纣：商朝末代君主。⑥缮：通"膳"。饭食；供给饭食。⑦拔：攻取。⑧西海：意思是西方富饶的地方，指今四川省一带。⑨论：告诉；陈述。⑩宗室：在封建宗法制度下，原指由长房供奉的祖庙。⑪齐，韩之与国也：应作"韩，周之与国也"。与国：结盟的国家。⑫完：完满；万全。

惠王曰："善，寡人请听子。"卒起兵伐蜀，十月，取之^①，遂定蜀，贬蜀王更号为侯^②，而使陈庄相蜀。蜀既属秦，秦以益强，富厚，轻诸侯。

【注释】

①取：攻下。②贬蜀王更号为侯：《秦本纪》和《六国年表》都说"灭蜀"，跟这里不合。

秦惠王十年，使公子华与张仪围蒲阳^①，降之。仪因言秦复与魏，而使公子繇质于魏^②。仪因说魏王曰："秦王之遇魏甚厚，魏不可以无礼。"魏因入上郡、少梁^③，谢秦惠王。惠王乃以张仪为相，更名少梁曰夏阳。

【注释】

①蒲阳：魏邑名。在今山西省隰县。②质：人质。③上郡：郡名。少梁：邑名。

仪相秦四岁，立惠王为王^①。居一岁^②，为秦将，取陕。筑上郡塞。

【注释】

①立惠王为王：秦国君主在孝公以前都称公，惠王初即位时称君，这时开始称王。②居：过了。

其后二年，使与齐、楚之相会啮桑^①。东还而免相，相魏以为秦，欲令魏先事秦而诸侯效之。魏王不肯听仪。秦王怒，伐取魏之曲沃、平周^②，复阴厚张仪益甚。张仪惭，无以归报。留魏四岁而魏襄王卒^③，哀王立^④。张仪复说哀王，哀王不听。于是张仪阴令秦伐魏。魏与秦战，败。

［注释］

①啮（niè）桑：魏邑名。在今江苏省沛县西南。②曲沃：邑名。在今山西省闻喜县东北。③魏襄王：魏嗣。公元前334—前319年在位。④哀王：前318—前296年在位。

明年，齐又来败魏于观津^①。秦复欲攻魏，先败韩申差军，斩首八万，诸侯震恐。而张仪复说魏王曰："魏地方不至千里，卒不过三十万。地四平，诸侯四通辐凑^②，无名山大川之限^③。从郑至梁二百余里^④，车驰人走，不待力而至。梁南与楚境，西与韩境，北与赵境，东与齐境，卒戍四方，守亭鄣者不下十万^⑤。梁之地势，固战场也^⑥。梁南与楚而不与齐^⑦，则齐攻其东；东与齐而不与赵，则赵攻其北；不合于韩，则韩攻其西；不亲于楚，则楚攻其南；此所谓四分五裂之道也。

【注释】

①齐：战国七雄之一。②辐凑：也作"辐辏"。车辐集于毂（gǔ）上。比喻人或物聚集在一起。③限：阻隔；界限。④郑：指新郑。⑤亭鄣：边防堡垒。鄣，通"障"。⑥固：本来；诚然。⑦与：结交；亲附。

"且夫诸侯之为从者，将以安社稷尊主强兵显名也^①。今从者一天下，约为昆弟^②，刑白马以盟洹水之上^③，以相坚也。而亲昆弟同父母，尚有争钱财，而欲恃诈伪反覆苏秦之余谋，其不可成亦明矣。

【注释】

①社稷：社，土神；稷，谷神。②昆弟：兄和弟。③刑：割；杀。洹（huán）水：水名。即安阳河。在今河南省北部。

"大王不事秦，秦下兵攻河外^①，据卷、衍、燕、酸枣^②，劫卫取阳晋^③，则赵不南，赵不南而梁不北，梁不北则从道绝，从道绝则大王之国欲毋危不可得也。秦折韩而攻梁^④，韩怯于秦，秦、韩为一，梁之亡可立而须也^⑤。此臣之所为大王患也^⑥。

【注释】

①河外：当时魏国人称黄河以南、黄河以西为河外，黄河以北、以东为河内。②卷（quān）：魏邑名。在今河南省原阳县西。衍：魏邑名。在今河南省郑州市北。燕：魏邑名。在今河南省延津县东北。酸枣：魏邑名。在今河南省延津县西南。③劫：威逼；胁迫。卫：国名。阳晋：邑名。在今山东省郓城县西。④折：折服；以理服人，使人信服。⑤立而须：指时间短。须，等待。⑥患：担忧；忧虑。动词。

"为大王计，莫如事秦。事秦则楚、韩必不敢动；无楚、韩之患^①，则大王高枕而卧^②，国必无忧矣。

【注释】

①患：忧虑；灾祸。名词。②高枕而卧：垫高枕头睡觉。

"且夫秦之所欲弱者莫如楚，而能弱楚者莫如梁。楚虽有富大之名而实空虚；其卒虽多，然而轻走易北^①，不能坚战。悉梁之兵南面而伐楚^②，胜之必矣。割楚而益梁，亏楚而适秦^③，嫁祸安国^④，此善事也。大王不听臣，秦下甲士而东伐^⑤，虽欲事秦，不可得矣。

【注释】

①轻走易北：容易击败、逃跑。北，打了败仗往回跑。②悉：都；全。③适：归。④嫁祸：转移祸害。⑤甲士：披甲持械的武士；武装士兵。

"且夫从人多奋辞而少可信^①，说一诸侯而成封侯，是故天下之游谈士莫不日夜扼腕瞋目切齿以言从之便^②，以说人主^③。人主贤其辩而牵其说^④，岂得无眩哉^⑤。

【注释】

①奋辞：努力游说。②扼腕：用力掐住手腕。瞋目：瞪出或睁大眼睛。切齿：咬紧牙齿。以上皆为愤慨激动之表情。③说：通"悦"。使动用法。④贤：善；赞赏。动词。辩：巧言；巧辩。⑤眩（xuàn）：迷乱；迷惑。

"臣闻之，积羽沉舟，群轻折轴^①，众口铄金^②，积毁销骨^③，故愿大王审定计议，且赐骸骨辟魏^④。"

【注释】

①折轴：压折车轴。②众口铄（shuò）金：比喻舆论力量大。铄，销熔。③积毁销骨：众多的毁谤可以毁灭一个人。④赐骸骨：把这副老骨头给我。即乞身引退。辟：通"避"。

哀王于是乃倍从约而因仪请成于秦^①。张仪归，复相秦。三岁而魏复倍秦为从。秦攻魏，取曲沃。明年，魏复事秦。

【注释】

①倍：通"背"。背弃。

秦欲伐齐，齐、楚从亲。于是张仪往相楚。楚怀王闻张仪来^①，虚上舍而自馆之^②。曰："此僻陋之国，子何以教之？"仪说楚王曰："大王诚能听臣，闭关绝约于齐^③，臣请献商於之地六百里^④，使秦女得为大王箕帚之妾^⑤，秦、楚娶妇嫁女，长为兄弟之国。此北弱齐而西益秦也，计无便此者。"楚王大说而许之^⑥。群臣皆贺，陈轸独吊之^⑦。楚王怒曰："寡人不兴师发兵得六百里地，群臣皆贺，子独吊，何也？"陈轸对曰："不然，以臣观之，商於之地不可得而齐秦合，齐秦合则患必至矣。"楚王曰："有说乎？"陈轸对曰："夫秦之所以重楚者，以其有齐也。今闭关绝约于齐，则楚孤。秦奚贪夫孤国^⑧，而与之商於之地六百里？张仪至秦，必负王^⑨，是北绝齐交，西生患于秦也，而两国之兵必俱至。善为王计者，不若阴合而阳绝于齐^⑩，使人随张仪，苟与吾地，绝齐未晚也；不与吾地，阴合谋计也。"楚王曰："愿陈子闭口毋复言，以待寡人得地。"乃以相印授张仪，厚赂之⑪。于是遂闭关绝约于齐，使一将军随张仪。

【注释】

①楚怀王：熊槐。前328—前299年在位。②上舍：上等宾馆。馆：留宿。动词。③闭关：关闭边关。④商於（wū）之地：在今陕西商县至河南省淅川县一带。⑤箕帚之妾：指妻子。箕帚：簸箕、扫帚，指洒扫一类事情。⑥说：通"悦"。⑦吊：慰问丧家或遭遇不幸的人。⑧奚：为什么。⑨负：背弃。⑩阴合而阳绝：隐秘合作，假装断绝关系。阳，通"佯"。假装。⑪赂：赠送财物。

张仪至秦，详失绥堕车①，不朝三月。楚王闻之，曰："仪以寡人绝齐未甚邪？"乃使勇士至宋②，借宋之符，北骂齐王③。齐王大怒，折节而下秦④。秦、齐之交合，张仪乃朝，谓楚使者曰："臣有奉邑六里，愿以献大王左右。"楚使者曰："臣受令于王，以商於之地六百里，不闻六里。"还报楚王，楚王大怒，发兵而攻秦。陈轸曰："轸可发口言乎？攻之不如割地反以赂秦，与之并兵而攻齐，是我出地于秦，取偿于齐也，王国尚可存。"楚王不听，卒发兵而使将军屈匄击秦⑤。秦、齐共攻楚，斩首八万，杀屈匄，遂取丹阳、汉中之地⑥。楚又复益发兵而袭秦，至蓝田⑦，大战，楚大败，于是楚割两城以与秦平⑧。

【注释】

①详：通"佯"。假装。绥：车上的绳索，登车时拉手用的。②宋：国名。地在今河南省东部和山东、江苏、安徽三省交界地区，建都商丘（今河南省商丘市南）。③借宋之符：这话可疑，楚国有符，何必向宋国借？④折节：折断符节。⑤匄：通"丐"。⑥丹阳：地区名。在今陕西、河南两省的丹江以北。汉中：郡名。⑦蓝田：县名。在今陕西省蓝田县西。⑧平：媾和。

秦要楚欲得黔中地①，欲以武关外易之②。楚王曰："不愿易地，愿得张仪而献黔中地。"秦王欲遣之，口弗忍言。张仪乃请行。惠王曰："彼楚王怒子之负以商於之地，是且甘心于子。"张仪曰："秦强楚弱，臣善靳尚③，尚得事楚夫人郑袖，袖所言皆从。且臣奉王之节使楚，楚何敢加诛。假令诛臣而为秦得黔中之地，臣之上愿。"④遂使楚。楚怀王至则囚张仪⑤，将杀之。靳尚谓郑袖曰："子亦知子之贱于王乎⑥？"郑袖曰："何也？"靳尚曰："秦王甚爱张仪而不欲出之⑦，今将以上庸之地六县赂楚⑧，以美人聘楚⑨，以宫中善歌讴者为媵⑩。楚王重地尊秦⑪，秦女必贵而夫人斥矣⑫。不若为言而出之。"于是郑袖日夜言怀王曰："人臣各为其主用。今地未入秦，秦使张仪来，至重王。王未有礼而杀张仪，秦必大怒攻楚。妾请子母俱迁江南，毋为秦所鱼肉也⑬。"怀王后悔，赦张仪，厚礼之如故。

【注释】

①要（yāo）：要挟。黔中：郡名。地当今湖北省西南部、湖南省西北部、贵州省东北角和四川省黔江流域。②武关：关隘名。在今陕西省丹凤县东南商南县南丹江上。③靳（jìn）尚：楚国大夫。④上愿：最高的愿望。⑤囚：拘禁。⑥贱：轻视。⑦不：《索隐》认为应作"必"，是对的。⑧上庸之地六县：大致相当今湖北省房县、竹山、保康、竹溪等县地。⑨聘：旧时用礼物订婚。⑩讴（ōu）：唱歌。媵（yìng）：随嫁的侍女。⑪楚王：靳尚对郑袖说话，不应称"楚王"，而应称"大王"。⑫斥：废除。被动用法。⑬鱼肉：比喻残害。名词用作动词。

张仪既出，未去，闻苏秦死，乃说楚王曰："秦地半天下，兵敌四国，被险带河①，四塞以为固。虎贲之士百余万②，车千乘③，骑万匹④，积粟如丘山。法令既明，士卒安难乐死，主明以严，将智以武，虽无出甲，席卷常山之险⑤，必折天下之脊，天下有后服者先亡。且夫为从者，无以异于驱群羊而攻猛虎，虎之与羊不格明矣⑥。今王不与猛虎而与群羊，臣窃以为大王之计过也⑦。

【注释】

①被：背靠。带：围绕。②虎贲（bēn）：勇士。贲，通"奔"。③乘（shèng）：古代四匹马拉的车一辆叫一乘。④骑（jì）：古代一人一马的合称。⑤席卷：并吞；占有。常山：本名恒山，因避汉文帝刘恒名讳而改。⑥格：抵敌。⑦窃：私自；私下。过：失误。

"凡天下强国，非秦而楚，非楚而秦，两国交争，其势不两立。大王不与秦，秦下甲据宜阳，韩之上地不通①。下河东②，取成皋③，韩必入臣④，梁则从风而动。秦攻楚之西，韩、梁攻其北，社稷安得毋危？

【注释】

①上地：地名。即上党郡。地在今山西省长治市一带。②河东：地区名。指今山西省西南部黄河东岸，故名河东。③成皋：邑名。在今河南省荥阳市汜水镇。④入臣：到本国来称臣；投降。

"且夫从者聚群弱而攻至强，不料敌而轻战，国贫而数举兵，危亡之术也。臣闻之，兵不如者勿与挑战，粟不如者勿与持久。夫从人饰辩虚辞①，高主之节②，言其利不言其害，卒有秦祸，无及为已。是故愿大王之孰计之③。

【注释】

①饰辩虚辞：粉饰巧言，空发议论。②高：高傲。使动用法。③孰：通"熟"。审慎；仔细。

"秦西有巴、蜀，大船积粟，起于汶山①，浮江已下②，至楚三千余里。舫船载卒③，一舫载五十人与三月之食，下水而浮，一日行三百余里，里数虽多，然而不费牛马之力，不至十日而距扞关④。扞关惊，则从境以东尽城守矣⑤，黔中、巫郡非王之有。秦举甲出武关，南面而伐，则北地绝⑥。秦兵之攻楚也，危难在三月之内，而楚待诸侯之救，在半岁之外，此其势不相及也。夫待弱国之救，忘强秦之祸，此臣所以为大王患也。

【注释】

①汶（mín）山：山名。即岷山，在今四川省北部。汶，通"岷"。②已：通"以"。③舫（fǎng）：船；两船相并。④距：到。扞（hàn）关：关名，即江关。⑤城守（shǒu）：据城守御。⑥北地：指楚国北部。

"大王尝与吴人战①，五战而三胜，阵卒尽矣；偏守新城②，存民苦矣。臣闻功大者易危，而民敝者怨上。夫守易危之功而逆强秦之心③，臣窃为大王危之。

【注释】

①吴：国名，也叫句吴。②新城：新夺取的城邑，不详所在。③逆：抵触；违背。

"且夫秦之所以不出兵函谷十五年以攻齐、赵者①，阴谋有合天下之心②。楚尝与秦构难，战于汉中，楚人不胜，列侯执珪死者七十余人③，遂亡汉中。楚王大怒，兴兵袭秦，战于蓝田。此所谓两虎相搏者也。夫秦、楚相敝而韩、魏以全制其后，计无危于此者矣。愿大王孰计之。

【注释】

①函谷：关名。在今河南省灵宝市东北。②合：并。③列侯：爵位名。执珪（guī）：爵位名。楚国的最高爵位。珪：也作"圭"。

"秦下甲攻卫、阳晋，必大关天下之匈①。大王悉起兵以攻宋，不至数月而宋可举，举宋而东指②，则泗上十二诸侯尽王之有也③。

【注释】

①秦下甲攻卫、阳晋，必大关天下之匈：说明秦国攻取卫和阳晋的重要意义，如果把常山作为天下的脊骨，那么卫和阳晋就是天下的胸脯，因为这里是秦、晋、齐、楚等国的交通要道。秦国攻下阳晋，其他各国就不敢动了。②指：向一定的目标前进。③泗上十二诸侯：指泗水边的宋、鲁、邹、莒等国。泗水，在今山东省中部。十二，虚指数。

"凡天下而以信约从亲相坚者苏秦，封武安君①，相燕②，即阴与燕王谋伐破齐而分其地；乃详有罪出走入齐，齐王因受而相之；居二年而觉，齐王大怒，车裂苏秦于市③。夫以一诈伪之苏秦，而欲经营天下④，混一诸侯⑤，其不可成亦明矣。

[注释]

①武安君：封号，封邑在武安（今河北省武安县西南）。②燕：战国七雄之一。③车裂：俗称五马分尸，古代的一种残酷的死刑。④经营：筹划营谋。⑤混一：统一。

"今秦与楚接境壤界①，固形亲之国也。大王诚能听臣，臣请使秦太子入质于楚，楚太子入质于秦，请以秦女为大王箕帚之妾，效万室之都以为汤沐之邑②，长为昆弟之国，终身无相攻伐。臣以为计无便于此者。"

【注释】

①壤界：接界；连界。②效：献出。汤沐之邑：原指古代诸侯朝见帝王时，帝王在自己的直接领地内拨出一块地赐给诸侯，以供给住宿和斋戒沐浴等的费用。后来就用来称皇帝、皇后、公主等的私人封地。

于是楚王已得张仪而重出黔中地与秦，欲许之。屈原曰①："前大王见欺于张仪②，张仪至，臣以为大王烹之③；今纵弗忍杀之④，又听其邪说，不可。"怀王曰："许仪而得黔中，美利也。后而倍之，不可。"故卒许张仪，与秦亲。

[注释]

①屈原（前340—前278年）：我国最早的诗人，古代杰出的爱国主义者。②见：被。③烹：古代用鼎镬（huò）煮杀人的酷刑。④纵：即使。连词。

张仪去楚，因遂之韩，说韩王曰："韩地险恶山居，五谷所生，非菽而麦①，民之食大抵菽饭藿羹②。一岁不收，民不餍糟糠③。地不过九百里，无二岁之食。料大王之卒，悉之不过三十万，而厮徒负养在其中矣④。除守徼亭鄣塞⑤，见卒不过二十万而已矣。秦带甲百余万，车千乘，骑万匹，虎贲之士跿跔科头贯颐奋戟者⑥，至不可胜计。秦马之良，戎兵之众⑦，探前趹后蹄间三寻腾者⑧，不可胜数。山东之士被甲蒙胄以会战⑨，秦人捐甲徒裼以趋敌⑩，左挈人头⑪，右挟生虏。夫秦卒与山东之卒，犹孟贲之与怯夫⑫；以重力相压，犹乌获之与婴儿⑬。夫战孟贲、乌获之士以攻不服之弱国，无异垂千钧之重于鸟卵之上⑭，必无幸矣。

【注释】

①非菽而麦：《战国策·韩策一》作"非麦而豆"，较合理，因下文是"民之食大抵菽饭藿羹"。菽（shū），本指大豆，引申为豆类的总称。②藿羹：豆叶汤。③餍（yàn）：吃饱。糟糠：穷人用来充饥的酒渣、糠皮等粗劣的食物。④厮徒：勤杂兵。负养：搬运伕。⑤徼（jiào）：边界。⑥跿跔（tú jū）：跳跃。科头：不戴帽子，这里指不戴头盔。形容勇敢。贯颐：双手捧着下巴，直冲敌阵。形容勇敢。颐，下巴。⑦戎兵之众：衍文。上下句都是写马，这句夹在中间，语意不贯通。⑧探前趹（jué）后：形容马奔跑时前蹄扬起，后蹄踢地腾空而跃的姿势。⑨被（pī）甲：披着甲衣。被，通"披"。蒙胄（zhòu）：戴着头盔。胄，古代士兵作战时戴的头盔。⑩捐：丢弃。徒：赤脚。裼（xī）：袒开或脱去上衣，露出内衣或上身。⑪挈（qiè）：提。⑫孟贲：战国时卫国大力士。⑬乌获：秦武王的大力士。⑭钧：古代重量单位。一钧为三十斤。

"夫群臣诸侯不料地之寡①，而听从人之甘言好辞②，比周以相饰也③，皆奋曰'听吾计可以强霸天下'。夫不顾社稷之长利而听须臾之说④，诖误人主⑤，无过此者。

【注释】

①群臣诸侯："群臣"一词疑衍，因为各国大事都由诸侯决策，而且按词序"群臣"应在"诸侯"之后。②甘言好辞：甜言蜜语。③比周：密切联系；彼此勾结。④须臾之说：一时之说。⑤诖（guà）误：贻误；连累。诖，欺骗，贻误。

"大王不事秦，秦下甲据宜阳，断韩之上地，东取成皋、荥阳①，则鸿台之宫、桑林之苑非王之有也②。夫塞成皋，绝上地，则王之国分矣。先事秦则安，不事秦则危。夫造祸而求其福报，计浅而怨深，逆秦而顺楚，虽欲毋亡，不可得也。

【注释】

①荥（xíng）阳：邑名。在今河南省荥阳市东北。②鸿台之宫、桑林之苑（yuàn）：韩国的宫苑。苑，畜养禽兽并种植林木的地方，多为帝王、贵族游玩和打猎的风景园林。

"故为大王计，莫如为秦①。秦之所欲莫如弱楚，而能弱楚者莫如韩。非以韩能强于楚也，其地势然也。今王西面而事秦以攻楚，秦王必喜。夫攻楚以利其地，转祸而说秦，计无便于此者②。"

【注释】

①为：帮助。②便：适宜；有利于。

韩王听仪计。张仪归报，秦惠王封仪五邑①，号曰武信君。使张仪东说齐湣王曰②："天下强国无过齐者，大臣父兄殷众富乐。然而为大王计者，皆为一时之说，不顾百世之利。从人说大王者，必曰'齐西有强赵，南有韩与梁。齐，负海之国也③，地广民众，兵强士勇，虽有百秦，将无奈齐何'。大王贤其说而不计其实。夫从人朋党比周④，莫不以从为可。臣闻之，齐与鲁三战而鲁三胜⑤，国以危亡随其后，虽有战胜之名，而有亡国之实。是何也？齐大而鲁小也。今秦之与齐也，沈齐之与鲁也。秦赵战于河漳之上⑥，再战而赵再胜秦；战于番吾之下⑦，再战又胜秦。四战之后，赵之亡卒数十万，邯郸仅存⑧，虽有战胜之名而国已破矣。是何也？秦强而赵弱。

【注释】

①邑：城市。②齐湣王：田地。前323—前284年在位。③负：背靠着。④朋党：指同类的人为自私自利的目的互相勾结而成的小集团。⑤鲁：国名。地在今山东省西南部，建都曲阜（今曲阜市）。⑥河：黄河。漳：漳河。在今河北、河南两省边境。⑦番（pó）吾：赵邑名。在今河北省磁县。⑧邯郸：赵都城。在今河北省邯郸市西南。

"今秦楚嫁女娶妇，为昆弟之国。韩献宜阳，梁效河外①；赵入朝渑池②，割河间以事秦③。大王不事秦，秦驱韩、梁攻齐之南地，悉赵兵渡清河④，指博关⑤，临菑、即墨非王之有也⑥。国一日见攻，虽欲事秦，不可得也，是故愿大王孰计之也。"

【注释】

①河外：这里指曲沃（今山西省闻喜县东北）、平周（今山西省介休市西）等地。②渑（miǎn）池：韩邑名。在今河南省渑池县西。③河间：指黄河、漳河之间的地区。④清河：水名。⑤博关：关名。在今山东荏平县西北。⑥临菑（zī）：齐都城。在今山东省淄博市东北。菑，也作"甾、淄"。

齐王曰："齐僻陋，隐居东海之上①，未尝闻社稷之长利也。"乃许张仪。

［注释］

①东海：地处东边之海，相当于今黄海，也有兼指今东海北部的。

张仪去，西说赵王曰①："敝邑秦王使使臣效愚计于大王②。大王收率天下以宾秦③，秦兵不敢出函谷关十五年。大王之威行于山东，敝邑恐惧慑伏④，缮甲厉兵⑤，饰车骑⑥，习驰射，力田积粟，守四封之内，愁居慑处，不敢动摇，唯大王有意督过之也⑦。

［注释］

①赵王：指赵武灵王。前325—前299年在位。②敝邑：称自己国家的谦词。③宾：通"摈"。排斥。④慑伏：也作"慑服"。因畏惧而服从。⑤缮甲厉兵：整治军服，磨砺武器。⑥饰：通"饬"。整修。⑦督过：督察责备；专指挑毛病，找岔子。

"今以大王之力，举巴蜀，并汉中，包两周，迁九鼎，守白马之津①。秦虽僻远，然而心忿含怒之日久矣。今秦有敝甲凋兵②，军于渑池，愿渡河逾漳③，据番吾，会邯郸之下，愿以甲子合战④，以正殷纣之事⑤，敬使使臣先闻左右。

［注释］

①白马之津：渡口名。在今河南省滑县东北。②敝：破旧。凋：损伤。③逾：跨越。④甲子：用干支纪日的日期。⑤殷纣：即商纣。

"凡大王之所信为从者恃苏秦。苏秦荧惑诸侯①，以是为非，以非为是，欲反齐国，而自令车裂于市。夫天下之不可一亦明矣②。今楚与秦为昆弟之国，而韩、梁称为东藩之臣③，齐献鱼盐之地，此断赵之右臂也。夫断右臂而与人斗，失其党而孤居，求欲毋危，岂可得乎？

【注释】

①荧惑：迷惑；眩惑。②一：统一。动词。③东藩之臣：东方藩国的臣子。

"今秦发三将军：其一军塞午道①，告齐使兴师渡清河，军于邯郸之东；一军军成皋，驱韩、梁军于河外②；一军军于渑池。约四国为一以攻赵，破赵，必四分其地。是故不敢匿意隐情，先以闻于左右。臣窃为大王计，莫如与秦王遇于渑池，面相见而口相结，请案兵无攻③。愿大王之定计。"

【注释】

①午道：纵横交错的大路。在赵国东面，齐国西面。②河外：指当时黄河以南之地，即今河南省郑州市和滑县一带。③案兵：止兵不动。案，通"按"。

赵王曰："先王之时①，奉阳君专权擅势②，蔽欺先王，独擅绾事③，寡人居属师傅④，不与国谋计⑤。先王弃群臣⑥，寡人年幼，奉祀之日新⑦，心固窃疑焉，以为一从不事秦，非国之长利也。乃且愿变心易虑，割地谢前过以事秦。方将约车趋行⑧，适闻使者之明诏⑨。"赵王许张仪，张仪乃去。

【注释】

①先：对已去世的人的尊称。②奉阳君：赵肃侯任命其弟赵成为相国，号奉阳君。③绾（wǎn）：控扼。④师傅：老师的通称。⑤与（yù）：参与；参加。⑥弃群臣：抛弃群臣。⑦奉祀：主持祭祀；登上王位。⑧趋：趋向；奔向。⑨诏：教诲；告诫。

北之燕，说燕昭王曰①："大王之所亲莫如赵。昔赵襄子尝以其姊为代王妻②，欲并代③，约与代王遇于句注之塞④。乃令工人作为金斗⑤，长其尾⑥，令可以击人。与代王饮，阴告厨人曰：'即酒酣乐，进热啜⑦，反斗以击之。'于是酒酣乐，进热啜，厨人进斟⑧，因反斗以击代王，杀之，王脑涂地。其姊闻之，因摩笄以自刺⑨，故至今有摩笄之山⑩。代王之亡，天下莫不闻。

【注释】

①燕昭王：姬平，一说为姬职。前311—前279年在位。②赵襄子：赵无恤。③代：国名。地在今河北省蔚县东北。④句（gōu）注：山名。在今山西省代县西北。古代为军事要地。⑤金斗（dǒu）：金属制的勺子，用来舀汤、舀酒。斗，通"枓"。⑥尾：斗柄，形状像刀。⑦热啜（chuò）：趁热喝的肉汁。啜，喝，吃。⑧斟（zhēn）：汤匙。即指金斗。⑨笄（jī）：古代妇女用来绾起头发的簪子。⑩摩笄山：山名。

"夫赵王之狼戾无亲①，大王之所明见，且以赵王为可亲乎？赵兴兵攻燕，再围燕都而劫大王，大王割十城以谢。今赵王已入朝渑池，效河间以事秦。今大王不事秦，秦下甲云中、九原②，驱赵而攻燕，则易水、长城非大王之有也③。

【注释】

①很：通"狠"。暴戾；凶狠。戾，乖张暴戾。②云中：赵地名。③易水：水名。发源易县。在今河北省境内。

"且今时赵之于秦犹郡县也①，不敢妄举师以攻伐。今王事秦，秦王必喜，赵不敢妄动，是西有强秦之援，而南无齐赵之患，是故愿大王孰计之。"

【注释】

①郡：古代行政区划名称。周制县辖郡，秦代起郡辖县。

燕王曰："寡人蛮夷僻处，虽大男子裁如婴儿①，言不足以采正计。今上客幸教之，请西面而事秦，献恒山之尾五城"②。燕王听仪。仪归报，未至咸阳而秦惠王卒，武王立③。武王自为太子时不说张仪④，及即位，群臣多谗张仪曰："无信，左右卖国以取容。秦必复用之，⑤恐为天下笑。"诸侯闻张仪有郤武王⑥，皆畔衡，复合从⑦。

【注释】

①裁：通"才"。仅仅。②恒山：即常山。③秦武王：嬴荡。前310—前307年在位。④太子：一般称预定继承君位的皇子。⑤必：假使。⑥郤（xì）：通"隙"。裂缝；嫌隙。⑦畔：通"叛"。衡：通"横"。指连横。

秦武王元年，群臣日夜恶张仪未已，而齐让又至①。张仪惧诛，乃因谓秦武王曰："仪有愚计，愿效之。"王曰："奈何？②"对曰："为秦社稷计者，东方有大变，然后王可以多割得地也。今闻齐王甚憎仪，仪之所在，必兴师伐之。故仪愿乞其不肖之身之梁③，齐必兴师而伐梁。梁齐之兵连于城下而不能相去，王以其间伐韩，入三川，出兵函谷而毋伐，以临周，祭器必出④。挟天子，按图籍，此王业也。"秦王以为然，乃具革车三十乘⑤，入仪之梁。齐果兴师伐之。梁哀王恐。张仪曰："王勿患也，请令罢齐兵。"乃使其舍人冯喜之楚，借使之齐，谓齐王曰："王甚憎张仪；虽然，亦厚矣王之托仪于秦也！⑥"齐王曰："寡人憎仪，仪之所在，必兴师伐之，何以托仪？"对曰："是乃王之托仪也。夫仪之出也，固与秦王约曰：'为王计者，东方有大变，然后王可以多割得地。今齐王甚憎仪，仪之所在，必兴师伐之。故仪愿乞其不肖之身之梁，齐必兴师伐之。齐梁之兵连于城下而不能相去，王以其间伐韩，入三川，出兵函谷而无伐，以临周，祭器必出。挟天子，案图籍，此王业也。'秦王以为然，故具革车三十乘而入之梁也。今仪入梁，王果伐之，是王内罢国而外伐与国⑦，广邻敌以内自临，而信仪于秦王也。此臣之所谓'托仪'也。"齐王曰："善。"乃使解兵⑧。

【注释】

①齐让又至：齐王派使者到秦国责难张仪。②奈何：怎么。③不肖：没本事，没出息。谦辞。④祭器：古代帝王祭祀时所陈设的文物和用青铜器制的礼器等。⑤革车：兵车。⑥亦厚矣王之托仪于秦也："亦厚矣"是谓语前置。⑦罢（pí）：通"疲"。⑧解兵：停止用兵。

张仪相魏一岁，卒于魏也①。

【注释】

①卒于魏：时为秦武王二年、魏哀王十年（前309年）。

陈轸者，游说之士。与张仪俱事秦惠王，皆贵重，争宠①。张仪恶陈轸于秦王曰②："轸重币轻使秦、楚之间③，将为国交也。今楚不加善于秦而善轸者，轸自为厚而为王薄也④。且轸欲去秦而之楚，王胡不听乎？"王谓陈轸曰："吾闻子欲去秦之楚，有之乎？"轸曰："然。"王曰："仪之言果信矣。"轸曰："非独仪知之也，行道之士尽知之矣。昔子胥忠于其君而天下争以为臣⑤，曾参孝于其亲而天下愿以为子⑥。故卖仆妾不出闾巷而售者⑦，良仆妾也；出妇嫁于乡曲者⑧，良妇也。今轸不忠其君，楚亦何以轸为忠乎？忠且见弃，轸不之楚何归乎？"王以其言为然，遂善待之。

【注释】

①宠：宠爱。②恶（wù）：说别人坏话；中伤。③重：丰厚。币：原指用作礼物的玉、马、皮和帛；后泛指礼物。轻：频繁。④厚：多。薄：少。"厚"与"薄"相对，表比较。⑤子胥：伍子胥。⑥曾参（shēn）：春秋时鲁国人，孔丘的学生，以孝著称。⑦闾巷：街巷；乡里。⑧出妇：被丈夫遗弃的妇女。乡曲：乡里。

居秦期年①，秦惠王终相张仪，而陈轸奔楚。楚未之重也，而使陈轸使于秦。过梁，欲见犀首。犀首谢弗见。轸曰："吾为事来，公不见轸，轸将行，不得待异日②。"犀首见之。陈轸曰："公何好饮也？"犀首曰："无事也。"曰："吾请令公厌事可乎③？"曰："奈何？"曰："田需约诸侯从亲④，楚王疑之，未信也。公谓于王曰：'臣与燕、赵之王有故，数使人来，曰"无事何不相见"，愿谒行于王。'王虽许公⑤，公请毋多车，以车三十乘，可陈之于庭⑥，明言之燕、赵。"燕、赵客闻之⑦，驰车告其王⑧，使人迎犀首。楚王闻之大怒，曰："田需与寡人约，而犀首之燕、赵，是欺我也。"怒而不听其事。齐闻犀首之北，使人以事委焉。犀首遂行，三国相事皆断于犀首。轸遂至秦。

【注释】

①期（jī）年：一整年。②异日：他日；过几天。③厌事：多做事的意思。④田需：魏国相。⑤虽：纵然；即使。⑥陈：陈列；摆。⑦客：门客；食客。⑧驰车：轻车。这里作动词用。

韩、魏相攻，期年不解。秦惠王欲救之，问于左右。左右或曰救之便①，或曰勿救便，惠王未能为之决。陈轸适至秦②，惠王曰："子去寡人之楚，亦思寡人不？"陈轸对曰："王闻乎越人庄舄乎？③"王曰："不闻。"曰："越人庄舄仕楚执珪④，有顷而病⑤。楚王曰：'舄故越之鄙细人也⑥，今仕楚执珪，贵富矣，亦思越不？'中谢对曰⑦：'凡人之思故⑧，在其病也。彼思越则越声，不思越则楚声。'使人往听之，犹尚越声也。今臣虽弃逐之楚，岂能无秦声哉！"惠王曰："善。今韩、魏相攻，期年不解，或谓寡人救之便，或曰勿救便，寡人不能决，愿子为子主计之余⑨，为寡人计之。"陈轸对曰："亦尝有以夫卞庄子刺虎闻于王者乎？庄子欲刺虎，馆竖子止之⑩，曰：'两虎方且食牛，食甘必争，争则必斗，斗则大者伤，小者死，从伤而刺之，一举必有双虎之名。'卞庄子以为然，立须之。有顷，两虎果斗，大者伤，小者死。庄子从伤者而刺之，一举果有双虎之功。今韩魏相攻，期年不解，是必大国伤，小国亡，从伤而伐之，一举必有两实。此犹庄子刺虎之类也。臣主与王何异也⑪。"惠王曰："善。"卒弗救。大国果伤，小国亡，秦兴兵而伐，大克之⑫。此陈轸之计也。

【注释】

①便：有利。②适：恰好；正。③越：国名。地在今江苏省东南部、安徽省南部、江西省东部和浙江省北部，建都会稽（今浙江省会稽市）。④仕：做官。⑤有顷：不久。⑥鄙细人：居住在郊野、地位低下的人。⑦中谢：侍从官。⑧故：故乡；家乡。⑨子：指陈轸（zhěn）。子主：指楚怀王。计：出谋划策。⑩馆：旅舍。竖子：小子。⑪臣主：指楚怀王。王：指秦惠王。⑫克：制胜。

犀首者，魏之阴晋人也①，名衍，姓公孙氏。与张仪不善。

【注释】

①犀首：魏国官名。阴晋：邑名。

张仪为秦之魏，魏王相张仪。犀首弗利，故令人谓韩公叔①曰："张仪已合秦、魏矣，其言曰：'魏攻南阳，秦攻三川。'魏王所以贵张子者②，欲得韩地也。且韩之南阳已举矣③，子何不少委焉以为衍功，则秦、魏之交可错矣。然则魏必图秦而弃仪④，收韩而相衍。"公叔以为便，因委之犀首以为功。果相魏。张仪去。

【注释】

①韩公叔：指韩国太子公叔伯婴。②贵：重视。以动用法。③举：攻克；占领。④图：图谋；贪图。

义渠君朝于魏①。犀首闻张仪复相秦，害之。犀首乃谓义渠君曰："道远不得复过②，请谒事情③。"曰："中国无事④，秦得烧掇焚杅君之国⑤；有事⑥，秦将轻使重币事君之国。"其后五国伐秦⑦。会陈轸谓秦王曰⑧："义渠君者，蛮夷之贤君也，不如赂之以抚其志⑨。"秦王曰："善。"乃以文绣千纯⑩，妇女百人遗义渠君⑪。义渠君致群臣而谋曰："此公孙衍所谓邪？"乃起兵袭秦，大败秦人李伯之下⑫。

【注释】

①义渠：部族名，西戎族的一支，分布于今陕西省和甘肃省一带。②过：访问；探望。③谒：告诉。④中国：指中原地区各国（即关东六国）。无事：指各国不攻打秦国。⑤烧掇（duó）：焚烧而侵略。焚杅（yú）：焚烧蹂躏从而牵制。⑥有事：指各国攻打秦国。⑦五国：指楚、魏、齐、韩、赵五国。⑧会：恰好。⑨抚：安抚；安定。⑩文绣：有彩色花纹的丝织品。纯（tún）：匹；段，指丝织品。⑪遗（wèi）：给予；赠送。⑫李伯：城邑名。今地不详。

张仪已卒之后，犀首入相秦。尝佩五国之相印，为约长①。

【注释】

①约长：即纵约长，联盟领袖。

太史公曰：三晋多权变之士①，夫言从衡强秦者大抵皆三晋之人也②。夫张仪之行事甚于苏秦③，然世恶苏秦者，以其先死，而仪振暴其短以扶其说④，成其衡道。要之⑤，此两人真倾危之士哉⑥！

【注释】

①三晋：指由原晋国分立的韩、赵、魏三国。权变：权宜机变。②大抵：大都。③甚：超过；胜过。④振暴（pù）：揭露。扶：扶持；帮助。说：主张。⑤要之：总之。⑥倾危：险诈。

樗里子甘茂列传第十一

　　樗里子者①，名疾，秦惠王之弟也②，与惠王异母。母，韩女也③。樗里子滑稽多智④，秦人号曰"智囊"⑤。

【注释】

　　①樗（chū）里：地名。在今陕西省西安市西北。樗，臭椿。其里闾有大樗树，故名。子：古时对男子的尊称。②秦惠王：即秦惠文王，嬴驷。前337—前311年在位。③韩：国名。战国七雄之一。地在今山西省东南角和河南省中部，建都阳翟（今河南省禹县），后迁新郑（今河南省新郑市）。④滑（gǔ）稽：指能言善辩，言辞流畅无阻滞。⑤智囊：比喻足智多谋的人。意即一身所有皆是智谋，若囊橐（tuó）之盛物。

　　秦惠王八年①，爵樗里子右更②，使将而伐曲沃③，尽出其人④，取其城，地入秦。秦惠王二十五年，使樗里子为将伐赵⑤，虏赵将军庄豹，拔蔺⑥。明年，助魏章攻楚⑦，败楚将屈丐⑧，取汉中地⑨。秦封樗里子，号为严君⑩。

【注释】

　　①秦惠王八年：相当于前330年。②爵：授予爵位。动词。右更：秦代爵位名。从最低数起第十四级。③将（jiàng）：带兵。曲沃：魏邑名，在今河南三门峡市西南。④出：驱逐出境。⑤赵：国名。⑥蔺：赵邑名。⑦魏章：秦将。⑧屈丐：楚将名。丐，通"匄"。⑨汉中：地在今陕西省南部，湖北省北部。⑩严：秦邑名。

　　秦惠王卒①，太子武王立②，逐张仪、魏章③，而以樗里子、甘茂为左右丞相④。秦使甘茂攻韩，拔宜阳⑤。使樗里子以车百乘入周⑥。周以卒迎之⑦，意甚敬。楚王怒⑧，让周⑨，以其重秦客。游腾为周说楚王曰⑩："智伯之伐仇犹⑪，遗之广车⑫，因随之以兵，仇犹遂亡。何则？无备故也。齐桓公伐蔡⑬，号曰诛楚，其实袭蔡。今秦，虎狼之国，使樗里子以车百乘入周，周以仇犹、蔡观焉，故使长戟居前⑭，强弩在后⑮，名曰卫疾，而实囚之。且夫周岂能无忧其社稷哉⑯？恐一旦亡国以忧大王⑰。"楚王乃悦。

【注释】

　　①卒：有地位的人或年老的人死亡。②武王：嬴荡。前310—前307年在位。③张仪：魏国贵族的后代。秦惠文王时任相，封武信君。后入魏为相，不久即

死。④左右丞相：左丞相、右丞相。官名。⑤宜阳：韩邑名。在今河南宜阳县西。⑥乘（shèng）：古时一车四马为一乘。周：朝代名。⑦卒：步兵。⑧楚王：指楚怀王。熊槐。前328—前299年在位。⑨让：责备。⑩游腾：人名。⑪智（zhì）伯：春秋末晋国大臣荀瑶。仇犹：国名。在今山西省盂县。⑫遗之广车：据《战国策》和《韩非子》，应作"遗之大钟，载以广车"。⑬齐桓公：姜小白。前685—前643年在位。春秋时第一个霸主。⑭戟：古代兵器。⑮弩：用机关发箭的弓。⑯且夫（fú）：语首助词。社稷：古代帝王、诸侯祭祀的土神和谷神。⑰忧：忧虑。使动用法。

秦武王卒，昭王立①，樗里子又益尊重。

【注释】

①昭王：即秦昭襄王。嬴稷。前306—前251年在位。

昭王元年①，樗里子将伐蒲②。蒲守恐，请胡衍③。胡衍为蒲谓樗里子曰："公之攻蒲，为秦乎？为魏乎④？为魏则善矣，为秦则不为赖矣⑤。夫卫之所以为卫者⑥，以蒲也。今伐蒲入于魏，卫必折而从之⑦。魏亡西河之外而无以取者⑧，兵弱也。今并卫于魏，魏必强。魏强之日，西河之外必危矣。且秦王将观公之事，害秦而利魏，王必罪公。"樗里子曰："奈何？"胡衍曰："公释蒲勿攻，臣试为公入言之，以德卫君⑨。"樗里子曰："善。"胡衍入蒲，谓其守曰："樗里子知蒲之病矣，其言曰必拔蒲。衍能令释蒲勿攻。"蒲守恐，因再拜曰："愿以请。"因效金三百斤⑩，曰："秦兵苟退，请必言子于卫君，使子为南面⑪。"故胡衍受金于蒲以自贵于卫。于是遂解蒲而去。还击皮氏⑫，皮氏未降，又去。

【注释】

①昭王元年：相当于前306年。②蒲：卫邑名。在今河南省长垣县。③胡衍：卫国大臣。④魏：战国七雄之一。地在今陕西省、山西省交界地区直至河南省东北部，建都安邑（在今山西省夏县西北），后迁大梁（今河南省开封市）。⑤赖：利益。⑥卫：国名。⑦折：屈服。从：服从。⑧西河：地在今陕西省东部，黄河西岸一带。⑨德：施德，动词。⑩效：奉献。⑪南面：古代以面向南为尊位，帝王之位南向。⑫皮氏：魏邑名。在今山西省河津市西。

昭王七年，樗里子卒，葬于渭南章台之东①。曰："后百岁，是当有天子之宫夹我墓。"樗里子疾室在于昭王庙西渭南阴乡樗里②，故俗谓之樗里子。至汉兴③，长乐宫在其东，未央宫在其西④，武库正直其墓⑤。秦人谚曰："力则任鄙⑥，智则樗里。"

【注释】

①渭南：渭河以南。渭河，源出甘肃省渭源县，流经陕西省中部。章台：秦国离宫台名。旧址在今陕西省西安市西北。②阴乡：乡名。③汉：朝代名。④长乐宫：西汉主要宫殿之一。旧址在今陕西省西安市西北郊长安故城东南隅。未央宫：西汉皇宫，旧址在今陕西省西安市西北郊长安故城西南隅。⑤武库：为储藏器物的仓库。未央宫组成部分之一。直：当；对着。⑥任鄙：秦武王力士，后曾任汉中郡守。

甘茂者，下蔡人也①。事下蔡史举先生②，学百家之说。因张仪、樗里子而求见秦惠王。王见而说之③，使将，而佐魏章略定汉中地④。

【注释】

①下蔡：都邑名。在今安徽省凤台县。②事：侍奉；服事。③说（yuè）：通"悦"。喜欢。④佐：辅助。

惠王卒，武王立。张仪、魏章去，东之魏①。蜀侯辉②、相壮反③，秦使甘茂定蜀还，而以甘茂为左丞相，以樗里子为右丞相。

【注释】

①之：往，去。②蜀侯辉：秦公子嬴辉，封蜀侯。蜀：侯国名，地在今四川省中西部，后改设郡。③相（xiàng）：官名。百官之长。壮：陈壮。

秦武王三年，谓甘茂曰："寡人欲容车通三川①，以窥周室②，而寡人死不朽矣。"甘茂曰："请之魏，约以伐韩③，而令向寿辅行。"甘茂至，谓向寿曰："子归，言之于王曰：'魏听臣矣，然愿王勿伐。'事成，尽以为子功。"向寿归，以告王，王迎甘茂于息壤④。甘茂至，王问其故。对曰："宜阳⑤，大县也，上党、南阳积之久矣⑥。名曰县，其实郡也⑦。今王倍数险⑧，行千里攻之，难。昔曾参之处费⑨，鲁人有与曾参同姓名者杀人，人告其母曰'曾参杀人'，其母织自若也⑩。顷之⑪，一人又告之曰：'曾参杀人'，其母尚织自若也。顷又一人告之曰'曾参杀人'，其母投杼下机⑫，逾墙而走⑬。夫以曾参之贤与其母信之也⑭，三人疑之，其母惧焉。今臣之贤不若曾参，王之信臣又不如曾参之母信曾参也，疑臣者非特三人⑮，臣恐大王之投杼也。始张仪西并巴蜀之地⑯，北开西河之外，南取上庸⑰，天下不以多张子而以贤先王⑱。魏文侯令乐羊将而伐中山⑲，三年而拔之。乐羊返而论功，文侯示之谤书一箧⑳。乐羊再拜稽首曰㉑：'此非臣之功也，主君之力也。'今臣，羁旅之臣也㉒。樗里子、公孙奭二人者挟韩而议之㉓，王必听之，是王欺魏王而臣受公仲侈之怨也㉔。"王曰："寡人不听也，请与子盟。"卒使丞相甘茂将兵伐宜阳㉕。五月而不拔，樗里子、公孙奭果争之。武王召甘茂，欲罢兵。甘茂曰："息壤在彼㉖。"王曰："有之。"因大悉起兵㉗，使甘茂击之。斩首六万，遂拔宜阳㉘。韩襄王使公仲侈入谢㉙，与秦平㉚。

【注释】

①寡人：寡德之人。古代天子、诸侯对下的自称。容：容纳。三川：地区名。在今河南洛阳一带。因黄河、伊河、洛河流经其境而得名。②窥：窥探。周室：周王朝廷。③韩：战国七雄之一。④息壤：秦邑名。⑤宜阳：韩邑名。在今河南省宜阳县西。⑥上党：韩郡名。地在今山西省东南部长治市一带。南阳：地区名。在今河南省西南部南阳市一带。⑦名曰县，其实郡也：郡，县同为古代地方行政区划名。西周时，县大而郡小；春秋、战国之际，演变为郡大而县小。因此，甘茂说：宜阳大县，其实郡也。⑧倍：通"背"。背：背离：离开。数险：许多险要地方，指函谷关，崤山等。⑨曾参（shēn）：春秋末鲁国武城（今山东省费县）人。处（chǔ）：居住。费：鲁邑名。今山东省费县西北。⑩自若：像原来的样子。形容临事镇定。⑪顷之：片刻。⑫杼（zhù）：梭子。⑬逾：越过。⑭夫（fú）：发语词。⑮特：但；只。⑯巴：国名。地在今四川省东部，湖南省西部一带。被秦吞并后，改设郡。蜀：国名。⑰上庸：县名，在今湖北省竹山县西南。⑱多：推崇；赞美。⑲魏文侯：魏斯。魏国的建立者，前445—前396年在位。中山：国名。春秋时白狄族所建立，地在今河北省正定县一带，战国初期建都于顾（今定县）。⑳谤书：攻击别人或揭发别人隐私的文书。箧（qiè）：小箱子。㉑再拜：古代的一种礼

节。先后拜两次，表示礼节隆重。稽（qǐ）首：古代最恭敬的跪拜礼，叩头到地。㉒羁（jī）旅：作客他乡或异国。㉓公孙奭（shì）：人名。㉔公仲侈：韩相国。㉕卒：终于。㉖息壤在彼：意思是息壤就在那里，我和您不是在那儿订立过攻韩的盟约吗？彼，那。指示代词。㉗大悉：大量，全部。㉘遂：于是。㉙韩襄王：韩仓。前311—296年在位。㉚平：媾和。

武王竟至周①，而卒于周。其弟立，为昭王②。王母宣太后，楚女也③。楚怀王怨前秦败楚于丹阳而韩不救④，乃以兵围韩雍氏⑤，韩使公仲侈告急于秦。秦昭王新立，太后楚人，不肯救。公仲因甘茂⑥，茂为韩言于秦昭王曰："公仲方有得秦救，故敢扞楚也⑦。今雍氏围，秦师不下殽⑧，公仲且昂首而不朝⑨，公叔且以国南合于楚⑩。楚、韩为一，魏氏不敢不听，然则伐秦之形成矣。不识坐而待伐孰与伐人之利⑪？"秦王曰："善。"乃下师于殽以救韩。楚兵去。

【注释】

①竟：终；终于。②昭王：即昭襄王，嬴稷。前306—前251年在位。③楚：国名。④楚怀王：熊槐。⑤雍氏：韩邑名。在今河南省禹县东北。⑥因：托。⑦扞：抵御。⑧师：军队。殽（yáo）：山名。在今河南省西部。殽，通"崤"。⑨且：将。朝（cháo）：朝见。⑩公叔：指韩太子公叔伯婴。⑪孰与：何如。孰，表示比较。疑问代词。

秦使向寿平宜阳①，而使樗里子、甘茂伐魏皮氏②。向寿者，宣太后外族也③，而与昭王少相长④，故任用。向寿如楚⑤，楚闻秦之贵向寿，而厚事向寿。向寿为秦守宜阳，将以伐韩。韩公仲使苏代谓向寿曰⑥："禽困覆车⑦。公破韩，辱公仲，公仲收国复事秦，自以为必可以封。今公与楚解口地⑧，封小令尹以杜阳⑨。秦楚合，复攻韩，韩必亡。韩亡，公仲且躬率其私徒以阏于秦⑩，愿公孰虑之也⑪。"向寿曰："吾合秦楚非以当韩也⑫，子为寿谒之公仲⑬，曰秦韩之交可合也。"苏代对曰："愿有谒于公。人曰贵其所以贵者贵。王之爱习公也，不如公孙奭⑭；其智能公也⑮，不如甘茂。今二人者皆不得亲于秦事，而公独与王主断于国者何？彼有以失之也⑯。公孙奭党于韩⑰，而甘茂党于魏，故王不信。今秦楚争强而公党于楚，是与公孙奭、甘茂同道也，公何以异之⑱？人皆言楚之善变也，而公必亡之⑲，是自为责也⑳。公不如与王谋其变也，善韩以备楚，如此则无患矣。韩氏必先以国从公孙奭而后委国于甘茂㉑。韩，公之仇也。今公言善韩以备楚，是外举不僻仇也㉒。"向寿曰："然，吾甚欲韩合。"对曰："甘茂许公仲以武遂㉓，反宜阳之民㉔，今公徒收之，甚难。"向寿曰："然则奈何？武遂终不可得也？"对曰："公奚不以秦为韩求颍川于楚㉕？此韩之寄地也㉖。公求而得之，是令行于楚而以其地德韩也。公求而不得，是韩楚之怨不解而交走秦也㉗。秦楚争强，而公徐过楚以收韩㉘，此利于秦。"向寿曰："奈何？"对曰："此善事也。甘茂欲以魏取齐，公孙奭欲以韩取齐。今公取宜阳以为功，收楚韩以安之，而诛齐魏之罪㉙，是以公孙奭、甘茂无事也㉚。"

【注释】

①平：平定；安抚。②皮氏：魏邑名。在今山西省河津市境。③外族：外家之族。④相长（zhǎng）：互相尊重。⑤如：往；去。⑥苏代：东周洛阳（今河南省洛阳市）人。苏秦之弟。⑦禽困覆车：禽兽遭困，情势急迫，尚能抵触和倾覆人的车辆。⑧解口：秦地名。在今河南省洛阳市东南。⑨令尹：官名。杜阳：秦地名。在今

陕西省麟游县西北。汉置县。⑩躬：亲自。私徒：私家的部属。⑪孰：通"熟"，仔细，周密。⑫当：抵敌。⑬谒（yè）：说明；陈述。⑭爱习：宠爱，亲近。公孙奭（shì）：秦臣。⑮智能：智谋和才能。以动用法。⑯彼：他（们）。以：缘由。⑰党：偏私。⑱异之：与之相异。⑲亡：败亡。⑳自为责：自引其咎。㉑委：托付。㉒僻：通"避"，回避。㉓武遂：韩邑名，在今山西省垣曲县东南。㉔反：通"返"，返回。使动用法。㉕奚：何；为何，疑问副词。颍川：地区名。在今河南省中部。㉖寄地：颍川地区为韩国旧都阳翟所在，故曰"寄地"。㉗交走：交相奔走。㉘徐：逐渐。过：责备；谴责。动词。㉙诛：责备；惩罚。㉚无事：指公孙奭、甘茂不可能联合韩、魏以进攻齐国。

甘茂竟言秦昭王，以武遂复归之韩。向寿、公孙奭争之，不能得。向寿、公孙奭由此怨，谗甘茂①。茂惧，辍伐魏蒲阪②，亡去③。樗里子与魏讲④，罢兵。

【注释】

①谗：说别人的坏话。②辍（chuò）：停止。蒲阪：在今山西永济市。③亡去：逃亡，离去。④讲：和解。

甘茂之亡秦奔齐，逢苏代。代为齐使于秦。甘茂曰："臣得罪于秦，惧而遁逃，无所容迹①。臣闻贫人女与富人女会绩②，贫人女曰：'我无以买烛，而子之烛光幸有余，子可分我余光，无损子明而得一斯便焉③。'今臣困而君方使秦而当路矣④。茂之妻子在焉，愿君以余光振之⑤。"苏代许诺。遂致使于秦。已，因说秦王曰："甘茂，非常士也。其居于秦，累世重矣⑥。自殽塞及至鬼谷⑦，其地形险易皆明知之。彼以齐约韩魏反以图秦，非秦之利也。"秦王曰："然则奈何⑧？"苏代曰："王不若重其贽⑨，厚其禄以迎之⑩，使彼来则置之鬼谷，终身勿出⑪。"秦王曰："善。"即赐之上卿⑫，以相印迎之于齐。甘茂不往。苏代谓齐湣王曰⑬："夫甘茂，贤人也。今秦赐之上卿，以相印迎之。甘茂德王之赐⑭，好为王臣⑮，故辞而不往。今王何以礼之？"齐王曰："善。"即位之上卿而处之⑯，秦因复甘茂之家以市于齐⑰。

【注释】

①容迹：容身。②会绩：一同绩麻。③损：损害；减损。一：共同。斯：这。指示代词。④当路：当权。⑤振：拯救。⑥累世：指甘茂连续事奉秦惠王、武王、昭王三代。⑦殽塞：即指殽山。鬼谷：秦地名。⑧奈何：怎么办。⑨贽（zhì）：初次求见人时所送的礼物。⑩禄：官吏的俸给。⑪出：出外。使动用法。⑫上卿：官名。⑬齐湣（mǐn）王：公元前323—前284年在位。⑭德：感激。以动用法。⑮好（hào）：喜欢；乐于。⑯位：安排位置。动词。处（chǔ）：款留。⑰复：免除赋税或徭役。市：购买。

齐使甘茂于楚，楚怀王新与秦合婚而欢。而秦闻甘茂在楚，使人谓楚王曰："愿送甘茂于秦。"楚王问于范蜎曰①："寡人欲置相于秦，孰可？②"对曰："臣不足以识之。"楚王曰："寡人欲相甘茂③，可乎？"对曰："不可。夫史举，下蔡之监门也④，大不为事君，小不为家室，以苟贱不廉闻于世，甘茂事之顺焉。故惠王之明，武王之察，张仪之辩，而甘茂事之，取十官而无罪。茂诚贤者也⑤，然不可相于秦。夫秦之有贤相，非楚国之利也。且王前尝用召滑于越⑥，而内行章义之难⑦，越国乱，故楚南塞厉门而郡江东⑧。计王之功所以能如此者⑨，越国乱而楚治也。今王知用诸越而忘用诸秦⑩，臣以王为巨过矣⑪。然则王若欲置相于秦，则莫若向寿者可。夫向寿之于秦王，亲也，少与之同衣，长与之同车，以听事。

王必相向寿于秦，则楚国之利也。”于是使使请秦相向寿于秦⑫。秦卒相向寿⑬。而甘茂竟不得复入秦，卒于魏。

【注释】

①范蜎（xuān，yuān）：人名。②孰：谁。疑问代词。③相：任为相。使动用法。④监门：守门人。⑤诚：真是；的确。⑥尝：曾经。召（shào）滑：人名。越：国名。⑦章义：人名。⑧塞（sài）：成为边塞，以动用法。厉门：关隘名。当时通岭南的要路。今址不详。郡：设郡。以动用法。江东：地区名，指长江下游安徽芜湖以下南岸地区。⑨计：揣度。⑩诸："之于"的合音词。⑪巨过：大错。⑫使使（shǐ shǐ）：派遣使者。前"使"字，动词；后"使"字，名词。⑬卒：终于。

甘茂有孙曰甘罗。

甘罗者，甘茂孙也。茂既死后，甘罗年十二，事秦相文信侯吕不韦①。

【注释】

①吕不韦：卫国濮阳（今河南省濮阳市西南）人。原为大商人。

秦始皇帝使刚成君蔡泽于燕①，三年而燕王喜使太子丹入质于秦②。秦使张唐往相燕③，欲与燕共伐赵以广河间之地④。张唐谓文信侯曰："臣尝为秦昭王伐赵，赵怨臣，曰：'得唐者与百里之地⑤。'今之燕必经赵，臣不可以行。"文信侯不快，未有以强也⑥。甘罗曰："君侯何不快之甚也？"文信侯曰："吾令刚成君蔡泽事燕三年，燕太子丹已入质矣，吾自请张卿相燕而不肯行。"甘罗曰："臣请行之⑦。"文信侯叱曰："去！我身自请之而不肯，女焉能行之⑧？"甘罗曰："夫项橐生七岁为孔子师⑨。今臣生十二岁于兹矣⑩，君其试臣，何遽叱乎⑪？"于是甘罗见张卿曰："卿之功孰与武安君⑫？"卿曰："武安君南挫强楚，北威燕、赵，战胜攻取，破城堕邑⑬，不知其数，臣之功不如也。"甘罗曰："应侯之用于秦也⑭，孰与文信侯专？"张卿曰："应侯不如文信侯专。"甘罗曰："卿明知其不如文信侯专与⑮？"曰："知之。"甘罗曰："应侯欲攻赵，武安君难之，去咸阳七里而立死于杜邮⑯。今文信侯自请卿相燕而不肯行，臣不知卿所死处矣。"张唐曰："请因孺子行⑰。"令装治行。

【注释】

①秦始皇帝：（前259—前210年）：嬴政。秦王朝的建立者。前246—前210年在位。燕（yān）：国名。前11世纪周分封的诸侯国。地在今河北省北部和辽宁省西端，建都蓟（jī）（今北京城西南隅）。②燕王喜：姬喜。公元前254—前221年在位。太子丹：姬丹。燕王喜的太子。质：人质。古代国家为了保证盟约的履行，常派君主亲属或大臣到对方作为人质。这里作动词用。③张唐：表字，张卿。④广：增广；扩大。使动用法。河间：地名。在今河北献县一带。⑤与：给予。⑥强（qiǎng）：勉强。⑦行：使动用法。⑧女（rǔ）：通"汝"你（们）。焉：何；怎。⑨大：尊其道德，故曰大。一说作"夫"。项橐（tuó）：人名。孔子（前551—前479年）：孔丘，字仲尼。⑩兹：现在。⑪遽（jù）：急，骤然。⑫武安君：白起。郿（今陕西省眉县）人。秦国名将。因功封武安君。⑬堕（huī）：通"隳"。毁坏。⑭应侯：范雎。魏国人。⑮与（yú）：通"欤"。表疑问的语气助词。⑯咸阳：秦都城，在今陕西省咸阳市东北。杜邮：亭名。在今陕西省咸阳市东北。⑰孺子：儿童。

行有日①，甘罗谓文信侯曰："借臣车五乘，请为张唐先报赵。"文信侯乃入言之于始皇曰："昔甘茂之孙甘罗，年少耳，然名家之子孙，诸侯皆闻之。今者张唐欲称疾不肯行，甘罗说而行之。今愿先报赵，请许遣之②。"始皇召见，使甘罗于赵。赵襄王郊迎甘罗③。甘罗说赵王曰："王闻燕太子丹入质秦欤？"曰："闻之。"曰："闻张唐相燕欤？"曰："闻之。""燕太子丹入秦者，燕不欺秦也。张唐相燕者，秦不欺燕也。燕、秦不相欺者，伐赵，危矣。燕、秦不相欺无异故④，欲攻赵而广河间。王不如赍臣五城以广河间⑤，请归燕太子，与强赵攻弱燕。"赵王立自割五城以广河间。秦归燕太子⑥。赵攻燕，得上谷三十城⑦，令秦有十一。

【注释】

①有日：预定的日期已临近。②遣：派遣。③赵襄王：即赵悼襄王。赵偃。前244—前236年在位。郊迎：到郊外迎接，以表尊重。④异：其他；别的。⑤赍(jī)：以物送人。⑥归：使动用法。⑦上谷：郡名。地在今河北省西北部。郡治沮阳（今河北怀来县东南）。

甘罗还报秦，乃封甘罗以为上卿，复以始甘茂田宅赐之。

太史公曰："樗里子以骨肉重，固其理，而秦人称其智，故颇采焉①。甘茂起下蔡间阎②，显名诸侯③，重强齐楚④。甘罗年少，然出一奇计，声称后世。虽非笃行之君子⑤，然亦战国之策士也⑥。方秦之强时，天下尤趋谋诈哉⑦。"

【注释】

①采：采录。②间阎：里巷的门。借指出身于里巷的平民。③诸侯：古代对中央王朝分封的各国国君的统称。④重强齐楚：为强大的齐、楚所推重。⑤笃行：行为敦厚。⑥策士：谋士。指战国时代游说诸侯的人。⑦趋：趋向。

穰侯列传第十二

穰侯魏冉者①，秦昭王母宣太后弟也②。其先楚人③，姓芈氏④。

【注释】

①穰(rǎng)：邑名。在今河南省邓州市。②秦昭王：即秦昭襄王，嬴稷。前306—前251年在位。③楚：国名。西周时立国于荆山一带，建都丹阳（今湖北省秭归县东南）。疆土扩大到长江中下游。后都屡迁，皆名郢。④芈(mǐ)：楚国王族祖先的姓。

秦武王卒①，无子，立其弟为昭王。昭王母故号为芈八子，及昭王即位②，芈八子号为宣太后。宣太后非武母。武王母号曰惠文后，先武王死。宣太后二弟：其异父长弟曰穰侯，姓魏氏，名冉；同父弟曰芈戎，为华阳君③。而昭王同母弟曰高陵君、泾阳君④。而魏冉最贤，自惠王、武王时任职用事⑤。武王卒，诸弟争立，唯魏冉力为能立昭王。昭王即位，以冉为将军，卫咸阳⑥。诛季君之乱⑦，而逐武王后出之魏⑧，昭王诸兄弟不善者皆灭之，威振秦国⑨。昭王少，宣太后自治，任魏冉为政。

【注释】

①秦武王：嬴荡。前310—前307年在位。卒：指有地位的人或年老的人死亡。②即位：帝王登位。③华（huà）阳：邑名。在今陕西省商县境。④高陵：县名。即今陕西省高陵县。泾（jīng）阳：邑名。在今陕西省泾阳县西北。⑤惠王：指秦惠文王嬴驷。前337—前311年在位。⑥咸阳：秦都城。在今陕西省咸阳市东北。⑦诛：剪除。⑧之：前往；去到。动词。魏：国名。⑨振：通"震"。震动。

昭王七年①，樗里子死，而使泾阳君质于齐②。赵人楼缓来相秦③，赵不利④，乃使仇液之秦⑤，请以魏冉为秦相。仇液将行，其客宋公谓液曰⑥："秦不听公⑦，楼缓必怨公。公不若谓楼缓曰'请为公毋急秦⑧'。秦王见赵请相魏冉之不急⑨，且不听公。公言而事不成，以德楼子⑩；事成，魏冉故德公矣⑪。"于是仇液从之。而秦果免楼缓而魏冉相秦。

【注释】

①昭王七年：前300年。②质：作人质；用人去作保证和抵押品。齐：国名。③赵：国名。战国七雄之一。楼缓：人名。相：辅佐；为相。动词。④利：以动用法。⑤仇（qiú）液：人名。⑥宋公：人名。⑦听：听信。⑧毋急秦：不使秦急于用魏冉为相。急：使动用法。⑨相：使动用法。⑩德：施德。动词。⑪故：原本。德：感谢。动词。

欲诛吕礼①，礼出奔齐。昭王十四年，魏冉举白起②，使代向寿将而攻韩、魏③，败之伊阙④，斩首二十四万，虏魏将公孙喜。明年，又取楚之宛、叶⑤。魏冉谢病免相⑥，以客卿寿烛为相⑦。其明年，烛免，复相冉，乃封魏冉于穰，复益封陶⑧，号曰穰侯。

［注释］

①吕礼：人名。②举：推荐。白起：秦国名将。详见《白起列传》。③向寿：秦将。详见《甘茂列传》。将（jiàng）：为将。动词。韩：国名。战国七雄之一。④伊阙：山名。又名龙门山。在今河南省洛阳市南。⑤宛（yuān）：邑名。在今河南省南阳市。叶（shè）：邑名。在今河南省叶县南。⑥谢病：托病辞官。⑦客卿：指在本国做官的外国人。⑧益：增加。

穰侯封四岁，为秦将攻魏。魏献河东方四百里①。拔魏之河内②，取城大小六十余。昭王十九年，秦称西帝，齐称东帝。月余，吕礼来，而齐、秦各复归帝为王。魏冉复相秦，六岁而免。免二岁，复相秦。四岁，而使白起拔楚之郢，秦置南郡③。乃封白起为武安君。白起者，穰侯之所任举也，相善。于是穰侯之富，富于王室。

【注释】

①河东：地区名。当时指今山西省西南部黄河东岸地区。②拔：攻占。河内：地区名。指当时中原黄河以北地区。③南郡：郡名。地在今湖北省中西部，治所在郢。

昭王三十二年，穰侯为相国，将兵攻魏①，走芒卯②，入北宅③，遂围大梁④。梁大夫须贾说穰侯曰：⑤"臣闻魏之长吏谓魏王曰⑥：'昔梁惠王伐赵⑦，战胜三梁⑧，拔邯郸⑨，赵氏不割，而邯郸复归。齐人攻卫⑩，拔故国⑪，杀子良⑫；卫人不割，而故地复反。卫、赵之所以国全兵劲而地不并于诸侯者⑬，以其能忍难而重出地也⑭。宋、中山数伐割地⑮，而国随以亡。臣以为卫、赵可法，而宋、中山可为戒也。秦，贪戾之国也⑯，而毋亲。蚕食魏氏⑰，又尽晋国⑱，战胜暴子⑲，割八县，地未毕入⑳，兵复出矣。夫秦何厌之有哉㉑！今又走芒卯，入北宅，此非敢攻梁也，且劫王以求多割地㉒。王必勿听也。今王背楚、赵而讲秦㉓，楚、赵怒而去王㉔，与王争事秦㉕，秦必受之。秦挟楚、赵之兵以复攻梁㉖，则国求无亡不可得也。愿王之必无讲也。王若欲讲，少割而有质；不然，必见欺㉗。'此臣之所闻于魏也，愿君王之以是虑事也㉘。《周书》曰：'惟命不于常㉙，'此言幸之不可数也㉚。夫战胜暴子㉛，割八县，此非兵力之精也，又非计之工也㉜，天幸为多矣。今又走芒卯，入北宅，以攻大梁，是以天幸自为常也，智者不然。臣闻魏氏悉其百县胜甲以上戍大梁㉝，臣以为不下三十万。以三十万之众守梁七仞之城㉞，臣以为汤、武复生㉟，不易攻也。夫轻背楚、赵之兵，陵七仞之城㊱，战三十万之众，而志必举之㊲，臣以为自天地始分以至于今，未尝有者也㊳。攻而不拔，秦兵必罢，陶邑必亡㊴，则前功必弃矣。今魏氏方疑，可以少割收也。愿君逮楚、赵之兵未至于梁㊵，亟以少割收魏㊶。魏方疑而得以少割为利，必欲之，则君得所欲矣。楚、赵怒于魏之先己也，必争事秦，从以此散㊷，而君后择焉。且君之得地岂必以兵哉！割晋国，秦兵不攻，而魏必效绛、安邑㊸。又为陶开两道㊹，几尽故宋㊺，魏必效单父㊻。秦兵可全，而君制之，何索而不得㊼，何为而不成！愿君熟虑之而无行危。"穰侯曰："善。"乃罢梁围。

【注释】

①将（jiàng）：统领；率领。动词。②走：出逃。使动用法。芒卯：魏将。③北宅：邑名。又名宅阳。在今河南省郑州市北。④大梁：魏都城。⑤梁：魏国从迁都大梁后，又称梁国。⑥长（zhǎng）吏：称地位较高的官员。⑦梁惠王：即魏惠王。魏罃，前370—前335年在位。⑧三梁：邑名。即南梁。在今河北省唐县东。或疑即曲梁，在今河北永年县东。⑨邯郸：赵都城。在今河北邯郸市西南。⑩卫：国名。战国时小国。⑪故国：旧都。指楚丘。⑫子良：人名。⑬劲（jìng）：坚强有力。⑭难（nàn）：患难；灾难。重：以……为重。以动用法。⑮宋：国名。中山：国名。⑯贪戾：贪婪，残暴。⑰蚕食：像蚕吃桑叶一样逐渐吞并。⑱晋国：指魏国的河西、河东、河内等地区，这些地区都是晋国旧地。⑲暴子：指韩将暴鸢。⑳毕：全；尽。副词。㉑夫（fú）：代词。㉒劫：威胁，逼迫。㉓背：背弃。讲：议和。㉔去：背离。㉕事：服事。㉖挟：挟持；挟制。㉗见：被。㉘是：此，这。代词。㉙惟命不于常：天命不是固定不变的。㉚幸：天幸。数（shuò）：屡次；频繁。㉛夫（fú）：发语词。㉜工：巧妙；精细。㉝悉：全部；尽。胜甲：精悍的士兵。戍：保卫；防守。㉞仞（rèn）：古代长度单位。周制为八尺。㉟汤：商汤，商代开国君主。武：周武王，周代开国君主。㊱陵：登上。㊲志：志向；意图。举：攻克。㊳未尝：不曾。㊴陶邑：邑名。㊵逮：及。㊶亟（jí）：急。㊷从（zōng）：通"纵"，指合纵联盟。㊸效：献出。绛（jiàng）：魏邑名。今山西省侯马市东北。安邑：魏旧都。㊹两道：有两说：一说河西、河东两道。二说北道（绛邑、安邑）和南道（宋、单父）㊺几（jī）：几乎；差不多。故：旧；灭亡。㊻单父（shàn fǔ）邑名。在今山东省单县。㊼索：索取。动词。

明年，魏背秦，与齐从亲^①。秦使穰侯伐魏，斩首四万，走魏将暴鸢，得魏三县。穰侯益封^②。

【注释】

①从（zōng）亲：合纵。亲善。②益封：增加封地。

明年，穰侯与白起、客卿胡阳复攻赵、韩、魏^①，破芒卯于华阳下，斩首十万，取魏之卷、蔡阳、长社^②、赵氏观津^③。且与赵观津，益赵以兵^④，伐齐。齐襄王惧^⑤。使苏代为齐阴遗穰侯书曰^⑥："臣闻往来者言曰'秦将益赵甲四万以伐齐'，臣窃必之敝邑之王曰'秦王明而熟于计^⑦，穰侯智而习于事^⑧，必不益赵甲四万以伐齐'。是何也？夫三晋之相与也^⑨，秦之深仇也。百相背也，百相欺也，不为不信，不为无行^⑩。今破齐以肥赵^⑪。赵，秦之深仇，不利于秦。此一也。秦之谋者，必曰'破齐，弊晋、楚^⑫，而后制晋、楚之胜'。夫齐，罢国也^⑬，以天下攻齐，如以千钧之弩决溃痈也^⑭，必死，安能弊晋、楚？此二也。秦少出兵，则晋、楚不信也；多出兵，则晋、楚为制于秦。齐恐，不走秦^⑮，必走晋、楚。此三也。秦割齐以啖晋、楚^⑯，晋、楚案之以兵^⑰，秦反受敌。此四也。是晋、楚以秦谋齐，以齐谋秦也，何晋、楚之智而秦、齐之愚？此五也。故得安邑以善事之，亦必无患矣。秦有安邑，韩氏必无上党矣^⑱。取天下之肠胃，与出兵而惧其不反也，孰利？臣故曰秦王明而熟于计，穰侯智而习于事，必不益赵甲四万以伐齐矣。"于是穰侯不行，引兵而归。

【注释】

①胡阳：人名。又名，胡伤。②卷（quān）：邑名。在今河南省原阳县西。蔡阳：邑名。在今湖北省枣阳市西南。长社：邑名。在今河南省长葛市东。③观（guān）津：邑名。在今河北省武邑县东南。④益：增加。⑤齐襄王：田法章。公元前283—前265年在位。⑥苏代：纵横家，苏秦弟。遗（wèi）：赠予，送给。⑦明：精明。熟：娴熟；熟悉。⑧智：机智。习：熟悉。⑨三晋：指赵、魏、韩三国也可以任指其中的一国或二国，因为它们是由晋国分立的。⑩行（xìng）：德行。⑪肥：富饶；富足。使动用法。⑫弊：败；疲困。使动用法。⑬罢（pí）：通"疲"。疲惫。⑭千钧：形容力量极大。弩（nǔ）：用机关发射矢的弓。决：打开缺口。溃痈：溃烂了的毒疮。⑮走：投奔。⑯啖（dàn）：引诱；利诱。⑰案：通"按"。压制；控制。⑱上党：郡名。地在今山西省东南部长治市一带。

昭王三十六年，相国穰侯言客卿灶^①，欲伐齐取刚、寿^②，以广其陶邑^③。于是魏人范雎自谓张禄先生^④，讥穰侯之伐齐，乃越三晋以攻齐也，以此时奸说秦昭王^⑤。昭王于是用范雎。范雎言宣太后专制、穰侯擅权于诸侯，泾阳君、高陵君之属太侈^⑥，富于王室。于是秦昭王悟，乃免相国，令泾阳之属皆出关^⑦，就封邑。穰侯出关，辎车千乘有余^⑧。

【注释】

①灶（zào）：人名。②刚：邑名。在今山东省宁阳县东北。寿：邑名。在今山东省东平县西南。③广：扩大。使动用法。④范雎：后任秦相。⑤奸说：（gān shuì）：请求游说。奸，通"干"，求。⑥侈（chǐ）：奢侈。⑦关：指函谷关。⑧辎（zī）车：一种有帷盖的大车，可作货车或卧车。乘（shèng）：古时一车四马为一乘。

穰侯卒于陶，而因葬焉。秦复收陶为郡。

太史公曰：穰侯，昭王亲舅也。而秦所以东益地，弱诸侯①，尝称帝于天下②，天下皆西乡稽首者③，穰侯之功也。及其贵极富溢，一夫开说④，身折势夺而以忧死，况于羁旅之臣乎⑤！

【注释】

①弱：削弱。使动用法。②尝称帝：指秦昭王十九年一度称西帝之事。③乡（xiàng）：通"向"。④一夫：指范雎。⑤羁（jī）旅：在外做客。此处指在秦国做官的客卿。

白起王翦列传第十三

白起者，郿人也①。善用兵，事秦昭王②。昭王十三年③，而白起为左庶长④，将而击韩之新城⑤。是岁，穰侯相秦⑥，举任鄙以为汉中守⑦。其明年，白起为左更⑧，攻韩、魏于伊阙⑨，斩首二十四万，又虏其将公孙喜⑩，拔五城⑪。起迁为国尉⑫。涉河取韩安邑以东⑬，到乾河⑭。明年，白起为大良造⑮。攻魏，拔之，取城小大六十一。明年，起与客卿错攻垣城⑯，拔之。后五年，白起攻赵⑰，拔光狼城⑱。后七年，白起攻楚⑲，拔鄢、邓五城⑳。其明年，攻楚，拔郢㉑，烧夷陵㉒，遂东至竟陵㉓。楚王亡去郢㉔，东走徙陈㉕。秦以郢为南郡㉖。白起迁为武安君。武安君因取楚，定巫、黔中郡㉗。昭王三十四年，白起攻魏，拔华阳㉘，走芒卯㉙，而虏三晋将㉚，斩首十三万。与赵将贾偃战，沉其卒二万人于河中㉛。昭王四十三年，白起攻韩陉城㉜，拔五城，斩首五万。四十四年，白起攻南阳太行道㉝，绝之㉞。

【注释】

①郿（méi）：秦邑名。在现在的陕西省眉县东。②事：服事；侍奉。秦昭王：即秦昭襄王，嬴稷。前306—前251年在位。③昭王十三年：相当于公元前294年。④左庶长：官爵名。为二十等爵的第十级。⑤将（jiàng）：任将；带兵。动词。韩：国名。战国七雄之一。新城：邑名。在今河南省伊川县西南。⑥穰侯：魏冉。秦昭王舅父。多次任相国，封于穰（今河南省邓州市）。详见《穰侯列传》。相（xiàng）：任相。动词。⑦举：推荐。任鄙：大力士。汉中：郡名。地在今陕西省南部和湖北省西北部，治所在南郑（今陕西省汉中市）。守：官名。郡的行政长官。⑧左更：官爵名。为二十等爵中的第十二级。⑨魏：战国七雄之一。伊阙：山名。在今河南省洛阳市南。伊水流经其间，形成缺口，故名。⑩公孙喜：魏将。⑪拔：攻下。⑫迁：调任；提升。国尉：武官名。即太尉。⑬涉：渡水。河：黄河。安邑：魏故都，此时已属秦，故址在今山西省夏县西北。从此以东都是韩地。⑭乾（gān）河：古水名。又名教水，旧址在今山西省垣曲县东。⑮大良造：官名。⑯客卿：指在本国做官的他国人。错：人名。垣城：邑名。

在今山西省垣曲县东南。⑰赵：战国七雄之一。详见《赵世家》。⑱光狼城：城名。旧址在今山西省高平市西。⑲楚：战国七雄之一。⑳鄢（yān）：邑名。在今湖北省宜城市南。邓：邑名。在今湖北省襄樊市北。一说在今河南邓州市。㉑郢：楚都城。此为鄢郢，即鄢，又名郡。上文已说拔鄢，此又说拔郢，下文再说"楚王亡去郢"。从文意看，鄢、郢在这里为两邑，从史实考证，鄢与郢在这里当为一邑。㉒夷陵：邑名。楚先王墓地。在今湖北省宜昌市东南。㉓遂：于是；就。竟陵：楚邑名。在今湖北省潜江县西北。㉔楚王：指楚顷襄王，熊横。公元前298—前263年在位。去：离去。郢：此为鄢郢，在今湖北宜城市南。㉕徙：迁移。陈：都邑。在今河南省淮阳县。楚徙都于陈后，即以陈改名为郢，故陈又名郢陈。㉖南郡：郡名。地在今湖北省中西部，治所在郢。㉗巫：郡名。地在今四川省、湖北省交界地区，治所在巫县（今四川省巫山县北）。㉘华阳：邑名。在今河南省郑州市东南。㉙走：逃跑。使动用法。芒卯：齐国人，任魏相。㉚三晋：指韩、魏、赵三国，有时也可指其中的一国或二国，因它们都是由晋国分立的。㉛沉：没入水中。使动用法。㉜陉（xíng）城：邑名。在今山西省侯马市东北。㉝南阳：地区名。今河南省获嘉县北至济源市一带。太行道：指太行山的羊肠阪道，在今山西省晋城市南。㉞绝：堵绝；断绝。

四十五年，伐韩之野王①。野王降秦，上党道绝②。其守冯亭与民谋曰③："郑道已绝④，韩必不可得为民。秦兵日进，韩不能应⑤，不如以上党归赵。赵若受我，秦怒，必攻赵。赵被兵⑥，必亲韩。韩、赵为一，则可以当秦⑦。"因使人报赵⑧。赵孝成王与平阳君、平原君计之⑨。平阳君曰："不如勿受。受之，祸大于所得。"平原君曰："无故得一郡，受之便。"赵受之，因封冯亭为华阳君⑩。

四十六年，秦攻韩缑氏、蔺⑪，拔之。

【注释】

①伐：攻打。野王：邑名。在今河南省沁阳市。②上党：韩郡名。今山西省东南部，治所在壶关（今山西省长治市东南）。③冯亭：人名。战国时韩国上党郡守，后战死于长平（今山西省高平市西北）。④郑：即南郑。都城。在今河南省新郑市。⑤应：接应。⑥被：遭受。⑦当：抵敌。⑧报：告知；通知。⑨赵孝成王：赵丹。前265—前245年在位。平阳君：赵豹。⑩华阳：赵地名。在今河北省曲阳县西北。⑪缑（gōu）氏：邑名。在今河南省偃师市东南。蔺（lìn）：古地名。今山西吕梁市离石区西。

四十七年，秦使左庶长王龁攻韩①，取上党。上党民走赵。赵军长平②，以按据上党民③。四月，龁因攻赵。赵使廉颇将④。赵军士卒犯秦斥兵⑤，秦斥兵斩赵裨将茄⑥。六月，陷赵军，取二鄣四尉⑦。七月，赵军筑垒壁而守之⑧。秦又攻其垒，取二尉，败其阵⑨，夺西垒壁。廉颇坚壁以待秦⑩，秦数挑战⑪，赵兵不出。赵王数以为让⑫。而秦相应侯又使人行千金于赵为反间⑬，曰："秦之所恶⑭，独畏马服子赵括将耳⑮，廉颇易与⑯，且降矣⑰。"赵王既怒廉颇军多失亡，军数败，又反坚壁不敢战，而又闻秦反间之言，因使赵括代廉颇将以击秦。秦闻马服子将，乃阴使武安君白起为上将军⑱，而王龁为尉裨将⑲，令军中有敢泄武安君将者斩。赵括至，则出兵击秦军。秦军详败而走⑳，张二奇兵以劫之㉑。赵军逐胜㉒，追造秦壁㉓。壁坚拒不得入，而秦奇兵二万五千人绝赵军后，又一军五千骑绝赵壁间，赵军分而为二，粮道绝。而秦出轻兵击之㉔。赵战不利，因筑壁坚守，以待救至㉕。秦王闻赵食道绝，王自之河内㉖，赐民爵各一级㉗，发年十五以上悉诣长平^㉘，遮绝赵救及粮食。

【注释】

①王龁（hé）：人名。②军：驻扎。动词。长平：城名。③按据：安抚。④廉颇：赵国名将，封信平君。⑤犯：冲犯。斥兵：侦察兵。⑥裨（pí）将：副将。茄：人名。⑦鄣（zhàng）：通"障"，要塞，城堡。尉：武官名。职位低于将军。⑧垒壁：军营周围所筑的堡寨。⑨阵：阵势；军队作战时的战斗队形。⑩坚壁：坚守营垒。⑪数（shuò）：屡次。⑫让：责备。⑬应侯：范雎，魏国人。反间（jiàn）：用计谋离间敌人，使起内讧。⑭恶（wù）：憎恨，引申为忧虑。⑮马服：指赵国名将赵奢。⑯易与：容易对付。⑰且：将。副词。⑱阴：暗中。上将军：武官名。⑲尉裨将：武官名。临时设置的上将军的副手。⑳详（yáng）：通"佯"。假装。走：逃跑。㉑张：设置；安排。劫：巧取，强取。㉒逐胜：乘胜追击。㉓造：抵达；到达。㉔轻兵：轻装部队。㉕救：救兵。名词。㉖之：往；到。㉗爵：爵位。古代帝王对臣下所封的等级为爵位，战国时秦国按军功制定了爵位二十等级。㉘发：征集；征调。悉：全部；都。诣（yì）：往；到。

至九月，赵卒不得食四十六日，皆内阴相杀食^①。来攻秦垒，欲出^②。为四队，四五复之^③，不能出。其将军赵括出锐卒自搏战，秦军射杀赵括。括军败，卒四十万人降武安君。武安君计曰："前秦已拔上党，上党民不乐为秦而归赵^④。赵卒反覆^⑤，非尽杀之，恐为乱。"乃挟诈而尽坑杀之^⑥，遗其小者二百四十人归赵^⑦。前后斩首虏四十五万人^⑧。赵人大震。

【注释】

①内：内部。②出：指突围而出。③复：反复。之：指突围。指示代词。④乐：乐意。⑤反覆：变化无常。⑥挟诈：使用欺骗手段。坑杀：活埋。⑦遗：遗留；剩余。⑧虏：俘虏。

四十八年十月，秦复定上党郡。秦分军为二：王龁攻皮牢^①，拔之；司马梗定太原^②。韩、赵恐，使苏代厚币说秦相应侯曰^③："武安君禽马服子乎^④？"曰："然^⑤。"又曰："即围邯郸乎^⑥？"曰："然。""赵亡则秦王王矣^⑦，武安君为三公^⑧。武安君所为秦战胜攻取者七十余城，南定鄢、郢、汉中^⑨，北禽赵括之军，虽周、召、吕望之功不益于此矣^⑩。今赵亡^⑪，秦王王，则武安君必为三公，君能为之下乎？虽无欲为之下，固不得已矣。秦尝攻韩，围邢丘^⑫，困上党，上党之民皆反为赵，天下不乐为秦民之日久矣。今亡赵，北地入燕^⑬，东地入齐^⑭，南地入韩、魏，则君之所得民亡几何人^⑮。故不如因而割之，无以为武安君功也。"于是应侯言于秦王曰："秦兵劳，请许韩、赵之割地以和，且休士卒。"王听之，割韩垣雍、赵六城以和^⑯。正月，皆罢兵。武安君闻之，由是与应侯有隙^⑰。

【注释】

①皮牢：韩邑名。在今山西省翼城县东。②司马梗：人名。③苏代：东周洛阳（今河南省洛阳市东北）人。纵横家。厚币：重礼。币，古代帛、璧、革、贝、金皆曰币。后泛指礼物。④禽：通"擒"；捉。⑤然：是。⑥邯郸（hán dān）：赵都城。在今河北省邯郸市西南。⑦秦王：指秦昭王。王（wàng）：称王于天下。动词。⑧三公：古代主管国家军政大权的最高长官。⑨鄢：楚邑名，在今湖北宜城市南。⑩周：指周公姬旦。召（shào）：指召公姬奭（shì）。因采邑在召（今陕西省岐山县西南），故称召公。吕望：姜姓，吕氏，名尚，号太公望。西周初

784

年任太师（军事统帅），辅佐周武王灭商有功。益：增加；超过。⑪今：若，如果。⑫邢丘：邑名。在今河南省温县东。⑬燕（yān）：国名。战国七雄之一。⑭齐：国名。战国七雄之一。地在今山东省北部和东部，建都临淄（今山东省淄博市东北）。⑮亡（wú）：通"无"。⑯垣雍：邑名。在今河南省原阳县西南。⑰隙：嫌隙；仇怨。

其九月，秦复发兵，使五大夫王陵攻赵邯郸①。是时武安君病，不任行②。四十九年正月，陵攻邯郸，少利③，秦益发兵佐陵。陵兵亡五校④。武安君病愈，秦王欲使武安君代陵将。武安君言曰："邯郸实未易攻也。且诸侯救日至⑤，彼诸侯怨秦之日久矣。今秦虽破长平军，而秦卒死者过半，国内空。远绝河山而争人国都⑥，赵应其内，诸侯攻其外，破秦军必矣。不可。"秦王自命⑦，不行；乃使应侯请之，武安君终辞不肯行，遂称病。

【注释】

①五大夫：爵位名。秦制二十等爵的第九级。②不任行：不能行动。③少利：收获不大。④校：营垒；后来成为军队的编制单位。⑤日：一天天地。⑥绝：渡过；越过。⑦自命：亲自命令。

秦王使王龁代陵将，八九月围邯郸，不能拔。楚使春申君及魏公子将兵数十万攻秦军①，秦军多失亡。武安君言曰："秦不听臣计②，今如何矣！"秦王闻之，怒，强起武安君③，武安君遂称病笃④。应侯请之，不起。于是免武安君为士伍⑤，迁之阴密⑥。武安君病，未能行。居三月⑦，诸侯攻秦军急，秦军数却⑧，使者日至。秦王乃使人遣白起⑨，不得留咸阳中⑩。武安君既行，出咸阳西门十里，至杜邮⑪。秦昭王与应侯群臣议曰："白起之迁，其意尚怏怏不服⑫，有余言⑬。"秦王乃使使者赐之剑，自裁⑭。武安君引剑将自刭⑮，曰："我何罪于天而至此哉？⑯"良久，曰："我固当死。长平之战，赵卒降者数十万人，我诈而尽坑之，是足以死。"遂自杀。武安君之死也，以秦昭王五十年十一月。死而非其罪，秦人怜之，乡邑皆祭祀焉。

【注释】

①春申君：黄歇。楚国贵族。封于吴（今江苏省苏州市），号春申君。②臣：古人表示谦卑的自称。③强（qiǎng）起：强迫就职。④病笃：病重。⑤士伍：指革去官爵降为士兵的身份。⑥阴密：秦邑名。在今甘肃省灵台县西南。⑦居：表示时间上的停留。⑧数却：多次败退。⑨遣：驱逐。⑩咸阳：秦都城。在今陕西省咸阳市东北。⑪杜邮：亭名。在今陕西省咸阳市东北。⑫怏（yàng）怏：因不平和不满而郁郁不乐。⑬余言：指怨言。⑭自裁：自尽。⑮刭（jǐng）：割颈。⑯罪：得罪。

王翦者，频阳东乡人也①。少而好兵②，事秦始皇③。始皇十一年④，翦将攻赵阏与⑤，破之，拔九城。十八年，翦将攻赵。岁余，遂拔赵，赵王降⑥，尽定赵地为郡。明年，燕使荆轲为贼于秦⑦，秦王使王翦攻燕。燕王喜走辽东⑧，翦遂定燕蓟而还⑨。秦使翦子王贲击荆⑩，荆兵败。还击魏，魏王降⑪，遂定魏地。

【注释】

①频阳：秦县名。在今陕西省富平县东北。东乡：乡名。②兵：军事。③秦始皇（前259—前210年）：嬴政。秦王朝的建立者。前246—前210年在位。

详见《秦始皇本纪》。④始皇十一年：相当于前236年。⑤阅（yù）与：邑名。在今山西省和顺县西北。⑥赵王：指赵幽缪王赵迁。前235—前228年在位。⑦荆轲（kē）：卫国人。贼：杀害；谋害。⑧燕王喜：姬喜，前254—前222年在位。后被秦国俘虏。辽东：郡名。地在今辽宁省大凌河以东，治所在襄平（今辽宁辽阳市）。⑨蓟：燕都城，在今北京市西南隅。⑩荆：楚国的别称。⑪魏王：魏假。前227—前225年在位。

秦始皇既灭三晋，走燕王，而数破荆师①。秦将李信者，年少壮勇，尝以兵数千逐燕太子丹至于衍水中②，卒破得丹③，始皇以为贤勇。于是始皇问李信："吾欲攻取荆，于将军度用几何人而足④？"李信曰："不过用二十万人。"始皇问王翦，王翦曰："非六十万人不可。"始皇曰："王将军老矣，何怯也！李将军果势壮勇⑤，其言是也。"遂使李信及蒙恬将二十万南伐荆⑥。王翦言不用，因谢病⑦，归老于频阳。李信攻平与⑧，蒙恬攻寝⑨，大破荆军。信又攻鄢郢⑩，破之，于是引兵而西，与蒙恬会城父⑪。荆人因随之，三日三夜不顿舍⑫，大破李信军，入两壁，杀七都尉⑬，秦军走。

【注释】

①师：军队。②尝：曾经。衍水：水名。即今太子河。在辽宁省东南部。③卒：终于。丹：姬丹。④度（duó）：估计。⑤果势：果敢。⑥蒙恬：秦国名将。⑦谢病：托病辞官。⑧平与（yú）：楚邑名。在今河南省平舆县北。⑨寝：楚邑名。在今安徽省临泉县。⑩鄢：又名鄀。在今湖北宜城市东南。郢（yǐng）：楚都，在今湖北江陵县东北。⑪城父（fǔ）：楚邑名。在今河南平顶山市西北。⑫顿舍：停息，住宿。⑬都尉：武官名。职位略次于将军。

始皇闻之，大怒，自驰如频阳①，见谢王翦曰②："寡人以不用将军计，李信果辱秦军③。今闻荆兵日进而西，将军虽病，独忍弃寡人乎！"王翦谢曰："老臣罢病悖乱④，唯大王更择贤将⑤。"始皇谢曰："已矣⑥，将军勿复言！"王翦曰："大王必不得已用臣，非六十万人不可。"始皇曰："为听将军计耳⑦。"于是王翦将兵六十万人，始皇自送至灞上⑧。王翦行，请美田宅园池甚众。始皇曰："将军行矣，何忧贫乎？"王翦曰："为大王将，有功终不得封侯⑨，故及大王之向臣⑩，臣亦及时以请园池为子孙业耳⑪。"始皇大笑。王翦既至关⑫，使使还请善田者五辈⑬。或曰："将军之乞贷⑭，亦已甚矣。"王翦曰："不然。夫秦王怚而不信人⑮。今空秦国甲士而专委于我⑯，我不多请田宅为子孙业以自坚⑰，顾令秦王坐而疑我邪⑱？"

【注释】

①驰：车马奔驰。如：往，到。②谢：道歉；谢罪。③辱：侮辱。④罢（pí）：通"疲"。疲乏。悖：不明事理。⑤唯：句首助词，表示希望。⑥已矣：本是停止的意思。这里相当于"好了""罢了"。⑦耳：表示限止，肯定的语气助词。⑧灞上：地名。在今陕西省西安市东。⑨侯：爵位名。⑩向：接近；亲近。⑪业：产业。⑫关：指函谷关。旧址在今河南省灵宝市东北。⑬使使（shì）：派遣使者。前"使"字动词，后"使"字名词。辈：批。⑭乞贷：请求借贷。指请求田宅。⑮夫（fú）：代词。怚（cū）：通"粗"。粗暴。⑯甲士：武装士兵。委：委托；托付。⑰自坚：指自己主动表示为秦王效命的心意十分坚定。⑱顾：却反。令：使。

王翦果代李信击荆。荆闻王翦益军而来，乃悉国中兵以拒秦①。王翦至，坚壁而守之，不肯战。荆兵数出挑战，终不出。王翦日休士洗沐②，而善饮食抚循之③，亲与士卒同食。久之，王翦使人问："军中戏乎？"对曰："方投石超距④。"于是王翦曰："士卒可用矣。"荆数挑战而秦不出，乃引而东。翦因举兵追之，令壮士击，大破荆军。至蕲南⑤，杀其将军项燕，荆兵遂败走。秦因乘胜略定荆地城邑⑥。岁余，虏荆王负刍⑦，竟平荆地为郡县。因南征百越之君⑧。而王翦子王贲，与李信破定燕、齐地。

【注释】

①悉：全部；尽其所有。动词。②休士：使士兵得到休息和整训。休，使动用法。洗沐：洗脚和洗头。泛指沐浴。③抚循：抚慰。④方：正在。副词。投石超距：泛指各种军事体育活动。⑤蕲（qí）：楚邑名。在今安徽省宿州市东南。⑥略定：攻占和平定。⑦荆王负刍：熊负刍。前227—前223年在位。⑧百越：部族名。当时广泛分布于长江中下游以南，部落众多，故有百越之称。越，也作"粤"。

秦始皇二十六年，尽并天下，王氏、蒙氏功为多①，名施于后世②。

【注释】

①王氏：指王翦、王贲父子。蒙氏：指蒙骜、蒙武、蒙恬三代。②施（yì）：延续；流传。

秦二世之时①，王翦及其子贲皆已死，而又灭蒙氏②。陈胜之反秦③，秦使王翦之孙王离击赵，围赵王及张耳巨鹿城④。或曰⑤："王离，秦之名将也。今将强秦之兵，攻新造之赵，举之必矣⑥。"客曰⑦："不然。夫为将三世者必败⑧。必败者何也？以其所杀伐多矣，其后受其不祥⑨。今王离已三世将矣。"居无何⑩，项羽救赵⑪，击秦军，果虏王离，王离军遂降诸侯⑫。

【注释】

①秦二世（前230—前207年）：嬴胡亥。②蒙氏：指蒙恬、蒙毅兄弟。详见《蒙恬列传》。③陈胜（？—前208年）：阳城（今河南省登封市东南）人。④赵王：赵歇。秦末农民战争中被张耳、陈馀拥立为赵王。张耳：大梁（今河南省开封市）人。巨鹿：城名。在今河北省平乡县西南。⑤或：有人。虚指代词。⑥举：攻克；占领。⑦客：门客。⑧夫（fú）：发语词。⑨不祥：不吉利。⑩居无何：过了不久。⑪项羽（前232—前202年）：项籍表字。下相（今江苏省宿迁市西南）人。⑫诸侯：指当时各部农民起义军领袖和六国后代起事者。

太史公曰：鄙语云①："尺有所短，寸有所长。"白起料敌合变②，出奇无穷，声震天下，然不能救患于应侯。王翦为秦将，夷六国③，当是时，翦为宿将④，始皇师之⑤，然不能辅秦建德，固其根本，偷合取容⑥，以至圽身⑦。及孙王离为项羽所虏，不亦宜乎！彼各有所短也。

【注释】

①鄙语：民间俗语。②合变：制定作战方案，能符合客观变化的实际情况。③夷：荡平；翦灭。六国：指楚、齐、燕、韩、赵、魏六大国。④宿将：战斗经验丰富的老将。⑤师：从师；师事。以动用法。⑥偷合：苟且迎合。取容：取得容身之地。⑦圽（mò）身：丧身。圽，通"殁""没""殞"，死。

孟子荀卿列传第十四①

太史公曰：余读《孟子》书②，至梁惠王问"何以利吾国"③，未尝不废书而叹也④。曰：嗟乎⑤，利诚乱之始也⑥！夫子罕言利者⑦，常防其原也。故曰："放于利而行⑧，多怨。"自天子至于庶人⑨，好利之弊何以异哉！

【注释】

①孟子（约前372—前289年）：孟轲（kē），字子舆，（一说字子车），孔丘学说的继承者，儒家的重要代表人物。荀卿（约前313—前238年）：荀况，当时人尊称为荀卿。②余：我，代词。《孟子》：儒家经典之一。为孟子与其学生们共撰，有七篇。书中记载了孟轲的政治活动、政治学说、哲学、伦理、教育思想等。南宋朱熹把《孟子》与《论语》《大学》《中庸》合为《四书》。③梁惠王：即魏惠王，魏罃，前370—前335年在位。④未尝：没有。⑤嗟（jiē）乎：感叹词。⑥诚：确实。⑦夫子：指孔丘。罕：很少。⑧放（fǎng）：依据。⑨庶人：原指农业生产者，后来泛指平民。

孟轲，邹人也①。受业子思之门人②。道既通，游事齐宣王③，宣王不能用。适梁④，梁惠王不果所言⑤，则见以为迂远而阔于事情⑥。当是之时⑦，秦用商君⑧，富国强兵；楚、魏用吴起⑨，战胜弱敌⑩；齐威王、宣王用孙子、田忌之徒⑪，而诸侯东面朝齐⑫。天下方务于合从连衡⑬，以攻伐为贤⑭，而孟轲乃述唐、虞、三代之德⑮，是以所如者不合⑯。退而与万章之徒序《诗》《书》⑰，述仲尼之意⑱，作《孟子》七篇。其后有驺子之属⑲。

【注释】

①邹（zōu）：小国名，地在今山东省邹县一带。②受业：从师学习。子思（前483—前403年）：字子思。孔丘之孙。门人：学生。③游事：游，游说。事，服事。齐宣王：田辟强。前342—前324年在位。④适：往；去到。动词。梁：魏国的别称。魏惠王自安邑（今山西夏县北）迁都大梁（今河南省开封市），因此魏也被称为梁。⑤果：赞成；相信。⑥迂远：迂曲而不切实际。⑦是：此；这，代词。⑧秦：秦国。战国七雄之一。商君：（约前390—前338年）：公孙鞅。卫国人。⑨楚：楚国。战国七雄之一。详见《楚世家》。魏：魏国。战国七雄之一。详见《魏世家》。吴起：卫国左氏（今山东省曹县北）人。⑩弱：削弱。使动用法。⑪齐威王：田因齐，前378—前343年在位。孙子：孙膑。田忌：齐将，曾率军先后两次大败魏军。徒：辈；类。⑫东面：面向东边。面，动词。朝（cháo）：朝拜。⑬方：正。时间副词。务：努力从事。合从（zōng）：即合纵。指六国联合抗秦的组织

知策略。连衡：指秦国联合某几国去进攻其他国家的组织和策略。衡通"横"。⑭贤：高明。⑮述：陈说；叙述。唐：即陶唐氏。传说中远古部落名，居于平阳（今山西省临汾市西南）。尧乃其领袖。虞：即有虞氏。传说中远古部落名，居于蒲阪（今山西省永济市西）。舜乃其领袖。尧、舜事详见《五帝本纪》。⑯所如者不合：意思是说孟轲的主张与他所游说的国家的实际情况不相符合。如：去，到。动词。⑰万章：孟轲的学生。序：依次第进行整理。《书》：后名《尚书》《书经》。我国上古历史文件的汇编。儒家经典之一。⑱仲尼（前551—前479年）：孔丘，字仲尼。春秋时鲁国陬邑（今山东省曲阜市东南）人。⑲驺：同"邹"。姓。属：辈；类。

　　齐有三驺子。其前驺忌①，以鼓琴干威王②，因及国政，封为成侯而受相印，先孟子③。

〔注释〕

　　①驺忌：曾任齐相国，封于下邳（今江苏省邳州市西南），称成侯。②鼓：弹奏。动词。干：有所求而请见。③先：（xiàn）先于；前于。动词。

　　其次驺衍①，后孟子②。驺衍睹有国者益淫侈，不能尚德③，若大雅整之于身④，施及黎庶矣⑤。乃深观阴阳消息而作怪迂之变⑥，《终始》《大圣》之篇十余万言。其语闳大不经⑦，必先验小物，推而大之，至于无垠⑧。先序今以上至黄帝⑨，学者所共术⑩，大并世盛衰⑪，因载其祥度制⑫，推而远之，至天地未生，窈冥不可考而原也⑬。先列中国名山大川，通谷禽兽⑭，水土所殖⑮，物类所珍⑯，因而推之及海外⑰，人之所不能睹。称引天地剖判以来⑱，五德转移⑲，治各有宜，而符应若兹⑳。以为儒者所谓中国者㉑，于天下乃八十一分居其一分耳。中国名曰赤县神州。赤县神州内自有九州，禹之序九州是也㉒，不得为州数。中国外如赤县神州者九，乃所谓九州也。于是有裨海环之㉓，人民禽兽莫能相通者，如一区中者，乃为一州。如此者九，乃有大瀛海环其外㉔，天地之际焉㉕。其术皆此类也。然要其归㉖，必止乎仁义节俭㉗，君臣上下六亲之施㉘，始也滥耳㉙。王公大人初见其术，惧然顾化㉚，其后不能行之。

【注释】

　　①驺衍（约前305—前240年）：齐国人。阴阳家的代表人物。②后：后于；迟后。动词。③睹：看到。有国者：指国君。益：更加。尚德：崇尚道德。④若：如果。大雅：才德高尚。整之于身：用来要求自己，亲身实践。⑤施：推行。黎庶：民众。⑥阴阳：中国哲学的一对范畴。⑦闳（hóng）大不经：宽阔远大，不合常理。近乎荒诞，没有根据。闳，宏大。⑧无垠（yín）：无边无际。⑨序：按次第记述。黄帝：传说中原各族的共同祖先。⑩术：通"述"。⑪大：《史记志疑》认为当作"及"。并（bàng）：通"傍"。随着。⑫祥（jī）祥：祈神求福；吉凶的先兆。这里指根据阴阳家所虚构的历史循环论体系，在政治上为了适应"五行配列"而定出相应的制度。度制：法度；制度。⑬窈冥：深远，奥秘。⑭通谷：即深谷。⑮殖：生长繁衍。⑯珍：认为珍贵。以动用法。⑰海外：泛指遥远的异域。⑱剖判：分开。⑲五德转移：指水、火、木、金、土五种物质德性相生相克和终而复始的五种变化，用以说明王朝兴废的原因。⑳符应：古时以所谓天降"符瑞"，附会与人事相应，称为"符应"。若兹：像这个样子。㉑儒者：即儒家，信仰孔子学说的人。儒，孔丘创立的学派。㉒禹：夏禹。传说中古代部落联盟领袖。姓

姒，名文命。原为夏后氏部落领袖，奉舜命治理洪水，因功绩巨大，被舜选为继承人。详见《夏本纪》。序：划分。九州：传说中的我国上古行政区划。据《书·禹贡》其名称为冀、兖（yǎn）、青、徐、扬、荆、豫、梁、雍。㉓裨海：小海。环：环绕。㉔瀛海：大海。㉕际：边际。㉖要：索取；考究。归：归宿。㉗仁：古代儒家的一种含义极广的道德范畴。㉘六亲：六种亲属。古说不一，通常以父、母、兄、弟、夫、妇（或妻子）为六亲。㉙滥：浮泛；空泛。语气助词。㉚惧（qú）然：惊慌失措的样子。

是以驺子重于齐①。适梁，梁惠王郊迎②，执宾主之礼③。适赵④，平原君侧行撇席⑤。如燕⑥，昭王拥彗先驱⑦，请列弟子之座而受业，筑碣石宫⑧，身亲往师之⑨。作《主运》。其游诸侯见尊礼如此⑩，岂与仲尼菜色陈、蔡⑪，孟轲困于齐、梁同乎哉！故武王以仁义伐纣而王⑫，伯夷饿不食周粟；卫灵公问陈，而孔子不答⑭；梁惠王谋欲攻赵，孟轲称太王去邠⑮。此岂有意阿世俗苟合而已哉⑯！持方枘欲内圜凿⑰，其能入乎？或曰⑱，伊尹负鼎而勉汤以王⑲，百里奚饭牛车下而缪公用霸⑳，作先合，然后引之大道。驺衍其言虽不轨㉑，傥亦有牛鼎之意乎㉒！

【注释】

①是以：以是；因此。重：看重。被动用法。②郊迎：到郊外迎接，表示敬重。③执：施；行。④赵：赵国。战国七雄之一。⑤平原君：赵胜。惠文王之弟。侧行：侧着身子走路，表示谦敬。撇（piě）席：拂拭坐席，以示敬意。⑥如：往；去。动词。燕（yān）：燕国。战国七雄之一。详见《燕召公世家》。⑦昭王：燕昭王，姬平，一说为姬职。⑧碣石宫：宫名。旧址在今北京市西郊。⑨师之：以之为师。师，以动用法。⑩见：被。⑪仲尼菜色陈蔡：孔丘曾逗留陈国、蔡国。他的主张不被采用，准备应聘前往楚国，遭到陈、蔡大夫围困，而忍饥挨饿。⑫武王：周武王，姬发。纣：商代最后一个君主。王（wàng）：统一天下，成就王业。动词。⑬伯夷饿不食周粟：伯夷，商末孤竹君长子。初孤竹君以次子叔齐为继承人，孤竹君死后，叔齐让位，他不肯受。后二人都投奔周国。⑭卫灵公问陈（zhèn）而孔子不答：意谓孔子主张仁义，避而不谈军事。卫灵公，姬元，公元前534—前492年在位。陈，通"阵"，作战的阵势，这里引申关军事。⑮太（tài）王去邠（bīn）：太王，指周太王古公亶父（dǎn fǔ）。大，通"太"。去，离开。邠（bīn）：地名，又作"豳"。在今山西省彬县东北。⑯阿（ē）：迎合。苟合：苟且迎合，轻率不正当的迎合。⑰枘（ruì）：榫头。圜（yuán）：通"圆"。内（nà）：通"纳"。放入。凿：卯眼；榫眼。⑱或：有人。虚指代词。⑲伊尹：商朝大臣。名伊，尹是官名。传说他是奴隶出身，原为有莘氏女的陪嫁奴隶，汤用为"小臣"，后来任以国政。助汤攻灭夏桀。汤：商汤。商朝的开国君主。王（wàng）：取得天下而称王。动词。⑳百里奚：春秋时秦国大夫。㉑不轨：越出常轨；不循一般规矩。㉒傥（tǎng）：或者，倘或。牛鼎：即饭"牛"、负"鼎"的合称。

自驺衍与齐之稷下先生①，如淳于髡、慎到、环渊、接子、田骈、驺奭之徒②各著书言治乱之事，以干世主③，岂可胜道哉④！

【注释】

①稷下：地名。即齐国都城临淄（今山东省淄博市东北）稷门附近的地方。②淳于髡：齐国学者。慎到（约前395—约前315年）：法家。主张循自然而

立法。环渊：又名蜎渊。道家。著有《蜎子》十三篇，已失传。接子：道家。著有《接子》二篇，已失传。田骈：道家。著有《田子》二十五篇，已失传。驺奭（shì）：阴阳家。著有《驺奭子》十二篇，已失传。③世主：当世的君主。④胜（shēng）：尽。

　　淳于髡，齐人也。博闻强记①，学无所主。其谏说②，慕晏婴之为人也③，然而承意观色为务。客有见髡于梁惠王④，惠王屏左右⑤，独坐而再见之，终无言也。惠王怪之，以让客曰⑥："子之称淳于先生⑦，管、晏不及⑧，及见寡人，寡人未有得也。岂寡人不足为言邪？何故哉？"客以谓髡。髡曰："固也⑨。吾前见王，王志在驱逐⑩；后复见王，王志在音声⑪：吾是以默然⑫。"客具以报王⑬，王大骇⑭，曰："嗟乎，淳于先生诚圣人也！前淳于先生之来，人有献善马者，寡人未及视，会先生至⑮。后先生之来，有人献讴者⑯，未及试，亦会先生来。寡人虽屏人，然私心在彼，有之。"后淳于髡见，壹语连三日三夜无倦⑰。惠王欲以卿相位待之，髡因谢去⑱。于是送以安车驾驷⑲，束帛加璧⑳，黄金百镒㉑。终身不仕㉒。

【注释】

　　①强（qiǎng）记：记忆力强，记的东西多。②谏说：讽谏，劝说。③慕：仰慕，美慕。晏婴：字平仲。夷维（今山东省高密市）人。春秋时齐大臣。④见（xiàn）：引见；接见。⑤屏（bǐng）：排除；斥退。左右：在近旁侍候的人；近臣。⑥让：责怪。⑦称：称道。⑧管：指管仲，名夷吾，字仲。颍上（颍水之滨）人。春秋时齐国大臣。⑨固：本来。⑩驱逐：指乘车骑马驱驰追逐。⑪音声：指音乐女色的玩乐享受。⑫是以：以是，因此。默然：闭口不言。然：形容词语尾。⑬具：通"俱"。都；全部。报：告诉。⑭骇：惊惧。⑮会：恰巧；适逢。⑯讴（ōu）：歌唱。⑰壹：通"一"。⑱谢：辞让。⑲安车：古代一种可以坐乘的小车，一般的车都是立乘。驾驷：一辆车套四匹马。⑳束帛：一捆帛（五匹）。璧：玉制的礼器，平圆形，正中有孔。㉑镒（yì）：古代重量单位，合二十两或二十四两。㉒仕：做官。

　　慎到，赵人。田骈、接子，齐人。环渊，楚人。皆学黄老道德之术①，因发序其指意②。故慎到著十二论，环渊著上、下篇，而田骈、接子皆有所论焉。

【注释】

　　①黄老道德之术：指道家中一个学派的学术。以传说中的黄帝同老子相配，尊为道家的创始人，故名。②序：阐述。指意：意旨；意向。

　　驺奭者，齐诸驺子①，亦颇采驺衍之术以纪文②。

【注释】

　　①诸驺子：意思是说，驺奭为诸驺子之一。②颇：很多。术：学说。纪文：著述。

　　于是齐王嘉之①，自如淳于髡以下②，皆命曰列大夫③，为开第康庄之衢④，高门大屋，尊宠之。览天下诸侯宾客⑤，言齐能致天下贤士也⑥。

【注释】

　　①齐王：指齐宣王。嘉：赞许；奖励。②自如：犹言自从。③列：群；众多。④开第：修建住宅。康庄：宽阔平坦。衢（qú）：四通八达的大路。⑤览：通"揽"。

招揽；网罗。⑥致：招致；招徕。

荀卿，赵人。年五十始来游学于齐。驺衍之术迂大而闳辩；奭也文具难施①；淳于髡久与处②，时有得善言。故齐人颂曰："谈天衍，雕龙奭，炙毂过髡③。"田骈之属皆已死。齐襄王时④，而荀卿最为老师。齐尚修列大夫之缺⑤，而荀卿三为祭酒焉⑥。齐人或谗荀卿⑦，荀卿乃适楚，而春申君以为兰陵令⑧。春申君死而荀卿废，因家兰陵⑨。李斯尝为弟子⑩，已而相秦⑪。荀卿嫉浊世之政⑫，亡国乱君相属⑬，不遂大道而营于巫祝⑭，信机祥，鄙儒小拘⑮，如庄周等又猾稽乱俗⑯，于是推儒、墨、道德之行事兴坏⑰，序列著数万言而卒⑱，因葬兰陵。

【注释】

①具：具备。②处（chǔ）：居住。③雕龙：指修饰文字。炙毂过（zhì gǔ guō）：烘烤润车油的器皿。油虽尽，但仍有余留的润泽。炙：烘烤。毂，车轮的中心部分，有圆孔，用以插轴。过，通"锅"。盛润车油的器皿。④齐襄王：田法章。前283—前265年在位。⑤修：整治，补充。⑥祭酒：古代指宴会时洒酒祭神的长者。⑦谗：说别人的坏话。⑧春申君：黄歇，楚国贵族，曾任左徒，令尹。封于吴（今江苏省苏州市），号春申君。⑨家：安家。动词。⑩李斯：楚国上蔡（今河南省上蔡县西南）人。⑪相（xiàng）：为相。动词。⑫嫉：憎恨。动词。浊世：混乱的世道。⑬属（zhǔ）：接连。⑭遂：遵循。动词。大道：正大的道理。营：通"荧"。惑乱；迷惑。巫祝：装神弄鬼替人祈祷的人。⑮鄙儒：鄙陋的儒生。⑯庄周（约前369—前286年）：宋国蒙（今河南省商丘市东北）人。猾稽：谓能言善辩，言辞流利无滞竭。乱俗：干乱时俗；与世俗不合。⑰墨：指墨家，创始人墨翟。墨家学说以"兼爱""非攻""尚贤"等为中心。⑱列：按次序进行整理。卒：有地位或年老的人死亡。

而赵亦有公孙龙为坚白同异之辩①，剧子之言②；魏有李悝尽地力之教③；楚有尸子、长卢④；阿之吁子焉⑤。自如孟子至于吁子，世多有其书，故不论其传云⑥。

【注释】

①公孙龙：名家的代表人物。著作有《公孙龙子》。坚白同异之辩：指当时名家关于"坚白""同异"两个问题的争论。②剧子：法家。著有《剧子》九篇已失传。③李悝（kuī）：曾任魏文侯之相。④尸子：尸佼。杂家。著有《尸子》二十篇，已失传。长卢：道家。著有《长卢子》九篇。⑤阿（ē）：齐邑名。在今山东省阳谷县东北。吁（xū 或读 mǐ）子：吁婴。⑥传（zhuàn）：解说的文章。

盖墨翟①，宋之大夫②，善守御③，为节用。或曰并孔子时，或曰在其后。

【注释】

①盖：发语词，这里用不着，疑有脱误。墨翟（dí。约前468—前376年）：宋国人，后住在鲁国。墨家学派的创始人。②宋：小国名。地在今河南省东部。详见《宋微子世家》。③守御：守卫，防御。

孟尝君列传第十五

　　孟尝君名文①，姓田氏②。文之父曰靖郭君田婴③。田婴者，齐威王少子而齐宣王庶弟也④。田婴自威王时任职用事⑤，与成侯邹忌及田忌将而救韩伐魏⑥。成侯与田忌争宠⑦，成侯卖田忌⑧。田忌惧，袭齐之边邑⑨，不胜，亡走⑩。会威王卒⑪，宣王立⑫，知成侯卖田忌，乃复召田忌以为将。宣王二年⑬，田忌与孙膑、田婴俱伐魏⑭，败之马陵⑮，虏魏太子申而杀魏将庞涓⑯。宣王七年，田婴使于韩、魏⑰，韩、魏服于齐。婴与韩昭侯、魏惠王会齐宣王东阿南⑱，盟而去⑲。明年，复与梁惠王会甄⑳。是岁㉑，梁惠王卒。宣王九年，田婴相齐㉒。齐宣王与魏襄王会徐州而相王也㉓。楚威王闻之㉔，怒田婴㉕。明年，楚伐败齐师于徐州㉖，而使人逐田婴㉗。田婴使张丑说楚威王㉘，威王乃止。田婴相齐十一年，宣王卒，湣王即位㉙。即位三年，而封田婴于薛㉚。

［注释］

　　①孟尝：本传认为是田文的谥（shì）号，而《索隐》则认为"孟"是田文的表字，"尝"是封邑名，地在薛邑附近。君：封号；尊号。②姓田氏：姓是标志家族系统的称号。③田婴：本传认为他是齐威王的少子，而《索隐》则认为只是齐国王族的旁支。④齐：国名。姜姓。开国君主是吕尚。⑤用事：当权。⑥邹忌：齐国相国，封于下邳（今江苏省邳州市西南），称成侯。田忌：齐国将领，封于徐州（今山东省滕州市南）。将（jiàng）：担任将领；带兵。韩：国名。开国君主韩虔，原是晋国的大夫，和魏斯、赵籍瓜分晋国。伐：讨伐；攻打。魏：国名。开国君主魏斯，原是晋国的大夫。和韩虔、赵籍瓜分晋国。公元前403年被周威烈王承认为诸侯，建都安邑（今山西省夏县西北），地在今陕西省、山西省交界地区直到河南省东北部。后魏惠王迁都大梁（今河南省开封市），因而魏国也被称为梁国；并开始称王。为战国七雄之一，前225年被秦国灭亡。详见《魏世家》。⑦争宠：争夺帝王的宠爱、信任。⑧卖：出卖；为谋求自己的利益而损害他人。⑨袭：乘对方不备而进攻。边邑：边境城市。⑩亡走：逃跑。⑪会：适逢；恰值。卒：古代指士大夫死亡或一般人年老寿终，后来用作死亡的通称。⑫立：指君主登位。⑬宣王二年：相当公元前341年。⑭孙膑（bìn）：齐国阿邑（今山东省阳谷县东北）人。⑮败：打败。使动用法。⑯魏太子申：魏惠王太子魏申。庞涓：魏国将军。⑰使（shǐ）：出使。⑱韩昭侯：前358—前333年在位。曾任用申不害为相，修术行道，政治安定。魏惠王：即梁惠王。魏莹（yīng）。前370—前335年在位。会：会见，集会。动词。东阿（ē）：即阿邑。在今山东阳谷县东北。据《魏世家》《田完世家》《六国年表》都说此次会址在平阿（今安徽省怀远县

西南）。⑲盟：订盟。⑳甄（juàn）：即"鄄"。齐邑名。在今山东省鄄城县北。㉑是：此；这。指示代词。㉒相（xiāng）：官名。㉓魏襄王：魏嗣。前334—前319年在位。徐州：齐邑名。在今山东滕州市南。相王（wáng）：互相承认对方称王。按照当时的制度，只有周王可以称王，齐君只可称公，魏君只可称侯。㉔楚：国名。芈（mǐ）姓。始祖鬻（yù）熊。楚威王：熊商。前339—前329年在位。㉕怒：向他发怒，含有谴责的意思。他动词。㉖师：军队。㉗使人逐田婴：楚威王挟战胜之余威，责令齐国放逐田婴。㉘张丑：田婴门客。说（shuì）：用话劝说使人听从自己的意见。㉙湣（mǐn）王：田地。前323—前284年在位。㉚封：帝王把土地或爵位赏赐臣子。动词。也可指帝王分给臣子的土地。名词。薛：齐邑名。在今山东省滕州市南。

初①，田婴有子四十余人，其贱妾有子名文②，文以五月五日生③。婴告其母曰："勿举也④。"其母窃举生之⑤。及长，其母因兄弟而见其子文于田婴⑥。田婴怒其母曰："吾令若去此子⑦，而敢生之，何也？"文顿首⑧，因曰："君所以不举五月子者，何故？"婴曰："五月子者，长与户齐⑨，将不利其父母⑩。"文曰："人生受命于天乎⑪？将受命于户邪⑫？"婴默然。文曰："必受命于天，君何忧焉⑬。必受命于户，则可高其户耳⑭，谁能至者！"婴曰："子休矣⑮。"

【注释】

①初：开初；当初。②贱妾：地位卑下的小妻。③以：于。④举：抚养；保育。⑤窃：私下；暗地。生：生存；存活。使动用法。⑥因：经由；通过。⑦若：你（们）。代词。去：抛弃。⑧顿首：头叩地而拜。古代九拜的第二等礼节。⑨长与户齐：身高跟门楣相齐。⑩不利其父母：古代迷信习俗，认为五月五日生子，男害父，女害母。⑪受命于天：命运由上天来安排。⑫将：抑或；还是。选择连词。邪（yé）：通"耶"。表示疑问的语气助词。⑬焉：相当于"于是""于此"。兼词。⑭高：加高。使动用法。表示限止的语气助词。⑮子：古代用作对男子的尊称，犹言先生；有时也用作通称，犹言尔、汝。

久之，文承间问其父婴曰①："子之子为何②？"曰："为孙。""孙之孙为何？"曰："为玄孙。""玄孙之孙为何③？"曰："不能知也。"文曰："君用事相齐，至今三王矣，齐不加广而君私家富累万金④，门下不见一贤者。文闻将门必有将，相门必有相。今君后宫蹈绮縠而士不得裋褐⑤，仆妾余粱肉而士不厌糟糠⑥。今君又尚厚积余藏⑦，欲以遗所不知何人，而忘公家之事日损⑧，文窃怪之⑨。"于是婴乃礼文⑩，使主家待宾客⑪。宾客日进，名声闻于诸侯⑫。诸侯皆使人请薛公田婴以文为太子⑬，婴许之。婴卒，谥为靖郭君⑭。而文果代立于薛，是为孟尝君。

【注释】

①承间（jiàn）：趁机会。间，空隙。②为：谓；叫作。③玄孙之孙为何：据《尔雅·释亲》的说法，玄孙下面还有来孙、昆孙、仍孙、云孙四代称谓。④私家：古代指大夫以下的家。累：积累。⑤后宫：妃嫔、姬妾居住的宫室，也借以指代妃嫔、姬妾。縠（hú）：绉纱一类的丝织品。裋褐者穿着的粗陋的衣服。⑥仆妾：男女奴仆。余：剩余；残剩。粱肉：指精美的膳食。糟糠：酒渣糠皮，指代粗劣的食物。⑦尚：犹；还。厚积余藏：多积蓄，多储藏。⑧公家：也称"公室"。古代指诸侯国。⑨窃：私自。谦敬副词。怪：骇疑；惊异。以动用法。⑩礼：表示敬意。动词。⑪主家：主持家政。⑫闻：著闻；传扬。被动用法。⑬薛公：田

婴封于薛邑，故尊称薛公。⑭谥：旧时代在人死后按照他的生平事迹评定褒贬给予的称号。动词。

孟尝君在薛，招致诸侯宾客及亡人有罪者①，皆归孟尝君。孟尝君舍业厚遇之②，以故倾天下之士③。食客数千人④，无贵贱一与文等⑤。孟尝君待客坐语，而屏风后常有侍史⑥，主记君所与客语⑦，问亲戚居处⑧。客去，孟尝君已使使存问⑨，献遗其亲戚⑩。孟尝君曾待客夜食，有一人蔽火光⑪。客怒，以饭不等⑫，辍食辞去⑬。孟尝君起，自持其饭比之。客惭，自刭⑭。士以此多归孟尝君。孟尝君客无所择⑮，皆善遇之⑯。人人各自以为孟尝君亲己。

【注释】

①招致：招引；招收。亡人：逃亡的人。②舍业：有两解：一、为宾客修建宅舍，建立家业。二、舍弃其家产而厚待宾客。"舍"读 shě。厚遇：厚待；优待。③倾：穷尽。④食客：古代寄食于豪门贵家并为他们服务的门客。⑤无：无分；不论。介词。一：一律；一概。副词。⑥屏风：室内挡风或作为障蔽的家具。侍史：贵族官员手下担任文书工作的侍从。⑦主记：负责记录。⑧亲戚：内外亲属，包括父母、子女、兄弟等。居处：有两解：一、指生活状况。"处"读 chǔ。二、住所。"处"读 chù。⑨使使（shǐ shǐ）：派遣使者。存问：慰问；问候。⑩献遗（wèi）：奉送；赠予。⑪火光：烛光。⑫以：以为；认为。动词。⑬辍（chuò）：中止；停止。⑭刭（jǐng）：割颈。⑮客无所择：对于宾客无所选择。⑯善遇：殷勤接待。

秦昭王闻其贤①，乃先使泾阳君为质于齐②，以求见孟尝君。孟尝君将入秦，宾客莫欲其行③，谏④，不听⑤。苏代谓曰⑥："今旦代从外来⑦，见木禺人与土禺人相与语⑧。木禺人曰：'天雨，子将败矣⑨。'土禺人曰：'我生于土，败则归土。今天雨⑩，流子而行⑪，未知所止息也⑫。'今秦，虎狼之国也⑬，而君欲往，如有不得还⑭，君得无为土禺人所笑乎⑮？"孟尝君乃止。

【注释】

①秦：国名。嬴姓。②泾阳君：嬴市（fú）。秦昭襄王弟。封于泾阳（今陕西省泾阳县境）。质：作为保证的人或物。③莫：没有人。无指代词。④谏：规劝。⑤听：顺从；听从。⑥苏代：东周洛阳（今河南省洛阳市东）人。纵横家。谓：告语；对某人说话。⑦旦：早晨。⑧木禺（ǒu）人、土禺人：用木材、泥土制成的人像。禺，通"偶"，偶像。苏代用木偶人比喻孟尝君，用土偶人比喻泾阳君。相与：互相。⑨败：毁坏。⑩今：有"如果"的意思。假设连词。⑪流：漂流。他动词。⑫止息：休止；停留。⑬虎狼之国：比喻强暴的国家。⑭有：或。传疑副词。⑮得无：能不；岂不是。表示反问或疑问的语气。

齐湣王二十五年，复卒使孟尝君入秦①，昭王即以孟尝君为秦相。人或说秦昭王曰②："孟尝君贤，而又齐族也③，今相秦，必先齐而后秦④，秦其危矣⑤。"于是秦昭王乃止。囚孟尝君，谋欲杀之⑥。孟尝君使人抵昭王幸姬求解⑦。幸姬曰："妾愿得君狐白裘⑧。"此时孟尝君有一狐白裘，直千金⑨，天下无双，入秦献之昭王⑩，更无他裘⑪。孟尝君患之⑫，遍问客，莫能对⑬。最下坐有能为狗盗者⑭，曰：'臣能得狐白裘。"乃夜为狗，以入秦宫臧中⑮，取所献狐白裘至，以献秦王幸姬。幸姬为言昭王，昭王释孟尝君。孟尝君得出，即驰去⑯，更封传⑰，变名姓以出关⑱。夜半至函谷关⑲。秦昭王后悔出孟尝君⑳，求之已去，即使人驰传逐之㉑。孟尝君至关，关法鸡鸣而出客㉒，孟尝君恐追至㉓，客之居下坐者有能为鸡鸣，而鸡齐鸣，遂发传出㉔。出如食顷㉕，秦追果至关，已后孟尝君出㉖，乃还。始孟尝君列此二人于宾客㉗，宾客尽羞之㉘，及孟尝君有秦难，卒此二人拔之㉙。自是之后，客皆服。

【注释】

①卒：终于。②或：有。③齐族：齐国的王族。④先齐而后秦：把齐国摆在优先地位，而把秦国摆在后面。⑤其：将要。时间副词。⑥谋：谋划；计议。⑦抵：冒昧要求；拜谒。解：解脱；解免。⑧妾：旧时妇女自称的谦辞。狐白裘：狐腋毛纯白珍美，集合许多狐腋皮制成的皮袍，非常珍贵。裘，毛皮衣。⑨直：通"值"。价值。⑩昭王：前面省略了介词"于"。⑪他：别的；另外的。⑫患：忧虑。动词。⑬对：应对；回答。特指卑幼辈回答尊长辈。⑭坐：通"座"。位次。⑮臧（zàng）：通"藏"。库藏；仓库。⑯驰：车马飞快行驶。⑰更（gēng）：更改；改动。封传（zhuàn）：经过关卡的通行证。传用木板制成，在上面书写姓名等项，再用木板封起来，加盖印章，所以叫作封传。⑱变：改变；改动。他动词。⑲函谷关：关名。⑳出：放出；释放。使动用法。㉑驰传（zhuàn）：驾乘传车急行。传，指驿站或驿站的车马。㉒出：放出；放行。使动用法。㉓追：指追者。名词。㉔传：即"封传"。㉕食顷：吃一顿饭的工夫，形容时间很短。㉖已后孟尝君出：已经落后于孟尝君出关的时刻。后，动词。㉗始：开头；最初。时间副词。㉘羞：感到羞耻。以动用法。㉙拔：从灾难中拯救出来。

孟尝君过赵①，赵平原君客之②。赵人闻孟尝君贤，出观之，皆笑曰："始以薛公为魁然也③，今视之，乃眇小丈夫耳④。"孟尝君闻之，怒。客与俱者下⑤，斫击杀数百人⑥，遂灭一县以去⑦。

【注释】

①赵：国名。②平原君：赵胜。赵武灵王子，封于东武城（今山东省武城县西北），号平原君。客：用客礼相待。以动用法。③薛公：田文继承了他父亲的封号。魁然：高大壮伟的样子。④眇小：也作"渺小"。矮小，瘦弱。丈夫：古时称成年的男子。⑤俱（jū）：在一起；同行。动词。⑥斫（zhuó）：砍。⑦以：通"而"。连词。

齐湣王不自得①，以其遣孟尝君。孟尝君至，则以为齐相②，任政③。

【注释】

①不自得：自己认为缺德。得，通"德"，意动用法。②则：乃；于是。③任政：掌握政权。

孟尝君怨秦，将以齐为韩、魏攻楚①，因与韩、魏攻秦，而借兵食于西周②。苏代为西周谓曰："君以齐为韩、魏攻楚九年，取宛、叶以北以强韩、魏③，今复攻秦以益之④。韩、魏南无楚忧，西无秦患，则齐危矣。韩、魏必轻齐畏秦，臣为君危之⑤。君不如令敝邑深合于秦⑥，而君无攻⑦，又无借兵食。君临函谷而无攻，令敝邑以君之情谓秦昭王曰⑧：'薛公必不破秦以强韩、魏。其攻秦也，欲王之令楚王割东国以与齐⑨，而秦出楚怀王以为和。'君令敝邑以此惠秦⑩，秦得无破而以东国自免也⑪，秦必欲之⑫。楚王得出，必德齐⑬。齐得东国益强⑭，而薛世世无患矣。秦不大弱⑮，而处三晋之西⑯，三晋必重齐⑰。"薛公曰："善。"因令韩、魏贺秦⑱，使三国无攻⑲，而不借兵食于西周矣。是时，楚怀王入秦，秦留之^⑳，故欲必出之。秦不果出楚怀王^㉑。

【注释】

①为（wèi）：帮助。动词。②兵食：军粮。西周：国名。③宛（yuān）：楚邑名。在今河南省南阳市。叶（shè）：楚邑名。在今河南省叶县南。强：加强。使动用法。④益：增加；补助。动词。⑤危：感到危险。以动用法。⑥令：让；叫。⑦无：不。否定副词。⑧情：真实意图。⑨楚王：指楚怀王。熊槐。前328—前299年在位。东国：指徐国。与：给予。⑩惠：恩赐；给人以好处。动词。⑪破：破败；残破。被动用法。自免：自己避免灾难。⑫欲：愿意；希望。动词。⑬德：感激。以动用法。⑭益：愈益；更加。副词。⑮大弱：大大削弱。⑯处（chǔ）：处于；居于。⑰重：倚重；借重。动词。⑱贺：复交修好。⑲无攻：不要互相攻伐。⑳留：扣留；拘留。㉑不果：事情发展的结果与预期不相合。

　　孟尝君相齐，其舍人魏子为孟尝君收邑入^①，三反而不致一人^②。孟尝君问之，对曰："有贤者，窃假与之^③，以故不致入。"孟尝君怒而退魏子^④。居数年^⑤，人或毁孟尝君于齐湣王曰^⑥："孟尝君将为乱。"及田甲劫湣王^⑦，湣王意疑孟尝君，孟尝君乃奔^⑧。魏子所与粟贤者闻之，乃上书言孟尝君不作乱，请以身为盟^⑨，遂自刭宫门以明孟尝君^⑩。湣王乃惊，而踪迹验问^⑪，孟尝君果无反谋，乃复召孟尝君。孟尝君因谢病^⑫，归老于薛^⑬。湣王许之^⑭。

【注释】

①舍人：家臣。战国时王公贵官多有舍人。邑入：封邑的租税收入。②反：通"返"。往返。致：求得；得到。③假：假借；假托。④退：斥退；让退去。⑤居：过了。表示所经历的时间。⑥毁：诽谤；讲别人的坏话。⑦劫：用武力胁迫、控制。⑧奔：出奔；逃亡。⑨以身为盟：用生命来立誓约、作保证。⑩明：证明。⑪踪迹：脚印；行迹。验问：考问；查问。⑫谢病：托词害病，请求辞职或拒绝任职。⑬归老：辞官养老。⑭许：应允；答应。

　　其后，秦亡将吕礼相齐^①，欲困苏代^②。代乃谓孟尝君曰："周最于齐^③，至厚也^④，而齐王逐之，而听亲弗、相吕礼者^⑤，欲取秦也^⑥。齐、秦合^⑦，则亲弗与吕礼重矣^⑧。有用^⑨，齐、秦必轻君^⑩。君不如急北兵^⑪，趋赵以和秦、魏^⑫，收最以厚行^⑬，且反齐王之信^⑭，又禁天下之变^⑮。齐无秦^⑯，则天下集齐^⑰，亲弗之走^⑱，则齐王孰与为其国也^⑲！"于是孟尝君从其计，而吕礼嫉害于孟尝君^⑳。

【注释】

①亡将：逃亡的将领。吕礼：秦国将领。②困：艰难；窘迫。使动用法。③周最：周朝王族策士。④至：极；最。厚：亲近；密切。⑤听：信任。亲弗：人名。《战国策》作"祝弗"。相：任为相。使动用法。⑥取：收取；联络；交结。⑦合：联合。⑧重：重视；重用。被动用法。⑨有用：有亲弗、吕礼可用。⑩轻：轻视。以动用法。⑪北兵：挥兵北进。北，动词。⑫趋赵：迅速进击赵军。⑬厚行（xìng）：使自己的行为表现出敦厚的作风。⑭反：通"返"。挽回。信：信用；信誉。⑮变：指齐国、秦国联合则亲弗、吕礼将被重用而田文将被轻视的政局变化。⑯齐无秦：说齐国没有秦国作与国，意思就是说不要跟秦国相勾搭。⑰集：集合；归附。⑱走：快行走；逃跑。⑲孰：谁；什么。为：治理。⑳嫉害：嫉妒，危害。

　　孟尝君惧，乃遗秦相穰侯魏冉书曰^①："吾闻秦欲以吕礼收齐^②，齐，天下之强国也，子必轻矣。齐、秦相取以临三晋③，吕礼必并相矣④，是子通齐以重吕礼也⑤。若齐免于天下之兵⑥，其雠子必深矣⑦。子不如劝秦王伐齐。齐破，吾请以所得封子。齐破，秦畏晋之强⑧，秦必重子以取晋。晋国敝于齐而畏秦⑨，晋必重子以取秦。是子破齐以为功，挟晋以为重⑩；是子破齐定封⑪，秦、晋交重子⑫。若齐不破，吕礼复用⑬，子必大穷⑭。"于是穰侯言于秦昭王伐齐⑮，而吕礼亡⑯。

【注释】

①遗（wèi）：致送。魏冉：秦国大臣。②收：收取；联络；交结。③临：面对；对付。④并相：同时兼任齐、秦两国的相国。⑤是：如是；如此。重：加强；提高。使动用法。⑥若：假若；假如。⑦雠：通"仇"，以为仇；仇视。意动用法。⑧晋：即三晋。可以兼指三国，也可以任指一国或二国，一般说晋国，常特指魏国。⑨敝：危困；挫败。被动用法。⑩挟：倚仗；倚以自重。为重：抬高自己的身价地位。⑪定封：巩固并扩大自己的封邑。⑫交：共；俱。⑬复用：再被秦国任用。⑭大穷：非常困窘；十分为难。⑮言：进言；建议。⑯亡：逃亡。

后齐湣王灭宋①，益骄，欲去孟尝君。孟尝君恐②，乃如魏③。魏昭王以为相④，西合于秦、赵，与燕共伐破齐⑤。齐湣王亡在莒⑥，遂死焉。齐襄王立⑦，而孟尝君中立于诸侯⑧，无所属。齐襄王新立，畏孟尝君，与连和，复亲薛公。文卒，谥为孟尝君。诸子争立，而齐、魏共灭薛。孟尝绝嗣无后也⑨。

【注释】

①宋：国名。子姓。②恐：害怕；畏惧。③如：往；去。动词。④魏昭王：魏遫（chì），前295—前277年在位。⑤燕（yān）：国名。姬姓。⑥莒：齐邑名。在今山东省莒县。⑦齐襄王：田法章。齐湣王子。前283—前265年在位。齐湣王被杀后，他曾改名换姓给人家当佣工，后被莒邑人拥立。后来田单打败燕军，恢复齐国，迎他复位。⑧中立于诸侯：田文把薛邑当作一个独立的小国，在各大国的争夺中抱中立态度。⑨绝嗣（sì）无后：断绝了爵邑的继承者，没有了后代。

初，冯骥闻孟尝君好客①，蹑屩而见之②。孟尝君曰："先生远辱③，何以教文也？"冯骥曰："闻君好士，以贫身归于君④。"孟尝君置传舍十日⑤，孟尝君问传舍长曰⑥："客何所为？"答曰："冯先生甚贫，犹有一剑耳⑦，又蒯缑⑧。弹其剑而歌曰⑨：'长铗归来乎⑩，食无鱼。'"孟尝君迁之幸舍⑪，食有鱼矣。五日，又问传舍长。答曰："客复弹剑而歌曰：'长铗归来乎，出无舆⑫。'"孟尝君迁之代舍⑬，出入乘舆车矣。五日，孟尝君复问传舍长。舍长答曰："先生又尝弹剑而歌曰：'长铗归来乎，无以为家。'"孟尝君不悦。

【注释】

①冯骥（huān）：也作"冯煖（xuān）""冯谖（xuān）"。②蹑屩（niè jué）：穿着草鞋。指远行。③远辱：远道辱临；承蒙远道而来。④贫身：贫贱之身。⑤置：安放；安顿。传（zhuàn）舍：供宾客休息、住宿的处所。⑥传舍长：管理传舍的长吏。⑦犹：尚；还。⑧蒯缑（kuǎi gōu）：用草绳缠着剑柄。⑨歌：唱，动词。⑩铗（jiá）：剑；剑柄。⑪幸舍：中等客房的名称。⑫舆：本指车箱，引申指车。⑬代舍：上等客房的名称。

居期年①，冯骥无所言。孟尝君时相齐②，封万户于薛③。其食客三千人，邑入不足以奉客④，使人出钱于薛⑤。岁余不入⑥，贷钱者多不能与其息⑦，客奉将不给⑧。孟尝君忧之，问左右⑨："何人可使收债于薛者？"传舍长曰："代舍客冯公形容状貌甚辩⑩，长者⑪，无他伎能⑫，宜可令收债。"孟尝君乃进冯谖而请之曰⑬："宾客不知文不肖⑭，幸临文者三千余人⑮，邑入不足以奉宾客，故贷息钱于薛⑯，薛岁不入，民颇不与其息⑰。今客食恐不给，愿先生责之⑱。"冯谖曰："诺⑲。"辞行，至薛，召取孟尝君钱者皆会⑳，得息钱十万。乃多酿酒，买肥牛，召诸取钱者，能与息者皆来，不能与息者亦来，皆持取钱之券书合之㉑。齐为会㉒，日杀牛置酒㉓。酒酣，乃持券如前，合之，能与息者，与为期㉔；贫不能与息者，取其券而烧之。曰："孟尝君所以贷钱者㉕，为民之无者以为本业也㉖；所以求息者，为无以奉客也。今富给者以要期㉗，贫穷者燔券书以捐之㉘。诸君强饮食㉙。有君如此，岂可负哉㉚！"坐者皆起，再拜㉛。

【注释】

①期（jī）年：一周年。②时：当时；这时。③封万户：赏赐一万户农民归他统治，主要是供他收租税。④奉：奉养；供养。⑤出钱：放债。⑥岁余不入：年岁没有收入。⑦贷：借入。息：利息。⑧奉：指生活费用。名词。给（jǐ）：丰足；富裕。⑨左右：在身边侍候的人。⑩辩：能说会道。⑪长（zhǎng）者：年纪大、辈分高的人；有德行、性情谨厚的人。⑫伎（jì）：通"技"。⑬进：召进；请进。⑭不肖：不像样；不贤能。⑮幸：宠幸；荣幸。⑯息钱：可以从它获得利息的钱。⑰颇：甚；很。⑱责：责求；索取。⑲诺（nuò）：答应的声音，相当于"嗯"。⑳取：领取；取得。㉑券书：契据。这里指借据。㉒为会：举行或参加集会。㉓日：当日；此日。㉔为期：规定期限。㉕贷：借出。㉖无者：穷乏的人；没有资金的人。㉗富给：富足。以：与；给。要（yāo）期：约定期限。㉘燔（fán）：焚烧。捐：放弃；废除。㉙强（qiǎng）：勉强；努力。㉚负：辜负；背弃。㉛再拜：先后拜两次。

孟尝君闻冯谖烧券书，怒而使使召谖。谖至，孟尝君曰："文食客三千人，故贷钱于薛。文奉邑少①，而民尚多不以时与其息②，客食恐不足，故请先生收责之。闻先生得钱，即以多具牛酒而烧券书③，何？"冯谖曰："然。不多具牛酒即不能毕会④，无以知其有余不足。有余者，为要期。不足者，虽守而责之十年，息愈多，急，即以逃亡自捐之⑤。若急，终无以偿，上则为君好利不爱士民⑥，下则有离上抵负之名⑦，非所以厉士民、彰君声也⑧。焚无用虚债之券⑨，捐不可得之虚计⑩，令薛民亲君而彰君之善声也⑪，君有何疑焉⑫！"孟尝君乃拊手而谢之⑬。

【注释】

①奉邑：也称"食邑""采（cài）邑"。②以时：按时。③具：备办。④毕：尽；全。⑤捐：放弃；摆脱。⑥上：指齐湣王和朝廷大臣。为：谓；认为。⑦下：指薛邑人民，主要是无力偿还的债务人。抵负：触犯，背弃。⑧厉：通"励"。劝勉；勉励。彰：显扬；表彰。声：名声；名誉。⑨虚债：无法获得偿还的债权。⑩虚计：空头账目。⑪善声：仁爱的名声。⑫有（yòu）：通"又"。⑬拊（fǔ）手：拍手；鼓掌。

齐王惑于秦、楚之毁①，以为孟尝君名高其主而擅齐国之权②，遂废孟尝君③。诸客见孟尝君废④，皆去⑤。冯谖曰："借臣车一乘可以入秦者⑥，必令君重于国而奉邑益广⑦，可乎？"孟尝君乃约车币而遣之⑧。冯驩乃西说秦王曰⑨："天下之游士凭轼结靷西入秦者⑩，无不欲强秦而弱齐⑪；凭轼结靷东入齐者，无不欲强齐而弱秦。此雄雌之国也⑫，势不两立为雄，雄者得天下矣⑬。"秦王跽而问之曰⑭："何以使秦无为雌而可⑮？"冯驩曰："王亦知齐之废孟尝君乎？"秦王曰："闻之。"冯驩曰："使齐重于天下者，孟尝君也。今齐王以毁废之，其心怨，必背齐⑯；背齐入秦，则齐国之情⑰，人事之诚⑱，尽委之秦⑲，齐地可得也，岂直为雄也⑳！君急使使载币阴迎孟尝君㉑，不可失时也㉒。如有齐觉悟㉓，复用孟尝君，则雌雄之所在未可知也㉔。"秦王大悦，乃遣车十乘黄金百镒以迎孟尝君㉕。冯驩辞以先行，至齐，说齐王曰："天下之游士凭轼结靷东入齐者，无不欲强齐而弱秦者；凭轼结靷西入秦者，无不欲强秦而弱齐者。夫秦、齐雄雌之国㉖，秦强则齐弱矣，此势不两雄。今臣窃闻秦遣使车十乘载黄金百镒以迎孟尝君。孟尝君不西则已㉗，西入相秦则天下归之，秦为雄而齐为雌，雌则临淄、即墨危矣㉘。王何不先秦使之未到㉙，复孟尝君㉚，而益与之邑以谢之㉛？孟尝君必喜而受之。秦虽强国，岂可以请人相而迎之哉！折秦之谋㉜，而绝其霸强之略㉝。"齐王曰："善。"乃使人至境候秦使㉞。秦使车适入齐境㉟，使还驰告之，王召孟尝君而复其相位，而与其故邑之地㊱，又益以千户。秦之使者闻孟尝君复相齐，还车而去矣。

【注释】

①惑：欺骗；蒙蔽。被动用法。②高：高于；高过。擅：专擅；独揽。③废：贬黜；罢免。④废：意义同前，被动用法。⑤去：离开。⑥借：暂时使用别人的东西，或把自己的东西暂时给别人使用。乘（shèng）：古时称一车四马为一乘。量词。⑦令：使；让。⑧约：收集，准备。⑨西：西行。动词。"西说"是连动结构。⑩游士：游说之士。凭（píng）轼结靷（yǐn）：驾着车马，往来奔走。⑪弱：削弱。使动用法。⑫雄雌：借喻胜败、高低、强弱等互相反对的情况。⑬得天下：取得全中国的统治权。⑭跽（jì）：长跪。双膝着地，上身挺直。⑮无为雌而可："而可无为雌"的倒装句式。⑯背：背弃；背叛。⑰情：真实情况。⑱人事：人情事理。指君臣上下的思想作风和相互关系等。诚：真实情况。⑲委：致送，交代。⑳直：仅；只。㉑阴迎：秘密迎接。㉒失：耽误；错过。时：时机；机会。㉓有齐：齐国。有，语首助词，常用在名词前面，特别多用在朝代名、国名前面。㉔雌雄：同"雄雌"。现代汉语只用"雌雄"。㉕镒（yì）：古代重量单位，进率是二十四两（一说是二十两）。㉖夫（fú）：发语词。㉗已：算了；罢了。动词。㉘临淄：齐都城，在今山东淄博市东北。即墨：齐邑名。㉙先（xiàn）：先于；前于。动词。㉚复：恢复官职、爵位。㉛益与：多给。㉜折：挫败。谋：计谋；谋略。㉝绝：断绝；粉碎。㉞境：边境；边界。㉟适：恰好；刚才。㊱故邑：原有的封邑。

自齐王毁废孟尝君①，诸客皆去。后召而复之，冯驩迎之。未到②，孟尝君太息叹曰③："文常好客，遇客无所敢失④，食客三千有余人⑤，先生所知也。客见文一日废⑥，皆背文而去⑦，莫顾文者。今赖先生得复其位，客亦有何面目复见文乎⑧？如复见文者⑨，必唾其面而大辱之⑩。"冯驩结辔下拜⑪。孟尝君下车接之，曰："先生为客谢乎？"冯驩曰："非为客谢也，为君之言失。夫物有必至⑫，事有固然⑬，君知之乎？"孟尝君曰："愚不知所谓也⑭。"曰："生者必有死，物之必至也；富贵多士，贫贱寡友⑮，事之固然也。君独不见夫朝趋市者乎⑯？明日⑰，侧肩争门而入⑱；日暮之后，过市朝者掉臂而不顾⑲。非好朝而恶暮，所期物忘其中⑳。今君失位，宾客皆去，不足以怨士而徒绝宾客之路㉑。愿君遇客如故。'

孟尝君再拜曰："敬从命矣^㉒。闻先生之言，敢不奉教焉^㉓。"

【注释】

①毁废：因毁而废。毁，作状语用。②未到：谓未到齐都城。③太息：大声叹气；深深地叹气。④遇：接待；招待。失：过失；错误。⑤有：通"又"。⑤一日：一旦；一朝。⑦背：背离；背弃。⑧面目：颜面；脸面。⑨如：如有。⑩唾（tuò）：吐唾沫。表示鄙弃的意思。辱：侮辱；羞辱。他动词。⑪结辔（pèi）下拜：冯骥驻马停车，郑重行礼，是为了表示严肃地提出批评意见，以引起田文的注意。辔，缰绳。⑫物有必至：事物发展有它的必然归宿。⑬事有固然：人情世态有它的本来面貌。⑭愚：自称的谦辞。所谓：所说的意思。⑮寡：少。⑯独：岂；难道。反诘副词。夫（fú）：彼；那（些）。指示代词。市朝：市街；集市。⑰旦旦：天亮；早晨。⑱侧肩争门：偏斜着肩膀争夺入口，企图挤进去。⑲掉臂：甩着胳膊走。⑳所期物忘其中：所希望得到的东西，其中已经没有了。期，期望，希望。忘，无。㉑不足：不值得。路：来路。㉒从：遵从；听从。㉓敢：不敢、岂敢的省略词。奉教：接受教益。焉：表示决定的语气助词。

太史公曰：吾尝过薛，其俗间里率多暴桀子弟^①，与邹、鲁殊^②。问其故^③，曰："孟尝君招致天下任侠^④，奸人入薛中盖六万余家矣^⑤。"世之传孟尝君好客自喜^⑥，名不虚矣。

【注释】

①间里：乡里。二者都是古代居民组织单位，在乡聚称间，在田野称里。率：大抵；大都。暴桀（jié）：凶暴。子弟：指青少年。②邹：国名。曹姓。地在今山东省曲阜市附近，建都于邾（zhū。今曲阜市东南），后迁于绎（今邹县东南）。鲁：国名。姬姓。③故：缘故；原由。④任侠：把抑强扶弱当作自己的责任，即爱打抱不平，实际上常常是无原则的好勇斗狠。这里指任侠的人。⑤盖：有"大概"的意思。传疑副词。⑥自喜：对自己的成就感到得意。

平原君虞卿列传第十六

平原君赵胜者^①，赵之诸公子也^②。诸子中胜最贤，喜宾客，宾客盖至者数二人^③。平原君相赵惠文王及孝成王^④，三去相，三复位，封于东武城^⑤。

【注释】

①平原君：赵胜的封号。因其最早的封地在平原（今山东省平原县西南），所以称为平原君。②诸公子：即"群公子"，一般指国君的兄弟辈或子侄辈。③盖：约略；差不多。④赵惠文王：赵何。前298—前266年在位。孝成王：赵丹。前266—前245年在位。⑤东武城：赵邑名。在今山东省武城县西北。

平原君家楼临民家①。民家有躄者②，槃散行汲③。平原君美人居楼上④，临见，大笑之。明日，躄者至平原君门，请曰⑤："臣闻君之喜士，士不远千里而至者，以君能贵士而贱妾也，臣不幸有罢癃之病⑥，而君之后宫临而笑臣⑦，臣愿得笑臣者头。"平原君笑应曰："诺。"躄者去，平原君笑曰："观此竖子，乃欲以一笑之故杀吾美人⑧，不亦甚乎⑨！"终不杀。居岁余，宾客门下舍人稍稍引去者过半⑩。平原君怪之，曰："胜所以待诸君者未尝敢失礼，而去者何多也？"门下一人前对曰："以君之不杀笑躄者，以君为爱色而贱士，士即去耳。"于是平原君乃斩笑躄者美人头，自造门进躄者⑪，因谢焉⑫。其后门下乃复稍稍来。是时齐有孟尝，魏有信陵，楚有春申，故争相倾以待士⑬。

【注释】

①临：下临；俯视。②躄（bì）者：跛子。③槃（pán）散：即"蹒跚"（pán shān）。指跛子走路时一瘸一拐的样子。④美人：姬妾。⑤请：有申诉、要求的意思。⑥罢癃（pí lóng）：残废。⑦后宫：姬妾。⑧乃：竟。⑨甚：过分。⑩引去：避开；退去。⑪造门：登门。进：献。⑫因：顺便。⑬相倾以待士：互相竞赛，看谁最能礼贤待士，或竞相标榜，以求能够多得士。倾，竞赛，胜过。

秦之围邯郸①，赵使平原君求救，合从于楚②，约与食客门下有勇力文武备具者二十人偕③。平原君曰："使文能取胜④，则善矣；文不能取胜，则歃血于华屋之下⑤，必得定从而还⑥。士不外索⑦，取于食客门下足矣。"得十九人，余无可取者，无以满二十人。门下有毛遂者，前，自赞于平原君曰⑧："遂闻君将合从于楚，约与食客门下二十人偕，不外索。今少一人，愿君即以遂备员而行矣⑨。"平原君曰："先生处胜之门下几年于此矣？"毛遂曰："三年于此矣。"平原君曰："夫贤士之处世也，譬若锥之处囊中，其末立见⑩。今先生处胜之门下三年于此矣，左右未有所称诵⑪，胜未有所闻，是先生无所有也。先生不能，先生留！"毛遂曰："臣乃今日请处囊中耳。使遂蚤得处囊中⑫，乃颖脱而出⑬，非特其末见而已⑭。"平原君竟与毛遂偕。十九人相与目笑之而未废也⑮。

【注释】

①秦之围邯郸：赵孝成王九年（公元前257年），秦将王龁、郑安平进兵包围赵都邯郸。②合从（zōng）于楚：推楚国为盟主，订立合纵条约，联合抗秦。③偕：同；一道。④文：指和平的方式。⑤歃（shà）血：古代誓盟的一种仪式，参与订立盟约的人要用手指蘸血，涂在口旁，表示信守，称为"歃血"。⑥定从（zōng）：订好盟约。⑦索：找；索取。⑧自赞：自我介绍。⑨备员：凑足名额。⑩锥之处囊中，其末立见（xiàn）：锥子放在口袋里，锥尖就会露出来。⑪称诵：称赞；谈论；述说。⑫蚤：通"早"。⑬颖脱而出：整个锥子头都出来。颖，原指禾穗的芒尖，这里指锥子尖。⑭特：但；仅。⑮目笑之：用眼光示意，暗笑毛遂。废：有两解：一、废弃；二、通"发"。

毛遂比至楚①，与十九人论议②，十九人皆服。平原君与楚合从，言其利害，日出而言之，日中不决。十九人谓毛遂曰："先生上！"毛遂按剑历阶而上③，谓平原君曰："从之利害，两言而决耳。今日出而言从，日中不决，何也？"楚王谓平原君曰④："客何为者也？"平原君曰："是胜之舍人也。"楚王叱曰："胡不下，吾乃与而君言⑤，汝何为者也！"毛遂按剑而前曰："王之所以叱遂者，以楚国之众也。今十步之内，王不得恃楚国之众也，王之命县于遂手⑥。吾君在前，叱者何也？且遂闻汤以七十里之地王天下[7]，文王以百里之壤而臣诸侯[8]，岂其士卒众多哉？诚能据其势而奋其威[9]，今楚地方五千里，持戟百万[10]，此霸王之资也[11]。以楚之强。天下弗能当[12]。白起[13]，小竖子耳，率数万之众，兴师以与楚战，一战而举鄢、郢[14]，再战而烧夷陵[15]，三战而辱王之先人。此百世之怨而赵之所羞，而王弗知恶焉[16]。合从者为楚，非为赵也。吾君在前，叱者何也？"楚王曰："唯唯[17]，诚若先生之言，谨奉社稷而以从[18]。"毛遂曰："从定乎？"楚王曰："定矣。"毛遂谓楚王之左右曰："取鸡、狗、马之血来[19]！"毛遂奉铜槃而跪进之楚王，曰[20]："王当歃血而定从，次者吾君，次者遂。"遂定从于殿上。毛遂左手持槃血，而右手招十九人曰："公相与歃此血于堂下。公等录录[21]，所谓因人成事者也[22]。"

【注释】

①比（bì）：及；等到。②论议：讨论；交换意见。③按剑：左手提着剑，右手握着剑把。④楚王：楚考烈王。熊完。前262—前238年在位。⑤而（ér）：你（们）。代词。⑥县（xuán）：通"悬"。吊挂。⑦汤：商朝的建立者。⑧文王：周文王。姬昌。⑨据：根据；掌握。⑩持戟：拿兵器的人，指战士。戟，一种兵器。⑪资：凭借；资本。⑫当：抵敌。⑬白起：秦国名将。详见《白起列传》。⑭举：攻拔。鄢郢（yǐng）：楚都。又名郢。⑮夷陵：楚先王墓地，在今湖北省宜昌市东南。⑯恶（wù）：羞耻。⑰唯唯（wěi wěi）：谦卑地连声应答。⑱谨：表郑重和恭敬。⑲取鸡狗马之血：古代歃血定盟所用的牲血因等级而不同：帝王用牛和马，诸侯用狗和猪，大夫以下用鸡。这里是总称需用的牲血。⑳奉：通"捧"。槃：通"盘"。㉑录录：即"碌碌"。平庸无用。㉒因人成事：即依赖他人，坐享成果的意思。

平原君已定从而归，归至于赵，曰："胜不敢复相士[1]。胜相士多者千人，寡者百数，自以为不失天下之士[2]，今乃于毛先生而失之也。毛先生一至楚，而使赵重于九鼎大吕[3]。毛先生以三寸之舌，强于百万之师。胜不敢复相士。"遂以为上客[4]。

【注释】

①相（xiàng）士：观察人才。②失：漏掉；看错。③九鼎大吕：都是古代认为最宝贵的传国器物。④上客：尊贵的客人。

平原君既返赵，楚使春申君将兵赴救赵，魏信陵君亦矫夺晋鄙军往救赵，皆未至。秦急围邯郸，邯郸急，且降，平原君甚患之。邯郸传舍吏子李同说平原君曰[1]："君不忧赵亡邪？"平原君曰："赵亡则胜为虏，何为不忧乎？"李同曰："邯郸之民，炊骨易子而食[2]，可谓急矣，而君之后宫以百数，婢妾被绮縠[3]，余粱肉[4]，而民褐衣不完[5]，糟糠不厌。民困兵尽[6]，或刌木为矛矢[7]，而君器物钟磬自若[8]。使秦破赵，君安得有此？使赵得全，君何患无有？今君诚能令夫人以下编于士卒之间[9]，分功而作[10]，家之所有尽散以飨士[11]，士方其危苦之时[12]，易德耳[13]。"于是平原君从之，得敢死之士三千人。李同遂与三千人赴秦军[14]，秦军为之却三十里。亦会楚、魏救至[15]，秦兵遂罢[16]，邯郸复存。李同战死，封其父为李侯[17]。

[注释]

①传（zhuàn）舍：古代官办供来往行人居住的旅舍，相当于今天的招待所。②炊骨：用死人的枯骨当柴火。易子而食：不忍食自己的儿女，互相交换着吃。③婢妾：供使唤的妇女。绮（qǐ）：有花纹的丝织品。縠（hú）：绉纱一类的丝织品。

④梁肉：细粮和肉，指精美的饭菜。⑤褐衣：粗布短衣。完：完好；完备。⑥兵：兵器。⑦剡（yǎn）：削尖。⑧器物：泛指享用的东西。钟磬：两种乐器。⑨编：编队。⑩功：劳动任务。⑪飨（xiǎng）：通“饷”。⑫危苦：忧惧痛苦。⑬德：感激。动词。⑭赴：扑向，冲向。⑮会：正好碰上。⑯罢：停止；撤退。⑰李侯：封地在李（今河南省温县西南），所以称李侯。

虞卿欲以信陵君之存邯郸为平原君请封。公孙龙闻之①，夜驾见平原君曰②："龙闻虞卿欲以信陵君之存邯郸为君请封，有之乎？"平原君曰："然。"龙曰："此甚不可。且王举君而相赵者，非以君之智能为赵国无有也。割东武城而封君者，非以君为有功也，而以国人无勋③，乃以君为亲戚故也。君受相印不辞无能，割地不言无功者，亦自以为亲戚故也。今信陵君存邯郸而请封，是亲戚受城而国人计功也④。此甚不可。且虞卿操其两权，事成，操右券以责⑤；事不成，以虚名德君⑥。君必勿听也。"平原君遂不听虞卿。

【注释】

①公孙龙（约前320—前240年）：赵国人。②夜驾：连夜驾车。③勋：功勋。④计功：计算功劳。⑤右券：古代契约分为左右两联，双方各执一联。债权人持右券或左券向债务人讨钱。⑥德：施德。为动用法。

平原君以赵孝成王十五年卒①。子孙代②，后竟与赵俱亡。

【注释】

①赵孝成王十五年：相当公元前251年。②代：世代相承。

平原君厚待公孙龙。公孙龙善为坚白之辩①，及邹衍过赵言至道②，乃绌公孙龙③。

【注释】

①坚白之辩：分辨"坚"与"白"的区别。②邹衍：齐国人。战国时著名的阴阳家。详见《孟子荀卿列传》。③绌（chù）：通"黜"。排除；疏远。

虞卿者，游说之士也①。蹑跻檐簦，说赵孝成王②。一见，赐黄金百镒③，白璧一双；再见，为赵上卿④，故号为虞卿⑤。

【注释】

①游说（shuì）：战国时代的策士周游各国，向统治者陈说形势，提出政治、军事、外交方面的主张，以求取高官厚禄。②蹑跻：（niè jué）：穿着草鞋。跻，通"屦"。草鞋。檐簦（dān dēng）：打着伞。檐，通'担'。扛；举。簦，古代有柄的笠，即伞。③镒（yì）：古代重量单位，二十两或二十四两为一镒。④上卿：周代官制，最尊贵的诸侯大臣，相当于相国。⑤虞卿："虞"有两解：一、姓，所著书名为《虞氏春秋》；二、地名，封邑在虞（今山西省平陆县东北）。

秦赵战于长平，赵不胜，亡一都尉①。赵王召楼昌与虞卿曰②："军战不胜，尉复死，寡人使束甲而趋之③，何如？"楼昌曰："无益也，不如发重使为媾④。"虞卿曰："昌言媾者，以为不媾军必破也。而制媾者在秦⑤。且王之论秦也⑥，欲破赵之军乎，不邪⑦？"王曰："秦不遗余力矣⑧，必且欲破赵军。"虞卿曰："王听臣，发使出重宝以附楚、魏⑨，楚、魏欲得王之重宝，必内吾使⑩。赵使入楚、魏，秦必疑天下之合从，且必恐。如此，则媾乃可为也。"赵王不听，与平阳君为媾⑪，发郑朱入秦⑫。秦内之。赵王召虞卿曰："寡人使平阳君为媾于秦，秦已内郑朱矣，卿以为奚如⑬？"虞卿对曰："王不得媾，军必破矣。天下贺战胜者皆在秦矣。郑朱，贵人也，入秦，秦王与应侯必显重以示天下⑭。楚、魏以赵为媾，必不救王。秦知天下不救王，则媾不可得成也。"应侯果显郑朱以示天下贺战胜者，终不肯媾。长平大败，遂围邯郸，为天下笑。

【注释】

①都尉：武官名。职位略低于将军。②楼昌：赵将。③束甲而趋之：卷甲行军，奔袭敌军。④重使：重要的使臣。媾：讲和；求和。⑤制媾：在媾和中起决定作用。⑥论：这里是分析、估计、判断的意思。⑦不（fǒu）：通"否"。⑧遗：留下。⑨附：依附；联合。⑩内（nà）：通"纳"。接受。⑪平阳君：赵豹。赵惠文王的同母弟，孝成王的叔父。封于平阳（今河北省临漳县西）。⑫郑朱：人名。⑬奚如：何如。⑭秦王：秦昭襄王。嬴稷。应（yīng）侯：范雎。

秦既解邯郸围①，而赵王入朝，使赵郝约事于秦②，割六县而媾。虞卿谓赵王曰："秦之攻王也，倦而归乎③？王以其力尚能进，爱王而弗攻乎？"王曰："秦之攻我也，不遗余力矣，必以倦而归也。"虞卿曰："秦以其力攻其所不能取，倦而归，王又以其力之所不能取以送之，是助秦自攻也。来年秦复攻王，王无救矣。"王以虞卿之言告赵郝。赵郝曰："虞卿诚能尽秦力之所至乎？诚知秦力之所不能进，此弹丸之地弗予④，令秦来年复攻王，王得无割其内而媾乎？"王曰："请听子割矣，子能必使来年秦之不复攻我乎？"赵郝对曰："此非臣之所敢任也⑤。他日三晋之交于秦⑥，相善也。今秦善韩、魏而攻王，王之所以事秦必不如韩、魏也。今臣为足下解负亲之攻⑦，开关通币⑧，齐交韩、魏⑨，至来年而王独取攻于秦，此王之所以事秦必在韩、魏之后也。此非臣之所敢任也。"

【注释】

①秦既解邯郸围：邯郸能够解围的因素很多：一是赵国人坚决抵抗；二是魏国和楚国的援助；三是秦国内部钩心斗角，白起被范雎害死。②赵郝：人名。③倦：疲惫。④弹丸之地：弹丸那样大的地方，比喻地方小。⑤任：负责任；担保。⑥他日：以往。⑦负亲之攻：背叛盟国而招来的攻击。⑧关：边关。币：原指用作礼物的丝织品，通常泛指礼物。⑨齐：相等；相同。

王以告虞卿。虞卿对曰："郝言'不媾，来年秦复攻王，王得无割其内而媾乎'。今媾，郝又以不能必秦之不复攻也①。今虽割六城，何益！来年复攻，又割其力之所不能取而媾。此自尽之术也②，不如无媾。秦虽善攻，不能取六县；赵虽不能守，终不失六城。秦倦而归，兵必罢。我以六城收天下以攻罢秦，是我失之于天下而取偿于秦也。吾国尚利，孰与坐而割地③，自弱以强秦哉？今郝曰'秦善韩、魏而攻赵者，必以为韩、魏不救赵也。而王之军必孤，又以王之事秦不如韩、魏也'，是使王岁以六城事秦也，即坐而城尽。来年秦复求割地，王将与之乎？弗与，是弃前功而挑秦祸也；与之，则无地而给之。语曰'强者善攻，弱者不能守'。今坐而听秦，秦兵不弊而多得地④，是强秦而弱赵也⑤。以益强之秦而割愈弱之赵⑥，其计故不止矣⑦。且王之地有尽而秦之求无已，以有尽之地而给无已之求⑧，其势必无赵矣⑨。"

【注释】

①必：肯定。②自尽之术：自取灭亡的办法。③孰与：连接相比较的两项，并询问其高下得失。相当于"跟……比较，哪个……"。④弊：疲困。⑤强：使

动用法。⑥割：分割。⑦计：打算；念头。⑧给（jǐ）：供给；满足。⑨势：形势；趋势。

赵王计未定，楼缓从秦来①，赵王与楼缓计之，曰："予秦地何如毋予②，孰吉③？"缓辞让曰："此非臣之所能知也。"王曰："虽然，试言公之私④。"楼缓对曰："王亦闻乎公甫文伯母乎⑤？公甫文伯仕于鲁⑥，病死，女子为自杀于房中者二人⑦。其母闻之，弗哭也。其相室曰⑧：'焉有子死而弗哭者乎？'其母曰：'孔子，贤人也，逐于鲁，而是人不随也⑨。今死而妇人为之自杀者二人，若是者必其于长者薄而于妇人厚也⑩。'故从母言之，是为贤母；从妻言之，是必不免为妒妻⑪。故其言一也，言者异则人心变矣⑫。今臣新从秦来而言勿予，则非计也⑬；言予之，恐王以臣为为秦也：故不敢对。使臣得为大王计，不如予之。"王曰："诺。"

【注释】

①楼缓：赵臣，亲秦派，辩士。②如：与；和。③吉：吉利；好。④私：私见；个人意见。⑤公甫文伯：鲁定公时的大夫。⑥仕：做官。⑦女子：指妾婢之类。⑧相（xiàng）室：帮助料理家务的人，如保姆等。相，辅佐。⑨是人：指公甫文伯。⑩薄：淡薄。厚：深厚。⑪妒：嫉妒。⑫言者异：指"从母言之"或"从妻言之"。⑬计：办法；策略。

虞卿闻之，入见王曰："此饰说也①，王眘勿予②！"楼缓闻之，往见王。王又以虞卿之言告楼缓。楼缓对曰："不然。虞卿得其一，不得其二。夫秦赵构难而天下皆说③，何也？曰'吾且因强而乘弱矣④。今赵兵困于秦，天下之贺战胜者则必尽在于秦矣。故不如亟割地为和⑤，以疑天下而慰秦之心⑥。不然，天下将因秦之强怒，乘赵之弊，瓜分之。赵且亡，何秦之图乎⑦？故曰虞卿得其一，不得其二。愿王以此决之，勿复计也。"

【注释】

①饰说：虚伪、造作的言论。②眘勿：切莫。副词连用。眘，通"慎"。③构难（nàn）：结为仇敌，造成祸乱。说通"悦"。④因：凭借；依靠。⑤亟（jí）：迅速，急迫。⑥疑：怀疑。使动用法。⑦图：谋取；算计。

虞卿闻之，往见王曰："危哉楼子之所以为秦者①，是愈疑天下，而何慰秦之心哉？独不信其示天下弱乎②？且臣言勿予者，非固勿予而已也③。秦索六城于王，而王以六城赂齐④。齐，秦之深雠也⑤，得王之六城，并力西击秦，齐之听王，不待辞之毕也⑥。则是王失之于齐而取偿于秦也。而齐、赵之深雠可以报矣，而示天下有能为也。王以此发声⑦，兵未窥于境⑧，臣见秦之重赂至赵而反媾于王也。从秦为媾⑨，韩、魏闻之，必尽重王⑩；重王，必出重宝以先于王⑪。则是王一举而结三国之亲⑫，而与秦易道也⑬。"赵王曰："善。"则使虞卿东见齐王⑭，与之谋秦。虞卿未返，秦使者已在赵矣。楼缓闻之，亡去。赵于是封虞卿以一城。

【注释】

①楼子：对楼缓的尊称。②示：显示；给人看。③固：仅；只。④赂：赠送财物。⑤齐、秦之深雠：当时齐为东方大国，秦最畏忌，两国争霸激烈。⑥毕：完。⑦发声：宣布，声张。⑧窥：窥伺；窥探。⑨从：顺从；答应。⑩重：尊重。⑪先：争先。⑫三国：指齐、魏、韩三国。⑬易道：即"易地"。⑭则：即。齐王：

齐王田建。

居顷之，而魏请为从①。赵孝成王召虞卿谋。过平原君②，平原君曰："愿卿之论从也③。"虞卿入见王。王曰："魏请为从。"对曰："魏过。"王曰："寡人固未之许④。"对曰："王过。"王曰："魏请从，卿曰魏过，寡人未之许，又曰寡人过，然则从终不可乎⑤？"对曰："臣闻小国之与大国从事也⑥，有利则大国受其福，有败则小国受其祸。今魏以小国请其祸，而王以大国辞其福，臣故曰王过，魏亦过。窃以为从便⑦。"王曰："善。"乃合魏为从。

【注释】

①从：本段除"从事"的"从"读 cóng 外，其余七个都读 zōng，通"纵"，指"纵约"或"联合"。②过（guō）：拜访；探望。③论从：论述合纵的好处，即劝赵王与魏国联合。④固：通"姑"。姑且；暂且。⑤终：竟；到底。⑥从事：办事；打交道。⑦便：有利；适宜。

虞卿即以魏齐之故①，不重万户侯卿相之印②，与魏齐间行③，卒去赵，困于梁④。魏齐已死，不得意⑤，乃著书，上采《春秋》⑥，下观近世，曰《节义》《称号》《揣摩》《政谋》，凡八篇。以刺讥国家得失⑦，世传之曰《虞氏春秋》⑧。

【注释】

①以魏齐之故：魏齐原是魏相，曾经毒打过范雎。②万户侯：封邑民户在万户以上的侯爵。③间（jiàn）行：从偏僻的小路逃走。间，间道，偏僻的小路。④困：窘迫；处境困难。指眼看魏齐自杀而不能救。⑤不得意：不称心如意，指精神上受打击，不一定指名位有损失。⑥《春秋》：儒家经典之一。⑦刺讥：指责；批评。得失：成败；利害。⑧《虞氏春秋》：《汉书·艺文志》著录《虞氏春秋》十五篇，已散失，清朝马国翰有《虞氏春秋》一卷。

太史公曰：平原君，翩翩浊世之佳公子也①，然未睹大体②。鄙语曰"利令智昏"③，平原君贪冯亭邪说④，使赵陷长平兵四十余万众⑤，邯郸几亡。虞卿料事揣情⑥，为赵画策⑦，何其工也⑧！及不忍魏齐，卒困于大梁，庸夫且知其不可⑨，况贤人乎？然虞卿非穷愁，亦不能著书以自见于后世云⑩。

【注释】

①翩翩：形容风流、文采的优美。佳：美好。公子：古代称诸侯的儿子。②睹：见；察看。大体：有关大局的道理。③鄙语：俗语。利令智昏：因贪利而失去理智，不辨是非。④冯亭邪说：冯亭，韩国上党守。⑤陷长平兵四十余万众：赵孝成王六年（前260年），秦王派王龁攻上党，暗中命令白起代王龁，赵王派赵括代廉颇，被围于长平。断粮四十六天后，赵括亲自搏战，被秦军射死，士兵四十万人投降，被白起坑杀。⑥料：猜度；估量。揣：考虑。⑦画策：计划；谋划。⑧工：细致；巧妙。⑨庸夫：见识浅陋的人；平常人。⑩见：通"现"。表现；显现。云：句末助词，无意义。

魏公子列传第十七

魏公子无忌者，魏昭王少子，而魏安釐王异母弟也①。昭王薨②，安釐王即位，封公子为信陵君③。是时范雎亡魏相秦④，以怨魏齐故⑤，秦兵围大梁，破魏华阳下军⑥，走芒卯⑦。魏王及公子患之。

【注释】

①魏昭王：魏遫（chì），战国时魏国第五个国君，魏襄王的儿子。前295—前277年在位。②薨（hōng）：周朝时诸侯死去叫薨，后来有封爵的大臣死去也叫薨。③信陵君：封号，即封做信陵地方的领主。④范雎（suī，？—前255年）字叔，魏国人。亡：逃亡。⑤以……故：因……的缘故。⑥大梁：魏国都城，在今河南省开封市西北。华阳下军：魏国驻扎在华阳的军队。华阳，山名，在今河南省密县境内。⑦走：赶走。芒卯：魏军主将。

公子为人，仁而下士①，士无贤不肖，皆谦而礼交之②，不敢以其富贵骄士。士以此方数千里争往归之③，致食客三千人④。当是时，诸侯以公子贤，多客，不敢加兵谋魏十余年⑤。

【注释】

①下士：尊重士人。②不肖（xiào）：不像样；不贤。③方数千里：见方几千里以内的地区。归：归附。④致：招来，延揽。⑤加兵：用兵侵犯。加，施。谋：作侵犯的打算。十余年：大致指魏安釐王十二至三十年（前265—前247年）的情形。

公子与魏王博①，而北境传举烽②，言“赵寇至③，且入界”④。魏王释博⑤，欲召大臣谋。公子止王曰：“赵王田猎耳⑥，非为寇也。”复博如故。王恐，心不在博。居顷⑦，复从北方来传言曰：“赵王猎耳，非为寇也。”魏王大惊，曰：“公子何以知之？”公子曰：“臣之客有能探得赵王阴事者⑧，赵王所为，客辄以报臣⑨，臣以此知之。”是后魏王畏公子之贤能⑩，不敢任公子以国政。

【注释】

①博：“簿”的通假字。②举烽：发警报。③寇：侵犯。④且：将要，快要。界：魏国北方的边界。⑤释：放下，中止。⑥田猎：在野外打猎。⑦居顷：过了不久。⑧探得：据《索隐》引：谯周作“探得”，也通，而且比“深得”浅显。阴事：隐秘的事情。⑨辄：每每，经常。⑩是：此，这。

魏有隐士曰侯嬴①，年七十，家贫，为大梁夷门监者②。公子闻之，往请③，欲厚遗之④，不肯受，曰："臣修身洁行数十年⑤，终不以监门困故而受公子财。"公子于是乃置酒大会宾客⑥。坐定，公子从车骑⑦，虚左⑧，自迎夷门侯生⑨。侯生摄敝衣冠⑩，直上载公子上坐⑪，不让，欲以观公子⑫。公子执辔愈恭⑬。侯生又谓公子曰："臣有客在市屠中⑭，愿枉车骑过之⑮。"公子引车入市⑯。侯生下，见其客朱亥，俾倪故久立⑰，与其客语。微察公子⑱，公子颜色愈和。当是时，魏将相宗室宾客满堂，待公子举酒⑲；市人皆观公子执辔，从骑皆窃骂侯生。侯生视公子色终不变，乃谢客就车⑳。至家，公子引侯生坐上坐，遍赞宾客㉑，宾客皆惊。酒酣，公子起，为寿侯生前㉒。侯生因谓公子曰："今日嬴之为公子亦足矣㉓！嬴乃夷门抱关者也㉔，而公子亲枉车骑自迎嬴。于众人广坐之中，不宜有所过㉕，今公子故过之㉖。然嬴欲就公子之名㉗，故久立公子车骑市中㉘，过客，以观公子，公子愈恭。市人皆以嬴为小人，而以公子为长者，能下士也㉙。"于是罢酒，侯生遂为上客㉚。

【注释】

①隐士：古代指有学问、有政治才能，但隐居起来不愿参加政治活动的人。②夷门：大梁城有十二个城门，东门叫夷门。③请：问候，访问。④厚：重，多。遗（wèi）：赠送。⑤臣：侯嬴自称。古人对人表示谦卑，自称臣。⑥置酒：办酒席。⑦从：使车骑相从，即带着随从的车马。使动用法。⑧虚左：空着左边的座位。⑨侯生：指侯嬴。生，先生的省称。先秦时，"生"为士人的通称。⑩摄：整理，整顿。敝：破旧。⑪载：乘坐。上坐：上首座位。⑫观：观察；考验；窥测。⑬执辔（pèi）：握着驭马的缰绳。⑭客：这里是朋友的意思。屠：屠宰牲畜的地方。⑮枉：本作"曲"解，这里引申有"屈辱"的意思。过：访问。⑯引车：按着路线赶车。引，领着；带着。⑰俾倪（pì nì）：同"睥睨"。⑱微察：暗中观察。⑲举酒：开宴。⑳谢：辞谢；辞别。就车：登车。㉑遍赞宾客：即遍赞宾客于侯生，向侯生周遍地介绍宾客。㉒为寿：向尊长者敬酒，致辞祝贺。㉓为公子亦足矣：给公子尽力也够了。㉔抱关者：抱门闩的人。关，门闩。㉕不宜有所过：不应当去访问别人。另一种解释是，不宜对我有太过分的表示。下句的"故过之"是"诚然是太过分了"的意思。"过"作"过分"解。㉖今公子故过之：今，应作"令"，意思是我令公子特意陪我去访问朋友。㉗就：成就。㉘立：使动用法。"市中"前面省介词"于"，全句意思是，故意使您的车马久久地停在市场上。㉙长者：年长的人；有德行的人。㉚上客：高级食客。

侯生谓公子曰："臣所过屠者朱亥①，此子贤者，世莫能知，故隐屠间耳②。"公子往数请之③，朱亥故不复谢④，公子怪之。

【注释】

①屠者：屠夫。②隐：埋没的意思。③数（shuò）：多次；屡次。④复谢：答谢；回拜。

魏安釐王二十年，秦昭王已破赵长平军①，又进兵围邯郸。公子姊为赵惠文王弟平原君夫人，数遗魏王及公子书，请救于魏。魏王使将军晋鄙将十万众救赵②。秦王使使者告魏王曰③："吾攻赵旦暮且下④，而诸侯敢救者，已拔赵⑤，必移兵先击之。"魏王恐，使人止晋鄙，留军壁邺⑥，名为救赵，实持两端以观望⑦。平原君使者冠盖相属于魏⑧，让魏公子曰："胜所以自附为婚姻者⑨，以公子之高义⑩，为能急人之困⑪。今邯郸旦暮降秦而魏救不至⑫，安在公子能急人之困也！且公子纵轻胜⑬，弃之降秦，独不怜公子姊邪？"公子患之，数请魏王，及宾客辩士说王万端⑭。魏王畏秦，终不听公子。公子自度终不能得之于王⑮，计不独生而令赵亡⑯，乃请宾客，约车骑百余乘⑰，欲以客往赴秦军⑱，与赵俱死。

【注释】

①秦昭王（前324—前251年）：战国时秦国国君，即秦昭襄王。前306—前251年在位。②将（jiàng）：领兵。③使使（shǐ shǐ）者：派遣使臣。④旦暮：早晨或晚上。形容时间短。⑤已：在……以后。⑥留军：停止进军。壁：原义是营垒，这里作动词，驻扎的意思。邺：魏国邑名，在今河北省临漳县西南。秦，止于荡阴。荡阴，即今河南汤阴县，是当时赵、魏两国的交界处。⑦持两端：比喻左右摇摆，拿不定主意。两端，两头，两方面。⑧冠盖相属（zhǔ）：穿戴着礼服礼帽，坐着车子，连续地到来。冠，指使者穿戴的衣帽。盖，指使者乘坐的车。⑨自附为婚姻：有婚姻关系的一种谦辞，犹如说高攀结了亲。自附，自愿地依附。⑩高义：行为高尚，讲义气。另一种解释是：高度的友谊。义，情谊。⑪急：解救急难。动词。⑫救：救兵。⑬纵：纵令；即使。⑭说（shuì）：劝说。端：理由。⑮度（duó）：估量；推断。⑯计：计划；盘算。引申有"决定"的意思。⑰约：凑集，预备。⑱赴：投入。

行过夷门，见侯生，具告所以欲死秦军状①。辞决而行②。侯生曰："公子勉之矣③！老臣不能从。"公子行数里，心不快，曰："吾所以待侯生者备矣④，天下莫不闻；今吾且死，而侯生曾无一言半辞送我⑤，我岂有所失哉⑥？"复引车还问侯生。侯生笑曰："吾固知公子之还也⑦。"曰："公子喜士，名闻天下。今有难⑧，无他端，而欲赴秦军⑨，譬若以肉投馁虎⑩，何功之有哉⑪？尚安事客⑫？然公子遇臣厚⑬，公子往而臣不送⑭，以是知公子恨之复返也。"公子再拜，因问。侯生乃屏人间语⑮曰："嬴闻晋鄙之兵符常在王卧内⑯，而如姬最幸⑰，出入王卧内，力能窃之。嬴闻如姬父为人所杀，如姬资之三年⑱，自王以下，欲求报其父仇，莫能得。如姬为公子泣⑲，公子使客斩其仇头，敬进如姬⑳。如姬之欲为公子死，无所辞㉑，顾未有路耳㉒。公子诚一开口请如姬，如姬必许诺，则得虎符，夺晋鄙军，北救赵而西却秦㉓，此五霸之伐也㉔。"公子从其计，请如姬。如姬果盗兵符与公子。

【注释】

①具：通"俱"。都；全。状：情况。②辞决：辞别。决，通"诀"，长别。③勉之矣：好好努力吧。④备：周到；完备。⑤曾（zēng）：竟。⑥失：过失；错误。⑦固：早已；本来就。⑧难（nàn）：危难；困难。⑨他：其他；别的。端：头绪；办法。⑩馁（něi）虎：饿虎。⑪功：功用；用处。⑫尚：还。事：用。⑬遇：待。⑭送：不仅指送行，也指赠言。⑮屏（bǐng）人：遣开左右的人。间（jiàn）语：密谈；私语；悄悄地说。⑯兵符：军事上用的符。⑰如姬：魏安釐王最宠爱的妃子。幸：指得到帝王宠爱。⑱资：积蓄。这里指含恨。之：指杀父的仇恨。⑲为（wèi）：对。⑳进：献给。㉑无所辞：没有可推辞的。㉒顾：但是。路：机会；方法。㉓却：打退。㉔五霸：春秋时先后称霸的五个诸侯，指齐桓公、晋文公、楚庄王、吴王阖闾、赵王勾践。伐：功业。名词。

公子行，侯生曰："将在外，主令有所不受①，以便国家②。公子即合符，而晋鄙不授公子兵，而复请之③，事必危矣，臣客屠者朱亥可与俱④。此人力士，晋鄙听，大善；不听，可使击之。"于是公子泣。侯生曰："公子畏死邪？何泣也？"公子曰："晋鄙嚄唶宿将⑤，往恐不听，必当杀之，是以泣耳，岂畏死哉？"于是公子请朱亥。朱亥笑曰："臣乃市井鼓刀屠者⑥，而公子亲数存之⑦，所以不报谢者，以为小礼无所用⑧。今公子有急⑨，此乃臣效命之秋也⑩。"遂与公子俱。公子过谢侯生。侯生曰："臣宜从，老不能。请数公子行日⑪，以至晋鄙军之日北乡自刭⑫，以送公子⑬。"公子遂行。

【注释】

①主：国君。②以便：以求便利于。③而：通"如"。如果。请：请示，含有核对的意思。④俱（jū）：一同去。⑤嚄唶（huò zè）：原意是大笑大呼的意思，这里形容有威风、有气派的样子。宿将：有资格、有经验的老将。⑥鼓刀：动刀宰杀。⑦存：体恤慰问。⑧小礼：指来往回拜一类的琐碎礼节。⑨急：急难之事。名词。⑩效命：献出生命。秋：时机。⑪数（shǔ）：计算。动词。⑫北乡（xiàng）：面向北方。赵国在魏国的北方，所以这样说。乡，通"向"。⑬送：这里是报答、报效的意思。

至邺，矫魏王令代晋鄙①。晋鄙合符，疑之，举手视公子，曰②："今吾拥十万之众，屯于境上③，国之重任，今单车来代之④，何如哉？"欲无听。朱亥袖四十斤铁椎⑤椎杀晋鄙⑥。

公子遂将晋鄙军。勒兵，下令军中，曰⑦："父子俱在军中，父归。兄弟俱在军中，兄归。独子无兄弟，归养⑧。"得选兵八万人⑨，进兵击秦军。秦军解去⑩，遂救邯郸，存赵。赵王及平原君自迎公子于界⑪，平原君负韊矢为公子先引⑫。赵王再拜曰："自古贤人，未有及公子者也！"当此之时，平原君不敢自比于人⑬。公子与侯生决，至军，侯生果北乡自刭。

【注释】

①矫（jiǎo）：假托；假称。②举手视公子：晋鄙表示对信陵君轻慢不信任的态度。③屯：驻防；驻扎。④单车：指信陵君只有少数随从，没有护卫的军队。之：指晋鄙自己。⑤袖：藏在衣袖里。⑥椎：用椎子打。动词。⑦勒：约束；统率；掌辖。⑧归养：回家奉养父母。⑨选兵：经过挑选的精兵。⑩解去：解围而去。⑪赵王：指赵孝成王。⑫负韊（lán）矢为公子先引：这是一种极隆重的礼节，是自居于奴仆地位的一种表示。韊，像竹筒一样的盛箭的工具。先引，在前面引路。⑬自比于人：把自己比他人（指信陵君）。

魏王怒公子之盗其兵符，矫杀晋鄙，公子亦自知也。已却秦存赵，使将将其军归魏①，而公子独与客留赵。赵孝成王德公子之矫夺晋鄙兵而存赵②，乃与平原君计，以五城封公子。公子闻之，意骄矜而有自功之色③。客有说公子曰④："物有不可忘⑤，或有不可不忘。夫人有德于公子，公子不可忘也；公子有德于人，愿公子忘之也。且矫魏王令，夺晋鄙兵以救赵，于赵则有功矣，于魏则未为忠臣也。公子乃自骄而功之⑥，窃为公子不取也。"于是公子立自责，似若无所容者。赵王扫除自迎⑦，执主人之礼，引公子就西阶⑧。公子侧行辞让⑨，从东阶上。自言罪过，以负于魏⑩，无功于赵。赵王侍酒至暮⑪，口不忍献五城，以公子退让也。公子竟留赵。赵王以鄗为公子汤沐邑⑫，魏亦复以信陵奉公子。公子留赵。

【注释】

①使将将其军：前一个"将"，将领，部将。名词。②德：感德，感激。动

词。③骄矜（jīn）：骄傲夸耀。④客有说公子曰：这件事发生在公元前257年计，以五城封公子之时。⑤物：事情。⑥功：以动用法。之：语尾助词。⑦扫除：打扫台阶。除，台阶。古代迎接远道的贵宾，主人必须为客人洒扫道路。⑧公子就西阶：古代宫室坐北朝南，升堂礼节是，主人从东阶上，客人从西阶上。赵王执行主人之礼，所以"引公子就西阶"。⑨侧行辞让：侧着身子前进，表示谦退礼让。⑩以：因为。负：违背；辜负。⑪侍酒：陪着饮酒。⑫鄗（hào）：赵国邑名。在今河北省柏乡县北。汤沐邑：春秋以前是天子赐给诸侯来朝时斋戒自洁的地方；战国以后，汤沐邑的名义还是存在，实际上已成为国君赐给大臣的临时封邑。

　　公子闻赵有处士毛公藏于博徒①，薛公藏于卖浆家②，公子欲见两人，两人自匿不肯见公子③。公子闻所在，乃间步往从此两人游④，甚欢。平原君闻之，谓其夫人曰："始吾闻夫人弟公子天下无双⑤，今吾闻之，乃妄从博徒卖浆者游⑥，公子妄人耳⑦。"夫人以告公子。公子乃谢夫人去，曰："始吾闻平原君贤，故负魏王而救赵，以称平原君⑧。平原君之游，徒豪举耳⑨，不求士也。无忌自在大梁时，常闻此两人贤，至赵，恐不得见。以无忌从之游，尚恐其不我欲也⑩，今平原君乃以为羞，其不足从游⑪，"乃装为去⑫。夫人具以语平原君⑬。平原君乃免冠谢⑭，固留公子⑮。平原君门下闻之，半去平原君归公子，天下士复往归公子，公子倾平原君客⑯。

【注释】

　　①处（chǔ）士：古代称有才德而隐居不做官的人。②浆：酒的种，略带酸味。③自匿：主动地隐藏起来。④间（jiàn）步：秘密地步行。游：来往；交游。⑤始：当初；从前。⑥妄：胡乱。⑦妄人：荒唐的人。⑧称（chèn）：顺遂；满足。⑨豪举：气魄很大的举动。⑩不我欲也：即"不欲我也"。否定句中的宾语前置。⑪其：大概是、恐怕是的意思。⑫装：整理行装。为去：准备动身离去。⑬语（yù）：告诉。⑭免冠谢：摘去帽子谢罪。古人脱帽露顶是赔礼认罪的表示。⑮固：坚决。⑯倾：超过；胜过。

　　公子留赵十年不归①。秦闻公子在赵，日夜出兵东伐魏②。魏王患之，使使往请公子③。公子恐其怒之④，乃诫门下⑤："有敢为魏王使通者⑥，死。"宾客皆背魏之赵⑦，莫敢劝公子归。毛公、薛公两人往见公子曰："公子所以重于赵⑧，名闻诸侯者，徒以有魏也⑨。今秦攻魏，魏急而公子不恤⑩，使秦破大梁而夷先王之宗庙⑪，公子当何面目立天下乎⑫？"语未及卒，公子立变色，告车趣驾归救魏⑬。

【注释】

　　①留赵十年：自赵孝成王九年至十九年（前257—前247年）。②秦闻公子在赵，日夜出兵东伐魏：据《秦本纪》记载有三次：一、秦昭襄王四十九年（前258年）"将军张鲁攻魏。"二、秦昭襄王五十三年（前254年）"秦使摎（liú）伐魏，取吴城"。三、秦庄襄王三年（前247年）"蒙骜攻高都、汲，取之"。③使使：前面的"使"（shǐ）：派遣，命令。动词。后面的使（shì）：使者。名词。④其：指魏王。代词。⑤诫：警告；叮嘱。⑥通：通报；传达。⑦背：离开。之：到。动词。⑧重：尊重。⑨徒：只；但。⑩恤（xù）：顾惜；体恤。⑪夷：平毁。⑫当：将。⑬告：吩咐。车：管车的人。趣（cù）：赶快；急促。驾：把马套上车。

魏王见公子，相与泣，而以上将军印授公子①，公子遂将。魏安釐王三十年②，公子使使遍告诸侯。诸侯闻公子将，各遣将将兵救魏。公子率五国之兵破秦军于河外③，走蒙骜④。遂乘胜逐秦军至函谷关，抑秦兵⑤，秦兵不敢出。当是时，公子威振天下⑥，诸侯之客进兵法，公子皆名之⑦，故世俗称《魏公子兵法》⑧。

【注释】

①上将军：官名，统率军队的最高将领。②魏安釐王三十年：即前 247 年。③五国：指赵、韩、齐、楚和燕。④蒙骜（áo）：秦国的上卿，后为将。⑤抑：压制；控制。⑥振：通"震"。⑦名：命名；署名。动词。称占田为"名田"。⑧世俗：指社会上一般人。魏公子兵法：《汉书·艺文志》兵形势下载有《魏公子》二十一篇、图十卷。已失传。

秦王患之，乃行金万斤于魏①，求晋鄙客②，令毁公子于魏王曰③："公子亡在外十年矣④，今为魏将，诸侯将皆属，诸侯徒闻魏公子，不闻魏王。公子亦欲因此时定南面而王⑤，诸侯畏公子之威，方欲共立之。"秦数使反间⑥，伪贺公子得立为魏王未也。魏王日闻其毁，不能不信，后果使人代公子将。公子自知再以毁废⑦，乃谢病不朝⑦，与宾客为长夜饮，饮醇酒⑧，多近妇女。日夜为乐饮者四岁，竟病酒而卒⑨。其岁⑩，魏安釐王亦薨。

【注释】

①行：运送；使用。②求：寻找；访求。③毁：诋毁。④亡：逃亡。⑤南面而王：坐北面南，自立为王。⑥反间（jiàn）：利用敌人的间谍使敌人获得虚假的情报。⑦谢病：推说有病。⑧醇（chún）酒：浓烈的酒。⑨病酒：饮酒过多而害病。⑩其岁：即魏安釐王三十四年（前 243 年）。

秦闻公子死，使蒙骜攻魏，拔二十城①，初置东郡②。其后秦稍蚕食魏③，十八岁而虏魏王④，屠大梁⑤。

【注释】

①拔二十城：事在魏无忌死后一年，即魏景湣王（安釐王的儿子，前 242—前 228 年在位）元年。②东郡：在今河北省东南端和山东省西部一带，治所在濮阳（今河南省濮阳县西南）。③稍蚕食魏：据《魏世家》记载："二年（指魏景湣王二年，即前 241 年），秦拔我朝歌。……三年，秦拔我汲。五年，秦拔我垣、蒲阳、衍。"就是秦国"稍蚕食魏"的具体事实。④十八岁：指魏无忌死后十八年。魏王：名假。景湣王的儿子。前 227—前 225 年在位。⑤屠大梁：指秦国引河水淹大梁的事。屠，即毁坏城池，屠杀城中的军民。

高祖始微少时①，数闻公子贤。及即天子位，每过大梁，常祠公子②。高祖十二年③，从击黥布还④，为公子置守冢五家⑤，世世岁以四时奉祠公子⑥。

【注释】

①高祖：汉高祖刘邦。始：当初。微少：贫贱。指没有当皇帝的时候。②祠：祭祀。③高祖十二年：前 195 年。④黥（qíng）布：（？—前 195 年）：即英布。⑤冢（zhǒng）：坟墓。⑥四时：四季。

太史公曰：吾过大梁之墟①，求问其所谓夷门。夷门者，城之东门也。天下诸公子亦有喜士者矣②，然信陵君之接岩穴隐者③，不耻下交④，有以也⑤。名冠诸侯⑥，不虚耳⑦。高祖每过之而令民奉祠不绝也。

【注释】

①墟（xū）：废址；遗址。②诸公子：指孟尝君、平原君、春申君等。③岩穴隐者：指居住在山野的隐士。④不耻下交：不以与学问较差或地位较低的人交朋友为可耻。⑤以：道理；缘故。⑥冠（guàn）：居第一位；在前面。⑦虚：虚假。

春申君列传第十八

春申君者，楚人也，名歇，姓黄氏。游学博闻，事楚顷襄王①。顷襄王以歇为辩，使于秦。秦昭王使白起攻韩、魏②，败之于华阳③，禽魏将芒卯④，韩、魏服而事秦。秦昭王方令白起与韩、魏共伐楚，未行，而楚使黄歇适至于秦，闻秦之计。当是之时，秦已前使白起攻楚，取巫、黔中之郡⑤，拔鄢郢⑥，东至竟陵⑦，楚顷襄王东徙治于陈县⑧。黄歇见楚怀王之为秦所诱而入朝⑨，遂见欺，留死于秦。顷襄王，其子也，秦轻之，恐壹举兵而灭楚⑩。歇乃上书说秦昭王曰：

【注释】

①顷襄王：熊横。前296—前263年在位。②秦昭王：即秦昭襄王。嬴稷。前306—前251年在位。③华（huà）阳：县名。在今河南省新郑市北。④禽：通"擒"。⑤巫：郡名。地在今四川省东部，治所在巫县（今巫山县东）。黔中：郡名。⑥鄢郢（yān yǐng）：楚都。在今湖北省宜城市南又名郢。自吴师入郢，楚昭王迁都鄢（即郢），即改鄢为郢，故称鄢郢。后又返旧都郢。⑦竟陵：县名。在今湖北省潜江县西北。⑧陈：县名。在今河南省淮阳县。⑨楚怀王：熊槐。前328—前299年在位。⑩壹：通"一"。

天下莫强于秦、楚。今闻大王欲伐楚，此犹两虎相与斗。两虎相与斗而驽犬受其弊①，不如善楚。臣请言其说：臣闻物至则反，冬夏是也；致至则危②，累棋是也③。今大国之地，遍天下有其二垂④，此从生民已来⑤，万乘之地未尝有也⑥。先帝文王、庄王之身⑦，三世不妄接地于齐⑧，以绝从亲之要⑨。今王使盛桥守事于韩⑩，盛桥以其地入秦，是王不用甲，不信威⑪，而得百里之地。王可谓能矣。王又举甲而攻魏，杜大梁之门⑫，举河内⑬，拔燕、酸枣、虚、桃⑭，入邢⑮，魏之兵云翔而不敢捄⑯。王之功亦多矣。王休甲息众，三年而后复之；又并蒲、衍、首、垣⑰，以临仁、平丘⑱，黄、济阳婴城而魏氏服⑲；王又割濮磨之北⑳，注齐秦之要㉑，绝楚赵之脊，天下五合六聚而不敢救。王之威亦单矣㉒。

【注释】

①驽：才能低劣。②致至：发展到极点。③累：堆叠。④垂：通"陲"。边境。⑤已：通"以"。⑥万乘（shèng）：万辆兵车。借指大国。⑦先帝文王、庄王之身：《战

国策》作"文王、武王、王之身三世"，是对的，秦国没有庄王，且又漏掉了"王"字。⑧妄：据《史记志疑》本应为"忘"。⑨要（yāo）：通"腰"。⑩盛桥：人名。⑪信（shēn）：通"伸"。伸张。⑫大梁：魏都城。在今河南省开封市。⑬河内：地区名。指今河南省黄河以北地区。⑭燕（yān）：县名。在今河南省延津县东北。骏枣：县名。在今河南省延津县西南。虚：地名。在今河南省延津县东。桃：城名。在今河南省长垣县西北。⑮邢：即邢丘。地名。在今河南省温县东。⑯捄：通"救"。⑰蒲：邑名。在今河南省长垣县。衍：邑名。在今河南省郑州市北。首：邑名。在今河南省睢县东南。垣：邑名。在今山西省垣曲县东南。⑱仁：县名。今地不详。平丘：县名。在今河南省封丘县东。⑲黄：邑名。在今河南省兰考县西。婴城：环城固守。婴，萦绕。⑳濮：县名。在今河南封丘县。厤（lì）：地名。临近濮县。㉑注：贯通；联系。要：通"腰"。㉒单：通"殚"。尽。

　　王若能持功守威①，绌攻取之心而肥仁义之地②，使无后患，三王不足四，五伯不足六也③。王若负人徒之众，仗兵革之强，乘毁魏之威，而欲以力臣天下之主④，臣恐其有后患也。《诗》曰"靡不有初，鲜克有终⑤"。《易》曰"狐涉水，濡其尾⑥"。此言始之易，终之难也。何以知其然也？昔智氏见伐赵之利而不知榆次之祸⑦，吴见伐齐之便而不知干隧之败⑧。此二国者，非无大功也，没利于前而易患于后也⑨。吴之信越也，从而伐齐，既胜齐人于艾陵⑩，还为越王禽三渚之浦⑪。智氏之信韩、魏也，从而伐赵，攻晋阳城⑫，胜有日矣，韩、魏叛之，杀智伯瑶于凿台之下⑬。今王妒楚之不毁也，而忘毁楚之强韩、魏也，臣为王虑而不取也。

【注释】

　　①持：保持。②绌：排除；消除。地：心地；见地。③三王不足四，五伯不足六：意谓三王显得不足该为第四王，五伯显得不足该为第六伯，即可与三王五伯并驾齐驱，竞相媲美的意思。五伯（bà）：即五霸。④臣：臣服。使动用法。⑤靡（mǐ）：无。鲜（xiǎn）：少。克：能够。⑥濡（rú）：沾湿。⑦榆次：县名。在今山西省太原市东南。⑧干隧：地名：在今江苏省苏州市，吴王夫差自刎的地方。⑨没（mò）：贪恋；迷溺。⑩艾陵：地名。在今山东省莱芜市东北。⑪三渚（zhǔ）：地名。浦（pǔ）：水边。⑫晋阳：邑名。在今山西省太原市西南。⑬凿台：台名。在今山西晋中市榆次区南。

　　《诗》曰"大武远宅而不涉①"。从此观之，楚国，援也；邻国，敌也。《诗》云"趯趯毚兔②，遇犬获之。他人有心，余忖度之③"。今王中道而信韩、魏之善王也，此正吴之信越也。臣闻之，敌不可假④，时不可失。臣恐韩、魏卑辞除患而实欲欺大国也。何则？王无重世之德于韩、魏⑤，而有累世之怨焉。夫韩、魏父子兄弟接踵而死于秦者将十世矣。本国残，社稷坏，宗庙毁。刳腹绝肠⑥，折颈摺颐⑦，首身分离，暴骸骨于草泽，头颅僵仆，相望于境，父子老弱系脰束手为群虏者相及于路⑧。鬼神孤伤，无所血食⑨。人民不聊生，族类离散，流亡为仆妾者，盈满海内矣。故韩、魏之不亡，秦社稷之忧也，今王资之与攻楚⑩，不亦过乎⑪！

【注释】

　　①宅：住宅，借指根据地。②趯趯（tì）：跳跃的样子。毚（chán）兔：大兔；狡兔。③忖度（cǔn duó）：估量；揣度。④假：宽容。⑤重（chóng）世：累世；

长时间的。⑥刳（kū）：剖开挖空。⑦摺（zhé）：通"折"。拉折。颐（yí）：面颊。⑧脰（dòu）：脖子。⑨血食：受祭祀，因古代祭祀用牲畜。⑩资：凭借；依赖。⑪过：错误。

且王攻楚将恶出兵①？王将借路于仇雠之韩、魏乎②？兵出之日而王忧其不返也，是王以兵资于仇雠之韩、魏也③。王若不借路于仇雠之韩、魏，必攻随水右壤④。随水右壤，此皆广川大水，山林谿谷⑤，不食之地也⑥，王虽有之，不为得地。是王有毁楚之名而无得地之实也。

【注释】

①恶（wū）：何；怎么；哪里。②仇雠（chóu）：仇敌。雠，敌对。③资：帮助。④随水右壤：指今湖北省随州市以西地区。⑤谿：通"溪"，夹在两山中的河沟。⑥不食之地：指不耕种或不长庄稼的地方。

且王攻楚之日，四国必悉起兵以应王①。秦、楚之兵构而不离②，魏氏将出而攻留、方与、铚、湖陵、砀、萧、相③，故宋必尽④。齐人南面攻楚，泗上必举。此皆平原四达，膏腴之地，而使独攻。王破楚以肥韩、魏于中国而劲齐⑤。韩、魏之强，足以校于秦⑥。齐南以泗水为境，东负海⑦，北倚河，而无后患，天下之国莫强于齐、魏，齐、魏得地葆利而详事下吏⑧，一年之后，为帝未能，其于禁王之为帝有余矣。

【注释】

①四国：指齐、赵、韩、魏。应：接应。②构而不离：形成拉锯战。③留：邑名。在今江苏省沛县东南。方与（fáng yǔ）：邑名。在今山东省鱼台县西。铚（zhì）：地名。在今安徽省宿州市西。砀（dàng）：邑名。在今安徽砀山县南。萧：国名。在今安徽省萧县西北。相（xiàng）：地名。在今安徽淮北市西北。④故宋：原来宋国的地盘。⑤肥：壮大。使动用法。中国：指中原地区。劲：坚强有力。使动用法。⑥校：通"较"。较量高低。⑦负：背倚。⑧葆利：保持利益。葆，通"保"。下吏：下级官吏。

夫以王壤土之博，人徒之众，兵革之强，壹举事而树怨于楚①，迟令韩、魏归帝重于齐②，是王失计也。臣为王计，莫若善楚。秦、楚合而为一以临韩③，韩必敛手④。王施以东山之险⑤，带以曲河之利⑥，韩必为关内之侯⑦。若是而王以十万戍郑⑧，梁氏寒心⑨，许、鄢陵婴城⑩，而上蔡、召陵不往来也⑪，如此而魏亦关内侯矣。王壹善楚，而关内两万乘之主注地于齐⑫，齐右壤可拱手而取也⑬。王之地一经两海⑭，要约天下⑮，是燕、赵无齐、楚，齐、楚无燕、赵也。然后危动燕、赵，直摇齐、楚，此四国者不待痛而服矣。

【注释】

①树怨：结怨。②迟（zhì）：当；乃。③为一：统一行动。临：面对。④敛手：缩手，表示不敢有所行动。⑤施：设置。⑥带：围绕。⑦关内之侯：即关内侯。⑧戍：军队防守。郑：国名。地在今河南省中部，后来被韩国吞并。⑨梁氏：指魏国。魏建都大梁，故别称梁国。寒心：恐惧；战栗。⑩许：邑名。在今河南省许昌市东。鄢陵：地名。在今河南省鄢陵县西北。⑪上蔡：邑名。在今河南省上蔡县西南。召陵：邑名。在今河南省漯河市东。⑫关内两万乘之主：指韩、魏两国成为"关内侯"。注：用武力割取。⑬齐右壤：指今山东省西北和河南省东北

一带。⑭两海：西海和东海，即指从东到西。⑮要（yāo）约：约束；管束。

昭王曰："善。"于是乃止白起而谢韩、魏①。发使赂楚，约为与国②。

【注释】

①谢：辞退。②约为与国：事在楚顷襄王二十七年（前272年）。与国，盟国。

黄歇受约归楚，楚使歇与太子完入质于秦，秦留之数年。楚顷襄王病，太子不得归。而楚太子与秦相应侯善①，于是黄歇乃说应侯曰："相国诚善楚太子乎？"应侯曰："然。"歇曰："今楚王恐不起疾，秦不如归其太子。太子得立，其事秦必重而德相国无穷②，是亲与国而得储万乘也③。若不归，则咸阳一布衣耳；楚更立太子④，必不事秦。夫失与国而绝万乘之和，非计也。愿相国孰虑之⑤。"应侯以闻秦王。秦王曰："令楚太子之傅先往问楚王之疾⑥，返而后图之。"黄歇为楚太子计曰："秦之留太子也，欲以求利也。今太子力未能有以利秦也，歇忧之甚。而阳文君子二人在中⑦，王若卒大命⑧，太子不在，阳文君子必立为后，太子不得奉宗庙矣⑨。不如亡秦，与使者俱出；臣请止⑩，以死当之。"楚太子因变衣服与楚使者御以出关⑪，而黄歇守舍，常为谢病⑫。度太子已远，秦不能追，歇乃自言秦昭王曰："楚太子已归，出远矣。歇当死，愿赐死。"昭王大怒，欲听其自杀也。应侯曰："歇为人臣，出身以徇其主⑬，太子立，必用歇，故不如无罪而归之，以亲楚。"秦因遣黄歇。

【注释】

①应侯：范雎。②重：恭谨。德：感激。动词。③储：保存。④更：改变；更换。⑤孰：通"熟"。仔细。⑥傅：辅导太子的官。⑦阳文君：楚顷襄王的兄弟。⑧大命：天年；寿命。⑨宗庙：帝王、诸侯祭祀祖宗的处所。⑩止：留。⑪御：驾驭车马。⑫谢病：假托有病谢绝宾客。⑬出身：献身。徇：通"殉"。

歇至楚三月，楚顷襄王卒，太子完立，是为考烈王①。考烈王元年，以黄歇为相，封为春申君，赐淮北地十二县。后十五岁，黄歇言之楚王曰："淮北地边齐②，其事急，请以为郡便③。"因并献淮北十二县，请封于江东④。考烈王许之。春申君因城故吴墟⑤，以自为都邑。

【注释】

①考烈王：熊完。前262—前238年在位。②边：靠近；邻接。③便：适宜，有利。④江东：地区名。⑤城：筑城。动词。吴墟：指吴国旧都。即今江苏省苏州市。

春申君既相楚，是时齐有孟尝君①，赵有平原君②，魏有信陵君③，方争下士④，招致宾客⑤，以相倾夺⑥，辅国持权。

【注释】

①孟尝君：田文。②平原君：赵胜。③信陵君：魏无忌。④下士：谦恭地对待士人。⑤招致：招引，收罗。⑥倾夺：竞争；争胜。

春申君为楚相四年，秦破赵之长平军四十余万①。五年，围邯郸②。邯郸告急于楚，楚使春申君将兵往救之，秦兵亦去，春申君归。春申君相楚八年，为楚北伐灭鲁③，以荀卿为兰陵令④。当是时，楚复强。

【注释】

①长平：城名。在今山西省高平市西北。②邯郸：赵都城。在今河北省邯郸市。③鲁：国名。在今山东省西南部。④荀卿：战国赵国人，著名的思想家、教育家。兰陵：县名。在今山东省苍山县西南。令：官名。县的行政长官。

赵平原君使人于春申君，春申君舍之于上舍①。赵使欲夸楚②，为玳瑁簪③，刀剑室以珠玉饰之④，请命春申君客。春申君客三千余人，其上客皆蹑珠履以见赵使⑤，赵使大惭。

【注释】

①舍：安排住宿。动词。上舍：上等客舍。②夸：夸耀；炫耀。③玳瑁簪：玳瑁的角质板制的首饰。④室：刀剑的鞘。⑤蹑（niè）：穿。珠履：缀有珍珠的鞋子。

春申君相十四年，秦庄襄王立①，以吕不韦为相②，封为文信侯。取东周③。

【注释】

①秦庄襄王：嬴子楚。前249—前247年在位。②吕不韦（？—前235年）：详见《吕不韦列传》。③东周：国名。

春申君相二十二年，诸侯患秦攻伐无已时，乃相与合从①，西伐秦，而楚王为从长，春申君用事。至函谷关，秦出兵攻，诸侯兵皆败走。楚考烈王以咎春申君②，秦申君以此益疏。

【注释】

①合从：即"合纵。"弱国联合抵抗强国。②咎：责怪。

客有观津人朱英①，谓春申君曰："人皆以楚为强而君用之弱②，其于英不然。先君时善秦二十年而不攻楚，何也？秦逾黾隘之塞而攻楚③，不便；假道于两周④，背韩、魏而攻楚⑤，不可。今则不然，魏旦暮亡⑥，不能爱许、鄢陵⑦，其许魏割以与秦⑧。秦兵去陈百六十里，臣之所观者，见秦、楚之日斗也。"楚于是去陈徙寿春⑨；而秦徙卫野王⑩，作置东郡⑪。春申君由此就封于吴⑫，行相事。

【注释】

①观津：邑名。在今河北省武邑县东南。②用：治理。③逾：越过。黾（méng）隘：隘道名。即今河南省信阳市西南平靖关。又"黾阨"。④假：借。两周：指西周和东周两国。⑤背：背向着。⑥旦暮：早晚。指很短的时间。⑦爱：爱惜维护。⑧其许：或许；也许。⑨寿春：邑名。在今安徽省寿县西南。⑩卫：国名。这时已成为魏国的附庸，国君为卫元君，建都濮阳（今河南省濮阳县）。野王：邑名。在今河南省沁阳市。⑪东郡：郡名。地在今河南省东北部和山东省西部，治所在濮阳（今河南濮阳县西南）。⑫就封：前往封国。

楚考烈王无子，春申君患之，求妇人宜子者进之①，甚众，卒无子。赵人李园持其女弟②，欲进之楚王，闻其不宜子，恐久毋宠③。李园求事春申君为舍人④，已而谒归⑤，故失期。还谒⑥，春申君问之状⑦，对曰："齐王使使求臣之女弟，与其使者饮，故失期。"春申君曰："娉入乎⑧？"对曰："未也。"春申君曰："可得见乎？"曰："可。"于是李园乃进其女弟，即幸于春申君⑨。知其有身⑩，李园乃与其女弟谋。园女弟承间以说春申君曰⑪："楚王之贵幸君⑫，虽兄弟不如也。今君相楚二十余年，而王无子，即百岁后将更立兄弟⑬，则楚更立君后，亦各贵其故所亲，君又安得长有宠乎⑭？非徒然也⑮，君贵用事久⑯，多失礼于王兄弟，兄弟诚立⑰，祸且及身，何以保相印江东之封乎？今妾自知有身矣，而人莫知。妾幸君未久，诚以君之重而进妾于楚王。王必幸妾；妾赖天有子男⑱，则是君之子为王也，楚国尽可得，孰与身临不测之罪乎⑲？"春申君大然之，乃出李园女弟，谨舍而言之楚王⑳。楚王召入幸之，遂生子男，立为太子，以李园女弟为王后。楚王贵李园，园用事。

【注释】

①宜子：宜于生育。进：献。②持：携带。女弟：妹妹。③毋：无；失。④舍人：家臣。⑤谒：请假。⑥谒：请见；进见。⑦状：情况。⑧娉：通"聘"。⑨幸：宠爱。⑩有身：怀孕。⑪承间（jiàn）：趁机会。间，空隙。⑫贵幸：尊显，宠爱。⑬即：假如，连词。⑭安：何；怎么。⑮徒然：仅仅；只是如此。⑯用事：当权。⑰诚：果真；如果。⑱子男：古代说"子"，包括儿女，所以可以分别称儿子为子男，称女儿为子女。⑲孰与：何如。⑳谨舍：设立馆舍，谨慎地守护。

李园既入其女弟，立为王后，子为太子，恐春申君语泄而益骄，阴养死士①，欲杀春申君以灭口，而国人颇有知之者②。

【注释】

①阴：暗中。死士：敢死的武士。②国人：居住在国都的人，属于统治阶级，可以参与议论国家大事。

春申君相二十五年，楚考烈王病。朱英谓春申君曰："世有毋望之福①，又有毋望之祸。今君处毋望之世，事毋望之王，安可以无毋望之人乎？"春申君曰："何谓毋望之福？"曰："君相楚二十余年矣，虽名相国，实楚王也。今楚王病，旦暮且卒，卒而君相少主②，因而代立当国③，如伊尹、周公④，王长而反政⑤，不即遂南面称孤而有楚国？此所谓毋望之福也。"春申君曰："何谓毋望之祸？"曰："李园不治国而君之仇也，不为兵而养死士之日久矣，楚王卒，李园必先入据权而杀君以灭口。此所谓毋望之祸也。"春申君曰："何谓毋望之人？"对曰："君置臣郎中⑥，楚王卒，李园必先入，臣为君杀李园。此所谓毋望之人也。"春申君曰："足下置之⑦。李园，弱人也⑧，仆又善之⑨，且又何至此！"朱英知言不用⑩，恐祸及身，乃亡去。

【注释】

①毋望：不指望而忽然到来；必然。②少（shào）主：幼主。③当国：掌握国家政权；主持国政。④伊尹：商初大臣。周公：周武王的弟弟。⑤反：通"返"。归还的意思。⑥郎中：官名。管理车、骑、门户等。在内充当侍卫，出外随从作战。⑦足下：敬称。⑧弱：软弱无能。⑨仆：自称的谦辞。⑩言：意见。所发表的言论。

后十七日，楚考烈王卒，李园果先入，伏死士于棘门之内①，春申君入棘门，园死士侠刺春申君②，斩其头，投之棘门外。于是遂使吏尽灭春申君之家。而李园女弟初幸春申君有身而入之王所生子者遂立，是为楚幽王③。

【注释】

①棘（jí）门：寿州城门。一说为宫门。②侠：通"夹"。夹住。③楚幽王：熊悍。前237—前228年在位。

是岁也，秦始皇帝立九年矣。嫪毐亦为乱于秦^①，觉，夷其三族^②，而吕不韦废^③。

【注释】

①嫪毐（lào ǎi）：吕不韦舍人，封为长信侯。②夷：诛灭。③废：废黜。

太史公曰：吾适楚^①，观春申君故城，宫室盛矣哉^②！初，春申君之说秦昭王，及出身遣太子归，何其智之明也！后制于李园^③，旄矣^④。语曰："当断不断，反受其乱^⑤。"春申君失朱英之谓邪^⑥？

【注释】

①适：到。②盛：丰；美。③制：控制。④旄（mào）：通"耄"。老；糊涂。⑤乱：祸害。⑥邪：（yé）：通"耶"。表疑问的语气助词。

范雎蔡泽列传第十九^①

范雎者，魏人也^②，字叔。游说诸侯，欲事魏王^③，家贫无以自资^④，乃先事魏中大夫须贾^⑤。

【注释】

①范雎（suī）：当根据清代钱大昕《通鉴注辨正》和王先慎《韩非子集解》改作范雎（jū）。②魏：详见《魏世家》。③事：服事；侍奉。④自资：自己供给费用。⑤中大夫：官名。

须贾为魏昭王使于齐^①，范雎从。留数月，未得报^②。齐襄王闻雎辩口^③，乃使人赐雎金十斤及牛酒，雎辞谢不敢受。须贾知之，大怒，以为雎持魏国阴事告齐^④，故得此馈^⑤，令雎受其牛酒，还其金。既归，心怒雎，以告魏相。魏相，魏之诸公子^⑥，曰魏齐。魏齐大怒，使舍人笞击雎^⑦，折胁折齿^⑧。雎详死^⑨，即卷以箦^⑩，置厕中。宾客饮者醉，更溺雎^⑪，故僇辱以惩后^⑫，令无妄言者。雎从箦中谓守者曰："公能出我^⑬，我必厚谢公。"守者乃请出弃箦中死人。魏齐醉，曰："可矣。"范雎得出。后魏齐悔，复召求之。魏人郑安平闻之，乃遂操范雎亡，伏匿^⑮，更名姓曰张禄。

【注释】

①魏昭王：名遫。魏襄王的儿子。公元前295—前277年在位。②报：答复。③齐襄王：田法章，公元前283—前265年在位。辩口：口才好；善于辩论。④阴事：隐秘的事情。⑤馈（kuì）：赠送的财礼。名词。⑥诸公子：指国君的庶子们。⑦笞（chī）：击；抽打。⑧胁（xié）：从腋下到腰上的部分。⑨详：通"佯"。假装。⑩箦（zé）：用竹蔑或苇篾编成的席子。⑪更（gēng）：连续；交替。溺（niào）：通"尿"。⑫僇（lù）辱：侮辱；蹂躏。⑬公：对尊长或平辈的敬称。

⑭操：持；携带。⑮伏匿：躲藏。

当此时，秦昭王使谒者王稽于魏①，郑安平诈为卒②，侍王稽。王稽问："魏有贤人可与俱西游者乎③？"郑安平曰："臣里中有张禄先生④，欲见君，言天下事。其人有仇，不敢昼见⑤。"王稽曰："夜与俱来。"郑安平夜与张禄见王稽。语未究⑥，王稽知范雎贤，谓曰："先生待我于三亭之南⑦。"与私约而去⑧。

【注释】

①秦昭王：嬴稷，即秦昭襄王。前 306—前 251 年在位。谒者：官名。②诈：假装。卒：勤务兵。③俱：一起。④臣：表示谦卑的自称。里：古代居民区。⑤见（xiàn）：通"现"。露面，出来。⑥究：尽；完。⑦三亭：冈名。在今河南省尉氏县西南。⑧私约：暗地里约会。

王稽辞魏去，过载范雎入秦①。至湖②关，望见车骑从西来。范雎曰："彼来者为谁③？"王稽曰："秦相穰侯东行县邑④。"范雎曰："吾闻穰侯专秦权⑤，恶内诸侯客⑥，此恐辱我，我宁且匿车中⑦。"有顷，穰侯果至，劳王稽⑧，因立车而语曰⑨："关东有何变⑩？"曰："无有。"又谓王稽："谒君得无与诸侯客子俱来乎⑪？无益，徒乱人国耳。"王稽曰："不敢。"即别去。范雎曰："吾闻穰侯智士也⑫，其见事迟⑬，乡者疑车中有人⑭，忘索之⑮。"于是范雎下车走，曰："此必悔之。"行十余里，果使骑还索车中⑯，无客，乃已。王稽遂与范雎入咸阳⑰。

【注释】

①过：经过约定的地点。载：装载。②湖：县名。在函谷关西侧，今河南省灵宝市境内。③彼：那。④穰（ráng）侯：即秦昭王母宣太后的同母胞弟魏冉。行（xíng）：巡视；考察。⑤专：单独掌握或占有；独断专行。⑥恶（wù）：憎恨；讨厌。内：通"纳"。诸侯客：指六国的游说之士。⑦宁（nìng）：宁可；宁愿。且匿：暂且。⑧劳（lào）：慰问。⑨立车：停车。⑩关东：函谷关以东，指秦以外的各国。⑪谒君：对谒者的敬称。客子：旅居异地的人。⑫智士：聪明人。⑬见事迟：遇到事情反应迟钝。⑭乡者：早先；刚才。乡，通"向"。⑮索：搜寻。⑯骑（jì）：骑兵。⑰咸阳：秦国都城，在今陕西省咸阳市东北。

已报使，因言曰："魏有张禄先生，天下辩士也。曰'秦王之国危于累卵①，得臣则安。然不可以书传也'。臣故载来。"秦王弗信，使舍食草具②。待命岁余。

【注释】

①累卵：比喻形势极其危险，像摞起来的蛋很容易倒下打碎一样。②舍：居住。草具：粗劣的食物。

当是时，昭王已立三十六年①。南拔楚之鄢郢②，楚怀王幽死于秦③。秦东破齐④。湣王尝称帝⑤，后去之。数困三晋⑥。厌天下辩士，无所信。

【注释】

①昭王已立三十六年：下文所写楚国、齐国和三晋与秦国发生的事情，是先后发生在秦昭王即位的三十六年之中，而不是指都发生在这一年。②鄢郢（yān yǐng）：别称鄢或郢，楚都。在今湖北宜城市南。③楚怀王：熊槐。前 328—前 299 年在位。前 296 年死在秦国。④东破齐：发生在秦昭王二十二

年（前285年）。⑤湣王尝称帝：秦昭王十九年（前288年）十月，昭王自立为西帝，派魏冉到齐国尊湣王为东帝。十二月，湣王接受苏代建议，将帝号退还给秦国，昭王也去帝号仍旧称王。⑥三晋：战国初年，晋国大臣韩、赵、魏三家瓜分晋国，分别建国，历史上称它们为"三晋"，有时也可以单指其中的一国或两国。

穰侯、华阳君①，昭王母宣太后之弟也②；而泾阳君、高陵君皆昭王同母弟也③。穰侯相，三人者更将④，有封邑，以太后故，私家富重于王室⑤。及穰侯为秦将，且欲越韩、魏而伐齐纲、寿⑥，欲以广其陶封⑦。范雎乃上书曰：

【注释】

①华（huà）阳君：芈（mǐ）戎，又号新城君。②宣太后：芈八子。楚国贵族出身。③泾阳君：嬴市。封邑在泾阳（今陕西泾阳县西北）。高陵君：嬴悝。封邑在高陵（今陕西高陵县）。④更将：轮流更替担任将领。⑤重：多。⑥纲：也作"刚"，在今山东省宁阳县东北。寿：在今山东省东平县西南。⑦广：增广；扩大。陶：齐邑名。在今山东省定陶县西北。

臣闻明主立政①，有功者不得不赏，有能者不得不官②，劳大者其禄厚③，功多者其爵尊④，能治众者其官大。故无能者不敢当职焉⑤，有能者亦不得蔽隐⑥。使以臣之言为可，愿行而益利其道⑦；以臣之言为不可，久留臣无为也⑧。语曰："庸主赏所爱而罚所恶；明主则不然，赏必加于有功，而刑必断于有罪⑨。"今臣之胸不足以当椹质⑩，而要不足以待斧钺⑪，岂敢以疑事尝试于王哉⑫！虽以臣为贱人而轻辱⑬，独不重任臣者之无反复于王邪⑭？

【注释】

①立政：制定政治原则。②官：给官做。动词。③禄：古代官吏的薪给。④爵：爵位。⑤当职：担任职务。⑥蔽隐：埋没。⑦道：治国之道。⑧无为：没有意义；没有作用。⑨断：判断；决断。⑩椹（zhēn）质：射箭所用的靶。⑪要：通"腰"。⑫疑事：游移不定的事情。⑬虽：纵令；即使。⑭重：重视。任臣者：保荐我的人，指王稽。反复：这里有虚伪欺骗的意思。

且臣闻周有砥砨①，宋有结绿②，梁有县藜③，楚有和朴④，此四宝者，土之所生，良工之所失也⑤，而为天下名器。然则圣王之所弃者⑥，独不足以厚国家乎⑦？

【注释】

①砥砨（è）：美玉名。②结绿：美玉名。③县（xuán）藜：也作"悬黎""玄黎"。美玉名。④和朴：也作"和璞""和璧"。⑤工：古代指从事手工技艺劳动的人。失：失误。⑥圣王之所弃者：隐指自己不被秦王理解、重视。⑦厚：有利；有益。

臣闻善厚家者取之于国①，善厚国者取之于诸侯②。天下有明主则诸侯不得擅厚者③，何也？为其割荣也④。良医知病人之死生，而圣主明于成败之事，利则行之，害则舍之，疑则少尝之⑤，虽舜禹复生⑥，弗能改已。语之至者⑦，臣不敢载之于书，其浅者又不足听也。意者臣愚而不概于王心耶⑧？亡其言臣者贱而不可用乎⑨？自非然者⑩，臣愿得少赐游观之间⑪，望见颜色。一语无效⑫，请伏斧质⑬。

【注释】

①厚家：使一家富裕。厚，使动用法。家，大夫的领地。②厚国：使国家富强。③擅厚：独占利益。④割：划分；分割。荣：光荣；荣耀。⑤少：稍；略微。尝：尝试。⑥舜：传说中父系氏族社会后期部落联盟领袖。⑦语之至者：最深切的话。⑧意：猜想。概：系念；关切。⑨亡（wú）其：抑或；还是。言臣者：指王稽。⑩自：如果。⑪间（jiàn）：空隙。⑫效：作用；功用。⑬伏：通"服"受到应得的惩处。斧质：斧子和砧板。古代杀人的刑具。

于是秦昭王大说①，乃谢王稽②，使以传车召范雎③。

【注释】

①说（yuè）：通"悦"。②谢：表示歉意和谢意，也有告诉的意思。③传（zhuàn）车：载送宾客的专用车辆。

于是范雎乃得见于离宫①，详为不知永巷而入其中②。王来而宦者怒，逐之，曰："王至！"范雎缪为曰③："秦安得王？秦独有太后、穰侯耳。"欲以感怒昭王④。昭王至，闻其与宦者争言，遂延迎⑤，谢曰："寡人宜以身受命久矣⑥，会义渠之事急⑦，寡人旦暮自请太后；今义渠之事已，寡人乃得受命。窃闵然不敏⑧，敬执宾主之礼⑨。"范雎辞让。是日观范雎之见者，群臣莫不洒然变色易容者⑩。

【注释】

①见（xiàn）：引见。②永巷：宫中长巷，通往后宫的巷道。③缪（miù）为：随便乱说。缪，通"谬"；为，通"谓"。④感怒：激怒。⑤延迎：迎接；接待。⑥受命：领教；接受教导。⑦义渠之事：义渠是西戎的一个部落。⑧闵然：昏昧糊涂的样子。⑨执：执行；行。⑩洒（xiǎn）然：严肃敬畏的样子。

秦王屏左右①，宫中虚无人。秦王跽而请曰②："先生何以幸教寡人③？"范雎曰："唯唯④。"有间⑤，秦王复跽而请曰："先生何以幸教寡人？"范雎曰："唯唯。"若是者三。秦王跽曰："先生卒不幸教寡人邪？"范雎曰："非敢然也。臣闻昔者吕尚之遇文王也⑥，身为渔父而钓于渭滨耳⑦。若是者，交疏也⑧。已说而立为太师⑨，载与俱归者，其言深也。故文王遂收功于吕尚而卒王天下⑩。乡使文王疏吕尚而不与深言⑪，是周无天子之德，而文、武无与成其王业也。今臣羁旅之臣也⑫，交疏于王，而所愿陈者皆匡君之事⑬，处人骨肉之间⑭，愿效愚忠而未知王之心也⑮。此所以王三问而不敢对者也。臣非有畏而不敢言也。臣知今日言之于前，而明日伏诛于后⑯，然臣不敢避也。大王信行臣之言⑰，死不足以为臣患⑱，亡不足以为臣忧⑲，漆身为厉⑳，被发为狂㉑，不足以为臣耻。且以五帝之圣焉而死㉒，三王之仁焉而死㉓，五伯之贤焉而死㉔，乌获、任鄙之力焉而亡㉕，成荆、孟贲、王庆忌、夏育之勇焉而死㉖。死者，人之所必不免也。处必然之势㉗，可以少补于秦，此臣之所大愿也，臣又何患哉！伍子胥橐载而出昭关㉘，夜行昼伏，至于陵水㉙，无以糊其口㉚，膝行蒲伏㉛，稽首肉袒㉜，鼓腹吹篪㉝，乞食于吴市，卒兴吴国，阖闾为伯㉟。使臣得尽谋如伍子胥㉟，加之以幽囚㊱，终身不复见，是臣之说行也，臣又何忧？箕子、接舆漆身为厉㊲，被发为狂，无益于主。假使臣得同行于箕子，可以有补于所贤之主，是臣之大荣也，臣有何耻㊳？臣之所恐者，独恐臣死之后，天下见臣之尽忠而身死，因以是杜口裹足㊴，莫肯乡秦王㊵。足下上畏太后之严，下惑于奸臣之态㊶，居深宫之中，不离阿保之手㊷，终身迷惑，无与昭奸㊸。大者宗庙灭覆㊹，小者身以孤危，此臣之所恐耳。若夫穷辱之事⑮，死亡之患，臣不敢畏也。臣死而秦治，是臣死贤于生⑯。"秦王跽曰："先生是何言也！夫秦国辟远⑰，寡人愚不肖，先生乃幸辱至于此，是天以寡人慁先生，而存先王之宗庙也⑱。寡人得受命于先生，是天所以幸先王，而不弃其孤也⑲。先生奈何而言若是！事无小大，上及太后，下至大臣，愿先生悉以教寡人，无疑寡人也。"范雎拜⑳，秦王亦拜。

【注释】

①屏（bǐng）：退避。使动用法。②跽（jì）：长跪。两膝跪在地上，上身挺直，表示庄重、恭敬。③教：指点；教导。④唯唯（wěi wěi）：连声答应。⑤有间：隔一会儿。⑥文王：姬昌。商纣时为西伯，也称西伯昌。商末周族领袖。⑦渭：渭河。在陕西省中部，黄河最大支流之一。吕尚与文王相遇在渭河旁的磻（pán）溪（今陕西省宝鸡市东南）。⑧疏：疏远。⑨太师：官名。⑩收功：得力。⑪乡（xiàng）使：假使。乡，通"向"。⑫羁（jī）旅：在外地作客寄居，也指在外地作客寄居的人。⑬陈：陈述；说。匡：纠正；帮助。⑭处：对待；处理。⑮效：献出。愚忠：臣子对帝王尽忠，自称"愚忠"。⑯伏诛：受死刑。⑰信：诚然；果真。⑱患：忧虑；担心。⑲亡：流亡；放逐。⑳漆身为厉（lài）：用漆汁涂在身上，生疮，像得了癞病一样。厉，通"癞"，麻风。㉑被：通"披"。漆身为厉，被发为狂，都是不得已而改变形体，避人耳目的行为。㉒五帝：传说中的上古帝王，即黄帝、颛顼、帝喾、唐尧和虞舜。㉓三王：指夏禹、商汤和周文王；一说指夏禹、商汤和周文王、武王。㉔五伯（bà）：即五霸。㉕乌获：秦国大力士，传说能举起百钧（三千斤）。任鄙：秦国大力士。㉖成荆：勇士。孟贲（bēn）：卫国勇士。王庆忌：春秋时吴王僚的儿子，也是勇士。夏育：卫国勇士。㉗必然之势：指人人都有一死。㉘伍子胥：春秋时吴国大夫。详见《伍子胥列传》。橐（tuó）：有底的袋子。昭关：在今安徽省含山县北小岘山。㉙陵水：即溧水，又名濑水。东流为永阳江，江中有小洲，叫濑渚，是伍子胥乞讨的地方。㉚糊（hú）其口：本是吃粥的意思。比喻胡乱弄到些食物，勉强地维持生活。㉛厀（qī）：应作"膝"。其他版本多作"膝"。蒲伏：即"匍匐"。爬行。㉜稽（qǐ）首：磕头至地。肉袒（tǎn）：脱衣露体。形容十分困苦。㉝鼓腹：袒露胸腹，鼓起肚皮。篪（chí）：古代管乐器。㉞阖闾：春秋末年吴国国君。详见《吴太伯世家》。伯：通"霸"。㉟尽谋：尽情施展计谋。㊱幽囚：囚禁。㊲箕子：商代贵族。接舆：春秋时楚国隐士，假装狂人，逃避世事。㊳有（yòu）：通"又"。㊴杜口：闭口不说话。裹足：缠住脚不走路。㊵乡：通"向"。向往；向着。㊶态：指奸臣谄媚、蒙蔽的态度。㊷阿（ē）保：古代教育抚养贵族子女的妇女，即保姆。㊸昭：显明；辨别。㊹宗庙：这里借指王室、国家。㊺若夫：至于。承接连词。㊻贤：胜过。㊼辟：通"僻"。偏僻。㊽慁（hùn）：打扰。宗庙：指帝王、诸侯祭祀祖宗的处所。㊾孤：遗孤。秦昭王指自己。㊿拜：古代为下跪叩头及打恭作揖的通称。

范雎曰："大王之国，四塞以为固①，北有甘泉、谷口②，南带泾、渭③，右陇蜀④，左关、阪⑤，奋击百万⑥，战车千乘，利则出攻，不利则入守，此王者之地也民怯于私斗而勇于公战⑦，此王者之民也。王并此二者而有之⑧。夫以秦卒之勇，车骑之众，以治诸侯⑨，譬若驰韩卢而搏蹇兔也⑩，霸王之业可致也⑪，而群臣莫当其位⑫。至今闭关十五年，不敢窥兵于山东者⑬，是穰侯为秦谋不忠⑭，而大王之计有所失也。"秦王跽曰："寡人愿闻失计。"

【注释】

①塞（sài）：边界险要的地方。②甘泉：山名。在今陕西省淳化县西北。谷口：即寒门，在今陕西省礼泉县东北。③带：围绕。泾：泾河，渭水的支流，在陕西省中部。④陇：指陇坂，即今六盘山的南段，绵延于陕、甘边境。蜀：泛指当时蜀地（今四川省中西部）的崇山峻岭。⑤关：即函谷关。⑥奋击：指精锐的士兵。⑦怯：胆小；畏缩不前。⑧并：兼。⑨治：对付。⑩驰：驱使。韩卢：韩国著名的猎狗，颜色黑，所以叫"卢"。蹇（jiǎn）兔：跛腿兔子。⑪致：得到；达成。⑫当：担任；相称。⑬窥：暗中察看。⑭谋：出谋划策。

然左右多窃听者，范雎恐，未敢言内①，先言外事②，以观秦王之俯仰③。因进曰："夫穰侯越韩、魏而攻齐纲、寿，非计也。少出师则不足以伤齐，多出师则害于秦。臣意王之计④，欲少出师而悉韩、魏之兵也⑤，则不义矣。今见与国之不亲也⑥，越人之国而攻，可乎？其于计疏矣⑦。且昔齐湣王南攻楚，破军杀将，再辟地千里，而齐尺寸之地无得焉者，岂不欲得地哉，形势不能有也⑧。诸侯见齐之罢弊⑨，君臣之不和也，兴兵而伐齐，大破之。士辱兵顿⑩，皆咎其王⑪，曰：'谁为此计者乎？'王曰：'文子为之⑫。'大臣作乱，文子出奔。故齐所以大破者，以其伐楚而肥韩、魏也⑬。此所谓借贼兵赍盗粮者也⑭。王不如远交而近攻，得寸则王之寸也，得尺亦王之尺也。今释此而远攻⑮，不亦缪乎！且昔者中山之国地方五百里⑯，赵独吞之，功成名立而利附焉，天下莫之能害也⑰。今夫韩、魏，中国之处而天下之枢也⑱，王其欲霸，必亲中国以为天下枢，以威楚、赵⑲。楚强则附赵，赵强则附楚，楚、赵皆附，齐必惧矣。齐惧，必卑辞重币以事秦⑳。齐附而韩、魏因可虏也㉑。"昭王曰："吾欲亲魏久矣，而魏多变之国也㉒，寡人不能亲。请问亲魏奈何？"对曰："王卑词重币以事之；不可，则割地而赂之；不可，因举兵而伐之。"王曰："寡人敬闻命矣。"乃拜范雎为客卿，谋兵事。卒听范雎谋，使五大夫绾伐魏㉓，拔怀㉔。后二岁，拔邢丘㉕。

【注释】

①内：指太后、穰侯等专权的事。②外事：指穰侯的对外策略。③俯仰：本意是低头和抬头，借指秦王的喜怒颜色、可否态度等，即他的意旨所在。④意：猜测；估计。⑤悉：全部出动。⑥与国：结盟的国家。⑦疏：疏忽；粗心大意。⑧形势：指当时的国际关系和地理环境。⑨罢（pí）弊：疲惫困顿。⑩顿：挫折；困厄。⑪咎：责怪。⑫文子：指田文。⑬肥：给好处。⑭兵：武器。赍（jī）：送给；资助。⑮释：通"舍"。舍弃；放弃。⑯中山：国名，又名鲜虞。地在今河北省正定县东北。⑰害：妨害。⑱中国：指中原地区。枢：门轴，门户的转轴。⑲威：示威。⑳卑辞重币：谦卑的语言，丰厚的礼物。㉑虏：俘虏；收服。㉒多变：变化多端。㉓五大夫：爵位名。㉔怀：春秋属郑，战国属魏。故城在今河南省武陟县西南。㉕邢丘：邑名。即今河南省温县东平阜旧城。

客卿范雎复说昭王曰："秦、韩之地形，相错如绣①。秦之有韩也，譬如木之有蠹也②，人之有心腹之病也③。天下无变则已，天下有变，其为秦患者孰大于韩乎？王不如收韩④。"昭王曰："吾固欲收韩，韩不听，为之奈何？"对曰："韩安得无听乎？王下兵而攻荥阳⑤，则巩、成皋之道不通⑥；北断太行之道，则上党之师不下⑦。王一兴兵而攻荥阳，则其国断而为三⑧。夫韩见必亡，安得不听乎？若韩听，而霸事因可虑矣⑨。"王曰："善。"且欲发使于韩。

【注释】

①相错：交错；错杂。绣：锦绣。②蠹（dù）：蛀虫。③心腹之病：指人体心腹内脏严重的疾病。④收：联络；交结。⑤荥（xíng）阳：韩邑名。在今河南荥阳市东北。⑥巩：即今河南省巩义市。成皋（gāo）：邑名，又名虎牢，在今河南省荥阳市汜水镇。⑦上党：郡名。治所在壶关（今山西省长治市北）。⑧断而为三：新郑以南为一片，宜阳一带为一片，上党一带为一片。三个地区彼此孤立，不能联络。⑨虑：思考；谋划。

范雎日益亲，复说用数年矣①，因请间说曰②："臣居山东时，闻齐之有田文，不闻其有王也；闻秦之有太后、穰侯、华阳、高陵、泾阳，不闻其有王也。夫擅国之谓王③，能利害之谓王④，制杀生之威之谓王⑤。今太后擅行不顾，穰侯出使不报⑥，华阳、泾阳等击断无讳⑦，高陵进退不请⑧。四贵备而国不危者⑨，未之有也。为此四贵者下，乃所谓无王也。然则权安得不倾⑩，令安得从王出乎？臣闻善治国者，乃内固其威而外重其权⑪。穰侯使者操王之重⑫，决制于诸侯⑬，剖符于天下⑭，政适伐国⑮，莫敢不听。战胜攻取则利归于陶，国弊御于诸侯⑯；战败则结怨于百姓，而祸归于社稷⑰。诗曰'木实繁者披其枝⑱，披其枝者伤其心；大其都者危其国⑲，尊其臣者卑其主⑳'，崔杼、淖齿管齐㉑，射王股㉒，擢王筋㉓，县之于庙梁㉔，宿昔而死㉕。李兑管赵㉖，囚主父于沙丘㉗，百日而饿死。今臣闻秦太后、穰侯用事㉘，高陵、华阳、泾阳佐之，卒无秦王，此亦淖齿、李兑之类也。且夫三代所以亡国者㉙，君专授政㉚，纵酒驰骋弋猎㉛，不听政事㉜。其所授者，妒贤嫉能，御下蔽上㉝，以成其私，不为主计，而主不觉悟，故失其国。今自有秩以上至诸大吏㉞，下及王左右，无非相国之人者。见王独立于朝㉟，臣窃为王恐，万世之后，有秦国者非王子孙也。"昭王闻之大惧，曰："善。"于是废太后，逐穰侯、高陵、华阳、泾阳君于关外㊱。秦王乃拜范雎为相。收穰侯之印，使归陶，因使县官给车牛以徙㊲，千乘有余。到关㊳，关阅其宝器㊴，宝器珍怪多于王室。

【注释】

①用：信用；任用。②请间（jiàn）：请求空隙时间单独接见。说（shuì）：劝说。③擅国：独揽国家权力，掌握国家命运。④利害：兴利除害。动词。⑤制：控制；掌握。威：威权。⑥报：报告；回报。⑦击断：决定惩罚和诛杀吏民。⑧进退：指政令的兴革、人员的任免等。⑨四贵：四类贵人。⑩倾：倾覆；破坏。⑪重：重视。⑫操：把持；操纵。重：威权。⑬决制：决断和控制。⑭剖符：古代帝王授予诸侯或功臣的凭证，把符剖分为两半，双方各执一半，以昭信守，叫作剖符。⑮政适（zhēng dí）：通"征敌"。⑯弊：损害。御：施加。⑰社稷：古代帝王、诸侯祭祀的土神和谷神，常用以代称国家。⑱诗曰：引诗出处不明，可能是当时的成语，说明末大则本伤，臣强则主弱的道理。木实：果实。披：分裂；屈折。⑲都：国君分封诸侯国的首府。国：国君的国都。⑳卑：卑微，使动用法。㉑崔杼（zhù）：春秋时齐国大臣。淖（zhuó）齿：楚国人。齐湣王四十年（前284年）济西之役时，湣王逃到莒，楚国派淖齿去援助齐国，湣王命令他为相。㉒射王股：指崔杼射杀齐庄公的事。㉓擢（zhuó）王筋：指淖齿杀齐湣王的事。擢，抽；拔。㉔县（xuán）：通"悬"。庙梁：庙堂的梁木。㉕宿昔：一夕，指一夜的时间。昔，通"夕"。㉖李兑：赵国大臣。详见《赵世家》。㉗主父：即赵武灵王。武灵王初立时自称为君。二十七年（前299年）五月，立公子何为王，自称为主父。详见《赵世家》。㉘用事：当权。㉙三代：指夏、商、周三代。㉚授：交给。㉛纵酒：

任意饮酒，不加节制。弋（yì）猎：打猎。弋，用绳子系在箭上射。㉜听：处理。㉝御：控制；欺压。㉞有秩：有职位的人。㉟独立：孤立。㊱关外：指都门之外。㊲县官：指朝廷、官府。徙：迁移。㊳关：指边境的关口。㊴关：指关吏。

秦封范雎以应①，号为应侯。当是时，秦昭王四十一年也。

【注释】

应（yīng）：在今河南省鲁山县东。

范雎既相秦，秦号曰张禄①，而魏不知，以为范雎已死久矣。魏闻秦且东伐韩、魏，魏使须贾于秦。范雎闻之，为微行②，敝衣间步之邸③，见须贾。须贾见之而惊曰："范叔固无恙乎④！"范雎曰："然。"须贾笑曰："范叔有说于秦邪？"曰："不也。雎前日得过于魏相⑤，故亡逃至此，安敢说乎！"须贾曰："今叔何事⑥？"范雎曰："臣为人庸赁⑦。"须贾意哀之⑧，留与坐饮食，曰："范叔一寒如此哉⑨！"乃取其一绨袍以赐之⑩。须贾因问曰："秦相张君，公知之乎？吾闻幸于王，天下之事皆决于相君⑪。今者事之去留在张君⑫。孺子岂有客习于相君者哉⑬？"范雎曰："主人翁习知之⑭，唯雎亦得谒⑮，雎请为君见于张君。"须贾曰："吾马病，车轴折，非大车驷马⑯，吾固不出⑰。"范雎曰："愿为君借大车驷马于主人翁。"

【注释】

①号：称。动词。②微行：旧时帝王或高官隐瞒自己的身份改装出行。③敝：破旧。间（jiàn）步：从小路走。④固：原来。无恙：没有疾病、灾祸等恙，忧，病。⑤得过：得罪。⑥事：从事；干；做。⑦庸赁（lìn）：受雇给人家做工。庸，通"佣"。雇工。赁：被人雇佣。⑧哀：可怜；怜悯。⑨一：乃；竟。⑩绨（tí）袍：厚绸做的袍子。⑪相（xiàng）君：当时对宰相的敬称。⑫去留：或走或留，比喻成功或失败。⑬孺子：后生；小家伙。客：朋友。习：熟悉。⑭主人翁：主人。⑮唯：虽；即使。谒：请见；进见。⑯大车驷（sì）马：四匹马驾的大车。⑰固：坚决；硬是。

范雎归取大车驷马，为须贾御之①，入秦相府。府中望见，有识者皆避匿②。须贾怪之。至相舍门，谓须贾曰："待我，我为君先入通于相君③。"须贾待门下，持车良久④，问门下曰："范叔不出，何也？"门下曰："无范叔。"须贾曰："乡者与我载而入者。"门下曰："乃吾相张君也。"须贾大惊，自知见卖⑤，乃肉袒膝行⑥，因门下人谢罪。于是范雎盛帷帐⑦，侍者甚众，见之。须贾顿首言死罪⑧，曰："贾不意君能自致于青云之上⑨，贾不敢复读天下之书，不敢复与天下之事⑩。贾有汤镬之罪⑪，请自屏于胡貉之地⑫，唯君死生之！"范雎曰："汝罪有几？"曰："擢贾之发以续贾之罪⑬，尚未足。"范雎曰："汝罪有三耳。昔者楚昭王时而申包胥为楚却吴军⑭，楚王封之以荆五千户⑮，包胥辞不受，为丘墓之寄于荆也⑯。今雎之先人丘墓亦在魏，公前以雎为有外心于齐而恶雎于魏齐⑰，公之罪一也。当魏齐辱我于厕中，公不止⑱，罪二也。更醉而溺我，公其何忍乎⑲？罪三矣。然公之所以得无死者，以绨袍恋恋⑳，有故人之意，故释公㉑。"乃谢罢㉒。入言之昭王，罢归须贾㉓。

【注释】

①御：驾车赶马。②识者：指认识张禄（范雎）的人。③通：通报。④持车：

拉着驾驭车马的缰绳，指停车。⑤见卖：指受骗上当。⑥郄：通"膝"。⑦盛：丰盛地设置。动词。⑧顿首：叩头。⑨青云：比喻高官显爵。⑩与（yù）：参与。⑪汤镬（huò）：古代的一种酷刑，把人扔到滚汤中煮死。⑫胡：古代对北方和西方各部族的泛称。貉（mò）：通"貊"。古代北方部族名。⑬续：指数（shǔ）数。⑭楚昭王：熊珍，春秋时楚国国王。前515—前489年在位。⑮荆：地名。在今湖北省南漳县一带。⑯丘墓：坟墓。⑰外心：异心；叛变的意图。恶（wù）：说人坏话；中伤。⑱止：制止；劝阻。⑲忍：忍心；残忍。⑳恋恋：留恋；顾恋。㉑释：放下；释放。㉒谢罢：有礼貌地结束接见仪式。㉓罢归：打发回去。

须贾辞于范雎，范雎大供具①，尽请诸侯使②，与坐堂上，食饮甚设③。而坐须贾于堂下，置莝豆其前④，令两黥徒夹而马食之⑤。数曰⑥："为我告魏王⑦，急持魏齐头来！不然者，我且屠大梁⑧。"须贾归，以告魏齐。魏齐恐，亡走赵，匿平原君所⑨。

【注释】

①供（gòng）具：供设酒器食具，引申为摆筵席。②诸侯使：各国使节。③设：完备；丰富整齐。④莝（cuò）豆：铡碎的草与豆拌在一起的饲料。莝：铡碎的草。⑤黥（qíng）徒：受过黥刑的人。马食（sì）：像喂马一样地喂。⑥数（shǔ）：数落，指责。⑦魏王：指魏安僖王。⑧屠：毁坏城池，屠杀城中居民。⑨平原君：即赵胜。所：处所。

范雎既相，王稽谓范雎曰："事有不可知者三，有不可奈何者亦三①。宫车一日晏驾②，是事之不可知者一也。君卒然捐馆舍③，是事之不可知者二也。使臣卒然填沟壑④，是事之不可知者三也。宫车一日晏驾，君虽恨于臣⑤，无可奈何。君卒然捐馆舍，君虽恨于臣，亦无可奈何。使臣卒然填沟壑，君虽恨于臣，亦无可奈何。"范雎不怿⑥，乃入言于王曰："非王稽之忠，莫能内臣于函谷关⑦；非大王之贤圣，莫能贵臣⑧。今臣官至于相，爵在列侯⑨，王稽之官尚止于谒者，非其内臣之意也。"昭王召王稽，拜为河东守⑩，三岁不上计⑪。又任郑安平⑫，昭王以为将军⑬。范雎于是散家财物，尽以报所尝困厄者⑭。一饭之德必偿，睚眦之怨必报⑮。

【注释】

①不可奈何：即"无可奈何"。不得已；没有办法。②宫车一日晏驾：比喻君王一旦死亡。宫车，王车，指代君王。③卒（cù）然：突然；忽然。卒，通"猝"。捐馆舍：舍弃住所，对死亡的讳辞。④使：假使。臣：古人自称的谦辞。填沟壑：称自己死亡的谦辞。壑，山沟。⑤恨：遗憾；悔恨。⑥怿（yì）：高兴。⑦内（nà）：通"纳"。接纳。这里是带进来的意思。⑧贵：显贵；重用。使动用法。⑨列侯：也称彻侯、通侯。爵位名。秦国二十个等爵中的最高一级。⑩河东守：河东郡守。河东，魏国献出安邑后，秦国置郡。治所在安邑（今山西省夏县西北）。辖境相当今山西省沁水以西，霍山以南地区。守（shǒu）：官名。原为边防军事长官，后来成为行政长官。⑪上计：向政府报告施政情形。按照当时制度，每到年终，地方应将一年内治民、决狱等大事，派遣官吏向中央汇报，叫作上计。⑫任：保举；保荐。⑬将军：武官名。⑭困厄：窘迫；穷困。⑮睚眦（yá zì）：瞪眼睛，怒目而视。

范雎相秦二年，秦昭王之四十二年，东伐韩少曲、高平①，拔之。

【注释】

少曲：地名。少水（今沁水）弯曲处，在今河南省济源市东北。高平：韩邑名，在今河南省孟州市西北。

秦昭王闻魏齐在平原君所，欲为范雎必报其仇，乃详为好书遗平原君曰①："寡人闻君之高义②，愿与君为布衣之友③，君幸过寡人④，寡人愿与君为十日之饮。"平原君畏秦，且以为然⑤，而入秦见昭王。昭王与平原君饮数日，昭王谓平原君曰："昔周文王得吕尚以为太公⑥，齐桓公得管夷吾以为仲父⑦，今范君亦寡人之叔父也。范君之仇在君之家，愿使人归取其头来；不然，吾不出君于关⑧。"平原君曰："贵而为友者⑨，为贱也⑩；富而为交者，为贫也。夫魏齐者，胜之友也，在，固不出也，今又不在臣所。"昭王乃遗赵王书曰："王之弟在秦，范君之仇魏齐在平原君之家。王使人疾持其头来⑪；不然，吾举兵而伐赵，又不出王之弟于关。"赵孝成王乃发卒围平原君家，急，魏齐夜亡去，见赵相虞卿⑫。虞卿度赵王终不可说，乃解其相印，与魏齐亡，间行，念诸侯莫可以急抵者⑬，乃复走大梁，欲因信陵君以走楚⑭。信陵君闻之，畏秦，犹豫未肯见，曰："虞卿何如人也？"时侯赢在旁⑮，曰："人固未易知，知人亦未易也。夫虞卿蹑蹻檐簦⑯，一见赵王⑰，赐白璧一双，黄金百镒⑱；再见，拜为上卿；三见，卒受相印，封万户侯。当此之时，天下争知之⑲。夫魏齐穷困过虞卿⑳，虞卿不敢重爵禄之尊㉑，解相印，捐万户侯而间行。急士之穷而归公子㉒，公子曰：'何如人'。人固不易知，知人亦未易也！"信陵君大惭，驾如野迎之㉓。魏齐闻信陵君之初难见之㉔，怒而自刭。赵王闻之，卒取头予秦。秦昭王乃出平原君归赵。

【注释】

①好书：表示友好的书信。②高义：崇高的道义感。③布衣之友：同平常人一样地往来交好，不因君臣地位的不同而分高低。④幸：荣幸。过：访问。⑤然：这样。⑥太公：尊敬的称呼。⑦管夷吾：即管仲。仲父：尊敬的称呼。仲，管夷吾的字；父，待他像父亲一样。⑧出：放出。关：指函谷关。⑨交：结交。⑩为（wèi）：因为。⑪疾：迅速；赶快。⑫赵相虞卿：见《虞卿列传》。⑬抵：冒昧要求。⑭信陵君：见《魏公子列传》。⑮侯赢：信陵君的上客，是个有智谋、讲义气的人。详见《魏公子列传》。⑯蹑蹻（jué）：穿着草鞋。檐（dàn）：通"担"。扛。簦（dēng）：古代有长柄的笠，即伞。⑰赵王：指赵孝成王。⑱镒（yì）：古代重量单位，二十两或二十四两为一镒。⑲争知：争先了解。⑳穷困：走投无路。㉑尊：指地位高、俸禄多。㉒急：着急，以动用法。㉓如：往；到。㉔难（nàn）：难为人，使人感困难。

昭王四十三年，秦攻韩汾陉①，拔之，因城河上广武②。

【注释】

①汾陉（xíng）：也作汾丘。在今河南省襄城县东北。②城：筑城。动词。广武：山名。在今河南省荥阳东北。

后五年，昭王用应侯谋，纵反间卖赵①，赵以其故，令马服子代廉颇将②。秦大破赵于长平，遂围邯郸。已而与武安君白起有隙③，言而杀之④。任郑安平，使击赵。郑安平为赵所围，急，以兵二万人降赵。应侯席稿请罪⑤。秦之法，任人而所任不善者，各以其罪罪之⑥。于是应侯罪当收三族⑦。秦昭王恐伤应侯之意⑧，乃下令国中："有敢言郑安平事者，以其罪罪之。"而加赐相国应侯食物日益厚，以顺适其意。后二岁，王稽为河东守，与诸侯通⑨，坐法诛⑩。而应侯日益以不怿。

【注释】

①反间（jiàn）：原指利用敌方的间谍为己方服务，后多指用计离间敌人，使起内讧。卖：害人以利己；欺骗。②马服子：赵国将领马服君赵奢的儿子赵括。③有隙：有裂痕；有嫌隙。④言而杀之：秦昭王五十年（前257年），范雎与白起有仇怨，秦昭王听信范雎谗言，赐白起死。详见《白起列传》。⑤席稿：坐在草垫上，表示有罪听候发落。稿，麦、稻的秆子。⑥后"罪"字：惩罚。动词。⑦收：拘捕。三族：指父母、兄弟、妻子；一说为父族，母族，妻族；一说为父，子，孙。⑧意：心意；心绪。⑨通：私通；勾结。⑩坐法：因犯法而获罪。坐，指办罪的因由。

昭王临朝叹息，应侯进曰："臣闻'主忧臣辱，主辱臣死'。今大王中朝而忧①，臣敢请其罪。"昭王曰："吾闻楚之铁剑利而倡优拙②。夫铁剑利则士勇，倡优拙则思虑远③。夫以远思虑而御勇士④，吾恐楚之图秦也⑤。夫物不素具⑥，不可以应卒⑦，今武安君既死，而郑安平等畔⑧，内无良将而外多敌国，吾是以忧⑨。"欲以激励应侯。应侯惧，不知所出。蔡泽闻之，往入秦也。

【注释】

①中朝：当朝；朝会进行中。②倡（chāng）优：古代以歌唱、舞蹈和戏谑为业的艺人。③思虑：考虑；打算。④御：统率；率领。⑤图：图谋。⑥物：事。⑦应：应付。卒（cù）：通"猝"。指突然的事变。⑧畔：通"叛"，叛变。⑨是以：以是；因此。

蔡泽者，燕人也。游学干诸侯小大甚众①，不遇②。而从唐举相③，曰："吾闻先生相李兑，曰'百日之内持国秉'④，有之乎？"曰："有之。"曰："若臣者何如？"唐举孰视而笑曰⑤："先生曷鼻⑥，巨肩⑦，魋颜⑧，蹙齃⑨，膝挛⑩。吾闻圣人不相⑪，殆先生乎⑫？"蔡泽知唐举戏之⑬，乃曰："富贵吾所自有，吾所不知者寿也，愿闻之。"唐举曰："先生之寿，从今以往者四十三岁。"蔡泽笑谢而去，谓其御者曰⑭："吾持粱刺齿肥⑮，跃马疾驱，怀黄金之印，结紫绶于要⑯，揖让人主之前⑰，食肉富贵，四十三年足矣。"去之赵，见逐。之韩、魏，遇夺釜鬲于涂⑱。闻应侯任郑安平、王稽皆负重罪于秦，应侯内惭，蔡泽乃西入秦。

【注释】

①游学：以自己所学游说诸侯，求取官职。小大：有两解：一作定语，省略中心词，指大大小小的请托要求；二、作"诸侯"的后置定语，指大大小小的诸侯。②遇：遇合；受到赏识。③唐举：魏国人，当时著名的相士。相（xiàng）：看相，观察人的体态面貌，以推测人的吉凶祸福的迷信活动。④持：掌握。国秉：国家权力。秉，通"柄"，权力。⑤孰视：仔仔细细地看。⑥曷鼻：有两解：一、曷通"蝎"，鼻子长得像蝎虫，向上翻；二、塌鼻子。⑦巨肩：肩胛耸起，劲项短。⑧魋（tuí，zhuī）颜：额头突出。魋，高大，突出。⑨蹙齃（cuè）：凹鼻梁。蹙，收缩。齃，鼻梁。⑩膝挛：双膝蜷曲。挛，蜷曲不能伸。⑪圣人不相：当时成语，意思是圣人不在乎相貌。⑫殆：大概；恐怕。⑬戏：嘲笑。⑭御者：驾车的人。⑮持粱：端着精美的饭食。刺齿肥：吃肥肉。⑯紫绶（shòu）：紫色的绶带。绶，古代系印纽的丝带。⑰揖让：古代宾主相见的礼节。揖，行拱手礼。⑱釜（fǔ）古代炊具，相当于现在的锅。鬲（lì）：古代炊具，样子像鼎，足部中空。

将见昭王，使人宣言以感怒应侯曰[1]："燕客蔡泽，天下雄俊弘辩智士也[2]。彼一见秦王，秦王必困君而夺君之位。"应侯闻，曰："五帝三代之事，百家之说，吾既知之，众口之辩，吾皆摧之[3]，是恶能困我而夺我位乎[4]？"使人召蔡泽。蔡泽入，则揖应侯。应侯固不快，及见之，又倨[5]，应侯因让之曰："子尝宣言欲代我相秦，宁有之乎？"对曰："然。"应侯曰："请闻其说。"蔡泽曰："吁[6]，君何见之晚也！夫四时之序[7]，成功者去。夫人生百体坚强[8]，手足便利[9]，耳目聪明而心圣智，岂非士之愿与？"应侯曰："然。"蔡泽曰："质仁秉义[10]，行道施德，得志于天下，天下怀乐敬爱而尊慕之，皆愿以为君王，岂不辩智之期与[11]？"应侯曰："然。"蔡泽复曰："富贵显荣[12]，成理万物[13]，使各得其所；性命寿长，终其天年而不夭伤[14]；天下继其统[15]，守其业，传之无穷；名实纯粹[16]，泽流千里[17]，世世称之而无绝，与天地终始：岂道德之符而圣人所谓吉祥善事者与[18]？"应侯曰："然。"

【注释】

①宣言：扬言。②雄俊：见识高超。③摧：挫败；折服。④恶（wū）：何；怎么。⑤倨（jù）：傲慢。⑥吁（xū）：叹词。表示疑怪。⑦四时：四季。序：次第。⑧百体：身体各部分。百：泛指多数。⑨便利：敏捷。⑩质：本质；本体。⑪不：非；不是。辩智：辩智之士。名词。期：期望。与（yú）：通"欤"。表疑问的语气助词。⑫显：显赫；显达。⑬成理：处理。⑭天年：指人的自然的寿命。⑮统：传统。⑯纯粹：纯正不杂。⑰泽：恩泽。流：流传；传布。⑱符：效果。吉祥善事：当时表示颂祷的吉祥话。

蔡泽曰："若夫秦之商君，楚之吴起，越之大夫种[1]，其卒然亦可愿与[2]？"应侯知蔡泽之欲困己以说，复谬曰[3]："何为不可？夫公孙鞅之事孝公也[4]，极身无贰虑[5]，尽公而不顾私；设刀锯以禁奸邪，信赏罚以致治[6]；披腹心[7]，示情素[8]，蒙怨咎[9]，欺旧友[10]，夺魏公子卬，安秦社稷，利百姓，卒为秦禽将破敌[11]，攘地千里[12]。吴起之事悼王也[13]，使私不得害公，谗不得蔽忠[14]，言不取苟合[15]，行不取苟容[16]，不为危易行[17]，行义不辟难[18]，然为霸主强国，不辞祸凶。大夫种之事越王也，主虽困辱，悉忠而不解[19]，主虽绝亡，尽能而弗离[20]，成功而弗矜[21]，贵富而不骄怠。若此三子者，固义之至也，忠之节也[22]。是故君子以义死难，视死如归；生而辱不如死而荣。士固有杀身以成名，唯义之所在，虽死无所恨。何为不可哉？"

［注释］

①商君（约前390—前338年）：姓公孙，名鞅。吴起（？—前381年）：卫国左氏（今山东省曹县）人。大夫种：文少禽，楚国郢（今湖北省江陵县西北）人。②卒然：指意外的不幸的事件。③谬：诡辩。④孝公：秦孝公。详见《秦本纪》。⑤极身：终身。⑥信：必。致：达到。⑦披：披露。腹心：真诚的心意。⑧情素：本心；真情实意。⑨蒙：遭受。怨咎：责怪。⑩欺旧友：公孙鞅欺骗旧友魏国将军公子卬，用计诱捕公子卬，使他全军覆灭。⑪禽：通"擒"。⑫攘（ráng）：侵夺；开拓。⑬悼王：楚悼王。前401—前381年在位。⑭蔽：壅蔽。⑮苟合：无原则地随声附和。⑯苟容：苟且求得容身。⑰易：改变。⑱辟（bì）：通"避"。⑲悉：尽。解（xiè）：通"懈"。⑳能：能力。㉑矜（jīn）：骄傲自夸。㉒节：节概；标准。

蔡泽曰：“主圣臣贤，天下之盛福也；君明臣直，国之福也；父慈子孝，夫信妻贞①，家之福也。故比干忠而不能存殷②，子胥智而不能完吴③，申生孝而晋国乱④。是皆有忠臣孝子，而国家灭乱者，何也？无明君贤父以听之，故天下以其君父为僇辱而怜其臣子。今商君、吴起、大夫种之为人臣，是也；其君，非也。故世称三子致功而不见德⑤，岂慕不遇世死乎？夫待死而后可以立忠成名，是微子不足仁⑥，孔子不足圣⑦，管仲不足大也。夫人之立功，岂不期于成全邪？身与名俱全者，上也。名可法而身死者⑧，其次也。名在僇辱而身全者，下也。”于是应侯称善。

【注释】

①信：诚实可信。②比干：商纣叔父。因多次劝谏，被商纣剖心而死。殷：朝代名，即商。③子胥：即伍子胥。完：完整地保全。④申生：春秋时晋献公太子，因遭骊姬诬陷而自杀。⑤德：感德。动词。⑥微子：名启，商纣的庶兄，周代宋国的始祖。⑦孔子：详见《孔子世家》。⑧法：效法；景仰。

蔡泽少得间①，因曰：“夫商君、吴起、大夫种，其为人臣尽忠致功则可愿矣，闳夭事文王②，周公辅成王也③，岂不亦忠圣乎？以君臣论之，商君、吴起、大夫种其可愿孰与闳夭、周公哉④？”应侯曰：“商君、吴起、大夫种弗若也。”蔡泽曰：“然则君之主慈仁任忠⑤，惇厚旧故⑥，其贤智与有道之士为胶漆⑦，义不倍功臣⑧，孰与秦孝公、楚悼王、越王乎？”应侯曰：“未知何如也。”蔡泽曰：“今主亲忠臣，不过秦孝公、楚悼王、越王，君之设智⑨，能为主安危修政，治乱强兵，批患折难⑩，广地殖谷，富国足家，强主，尊社稷，显宗庙，天下莫敢欺犯其主，主之威盖震海内⑪，功彰万里之外⑫，声名光辉传于千世，君孰与商君、吴起、大夫种？”应侯曰：“不若。”蔡泽曰：“今主之亲忠臣不忘旧故不若孝公、悼王、勾践，而君之功绩爱信亲幸又不若商君、吴起、大夫种，然而君之禄位贵盛，私家之富过于三子，而身不退者，恐患之甚于三子，窃为君危之。语曰‘日中则移⑬，月满则亏⑭’。物盛则衰，天地之常数也⑮。进退盈缩，与时变化，圣人之常道也。故‘国有道则仕⑯，国无道则隐’。圣人曰‘飞龙在天，利见大人⑰’，‘不义而富且贵，于我如浮云⑱’。今君之怨已雠而德已报⑲，意欲至矣，而无变计，窃为君不取也。且夫翠、鹄、犀、象⑳，其处势非不远死也，而所以死者，惑于饵也㉑。苏秦、智伯之智㉒，非不足以辟辱远死也，而所以死者，惑于贪利不止也㉓。是以圣人制礼节欲，取于民有度㉓，使之以时，用之有止，故志不溢，行不骄，常与道俱而不失，故天下承而不绝。昔者齐桓公九合诸侯，一匡天下㉔，至于葵丘之会㉕，有骄矜之志，畔者九国㉖。吴王夫差兵无敌于天下，勇强以轻诸侯，陵齐、晋㉗，故遂以杀身亡国。夏育、太史嗷叱呼骇三军㉘，然而身死于庸夫。此皆乘至盛而不返道理，不居卑退处俭约之患也。夫商君为秦孝公明法令，禁奸本㉙，尊爵必赏，有罪必罚，平权衡㉚，正度量，调轻重㉛，决裂阡陌㉜，以静生民之业而一其俗㉝，劝民耕农利土，一室无二事，力田稽积㉞，习战陈之事㉟，是以兵动而地广，兵休而国富，故秦无敌于天下，立威诸侯，成秦国之业。功已成矣，而遂以车裂㊱。楚地方数千里，持戟百万㊲，白起率数万之师以与楚战。一战举鄢郢以烧夷陵㊳，再战南并蜀、汉㊴。又越韩、魏而攻强赵，北坑马服㊵，诛屠四十余万之众，尽之于长平之下㊶，流血成川，沸声若雷，遂入围邯郸，使秦有帝业。楚、赵天下之强国而秦之仇敌也，自是之后，楚、赵皆慑伏不敢攻秦者㊷，白起之势也。身所服者七十余城，功已成矣，而遂赐剑死于杜邮㊸。

吴起为楚悼王立法，卑减大臣之威重^⑭，罢无能，废无用，损不急之官^⑮，塞私门之请，一楚国之俗，禁游客之民，精耕战之士，南收杨越^⑯，北并陈、蔡^⑰，破横散从^⑱，使驰说之士无所开其口，禁朋党以励百姓^⑲，定楚国之政，兵震天下，威服诸侯。功已成矣，而卒枝解^⑳。大夫种为越王深谋远计，免会稽之危^㉑，以亡为存，因辱为荣，垦草入邑^㉒，辟地殖谷，率四方之士，专上下之力^㉓，辅勾践之贤，报夫差之雠^㉔，卒擒劲吴，令越成霸。功已彰而信矣，勾践终负而杀之。此四子者，功成不去，祸至于身。此所谓信而不能诎^㉕，往而不能返者也。范蠡知之^㉖，超然辟世^㉗，长为陶朱公。君独不观夫博者乎^㉘？或欲大投^㉙，或欲分功^㉚，此皆君之所明知也。今君相秦，计不下席^㉛，谋不出廊庙^㉜，坐制诸侯，利施三川^㉝，以实宜阳^㉞，决羊肠之险^㉟，塞太行之道^㊱，又斩范、中行之涂^㊲，六国不得合从，栈道千里^㊳，通于蜀、汉，使天下皆畏秦，秦之欲得矣，君之功极矣，此亦秦之分功之时也。如是而不退，则商君、白公、吴起、大夫种是也。吾闻之，'鉴于水者见面之容^㊴，鉴于人者知吉与凶'。《书》曰'成功之下，不可久处'^㊵。四子之祸，君何居焉？君何不以此时归相印，让贤者而授之，退而岩居川观，必有伯夷之廉^㊶，长为应侯，世世称孤^㊷，而有许由、延陵季子之让^㊸，乔松之寿^㊹，孰与以祸终哉？即君何居焉？忍不能自离，疑不能自决，必有四子之祸矣。《易》曰'亢龙有悔'^㊺，此言上而不能下，信而不能诎，往而不能自返者也。愿君孰计之！"应侯曰："善。吾闻'欲而不知止，失其所以欲；有而不知足，失其所以有'。先生幸教，睢敬受命。"于是乃延入坐^㊻，为上客^㊼。

【注释】

①间（jiàn）：空子，引申为弱点。②闳（hóng）夭：周文王谋臣。③周公：姬旦。周武王之弟。④孰与：何如。表示前后相比怎么样。⑤君之主：指秦昭王。⑥惇（dūn）厚：诚实宽厚待人。⑦贤：尊重。有道之士：有才德的人。⑧倍：通"背"。⑨设：建立，引申为发挥。⑩批：排除，折：消灭。⑪盖震：笼罩，震动。⑫彰：显明；显著。⑬中：中天。⑭满：满圆。亏：亏缺。⑮常数：通常的道理。⑯仕：做官。⑰飞龙在天，利见大人：语出《易·乾》。比喻有明君在位，出来做官是适宜的。飞龙，比喻帝王。大人：指做官的人。⑱不义而富且贵，于我如浮云：语出《论语·述而》。规劝范睢要把眼前的利益看得淡薄些。⑲雠：应答，引申为报复。⑳翠：翠鸟。鹄（hú）：天鹅。㉑饵：引诱的食物。㉒苏秦：见《苏秦列传》。智伯：荀瑶。春秋时晋国世卿，胁迫韩、魏国攻赵，后韩、魏与赵合谋，共同杀死智伯。㉓度：限度。㉔九合诸侯，一匡天下：指齐桓公以"尊王攘夷"为号召，九次会合诸侯，一次平定东周王室内乱的功绩。㉕葵丘之会：齐桓公三十五年（前651年），齐、鲁、宋、卫、郑、许、曹等国在葵丘（今河南省兰考县东北）会盟，目的是修好诸侯，共尊周室。㉖九：泛指多数。㉗陵：欺侮。㉘太史噭（jiào）：古代勇士。㉙奸本：邪恶的根源。㉚平：划一；均等。㉛：秤锤。衡：秤杆。㉜轻重：指调节商品、货币流通和控制物价等政策。㉝决裂：毁坏。阡陌：田间的小路。㉞静：通"靖"，安定。㉟稸（xù）：通"蓄"，积聚。㊱陈（zhèn）：通"阵"。㊲车裂：俗称五马分尸，古代的一种酷刑。将人头和四肢分别拴在五辆车上，用五匹马驾车，分裂肢体。㊳持戟：武装士兵。㊴夷陵：邑名。在今湖北省宜昌市东南。楚先王陵墓在此。㊵蜀：国名，在今四川省中部偏西。汉：郡名。在今陕西省西南部。㊶马服：赵国将军赵括的封号。㊷长平：邑名。在今山西省高平市西北。㊸慑伏：也作"慑服"。因畏惧而屈服。㊹杜邮：

亭名。在今陕西省咸阳市东北。㊹卑减：削减。㊺损：裁减。不急之官：无关紧要的冗员。㊻杨越：部族名。㊼陈：国名。地在今河南省东部和安徽省的一部分。详见《陈杞世家》。蔡：国名。在今河南省中部。详见《管蔡世家》。㊽横：以威力相胁。从（zōng）：通“纵”，以利相结合。按：战国初魏强秦弱，当时尚无以反秦联秦为内容的合纵连横说。㊾朋党：指同类的人为自私的目的而互相勾结成小集团。㊿枝解：也作“支解”“肢解”。指代分裂肢体的酷刑。(51)会稽之危：越王勾践被吴王夫差打败后，只剩五千士兵退守会稽（今浙江省绍兴市），夫差紧追不放，情况万分危急，大夫种用厚礼向吴国求降，用计解救了勾践，勾践才能卧薪尝胆，图谋报复。(52)入：充实。(53)专：专一，引申为团结。(54)劲：强。(55)信：通“伸”。诎：通“屈”，弯曲。(56)范蠡：字少白。详见《越王勾践世家》。(57)超然：脱离世俗。(58)博者：赌博的人。(59)大投：押大注，博取全胜。(60)分功：分次下注，积小胜而成大胜。(61)席：坐席。(62)廊庙：朝堂。(63)施（yì）：延及。三川：地区名，辖境相当于今河南省西北部。(64)宜阳：韩邑名。在今河南省宜阳县西。(65)羊肠：险塞名。在今山西晋城市南。今山西壶关县东南也有羊肠阪。(66)太行：绵延在今山西、河南和河北三省的边境，其横谷多为交通要道。(67)范、中行：原为晋国六卿中的两大家族，其领地先后被韩、赵、魏三国兼并。(68)栈道：也称阁道。古代在峭岩陡壁上凿孔架桥连成的道路。(69)鉴：照，引申有检验、考验的意思。(70)《书》：指已经散失的古书。(71)伯夷：商朝末年孤竹君的长子，与其弟叔齐互相推让王位而隐居在首阳山。(72)称孤：古代王侯自称为孤。(73)许由：唐尧时隐士。延陵季子：吴王寿梦的第四子。(74)乔：指王子乔。相传是周灵王的太子，后来成了神仙。松：指赤松子。古代神话中的仙人。(75)《易》：也称《周易》《易经》。儒家经典之一。亢龙有悔：语出《易·乾》。亢龙，比喻地位很高的人。(76)延：邀请。坐：通“座”。(77)上客：上等宾客。

后数日，入朝，言于秦昭王曰：“客新有从山东来者曰蔡泽，其人辩士，明于三王之事，五伯之业，世俗之变，足以寄秦国之政[①]。臣之见人甚众，莫及，臣不如也。臣敢以闻。”秦昭王召见，与语，大说之，拜为客卿。应侯因谢病请归相印[②]。昭王强起应侯[③]，应侯遂称病笃[④]，范雎免相，昭王新说蔡泽计画[⑤]，遂拜为秦相，东收周室[⑥]。

【注释】

①寄：付托；委托。②谢病：托病请求退职。③强（qiǎng）：勉强。④病笃：病重。⑤计画：计虑，谋划。⑥周室：周王朝廷。

蔡泽相秦数月，人或恶之，惧诛，乃谢病归相印，号为纲成君。居秦十余年，事昭王、孝文王、庄襄王[①]。卒事始皇帝，为秦使于燕，三年而燕使太子丹入质于秦[②]。

【注释】

①孝文王：嬴柱。公元前250年在位。庄襄王：嬴异人。前249—前247年在位。②燕太子丹：燕王喜的太子，燕王喜二十八年（前227年），派荆轲刺杀秦始皇不中，逃奔到辽东，被燕王喜斩首献给秦国。质：人质。

太史公曰：韩子称“长袖善舞，多钱善贾[①]”，信哉是言也！范雎、蔡泽世所谓一切辩士[②]，然游说诸侯至白首无所遇者，非计策之拙，所为说力少也[③]。及二人羁旅入秦，继踵取卿相[④]，垂功于天下者[⑤]，固强弱之势异也。然士亦有偶合贤者多如此二子，不得尽意⑥，岂可胜道哉⑦！然二子不困厄，恶能激乎？

【注释】

①韩子：韩非。见《韩非列传》。②一切：一般。③说力：说服力；游说效果。④继踵：相继；接连。⑤垂功：功绩流传。⑥尽意：尽量施展才能。⑦胜（shēng）：尽。

乐毅列传第二十

乐毅者，其先祖曰乐羊①。乐羊为魏文侯将②，伐取中山③，魏文侯封乐羊以灵寿④。乐羊死，葬于灵寿，其后子孙因家焉⑤。中山复国，至赵武灵王时复灭中山⑥，而乐氏后有乐毅。

【注释】

①乐（yuè）羊：一作乐阳。②魏文侯：魏斯。战国时魏国开国君主。③中山：国名，又名鲜虞。在今河北省正定县东北。④灵寿：邑名。原属中山。在今河北省灵寿县西北。⑤家：居住。动词。⑥赵武灵王（？—前295年）：赵雍。前325—前299年在位。详见《赵世家》。

乐毅贤，好兵①，赵人举之②。及武灵王有沙丘之乱③，乃去赵适魏。闻燕昭王以子之乱而齐大败燕④，燕昭王怨齐⑤，未尝一日而忘报齐也⑥。燕国小，辟远⑦，力不能制⑧，于是屈身下士⑨，先礼郭隗以招贤者⑩。乐毅于是为魏昭王使于燕⑪，燕王以客礼待之。乐毅辞让，遂委质为臣⑫，燕昭王以为亚卿⑬，久之。

【注释】

①兵：军事。②举：推荐；选拔。③沙丘之乱：先是赵武灵王废长子赵章而立中子赵何为王，这就是赵惠文王。④燕昭王：燕王哙的儿子。前311—前279年在位。《燕召公世家》谓为公子平，《赵世家》谓为公子职。⑤怨：仇恨。⑥报：报仇。⑦辟：同"僻"。偏僻。⑧制：制服。⑨屈身：降低身份。⑩先礼郭隗（wěi）：燕昭王即位后，问郭隗怎样才能招徕贤士。这样，乐毅、邹衍、剧辛等相继来到。⑪魏昭王：魏遫。前295—前277年在位。⑫委质：古代臣子向君主献礼，表示献身。委，交付。质，通"贽"，初次拜见别人所带的礼物。⑬亚卿：次于正卿的官位。

当是时，齐湣王强①，南败楚相唐眜于重丘②，西摧三晋于观津③，遂与三晋击秦，助赵灭中山，破宋④，广地千余里⑤。与秦昭王争重为帝⑥，已而复归之⑦。诸侯皆欲背秦而服于齐。湣王自矜⑧，百姓弗堪。于是燕昭王问伐齐之事。乐毅对曰："齐，霸国之余业也⑨，地大人众，未易独攻也。王必欲伐之，莫如与赵及楚、魏⑩。"于是使乐毅约赵惠文王，别使连楚、魏⑪，令赵啖秦以伐齐之利⑫。诸侯害齐湣王之骄暴⑬，皆争合从与燕伐齐⑭。乐毅还报，燕昭王悉起兵⑮，使乐毅为上将军⑯，赵惠文王以相国印授乐毅。乐毅于是并护赵、楚、韩、魏、燕之兵以伐齐⑰，破之济西⑱。诸侯兵罢归⑲，而燕军乐毅独追，至于临菑⑳。齐湣王之败济西，亡走，保于莒㉑。乐毅独留徇齐㉒，齐皆城守㉓。乐毅攻入临菑，尽取齐宝财物祭器输之燕㉔。燕昭王大说㉕，亲至济上劳军㉖，行赏飨士㉗，封乐毅于昌国㉘，号为昌国君。于是燕昭王收齐卤获以归㉙，而使乐毅复以兵平齐城之不下者。

【注释】

①齐湣王：一作齐闵王、齐愍王。田地。前323—前284年在位。②唐眛(mò)：楚将。重丘：楚地名。在今河南省泌阳县东北。③三晋：指由原晋国分出的韩、赵、魏三国，有时也可任指其中的两国或一国。观津：赵地名。在今河北省武邑县东南。④宋：国名。地在今河南省东部和山东、江苏、安徽三省交界地区，建都商丘(今河南省商丘市南)。前286年被齐国灭亡。⑤广：扩张。⑥争重为帝：在诸侯中争取帝位的尊贵称号。⑦已而复归之：齐湣王称帝两个月后，听从苏代的意见，把帝号归还秦国，仍旧称王。⑧自矜(jīn)：自负。⑨余业：遗留的基业。⑩与：联合；结交。⑪别：另外。⑫啗(dàn)：劝诱。啗，通"啖"。⑬害：灾祸。以动用法。⑭合从(zōng)：多国联合攻伐一国。⑮悉：全部；尽其所有。⑯上将军：最高的军事将领。⑰并护：统一率领。⑱济西：济水以西。当时齐国的西北境，即今山东省西部的聊城市一带。⑲罢：停止战斗；撤退。⑳临菑：齐都城。在今山东省淄博市南。㉑莒(jǔ)：齐邑名。在今山东省莒县。㉒徇：占据地盘。㉓城守：据城防守。㉔祭器：祭祀用的礼器。输：运送。㉕说(yuè)：通"悦"。㉖济上：济水边上。㉗飨(xiǎng)：用酒食款待人。㉘昌国：齐邑名。㉙卤(lǔ)：通"掳"。掠夺。

乐毅留徇齐五岁，下齐七十余城，皆为郡县以属燕，唯独莒、即墨未服①。会燕昭王死②，子立为燕惠王③。惠王自为太子时尝不快于乐毅，及即位，齐之田单闻之④，乃纵反间于燕⑤，曰："齐城不下者两城耳。然所以不早拔者⑥，闻乐毅与燕新王有隙⑦，欲连兵且留齐⑧，南面而王⑨。齐之所患，唯恐他将之来。"于是燕惠王固已疑乐毅，得齐反间，乃使骑劫代将⑩，而召乐毅。乐毅知燕惠王之不善代之⑪，畏诛，遂西降赵。赵封乐毅于观津，号曰望诸君⑫。尊宠乐毅以警动于燕、齐⑬。

【注释】

①即墨：齐邑名。在今山东省平度市东南。②会：恰巧。③燕惠王：前278—前272年在位。④田单：齐将。临菑人。⑤纵：置；放。⑥拔：攻克。⑦有隙：感情上有裂痕。⑧连兵：把战争拖延下丢，保持战争状态。⑨南面：古代以面向南为尊位。王(wàng)：统治。动词。⑩骑劫：燕将。将：任将统兵。动词。⑪不善：不怀善意。⑫望诸：齐泽名。在今河南省商丘市东北。⑬警动：震动。

齐田单后与骑劫战，果设诈诳燕军①，遂破骑劫于即墨下，而转战逐燕②，北至河上③，尽复得齐城。而迎襄王于莒④，入于临菑。

【注释】

①设诈：采用欺骗的计谋。诳(kuáng)：迷惑；欺骗。②转战：辗转战斗。③河上：黄河边上，当时齐国的北界。④襄王：田法章。

燕惠王后悔使骑劫代乐毅，以故破军亡将失齐^①；又怨乐毅之降赵，恐赵用乐毅而乘燕之弊以伐燕^②。燕惠王乃使人让乐毅^③，且谢之曰^④："先王举国而委将军^⑤，将军为燕破齐，报先王之雠，天下莫不震动，寡人岂敢一日而忘将军之功哉！会先王弃群臣^⑥，寡人新即位，左右误寡人^⑦。寡人之使骑劫代将军，为将军久暴露于外^⑧，故召将军休^⑨，且计事^⑩。将军过听^⑪，以与寡人有隙，遂捐燕归赵^⑫。将军自为计则可矣^⑬，而亦何以报先王之所以遇将军之意乎^⑭？"乐毅报遗燕惠王书曰^⑮：

【注释】

①亡将：指骑劫被杀死。失齐：丢失了曾经占领过的齐国土地。②弊：败；疲困。③让：责备。④谢：表示歉意。⑤举国：整个国家。委：委托。⑥弃群臣：丢弃群臣。⑦误：欺骗；蒙蔽。⑧暴（pù）露：日晒雨淋，风餐露宿。⑨休：休息；休假。⑩计：计议；商量。事：国家大事。⑪过听：错听；误听。⑫捐：舍弃；丢下。⑬自为计：即"为自计"。⑭遇：待；款待。⑮报：回答。遗（wèi）：送给。

臣不佞^①，不能奉承王命^②，以顺左右之心^③，恐伤先王之明^④，有害足下之义^⑤。故遁逃走赵。今足下使人数之以罪^⑥，臣恐侍御者不察先王之所以畜幸臣之理^⑦，又不白臣之所以事先王之心^⑧，故敢以书对^⑨。

【注释】

①不佞（nìng）：不肖；不才。谦辞。②奉承：遵照；接受。③顺：顺从；顺遂。④伤：伤害。⑤足下：称对方的敬辞。义：道义。⑥数（shǔ）：列举罪状；责问。⑦侍御者：侍从人员。畜（xù）：饲养，这里是"任用"的意思。幸：亲幸；爱护。⑧白：明白。⑨敢：冒昧；大胆地。谦辞。对：回答。

臣闻贤圣之君不以禄私亲^①，其功多者赏之，其能当者处之^②。故察能而授官者^③，成功之君也；论行而结交者^④，立名之士也^⑤。臣窃观先王之举也^⑥，见有高世主之心^⑦，故假节于魏，以身得察于燕^⑧。先王过举^⑨，厕之宾客之中^⑩，立之群臣之上，不谋父兄^⑪，以为亚卿。臣窃不自知，自以为奉令承教^⑫，可幸无罪^⑬，故受令而不辞。

【注释】

①禄：俸禄。私：偏心；偏向。动词。亲：亲信。②能：能力；才干。处：安排。③察：考察。④论：衡量；评论。行（xìng）：德行。⑤立名：树立名声。⑥举：选用。⑦见：上句有"窃观"，这里不应再用"见"字。世主：当世的一般君主。⑧故假节于魏，以身得察于燕：乐毅是借外交使臣的身份由魏国到燕国的，所以说"假节于魏"。假，借，利用。⑨过举：错误地提拔。⑩厕：置；安排。⑪父兄：指王族大臣。当时国君有重大措施，都要与父兄辈的亲族大臣一同商议。⑫奉令承教：奉行命令，接受任务。⑬幸：侥幸。

先王命之曰："我有积怨深怒于齐^①，不量轻弱^②，而欲以齐为事^③。"臣曰："夫齐，霸国之余业而最胜之遗事也^④。练于兵甲^⑤，习于战攻。王若欲伐之，必与天下图之^⑥。与天下图之，莫若结于赵。且又淮北、宋地^⑦，楚、魏之所欲也，赵若许而约四国攻之^⑧，齐可大破也。"先王以为然，具符节南使臣于赵^⑨。顾反命^⑩，起兵击齐。以天之道^⑪，先王之灵^⑫，河北之地随先王而举之济上^⑬。济上之军受命击齐⑭，大败齐人。轻卒锐兵，长驱至国⑮。齐王遁而走莒，仅以身免⑯，珠玉财宝车甲珍器尽收入于燕。齐器设于宁台⑰，大吕陈于元英⑱，故鼎反乎历室⑲，蓟丘之植植于汶篁⑳，自五伯已来㉑，功未有及先王者也。先王以为慊于志㉒，故裂地而封之㉓，使得比小国诸侯㉔。臣窃不自知，自以为奉命承教，可幸无罪，是以受命不辞。

【注释】

①积怨深怒：深仇大恨。公元前314年，齐国大败燕国，燕王哙及子被杀的仇一直未报，所以称"积怨深怒"。②量：估量；考虑。③事：任务；工作。④最胜：常胜。遗事：与"余业"同。⑤练：熟悉；擅长。下句的"习"，意思与此相同。⑥图：图谋；对付。⑦淮北：淮河以北地区。即今安徽省东北部和江苏省西北部一带。这些地区靠近楚国。宋地：原来宋国的地盘。这些地区邻近魏国。⑧四国：指赵、楚、燕、魏四国。⑨具：准备好。⑩顾：返，还。反命：复命；执行命令后回报。反，通"返"。⑪以：依；托。道：导；助。⑫灵：威灵；威望。⑬河北之地：指黄河以北的燕国失地以及济水以西、以北的齐国土地；一说指黄河以北的赵、魏等国。举：全部。⑭济上之军：指在济上会合的各国联军。⑮长驱：军队以不可阻挡之势向远方挺进。国：国都。⑯免：逃避。⑰器：指宗庙祭器。宁台：燕国的台名。在今北京市西。⑱大吕：齐国的钟名。代指齐国庙堂的乐器。陈：陈列。元英：燕国宫殿名。在宁台附近。⑲故鼎：燕国原有的鼎，燕王哙时被齐国掠去。历（lì）室：燕国宫殿名。在宁台附近。⑳蓟（jì）丘：也称"蓟门"。燕国国都。第二个"植"，种植。动词。汶（wèn）：汶水。发源于今山东省莱芜市东北，至梁山附近流入济水。篁（huáng）：泛指竹子。㉑五伯（bà）：即五霸。已：通"以"。㉒慊（qiè）：满足；惬意。㉓裂地：分地。指将昌国赐封乐毅的事。㉔比：相等；相当。

臣闻贤圣之君，功立而不废①，故著于《春秋》②；蚤知之士③，名成而不毁，故称于后世。若先王之报怨雪耻，夷万乘之强国④，收八百岁之蓄积⑤，及至弃群臣之日，余教未衰⑥，执政任事之臣⑦，修法令⑧，慎庶孽⑨，施及乎萌隶⑩，皆可以教后世。

【注释】

①废：败坏；衰落。②著：记载。《春秋》：这里指一般的历史书。③蚤知：有先见之明。蚤，通"早"。④夷：削平。⑤八百岁：齐国于公元前1065年建国，到前284年乐毅破齐，相距七百八十一年。蓄积：指前文所说的"珠玉财宝车甲珍器"。⑥余教：指燕昭王遗留下来的政策、法令。⑦执政任事：掌握政策，管理政事。⑧修：修理；整顿。⑨慎：谨慎地安置。⑩施（yì）：延续。乎：通"于"。萌（máng）隶：平民百姓。萌，通"氓"，民众。

臣闻之，善作者不必善成①，善始者不必善终。昔伍子胥说听于阖闾②，而吴王远迹至郢③；夫差弗是也④，赐之鸱夷而浮之江⑤。吴王不寤先论之可以立功⑥，故沉子胥而不悔；子胥不蚤见主之不同量⑦，是以至于入江而不化⑧。

【注释】

①作：兴起；起始。②伍子胥（？—前484年）：详见《伍子胥列传》。③远迹至郢：指吴王阖闾九年（前506年），出兵攻破楚国郢都之事。④夫差：吴王阖闾的儿子。⑤鸱（chī）夷：也作"鸱鹕"。皮革制成的口袋。⑥寤（wù）：

通"悟"。明白；了解。⑦主：指阖闾和夫差。不同量：指阖闾和夫差两人的器量和才德不相同。⑧不化：不变。

夫免身立功①，以明先王之迹②，臣之上计也③。离毁辱之诽谤④，堕先王之名⑤，臣之所大恐也⑥。临不测之罪⑦，以幸为利⑧，义之所不敢出也⑨。

【注释】

①免身：使自身不受灾祸。免，使动用法。②迹：心迹；心意。③上计：上等计策；最高理想。④离：通"罹"。遭受。⑤堕（huī）：通"隳"。毁坏。⑥所大恐：最可怕、最不希望出现的事。⑦临：面对。测：预测；猜度。⑧以幸为利：指燕惠王担心赵国重用乐毅，乘燕国吃败仗的时候去攻打燕国的事。⑨义：道义。不敢：不能；不会。表示自谦。

臣闻古之君子，交绝不出恶声①；忠臣去国，不絜其名②。臣虽不佞，数奉教于君子矣。恐侍御者之亲左右之说，不察疏远之行③，故敢献书以闻，唯君王之留意焉。

【注释】

①交绝：友情断绝。②絜：干净；洗净。动词。③疏远：被疏远的人，指乐毅自己。

于是燕王复以乐毅子乐间为昌国君；而乐毅往来复通燕①，燕、赵以为客卿②。乐毅卒于赵。

【注释】

①通：往来；交接。②客卿：聘请他国的人做卿叫客卿。

乐间居燕三十余年，燕王喜用其相栗腹之计①，欲攻赵，而问昌国君乐间。乐间曰："赵，四战之国也②，其民习兵③，伐之不可。"燕王不听，遂伐赵。赵使廉颇击之，大破栗腹之军于鄗④，禽栗腹、乐乘⑤。乐乘者，乐间之宗也⑥。于是乐间奔赵，赵遂围燕。燕重割地以与赵和⑦，赵乃解而去⑧。

【注释】

①燕王喜：姬燕。燕国末代国君，前254—前222年在位。②四战之国：四面平坦，无险可守，容易受攻击的国家。③习兵：熟悉军事。④廉颇：赵国名将。鄗（hào）邑：赵邑名。⑤禽：通"擒"。⑥宗：同族；同祖。⑦重：多；大量地。⑧解：解除。

燕王恨不用乐间①，乐间既在赵，乃遗乐间书曰："纣之时②，箕子不用③，犯谏不怠④，以冀其听；商容不达⑤，身只辱焉，以冀其变。及民志不入⑥，狱囚自出⑦，然后二子退隐⑧。故纣负桀暴之累⑨，二子不失忠圣之名⑩。何者？其忧患之尽矣。今寡人虽愚，不若纣之暴也；燕民虽乱，不若殷民之甚也⑪。室有语，不相尽，以告邻里⑫。二者⑬，寡人不为君取也。"

【注释】

①恨：悔恨；遗憾。②纣（zhòu）：商朝末代君主。③箕子：商纣王叔父。任太师，封于箕（今山西省太谷县东南）。④犯：触犯；冒犯。⑤商容：商代贵族，因直谏纣王被罢黜。不达：不显达。指商容被罢黜。⑥民志不入：人民离心离德。

⑦狱囚自出：政治紊乱，法制败坏，以致囚犯从监狱中逃跑出来。⑧二子：指箕子和商容。⑨负：担当。桀（jié）暴：残暴无道。累（lèi）：负担；损失，麻烦。⑩忠：忠诚。⑪殷：商王盘庚从奄（今山东省曲阜市）迁到殷（今河南省安阳市西北小屯村），因而商也称为殷。⑫室有语不相尽以告邻里：当时谚语。⑬二者：一是指乐间未能像箕子、商容那样直谏；二是指乐间轻易离开燕国，投奔赵国。

　　乐间、乐乘怨燕不听其计，二人卒留赵。赵封乐乘为武襄君。

　　其明年，乐乘、廉颇为赵围燕，燕重礼以和，乃解。后五岁，赵孝成王卒①。襄王使乐乘代廉颇②。廉颇攻乐乘，乐乘走，廉颇亡入魏。其后十六年而秦灭赵。

【注释】

　　①赵孝成王：赵丹。赵惠文王的儿子。前266—前245年在位。②襄王：《赵世家》《六国年表》均作"悼襄王"。赵偃。

　　其后二十余年，高帝过赵①，问："乐毅有后世乎？"对曰："有乐叔。"高帝封之乐乡②，号曰华成君。华成君，乐毅之孙也。而乐氏之族有乐瑕公、乐臣公，赵且为秦所灭③，亡之齐高密④。乐臣公善修黄帝、老子之言⑤，显闻于齐⑥，称贤师。

【注释】

　　①高帝：指汉高帝刘邦。②乐乡：县名。在今河北省清苑县东南。③且：将。④高密：齐邑名。在今山东省高密市西南。⑤修：研究；学习。⑥显闻：出名。

　　太史公曰：始齐之蒯通及主父偃读乐毅之报燕王书①，未尝不废书而泣也②。乐臣公学黄帝、老子，其本师号曰河上丈人③，不知其所出。河上丈人教安期生④，安期生教毛翕公⑤，毛翕公教乐瑕公，乐瑕公教乐臣公，乐臣公教盖公⑥，盖公教于齐高密、胶西⑦，为曹相国师⑧。

【注释】

　　①蒯（kuǎi）通：本名蒯彻，因避汉武帝刘彻讳，改为蒯通。主父偃：西汉临菑人，学纵横术。②废：放下。③本师：即宗师，有嫡系师承关系的祖师。河上丈人：战国末年人，也称河上公。姓名不详。据说曾经注释过《老子》。④安期生：瑯琊（今山东省胶南市）人。在海边卖药，人们称为千岁公。⑤毛翕（xī）公：人名。⑥盖公：汉初人，为当时道家的著名人物。⑦胶西：郡名。⑧曹相国：曹参。

廉颇蔺相如列传第二十一

　　廉颇者，赵之良将也。赵惠文王十六年，廉颇为赵将，伐齐，大破之，取阳晋①，拜为上卿②，以勇气闻于诸侯③。蔺相如者，赵人也，为赵宦者令缪贤舍人④。

【注释】

①阳晋：齐邑名。在今山东省郓城县西。②拜：授予官职、爵位。③闻名；出名。④宦者令：宦官的头目。缪（miào）：姓。舍人：家臣。

赵惠文王时，得楚和氏璧①。秦昭王闻之，使人遗赵王书②，愿以十五城请易璧③。赵王与大将军廉颇诸大臣谋④：欲予秦⑤，秦城恐不可得，徒见欺⑥；欲勿予，即患秦兵之来⑦。计未定，求人可使报秦者⑧，未得。宦者令缪贤曰："臣舍人蔺相如可使。"王问："何以知之？"对曰："臣尝有罪，窃计欲亡走燕，臣舍人相如止臣⑨曰：'君何以知燕王？'臣语曰⑩：'臣尝从大王与燕王会境上⑪，燕王私握臣手曰，'愿结友'，以此知之，故欲往。相如谓臣曰：'夫赵强而燕弱，而君幸于赵王⑫，故燕王欲结于君。今君乃亡赵走燕，燕畏赵，其势必不敢留君，而束君归赵矣⑬。君不如肉袒伏斧质请罪⑭，则幸得脱矣⑮。'臣从其计，大王亦幸赦臣⑯。臣窃以为其人勇士，有智谋，宜可使⑰。"于是王召见，问蔺相如曰："秦王以十五城请易寡人之璧，可予不⑱？"相如曰："秦强而赵弱，不可不许。"王曰："取吾璧，不予我城，奈何？"相如曰："秦以城求璧而赵不许，曲在赵⑲；赵予璧而秦不予赵城，曲在秦。均之二策⑳，宁许以负秦曲㉑。"王曰："谁可使者？"相如曰："王必无人㉒，臣愿奉璧往使㉓。城入赵而璧留秦；城不入，臣请完璧归赵㉔。"赵王于是遂遣相如奉璧西入秦。

【注释】

①和氏璧：楚国人卞和发现的一块宝玉，经雕琢成的璧。②遗（wèi）：送给。③易：交换。④大将军：最高的武官名。谋：商议。⑤予：给予。⑥徒：白白地。⑦患：忧虑；担心。⑧报：回答。⑨止：阻止。⑩语（yù）：告诉。⑪境上：指赵国边境。⑫幸：宠幸。⑬束：捆绑。⑭肉袒（tǎn）：脱去上衣，露出肩膊。古代在祭祀或谢罪时表示恭敬或惶恐。斧质：也作"铁锧"或"斧锧"。古代杀人的刑具。⑮幸：侥幸；幸而。脱：免。⑯幸：这里含有"施恩""开恩"的意思。赦（sè）：免罪。⑰宜：应该。⑱不（fǒu）：通"否"。⑲曲：理亏。⑳均：比较；衡量。㉑负：承担。㉒必：果真；如果。㉓奉：通"捧"。㉔完：完整。

秦王坐章台见相如①，相如奉璧奏秦王②。秦王大喜，传以示美人及左右③，左右皆呼万岁。相如视秦王无意偿赵城，乃前曰④："璧有瑕⑤，请指示王。"王授璧，相如因持璧却立⑥，倚柱，怒发上冲冠⑦，谓秦王曰："大王欲得璧，使人发书至赵王，赵王悉召群臣议，皆曰：'秦贪，负其强⑧，以空言求璧，偿城恐不可得。'议不欲予秦璧⑨。臣以为布衣之交尚不相欺⑩，况大国乎？且以一璧之故逆强秦之欢⑪，不可。于是赵王乃斋戒五日⑫，使臣奉璧，拜送书于庭⑬。何者？严大国之威以修敬也⑭。今臣至，大王见臣列观⑮，礼节甚倨⑯，得璧，传之美人，以戏弄臣。臣观大王无意偿赵王城邑，故臣复取璧。大王必欲急臣⑰，臣头今与璧俱碎于柱矣！"相如持其璧睨柱⑱，欲以击柱。秦王恐其破璧，乃辞谢固请⑲，召有司案图⑳，指从此以往十五都予赵㉑。相如度秦王特以诈详为予赵城㉒，实不可得，乃谓秦王曰："和氏璧，天下所共传宝也㉓，赵王恐，不敢不献。赵王送璧时斋戒五日。今大王亦宜斋戒五日，设九宾于廷㉔，臣乃敢上璧。"秦王度之，终不可强夺，遂许斋五日，舍相如广成传舍㉕。相如度秦王虽斋，决负约不偿城，乃使其从者衣褐㉖，怀其璧，从径道亡㉗，归璧于赵。

【注释】

①章台：秦国离宫的台名。②奏：呈献；进献。③传：传递。示：给人看。美人：妃嫔。④前：走上前。动词。⑤瑕（xiá）：玉的斑点。⑥却：退。⑦怒发上冲冠：因愤怒而使头发竖起，冲动了帽子。夸张的说法。上：向上竖起。⑧负：凭借；倚仗。⑨议：讨论；商量。⑩布衣之交：老百姓之间的互相往来。布衣，平民。⑪逆：违背；触犯。⑫斋戒：古代祭祀前，主祭人必须在前几天沐浴、更衣、独宿、戒酒、戒荤等，称为斋戒，表示对神的虔诚。这里说赵王斋戒，表示对送玉这件事十分重视。⑬拜：叩拜。书：国书，指赵王的复信。⑭严：尊重。修敬：表示敬意。⑮列观（guàn）：一般的宫殿，这里指章台。观，建筑物的一种。即阙，两宫门之间的空隙。高台上建的敞屋（榭），也叫观。⑯倨（jù）：傲慢。⑰急：逼迫。⑱睨（nì）：斜视。⑲辞谢：婉言道歉。⑳有司：古代设官分职，各有专司，因此称官吏为有司。案：通"按"。指划。㉑以往：从这里到那里，指地点。㉒特：只；不过。详（yáng）：通"佯"。装作。㉓共传：共同传诵，即公认的意思。㉔九宾：古代举行朝会大典时用的极隆重的礼节。由九个迎宾人员站在朝堂，依次传呼接引使者上殿。㉕舍：安置住宿。动词。广成：宾馆的名称。传（zhuàn）：招待宾客的馆舍。㉖衣（yì）：穿。动词。褐：粗布衣服。㉗径道：小路，便道。

秦王斋五日后，乃设九宾礼于廷，引赵使者蔺相如①。相如至，谓秦王曰："秦自缪公以来二十余君②，未尝有坚明约束者也③。臣诚恐见欺于王而负赵④，故令人持璧归，间至赵矣⑤。且秦强而赵弱，大王遣一介之使至赵⑥，赵立奉璧来⑦。今以秦之强而先割十五都予赵，赵岂敢留璧而得罪于大王乎？臣知欺大王之罪当诛，臣请就汤镬⑧。唯大王与群臣孰计议之⑨。"秦王与群臣相视而嘻⑩。左右或欲引相如去⑪，秦王因曰："今杀相如，终不能得璧也，而绝秦赵之欢，不如因而厚遇之⑫，使归赵，赵王岂以一璧之故欺秦邪⑬？"卒廷见相如⑭，毕礼而归之⑮。

【注释】

①引：延请。②缪公：即秦穆公，嬴任好。前659—前621年在位。③坚明：坚守；恪守。动词。约束：盟约。名词。④负：辜负；对不起。⑤间（jiàn）：间道；小路。名词作状语。一说，间（jiān）：顷刻；一会儿。⑥一介：一人。介，通"芥"。⑦立：立刻。⑧就汤镬（huò）：受汤镬之刑。汤，沸水。镬，古代煮食物的一种大锅。⑨唯：用在主语前，表希望语气。助词。孰：通"熟"。仔细。⑩嘻：惊呼声。这里作动词用。⑪引：拉；牵。⑫厚：优厚。遇：待；款待。⑬邪：通"耶"。⑭卒：终于。⑮归：使动用法。

相如既归，赵王以为贤大夫，使不辱于诸侯①，拜相如为上大夫②。秦亦不以城予赵，赵亦终不予秦璧。

【注释】

①使：出使。②上大夫：大夫中最高的官阶，仅比卿低一级。

其后秦伐赵，拔石城①。明年，复攻赵，杀二万人。

【注释】

①石城：赵邑名。在今河南省林县西南。

秦王使使者告赵王，欲与王为好，会于西河外渑池①。赵王畏秦，欲毋行②。

廉颇、蔺相如计曰："王不行，示赵弱且怯也。"赵王遂行，相如从。廉颇送至境，与王诀曰③："王行，度道里会遇之礼毕④，还，不过三十日。三十日不还，则请立太子为王，以绝秦望。"王许之，遂与秦王会渑池。秦王饮酒酣，曰："寡人窃闻赵王好音⑤，请奏瑟⑥。"赵王鼓瑟⑦。秦御史前书曰："某年月日⑧，秦王与赵王会饮，令赵王鼓瑟。"蔺相如前曰："赵王窃闻秦王善为秦声⑨，请奉盆缶秦王⑩，以相娱乐。"秦王怒，不许。于是相如前进缶⑪，因跪请秦王。秦王不肯击缶。相如曰："五步之内，相如请得以颈血溅大王矣！"左右欲刃相如⑫，相如张目叱之⑬，左右皆靡⑭。于是秦王不怿⑮，为一击缶。相如顾召赵御史书曰："某年月日⑯，秦王为赵王击缶。"秦之群臣曰："请以赵十五城为秦王寿⑰。"蔺相如亦曰："请以秦之咸阳为赵王寿。"秦王竟酒⑱，终不能加胜于赵⑲。赵亦盛设兵以待秦⑳，秦不敢动。

【注释】

①好会：和平友好相会，非军事会盟。渑（miǎn）池：秦城名。在今河南省渑池县西。②毋行：不要去。③诀：诀别；长别。④道里：路程。会遇之礼：两国君主见面和会谈的礼节。⑤好（hào）音：爱好音乐。⑥瑟：古拨弦乐器名。形状像琴，有二十五根弦。⑦鼓：弹，动词。⑧御史：官名。⑨秦声：秦地乐曲。⑩盆缶（fǒu）：盛酒浆的瓦质容器。⑪前进：走上去奉献。连动结构。⑫刃：杀，动词。⑬张目：睁大眼睛。叱：大声呵斥。⑭靡：披靡，溃散。⑮怿（yì）：高兴；喜悦。⑯顾：回头。⑰寿：向人进酒或献礼。⑱竟酒：宴会完毕。⑲加胜：取胜；压倒。⑳盛：多；大量。

既罢，归国①，以相如功大，拜为上卿②，位在廉颇之右③。廉颇曰："我为赵将，有攻城野战之大功④，而蔺相如徒以口舌为劳⑤，而位居我上，且相如素贱人⑥，吾羞，不忍为之下⑦！"宣言曰⑧："我见相如，必辱之。"相如闻，不肯与会。相如每朝时，常称病，不欲与廉颇争列⑨。已而相如出⑩，望见廉颇，相如引车避匿⑪。于是舍人相与谏曰⑫："臣所以去亲戚而事君者，徒慕君之高义也⑬。今君与廉颇同列，廉君宣恶言，而君畏匿之，恐惧殊甚⑭。且庸人尚羞之⑮，况于将相乎？臣等不肖，请辞去。"蔺相如固止之⑯，曰："公之视廉将军孰与秦王⑰？"曰："不若也。"相如曰："夫以秦王之威，而相如廷叱之，辱其群臣，相如虽驽⑱，独畏廉将军哉？顾吾念之⑲，强秦之所以不敢加兵于赵者，徒以吾两人在也。今两虎共斗，其势不俱生⑳。吾所以为此者，以先国家之急而后私仇也㉑。"廉颇闻之，肉袒负荆㉒，因宾客至蔺相如门谢罪㉓。曰："鄙贱之人㉔，不知将军宽之至此也㉕！"卒相与欢，为刎颈之交㉖。

【注释】

①罢：停止；结束。②以：因为；由于。③右：上。古代位次以右为尊。④野战：在要塞和城市以外广大地区作战。⑤口舌：言语。劳：功劳。⑥素：本来；向来。⑦不忍：不能忍受；不甘心。⑧宣言：扬言。⑨争列：争位次的先后。列，位次。⑩已而：过了一些时候。⑪引车：把车子调转方向。引，退。⑫相与：共同；一起。⑬高义：崇高的正义行为或正义感。⑭殊：很；极。甚：过分。⑮庸人：平常人；普通人。⑯固止：坚决劝阻；再三劝阻。⑰孰与：何如。表示比较和选择。⑱驽（nú）：劣马。引申为愚笨、无能的意思。⑲顾：但；不过。⑳俱生：共存。㉑先：以……为先。后：以……为后。以动用法。㉒负荆：背着荆条，表示愿受责罚。荆，灌木名。㉓因：通过；经由。㉔鄙贱：庸俗、卑鄙。㉕将军：指蔺相如。

㉖刎颈之交：同生死共患难的朋友。刎颈，割颈。

是岁①，廉颇东攻齐，破其一军。居二年②，廉颇复伐齐几③，拔之。后三年，廉颇攻魏之防陵、安阳④，拔之。后四年，蔺相如将而攻齐，至平邑而罢⑤。其明年，赵奢破秦军阏与下⑥。

【注释】

①是：此；这。②居：过了。③几：邑名。在今河北省大名县东南。④防陵：魏地名。在今河南省安阳市西南。安阳：魏地名。在今河南省安阳市西南。⑤平邑：赵地名。⑥阏（yù）与：赵地名。

赵奢者，赵之田部吏也①。收租税而平原君家不肯出，赵奢以法治之，杀平原君用事者九人②。平原君怒，将杀奢。奢因说曰③："君于赵为贵公子，今纵君家而不奉公则法削④，法削则国弱，国弱则诸侯加兵，诸侯加兵是无赵也，君安得有此富乎？以君之贵，奉公如法则上下平⑤，上下平则国强，国强则赵固⑥，而君为贵戚，岂轻于天下邪⑦？"平原君以为贤，言之于王。王用之治国赋⑧，国赋大平，民富而府库实。

【注释】

①田部吏：征收田赋的低级官吏。②用事者：管事的人。③说（shuì）：劝说。④纵：纵容；放任。⑤如法：按照法令。平：公平；平等。⑥固：稳固；巩固。⑦轻：轻视。⑧国赋：国家赋税。

秦伐韩，军于阏与①。王召廉颇而问曰："可救不？"对曰："道远险狭②，难救。"又召乐乘而问焉③，乐乘对如廉颇言④。又召问赵奢，奢对曰："其道远险狭，譬之犹两鼠斗于穴中，将勇者胜。"王乃令赵奢将，救之。

【注释】

①军：军队驻扎。动词。②道远险狭：指从邯郸到阏与，路途遥远，而且在两山之间，艰险狭窄。③乐乘：赵将。详见《乐毅列传》。④如：像；似。

兵去邯郸三十里，而令军中曰："有以军事谏者死。"秦军军武安西①，秦军鼓噪勒兵②，武安屋瓦尽振③。军中候有一人言急救武安④，赵奢立斩之。坚壁⑤，留二十八日不行，复益增垒⑥。秦间来入⑦，赵奢善食而遣之⑧。间以报秦将，秦将大喜曰："夫去国三十里而军不行⑨，乃增垒，阏与非赵地也。"赵奢既已遣秦间，乃卷甲而趋之⑩，二日一夜至，令善射者去阏与五十里而军。军垒成，秦人闻之，悉甲而至⑪。军士许历请以军事谏，赵奢曰："内之⑫。"许历曰："秦人不意赵师至此，其来气盛，将军必厚集其阵以待⑬。不然，必败。"赵奢曰："请受令⑭。"许历曰："请就铁质之诛。"赵奢曰："胥后令邯郸⑮。"许历复请谏，曰："先据北山上者胜，后至者败。"赵奢许诺，即发万人趋之。秦兵后至，争山不得上，赵奢纵兵击之⑯，大破秦军。秦军解而走⑰，遂解阏与之围而归。

【注释】

①武安：赵邑名。在今河北省武安县西南。②鼓噪：擂鼓和呐喊，指军队出战时大张声势。③振：通"震"。震动。④候：侦察敌情的军官。⑤坚壁：坚守营垒。⑥垒：军营四周所筑的堡寨。⑦间（jiàn）：间谍。⑧善食：好好地以饭食款待。⑨国：国都；都城。⑩卷：收起；卸去。趋：快步前进。⑪悉甲：全部武装，即

全军。⑫内（nà）：通"纳"。使进入。⑬厚集：重点集中。⑭受令：接受建议。
⑮胥：通"须"。等待。⑯纵：发；放。⑰解：解除包围。

赵惠文王赐奢号为马服君①，以许历为国尉②。赵奢于是与廉颇、蔺相如同位③。

【注释】

①马服：山名。一名紫山。在今河北省邯郸市西北。②国尉：武官名。即太
尉。③同位：同等地位。

后四年，赵惠文王卒，子孝成王立。七年，秦与赵兵相距长平①，时赵奢已死，
而蔺相如病笃②，赵使廉颇将攻秦，秦数败赵军③，赵军固壁不战。秦数挑战，廉
颇不肯④。赵王信秦之间⑤。秦之间言曰："秦之所恶，独畏马服君赵奢之子赵括
为将耳。"赵王因以括为将，代廉颇。蔺相如曰："王以名使括⑥，若胶柱而鼓
瑟耳⑦。括徒能读其父书传⑧，不知合变也⑨。"赵王不听，遂将之。

【注释】

①距：通"拒"。对抗。长平：城名。在今山西省高平市西北。②病笃：病重。
③数（shuò）：屡次；频繁。④不肯：不理睬。⑤间（jiàn）：指间谍散布的谣言。
⑥名：名声。使：使用。⑦胶柱鼓瑟：瑟上调弦的短木被粘住，音调就不能变化。
⑧书传（zhuàn）：书本；书籍。⑨合变：随机应变。合，符合，适应。

赵括自少时学兵法，言兵事，以天下莫能当①。尝与其父奢言兵事，奢不能难②，
然不谓善③。括母问奢其故，奢曰："兵，死地也④，而括易言之⑤。使赵不将括
即已⑥，若必将之，破赵军者必括也⑦。"及括将行，其母上书言于王曰："括不
可使将。"王曰："何以？"对曰："始妾事其父⑧，时为将，身所奉饭饮而进
食者以十数⑨，所友者以百数⑩，大王及宗室所赏赐者尽以予军吏士大夫⑪，受命
之日，不问家事。今括一旦为将⑫，东向而朝⑬，军吏无敢仰视者，王所赐金帛，
归藏于家，而日视便利田宅可买者买之⑭。王以为何如其父⑮？父子异心，愿王勿
遣。"王曰："母置之⑯，吾已决矣。"括母因曰："王终遣之，即有如不称⑰，
妾得无随坐乎⑱？"王许诺。

【注释】

①当：抵敌。②难（nàn）：驳倒。③谓：以为。④兵：战争。⑤易：轻易。
⑥即已：便罢了。⑦破：失败；毁灭。使动用法。⑧始：当初。事：服事；侍奉。
⑨饭饮：吃喝的东西。数（shǔ）：计算。⑩友：交朋友。动词。⑪宗室：国君
的亲属。士大夫：将帅的佐贰人员。⑫一旦：一朝；一时。⑬东向：古代除正式
坐殿升堂以南向为尊外，一般集会宴饮以东向为尊。⑭日：每天；天天。便利：
方便合适。⑮何如：比起来怎么样。⑯置：放下。⑰称（chèn）：称职。⑱随坐：
连坐；因别人犯罪而受牵连。

赵括既代廉颇，悉更约束①，易置军吏②。秦将白起闻之，纵奇兵③，详败走。
而绝其粮道，分断其军为二，士卒离心。四十余日，军饿，赵括出锐卒自搏战④，
秦军射杀赵括。括军败，数十万之众遂降秦，秦悉坑之⑤。赵前后所亡凡四十五万⑥。
明年，秦兵遂围邯郸，岁余，几不得脱⑦。赖楚、魏诸侯来救，乃得解邯郸之围。
赵王亦以括母先言，竟不诛也⑧。

【注释】

①悉：全部。更：更改。约束：规约。指纪律、号令。②易置：撤换。③纵：派遣；派出。④锐卒：精锐的部队。自搏战：亲自带领去搏斗。⑤坑：活埋。动词。⑥所亡：损失的；死亡的。凡：总共。⑦几（jī）：几乎。脱：免。这里指避免亡国的危险。⑧竟：终于。

自邯郸解围五年，而燕用栗腹之谋①，曰"赵壮者尽于长平②，其孤未壮③"，举兵击赵④。赵使廉颇将，击，大破燕军于鄗⑤，杀栗腹，遂围燕。燕割五城请和，乃听之⑥。赵以尉文封廉颇为信平君⑦，为假相国⑧。

【注释】

①栗腹：燕国相国。②壮者：壮丁。③孤：孤儿。壮：成年。④举：兴起。⑤鄗（hào）：赵邑名。⑥听：允许；接受。⑦尉文：邑名。今地不详。一说，尉，官名。文，人名。即以尉文的封地赐封廉颇。⑧假：代理。

廉颇之免长平归也①，失势之时，故客尽去②。及复用为将，客又复至。廉颇曰："客退矣③！"客曰："吁④！君何见之晚也⑤？夫天下以市道交⑥，君有势，我则从君，君无势则去，此固其理也，有何怨乎⑦？"居六年，赵使廉颇伐魏之繁阳⑧，拔之。

【注释】

①免：免除职务。②故客：旧时的门客。③退：退去。④吁（xū）：叹气，表示疑怪。⑤见：见识；明白。晚：迟。⑥以市道交：把市场上的交易关系用到朋友关系上来，有利就聚拢，无利就散开。⑦有：通"又"。⑧繁阳：地名。

赵孝成王卒，子悼襄王立①，使乐乘代廉颇。廉颇怒，攻乐乘，乐乘走。廉颇遂奔魏之大梁。其明年，赵乃以李牧为将而攻燕，拔武遂、方城②。

【注释】

①悼襄王：赵偃。前244—前236年在位。②武遂：燕邑名。在今河北省徐水县西北。方城：燕邑名。在今河北省固安县南。

廉颇居梁久之①，魏不能信用②。赵以数困于秦兵，赵王思复得廉颇，廉颇亦思复用于赵。赵王使使者视廉颇尚可用否。廉颇之仇郭开多与使者金③，令毁之。赵使者既见廉颇，廉颇为之一饭斗米，肉十斤，被甲上马④，以示尚可用。赵使还报王曰："廉将军虽老，尚善饭⑤，然与臣坐，顷之三遗矢矣⑥。"赵王以为老，遂不召。

【注释】

①梁：即魏。前361年，魏惠王迁都大梁，从此魏也被称为梁。②信用：信任使用。③郭开：赵王宠臣。④被（pī）：通"披"。⑤善饭：健饭，指饭量大。⑥遗矢：拉屎。

楚闻廉颇在魏，阴使人迎之①。廉颇一为楚将，无功，曰："我思用赵人②。"廉颇卒死于寿春③。

【注释】

①阴：偷偷地；隐秘地。②思用赵人：愿意统帅指挥赵国的士兵。③寿春：

楚邑名。

　　李牧者，赵之北边良将也。常居代、雁门①，备匈奴②。以便宜置吏③，市租皆输入莫府④，为士卒费。日击数牛飨士⑤，习射骑，谨烽火⑥，多间谍，厚遇战士。为约曰⑦："匈奴即入盗，急入收保⑧，有敢捕虏者斩⑨。"匈奴每入，烽火谨，辄入收保，不敢战。如是数岁，亦不亡失⑩。然匈奴以李牧为怯，虽赵边兵亦以为吾将怯。赵王让李牧⑪，李牧如故。赵王怒，召之，使他人代将。

【注释】

　　①代：郡名。地在今河北省蔚县一带。雁门：郡名。地在今山西省西北部和内蒙古自治区交界地带。②备：防备。匈奴：又称胡。③置：设立；任命。④市租：城市的税收。莫府：即幕府。本是将帅出征时办公的篷帐，后来也称地方军政高级长官的府署。⑤击：杀；斩。飨（xiǎng）：用酒、食款待人。⑥谨：谨慎小心。⑦为约：申明约束；发出号令。⑧收保：收缩入堡，防守。⑨捕虏：捕捉俘虏。⑩亡失：伤亡损失。⑪让：责备。

　　岁余，匈奴每来，出战。出战，数不利，失亡多，边不得田畜①。复请李牧。牧杜门不出②，固称疾③。赵王乃复强起使将兵④。牧曰："王必用臣，臣如前，乃敢奉令⑤。"王许之。

【注释】

　　①田：通"佃"。耕种。动词。畜（xù）：饲养禽兽；畜牧。②杜门：闭门。③称：声言；声称。④强（qiǎng）：强迫；勉强。⑤奉：敬受。

　　李牧至，如故约。匈奴数岁无所得。终以为怯。边士日得赏赐而不用，皆愿一战。于是乃具选车得千三百乘①，选骑得万三千匹②，百金之士五万人③，彀者十万人④，悉勒习战⑤。大纵畜牧，人民满野。匈奴小入，详北不胜⑥，以数千人委之⑦。单于闻之⑧，大率众来入。李牧多为奇陈⑨，张左右翼击之⑩，大破杀匈奴十余万骑。灭襜褴⑪，破东胡⑫，降林胡⑬，单于奔走。其后十余岁，匈奴不敢近赵边城。

【注释】

　　①具：准备。选车：经过挑选的兵车。②选骑：经过挑选的马匹。③百金之士：曾获得百金奖赏的勇士。④彀（gòu）者：能拉硬弓的射手。⑤勒：组织；统率。⑥北：败逃。⑦委：丢弃。⑧单（chán）于：匈奴君主的称号。⑨陈：通"阵"。⑩翼：战阵两侧；左右两军。⑪襜褴（dān lán）：部族名。⑫东胡：部族名。⑬林胡：部族名。

　　赵悼襄王元年，廉颇既亡入魏，赵使李牧攻燕，拔武遂、方城。居二年，庞煖破燕军①，杀剧辛②。后七年，秦破杀赵将扈辄于武遂城，斩首十万。赵乃以李牧为大将军，击秦军于宜安③，大破秦军，走秦将桓齮④。封李牧为武安君⑤。居三年，秦攻番吾⑥，李牧击破秦军，南距韩、魏⑦。

【注释】

　　①庞煖（xuán）：赵将。②剧辛：本是赵国人，后为燕将。③宜安：赵邑名。在今河北省石家庄市东南。④走：赶跑。使动用法。桓齮：即杀扈辄的秦将。⑤武安：赵邑名。在今河北省武安县西南。⑥番（pó）吾：赵地。在今河北灵寿县西南。⑦距：通"拒"。

赵王迁七年①，秦使王翦攻赵②，赵使李牧、司马尚御之。秦多与赵王宠臣郭开金，为反间，言李牧、司马尚欲反。赵王乃使赵葱及齐将颜聚代李牧③。李牧不受命，赵使人微捕得李牧④，斩之。废司马尚⑤。后三月，王翦因急击赵，大破杀赵葱，虏赵王迁及其将颜聚，遂灭赵。

【注释】

①赵王迁：赵迁。悼襄王的儿子。前235—前228年在位。②王翦：秦国名将。③赵葱：赵国的王族。颜聚：原是齐将。后归赵国。④微：暗中察访。⑤废：撤换；罢斥。

太史公曰：知死必勇，非死者难也，处死者难①。方蔺相如引璧睨柱②，及叱秦王左右，势不过诛，然士或怯懦而不敢发③。相如一奋其气，威信敌国④，退而让颇，名重太山⑤，其处智勇⑥，可谓兼之矣！

【注释】

①处死：如何处理、对待死。②方：正当。引：举拔。③发：发作；行动。④信（shēn）：通"伸"。伸张。⑤太山：即泰山。⑥处：对待；运用。

田单列传第二十二

田单者，齐诸田疏属也①。湣王时②，单为临菑市掾③，不见知④。及燕使乐毅伐破齐⑤，齐湣王出奔，已而保莒城⑥。燕师长驱平齐，而田单走安平⑦，令其宗人尽断其车轴末而傅铁笼⑧。已而燕军攻安平，城坏，齐人走，争涂⑨，以轊折车败⑩，为燕所虏，唯田单宗人以铁笼故得脱⑪，东保即墨⑫。燕既尽降齐城，唯独莒、即墨不下⑬。燕军闻齐王在莒，并兵攻之。淖齿既杀湣王于莒⑭，因坚守，距燕军⑮，数年不下。燕引兵东围即墨，即墨大夫出与战⑯，败死。城中相与推田单，曰："安平之战，田单宗人以铁笼得全，习兵⑰。"立以为将军，以即墨距燕。

【注释】

①齐：古国名。②湣王：一作闵王，名地，在位三十年（前313—前284年），后为楚将淖齿所杀。③临菑（zī）：即临淄，齐国国都，在今山东省淄博市东北。掾（yuàn）：属官。④见：被。⑤燕：古国名，公元前11世纪周分封的诸侯国，姬姓，开国君主是召公奭，地在今河北省北部和辽宁省西部。乐毅：战国时燕将，因破齐有功，封于昌国（今山东省淄博市南），号"昌国君"。伐破齐：燕昭王二十八年（前284年），拜乐毅为上将军，统率燕、楚、韩、赵、魏五国之兵，合力攻齐，大败齐军。齐湣王丢下临淄逃跑，七十余城尽降了燕军。⑥莒（jǔ）：莒本春秋时莒国，战国时为齐莒邑，在今山东省莒县。⑦安平：齐邑，故城在今山东省淄博市东北。走：逃跑。⑧宗人：同族的人。傅铁笼：用铁箍箍住。傅，

通"附"。铁笼，即铁箍。⑨涂：通"途"，道路。⑩辎（wèi）：车轴的两端。⑪唯：只有。⑫东：向东，动词。即墨：齐邑，在今山东省平度市东南。⑬下：攻克。⑭淖（zhuō）齿：原楚将。楚使淖齿统兵救齐，湣王任他为国相，后杀了湣王。⑮距：通"拒"。⑯即墨大夫：守即墨的长官，史失其名。⑰习：熟悉。兵：兵书；用兵。

顷之，燕昭王卒①，惠王立②，与乐毅有隙③。田单闻之，乃纵反间于燕④，宣言曰⑤："齐王已死，城之不拔者二耳⑥。乐毅畏诛而不敢归，以伐齐为名，实欲连兵南面而王齐⑦。齐人未附，故且缓攻即墨以待其事。齐人所惧，唯恐他将之来，即墨残矣。"燕王以为然⑧，使骑劫代乐毅⑨。

【注释】

①燕昭王，名平，一说名职。在位三十三年（前311—前279年）。②惠王：在位七年（前278—前272年），后被国相公孙操所杀。③隙：感情上的裂痕。④纵：放。⑤宣：宣扬；播散。⑥拔：攻克。耳：罢了。⑦南面：古代以面南向为尊位。王（wàng）：称王，动词。⑧然：是；对的。⑨骑劫：人名。燕将。

乐毅因归赵①，燕人士卒忿。而田单乃令城中人食必祭其先祖于庭，飞鸟悉翔舞城中下食。燕人怪之②。田单因宣言曰："神来下教我。"乃令城中人曰："当有神人为我师。"有一卒曰："臣可以为师乎③？"因反走④。田单乃起，引还⑤，东乡坐⑥，师事之。卒曰："臣欺君，诚无能也⑦。"田单曰："子勿言也⑧！"因师之⑨。每出约束⑩，必称神师。乃宣言曰："吾唯惧燕军之劓所得齐卒⑪，置之前行⑫，与我战，即墨败矣。"燕人闻之，如其言⑬。城中人见齐诸降者尽劓，皆怒，坚守，唯恐见得。单又纵反间曰："吾惧燕人掘吾城外冢墓，僇先人⑭，可为寒心。"燕军尽掘垄墓⑮，烧死人。即墨人从城上望见，皆涕泣，共欲出战，怒自十倍。

【注释】

①赵：古国名。②怪之：认为它奇怪。以动用法。③臣：古人自称的谦辞。④反：通"返"，返回。⑤引：招。⑥乡：通"向"。⑦诚：的确；实在。⑧子：古时对人的尊称。⑨师之：尊他作老师。师：动词。⑩约束：号令。⑪劓（yì）：割去鼻子。古代的一种刑罚。⑫行（háng）：行列。⑬如：依照。⑭僇（lù）：侮辱。⑮垄：坟。

田单知士卒之可用，乃身操版插①，与士卒分功，妻妾编于行伍之间②，尽散饮食飨士③。令甲卒皆伏④，使老弱女子乘城⑤，遣使约降于燕，燕军皆呼万岁。田单又收民金，得千溢⑥，令即墨富豪遗燕将⑦，曰："即墨即降，愿无掳掠吾族家妻妾⑧，令安堵⑨。"燕将大喜，许之。燕军由此益懈。

【注释】

①身：自身；亲身。版：筑墙夹板。②行（háng）伍：古代军队编制，五人为"伍"，二十五人为"行"，故以"行伍"泛指军队。③飨（xiǎng）：用酒食款待人。④甲卒：披甲的战士。伏：藏匿起来。⑤乘城：登城担任防守。乘，登。⑥溢：通"镒"。古代重量单位，二十四两为一镒。⑦遗（wèi）：送给。⑧无：不；不要。⑨安堵：安居不受骚扰。

田单乃收城中得千余牛，为绛缯衣①，画以五采龙文②，束兵刀于其角，而灌脂束苇于尾，烧其端。凿城数十穴，夜纵牛，壮士五千人随其后。牛尾热，怒而奔燕军，燕军夜大惊。牛尾炬火光明炫耀③，燕军视之皆龙文，所触尽死伤。五千人因衔枚击之④，而城中鼓噪从之，老弱皆击铜器为声，声动天地。燕军大骇，败走。齐人遂夷杀其将骑劫⑤。燕军扰乱奔走，齐人追亡逐北⑥，所过城邑皆畔燕而归田单⑦，兵日益多，乘胜，燕日败亡⑧，卒至河上⑨，而齐七十余城皆复为齐。乃迎襄王于莒⑩，入临菑而听政⑪。

【注释】

①绛缯衣：红色帛绢制成的被服。②文：花纹。③炬火：火把。④衔枚：枚形像筷子，两端有带，可系在颈上。⑤夷：诛锄。⑥追亡逐北：追赶逃跑的敌人。亡：逃跑。北：败逃。⑦畔：通"叛"。⑧日：每天。⑨河上：黄河边。⑩襄王：名法章，湣王子。在位十九年（前283—前265年）。淖齿杀了湣王，莒人找到法章，立他为王。田单收复齐地后，就迎他回临菑。⑪听政：处理政事。

襄王封田单，号曰"安平君"。

太史公曰：兵以正合，以奇胜。善之者，出奇无穷。奇正还相生①，如环之无端。夫始如处女②，適人开户③，后如脱兔，適不及距：其田单之谓邪④！

【注释】

①还（xuán）：通"旋"。旋转；循环。②夫（fú）：用于句首的语助词。③適（dí）：通"敌"。④其：大概。邪（yé）：通"耶"。疑问语气词。

初①，淖齿之杀湣王也，莒人求湣王子法章，得之太史嫩之家②，为人灌园。嫩女怜而善遇之③。后法章私以情告女，女遂与通④。及莒人共立法章为齐王，以莒距燕，而太史氏女遂为后⑤，所谓"君王后"也。

【注释】

①初：表示追溯、补叙的词。②太史嫩（jiǎo）：姓太史，名嫩。③善遇：好好地对待。④通：私通；通奸。⑤氏：古代，姓为标志家族系统的称号。

燕之初入齐，闻画邑人王蠋贤①，令军中曰"环画邑三十里无入"，以王蠋之故。已而使人谓蠋曰②："齐人多高子之义③，吾以子为将，封子万家。"蠋固谢④。燕人曰："子不听，吾引三军而屠画邑⑤。"王蠋曰："忠臣不事二君，贞女不更二夫⑥。齐王不听吾谏，故退而耕于野。国既破亡，吾不能存；今又劫之以兵为君将⑦，是助桀为暴也⑧。与其生而无义，固不如烹！"遂经其颈于树枝⑨，自奋绝脰而死⑩。齐亡大夫闻之，曰："王蠋，布衣也⑪，义不北面于燕⑫，况在位食禄者乎！"乃相聚如莒⑬，求诸子⑭，立为襄王。

【注释】

①画（huà）邑：齐邑，在今山东省淄博市东北。王蠋（zhú）：齐国高士。②已而：旋即；不久。③高：认为高尚。以动用法。④固：坚决地。⑤引：率领。⑥更：改变；更换。⑦兵：兵器；兵力。⑧桀（jié）：名履癸，夏代最末的一个君主。⑨经：自缢。⑩脰（dòu）：颈项。⑪布衣：平民。⑫北面：古代朝见君王，须面向北方（因君面向南）。引申为"臣服""归顺"的意思。⑬如：往；去。⑭诸：之；其。代词。

鲁仲连邹阳列传第二十三

鲁仲连者，齐人也①。好奇伟俶傥之画策②，而不肯仕官任职，好持高节③。游于赵④。

【注释】

①齐：古国名。公元前11世纪周分封的诸侯国。②俶傥（tì tǎng）：同"倜傥"。豁达潇洒，卓异超群。③高节：高尚的节操。④赵：古国名。

赵孝成王时①，而秦王使白起破赵长平之军前后四十余万②，秦兵遂东围邯郸③。赵王恐，诸侯之救兵莫敢击秦军。魏安釐王使将军晋鄙救赵④，畏秦，止于荡阴不进⑤。魏王使客将军新垣衍间入邯郸⑥，因平原君谓赵王曰⑦："秦所为急围赵者⑧，前与齐湣王争强为帝⑨已而复归帝⑩；今齐已益弱，方今唯秦雄天下⑪，此非必贪邯郸，其意欲复求为帝⑫。赵诚发使尊秦昭王为帝⑫，秦必喜，罢兵去。"平原君犹预未有所决。

【注释】

①赵孝成王：赵丹。前265—前245年在位。②白起：郿（méi，在今陕西省眉县东）人。长平：赵邑。在今山西省高平市西北。③邯郸（hán dān）：赵都城。今河北省邯郸市。④魏：古国名。安釐（xī）王：魏圉（yǔ）。前276—前243年在位。他应赵相平原君的请求，派将军晋鄙领兵十万救赵。⑤荡阴：邑名。在今河南省汤阴县。⑥客将军：他国人在本国做官，文官称"客卿"，武官称"客将军"。新垣衍：姓新垣，名衍。间（jiàn）入：抄小路偷偷进入。⑦因：通过。平原君：赵胜。赵孝成王的叔父。曾三次作赵相，有食客数千人，是战时以养士著名的四公子之一。⑧秦：古国名。嬴（yíng）姓，相传是伯益的后代。所为：所以。⑨齐湣（mǐn）王：田地。约公元前300—前284年在位。争强为帝：前288年（秦昭王十九年、齐湣王十六年），齐、秦争强，秦称西帝，齐称东帝。⑩已而：不久。复归帝：又取消帝号。⑪雄：称雄。⑫诚：如果。

此时鲁仲连适游赵①，会秦围赵②，闻魏将欲令赵尊秦为帝，乃见平原君曰："事将奈何③？"平原君曰："胜也何敢言事！前亡四十万之众于外④，今又内围邯郸而不能去⑤。魏王使客将军新垣衍令赵帝秦⑥，今其人在是。胜也何敢言事！"鲁仲连曰："吾始以君为天下之贤公子也，吾乃今然后知君非天下之贤公子也。梁客新垣衍安在⑦？吾请为君责而归之⑧。"平原君曰："胜请为绍介而见之于先生⑨。"平原君遂见新垣衍曰："东国有鲁仲连先生者⑩，今其人在此，胜请为绍介，交之于将军⑪。"新垣衍曰："吾闻鲁仲连先生，齐国之高士也。衍，人臣也，使事有职⑫，吾不愿见鲁仲连先生。"平原君曰："胜既已泄之矣。"新垣衍许诺。

【注释】

①适：恰好。②会：碰上。③奈何：怎么办。④前亡四十万之众于外：指长平战役。赵卒四十万被秦军坑杀。⑤去：击退敌人。使动用法。⑥帝秦：尊秦为帝。帝，以动用法。⑦梁客：即魏客。魏迁都大梁，所以魏国也叫梁国。⑧归：使动用法。⑨绍介：介绍。⑩东国：齐在赵东边，所以赵人称它为东国。⑪交：结交；结识。⑫使事有职：奉派出使，身有职责。意谓负有特殊使命，不便公开见客。

鲁仲连见新垣衍而无言。新垣衍曰："吾视居此围城之中者，皆有求于平原君者也。今吾观先生之玉貌①，非有求于平原君者也，曷为久居此围城之中而不去②？"鲁仲连曰："世以鲍焦为无从颂而死者③，皆非也。众人不知，则为一身④。彼秦者，弃礼义而上首功之国也⑤，权使其士⑥，虏使其民⑦。彼即肆然而为帝⑧，过而为政于天下⑨，则连有蹈东海而死耳⑩，吾不忍为之民也。所为见将军者，欲以助赵也。"

【注释】

①玉貌：对别人容貌的尊称。②曷为：为什么。去：离开。③鲍焦：周代的隐士。④众人不知，则为一身：有两解：一、一般人缺乏智慧，才只知道为自己一身打算。知：通"智"。二、众人不明白鲍焦的心意，还以为他仅仅是为了个人的打算而死的。⑤上：通"尚"，崇尚。首功：指战功。⑥权：阴谋权术。⑦虏：奴隶。这里用作状语。⑧即：如；如果。肆然：放肆；无所忌惮。⑨过而：甚至；进而。⑩蹈：投入。

新垣衍曰："先生助之将奈何？"鲁仲连曰："吾将使梁及燕助之①，齐楚则固助之矣②。"新垣衍曰："燕，则吾请以从矣③；若乃梁者，则吾乃梁人也，先生恶能使梁助之④？"鲁仲连曰："梁未睹秦称帝之害故耳。使梁睹秦称帝之害，则必助赵矣。"

【注释】

①燕：古国名。姬姓。公元前11世纪周分封的诸侯国。②楚：古国名。③吾请以从：有两解：一、我就算相信您的说法；二、我请求他听从你。④恶（wū）：何；怎么。

新垣衍曰："秦称帝之害何如？"鲁仲连曰："昔者齐威王尝为仁义矣①，率天下诸侯而朝周。周贫且微②，诸侯莫朝，而齐独朝之。居岁余，周烈王崩③，齐后往，周怒，赴于齐曰④：'天崩地坼⑤，天子下席⑥。东藩之臣因齐后至⑦，则斮⑧。'齐威王勃然怒曰⑨：'叱嗟⑩，而母婢也⑪！'卒为天下笑⑫。故生则朝周，死则叱之，诚不忍其求也⑬。彼天子固然，其无足怪。"

【注释】

①齐威王：田因齐。前356—前320年在位。②微：弱。③周烈王：姬喜。前375—前369年在位。崩：古代称天子死为崩。④赴：通"讣"。报丧。⑤天崩地坼（chè）：比喻帝王死去。坼：裂。⑥天子：指继承周烈王的新君周显王。下席：古时居丧守孝，要离开居室。睡在草席上。⑦东藩：东方属国。指齐国。

⑧斫（zhuó）：斩杀。⑨勃然：发怒变色。⑩叱嗟（jiē）：怒斥声。⑪而：你。⑫卒：终于。⑬诚：实在。

新垣衍曰："先生独不见夫仆乎①？十人而从一人者，宁力不胜而智不若邪②？畏之也。"鲁仲连曰："呜呼！梁之比于秦若仆邪③？"新垣衍曰："然。"鲁仲连曰："吾将使秦王烹醢梁王④。"新垣衍怏然不悦⑤，曰："噫嘻⑥，亦太甚矣先生之言也！先生又恶能使秦王烹醢梁王？"鲁仲连曰："固也！吾将言之。昔者九侯、鄂侯、文王⑦，纣之三公也⑧。九侯有子而好⑨，献之于纣，纣以为恶⑩，醢九侯。鄂侯争之强⑪，辩之疾⑫，故脯鄂侯⑬。文王闻之，喟然而叹⑭，故拘之牖里之库百日⑮，欲令之死。曷为与人俱称王，卒就脯醢之地？齐湣王将之鲁⑯，夷维子为执策而从⑰，谓鲁人曰：'子将何以待吾君⑱？'鲁人曰：'吾将以十太牢待子之君⑲。'夷维子曰：'子安取礼而来吾君⑳？彼吾君者，天子也。天子巡狩㉑，诸侯辟舍㉒，纳管籥㉓，摄衽抱机㉔，视膳于堂下㉕，天子已食，乃退而听朝也㉖。'鲁人投其籥㉗，不果纳㉘。不得入于鲁，将之薛㉙，假途于邹㉚。当是时，邹君死，湣王欲入吊。夷维子渭邹之孤曰㉛：'天子吊，主人必将倍殡棺㉜，设北面于南方，然后天子南面吊也。'邹之群臣曰：'必若此，吾将伏剑而死㉝。'固不敢入于邹㉞。邹、鲁之臣，生则不得事养，死则不得赙襚㉟，然且欲行天子之礼于邹、鲁，邹、鲁之臣不果纳。今秦万乘之国也㊱，梁亦万乘之国也。俱据万乘之国，各有称王之名，睹其一战而胜，欲从而帝之，是使三晋之大臣不如邹、鲁之仆妾也㊲。且秦无已而帝㊳，则且变易诸侯之大臣。彼将夺其所不肖而与其所贤㊴，夺其所憎而与其所爱。彼又将使其子女谗妾为诸侯妃姬㊵，处梁之宫。梁王安得晏然而已乎㊶？而将军又何以得故宠乎？"

【注释】

①夫（fú）：那。指示代词。②宁（níng）：岂；难道。邪（yé）：通"耶"。疑问语气词。③比于秦：与秦相比。④烹醢（hǎi）：古代酷刑。烹：用沸汤烹煮。醢：剁成肉酱。⑤怏（yàng）然：不乐意的样子。⑥噫嘻（yī xī）：感叹声。⑦九侯、鄂侯、文王：都是殷纣时的诸侯。⑧纣：名受辛。商朝最末的君主。暴虐无道，为周武王所伐，兵败自焚。三公：周以太师、太傅、太保为三公，是爵位最高的大臣。此处指喻爵位最高的臣子。⑨子：此指女儿。好：美。⑩恶（è）：丑。⑪争之强：强争之。⑫疾：急。⑬脯（fǔ）：做成肉干。⑭喟（kuì）然：叹息声。⑮拘：囚系。牖（yǒu）里：亦作"羑里"。在今河南省汤阴县北。库：监狱。⑯之：往。鲁：古国名。公元前11世纪周分封的诸侯国。⑰夷维子：齐国臣子。以地名为姓。夷维：齐国邑名。在今山东省潍县境。策：马鞭。⑱子：古时对人的敬称。⑲太牢：古以牛、羊、豕三牲各一为一太牢。⑳安取礼：根据什么礼节。鲁人以十太牢待齐王，是根据接待诸侯礼节行事。夷维子要鲁人按接待天子礼节接待齐王，所以提出质问。㉑巡狩（shòu）：天子到各地视察叫巡狩。本作"巡守"。指巡视诸侯为天子所守的土地。㉒辟舍：迁出正宫，移居别处。辟，通"避"。㉓纳管籥（yuè）：交出钥匙。纳，交出。籥：今简化为"钥"。㉔摄衽（rèn）：撩起衣襟。抱机：安排几桌。机通"几"。㉕视膳（shàn）：侍候进餐。㉖听朝：国君在朝堂里办公问事。㉗投籥：闭关上锁。㉘不果纳：不让进入。㉙薛：古国姓。任姓。㉚邹：古国姓。曹姓。地在今山东省邹县一带。建都邹（今邹县）。战国时为楚所灭。假途：借路经过。途，道路。㉛邹之孤：指死去的邹君的儿子。㉜倍：通"背"。背向着。殡（bìn）棺：棺枢。古代以坐北向南为正位，诸侯死，灵枢原放在北面。

如果天子来吊，就要把灵柩移到相反的方位，让天子向南面吊。㉝伏剑：用剑自杀。㉞固：通"故"。因此。㉟赗（fù）：以财物助人丧葬。禭（suì）：送给死者衣被。㊱万乘（shèng）：万辆兵车。一车四马叫一乘，每乘配备有甲士三人，步兵七十二人。㊲三晋：指韩、赵、魏三国。这三国原是由晋分化立国的。有时这三国中的一国或二国亦称三晋。㊳且：如果。无已而帝：贪心无止，终于称帝。㊴不肖（xiào）：不贤能；不像样。所不肖：所认为不肖的。所贤：所认为贤的。㊵谀妾：花言巧语的妾妇。㊶晏然：安然，太太平平。

于是新垣衍起①，再拜谢曰②："始以先生为庸人③，吾乃今日知先生为天下之士也。吾请出④，不敢复言帝秦。"秦将闻之，为却军五十里⑤。适会魏公子无忌夺晋鄙军以救赵⑥，击秦军，秦军遂引而去⑦。

【注释】

①起：起立。②谢：谢罪；道歉。③庸人：平常人。④出：《战国策》作"去"。⑤为却军五十里：《通鉴考异》说，鲁仲连所说的那些话，只是说明帝秦的害处，只可能使新垣衍感到羞愧，自动回去；与秦将无甚关系。⑥魏公子无忌：魏安釐王异母弟。封信陵君。⑦引：退却。

于是平原君欲封鲁连，鲁连辞让使者三，终不肯受。平原君乃置酒，酒酣起前①，以千金为鲁连寿②。鲁连笑曰："所谓贵于天下之士者，为人排患释难解纷乱而无取也③。即有取者，是商贾之事也④，而连不忍为也。"遂辞平原君而去，终身不复见。

【注释】

①酒酣：酒喝得畅快的时候。②寿：向人祝酒或以财物赠送人。③排患：排除祸患。解纷乱：解决纠纷。④商贾（gǔ）之事：生意买卖人的行为。

其后二十余年，燕将攻下聊城①，聊城人或谗之燕②，燕将惧诛，因保守聊城，不敢归。齐田单攻聊城岁余③，士卒多死而聊城不下。鲁连乃为书，约之矢以射城中④，遗燕将。书曰：

【注释】

①燕（yān）：古国名。姬姓。前11世纪周分封的诸侯国。开国君主召公奭（shì）。②或：有人。虚指代词。③田单：齐国宗室，曾大破燕军，挽救齐国。封安平君。④约：绑扎。

吾闻之，智者不倍时而弃利①，勇士不却死而灭名，忠臣不先身而后君。今公行一朝之忿，不顾燕王之无臣，非忠也；杀身亡聊城，而威不信于齐②，非勇也；功败名灭，后世无称焉③，非智也。三者世主不臣④，说士不载⑤，故智者不再计⑥，勇士不怯死。今死生荣辱，贵贱尊卑，此时不再至，愿公详计而无与俗同⑦。

【注释】

①倍：通"背"。违背。②信（shēn）：通"伸"。③称：称述；称道。④世主：当世的君主。臣：以之为臣。⑤说士：游说之士。载：记载；称述。⑥再计：再三考虑，犹豫不决。⑦公：对人的尊称。

且楚攻齐之南阳①，魏攻平陆②，而齐无南面之心③，以为亡南阳之害小，不如得济北之利大④，故定计审处之⑤。今秦人下兵⑥，魏不敢东面⑦；衡秦之势成⑧

楚国之形危；齐弃南阳，断右壤⑨，定济北，计犹且为之也。且夫齐之必决于聊城，公勿再计。今楚、魏交退于齐，而燕救不至。以全齐之兵，无天下之规⑩，与聊城共据期年之敝，则臣见公之不能得也⑪。且燕国大乱，君臣失计，上下迷惑，栗腹以十万之众五折于外，以万乘之国被围于赵⑫，壤削主困，为天下僇笑⑬。国敝而祸多，民无所归心。今公又以敝聊之民距全齐之兵⑭，是墨翟之守也⑮。食人炊骨，士无反外之心⑯，是孙膑之兵也⑰。能见于天下。虽然，为公计者，不如全车甲以报于燕⑱。车甲全而归燕，燕王必喜；身全而归于国，士民如见父母，交游攘臂而议于世⑲，功业可明。上辅孤主以制群臣，下养百姓以资说士⑳，矫国更俗，功名可立也。亡意亦捐燕弃世㉑，东游于齐乎？裂地定封，富比乎陶、卫㉒，世世称孤，与齐久存，又一计也。此两计者，显名厚实也，愿公详计而审处一焉。

【注释】

①南阳：邑名。在今山东省邹县西北。②平陆：邑名。在今山东省汶上县北。③南面：指向南进攻楚国。④济北：济水之北。⑤定计审处：考虑利害做出决定。⑥下兵：发兵。指派兵助齐。⑦东面：指向东攻齐。⑧衡秦：与秦连横。⑨断右壤：指放弃平陆不救。⑩规：规求；贪求。⑪臣：古人自称的谦辞。⑫栗腹：燕相。⑬僇（lù）：侮辱。⑭距：通"拒"。抵御；抵抗。⑮墨翟（dí，约前468年—前376年）：鲁国（一说宋国）人。先秦重要思想家之一，墨家学派的创始人。⑯反外：反叛；疏远。⑰孙膑：战国时齐将。曾以计大破魏军，闻名于世。⑱全：完好无损。使动用法。报：答谢。⑲交游：来往的朋友。攘臂：褪袖露臂。很兴奋的样子。⑳资说士：把自己的事迹提供游说之士作记述的材料。㉑亡：通"无"。㉒陶：指秦相魏冉。封于陶（今山东定陶县西北）。卫：指秦相商鞅。鞅是卫国人，又叫"卫鞅"。

且吾闻之，规小节者不能成荣名，恶小耻者不能立大功①。昔者管夷吾射桓公中其钩②，篡也③；遗公子纠不能死④，怯也；束缚桎梏⑤，辱也。若此三行者，世主不臣而乡里不通⑥。乡使管子幽囚而不出⑦，身死而不反于齐⑧，则亦名不免为辱人贱行矣。臧获且羞与之同名矣⑨，况世俗乎！故管子不耻身在缧绁之中而耻天下之不治⑩，不耻不死公子纠而耻威之不信于诸侯，故兼三行之过而为五霸首⑪，名高天下而光烛邻国⑫。曹子为鲁将⑬，三战三北⑭，而亡地五百里。乡使曹子计不反顾，议不还踵⑮，刎颈而死，则亦名不免为败军禽将矣⑯。曹子弃三北之耻，而退与鲁君计。桓公朝天下，会诸侯，曹子以一剑之任⑰，枝桓公之心于坛坫之上⑱，颜色不变，辞气不悖⑲，三战之所亡一朝而复之，天下震动，诸侯惊骇，威加吴、越⑳。若此二士者，非不能成小廉而行小节也㉑，以为杀身亡躯，绝世灭后，功名不立，非智也。故去感忿之怨㉒，立终身之名；弃忿悁之节㉓，定累世之功。是以业与三王争流㉔，而名与天壤相弊也㉕。愿公择一而行之。

【注释】

①恶（wù）小耻：把小耻当成羞耻。②管夷吾（？—前645年）：管仲。齐人。③篡（cuàn）：特指臣子夺取君位。④遗：舍弃。死：为之而死。为动用法。⑤桎梏（zhì gù）：脚镣手铐。⑥乡里不通：同乡里的亲友不和他交往。⑦乡（xiàng）使：当初假使。乡，通"向"。⑧反：通"返"。⑨臧获：奴婢。⑩缧绁（léi xiè）：捆绑罪人的绳索。这里当"囚系"讲。⑪管仲得鲍叔牙的推荐，辅佐齐桓公建立霸业，使齐桓公成为春秋时代五霸之首。⑫烛：照耀。⑬曹子：

春秋时鲁庄公的臣子曹沫。⑭北：败。⑮还（xuán）踵：旋转脚跟。不旋踵，形容时间的短促。还，通"旋"。⑯禽将：被擒之将。禽，通"擒"。⑰任：凭；凭借。⑱枝：拟；比划。坛坫（diàn）：土台。古代用来举行祭祀、朝会、盟誓的场所。⑲悖（bèi）：谬误。⑳吴：古国名。姬姓。越：古国名。姒（sì）姓。相传始祖是夏少康的庶子无余。疆土有今江苏省大部和安徽省南部、浙江省北部、江西省东部。建都会（kuài）稽（今浙江省绍兴市）。约在公元前306年为楚所灭。㉑廉：清白高洁。节：气节；操守。㉒去：弃除。感忿：愤慨。㉓忿悁（juān）：愤恨。㉔三王：指夏、商、周三代开国的君主。具体指禹、汤、周文、武王。争流：比谁的声名流传得更久远。㉕名与天壤相弊：声名跟天地一道死亡。实际上是永垂不朽的意思。天壤，天地。弊，通"毙"，死亡。

　　燕将见鲁连书，泣三日，犹豫不能自决。欲归燕，已有隙①，恐诛；欲降齐，所杀虏于齐甚众，恐已降而后见辱②。喟然叹曰："与人刃我③，宁自刃。"乃自杀。聊城乱，田单遂屠聊城④。归而言鲁连，欲爵之⑤。鲁连逃隐于海上，曰："吾与富贵而诎于人⑥，宁贫贱而轻世肆志焉。"

【注释】

①隙：隔阂。②见：被；受。③与：与其。刃：杀。④屠：大规模的残杀。⑤爵之：封他爵位。爵，用如动词。⑥诎（qū）：通"屈"。

　　邹阳者①，齐人也②。游于梁③，与故吴人庄忌夫子、淮阴枚生之徒交④。上书而介于羊胜、公孙诡之间⑤。胜等嫉邹阳，恶之梁孝王⑥。孝王怒，下之吏⑦，将欲杀之。邹阳客游，以谗见禽，恐死而负累⑧，乃从狱中上书曰：

【注释】

①邹阳：西汉文学家，初从吴王刘濞，有《上吴王书》，劝濞不要起兵叛汉。濞不听，去为梁孝王客，被谗下狱，上书申诉，释放后为上客。所作散文，有战国时游士纵横善辩之风。②齐：汉初封国。地在今泰山以北及胶东半岛地区。建都临淄（今山东省淄博市东北）。③梁：汉初封国。地在今河南、安徽两省交界地区。建都睢（suī）阳（今河南省商丘市南）。④故吴：吴是汉初封国。庄忌：姓庄，名忌，字夫子。枚生（？—前140年）：名乘，字叔，淮阴（今江苏省淮安市淮阴区）人，辞赋家。⑤羊胜、公孙诡（姓公孙，名诡）：都是梁孝王门客。他们曾与梁孝王合谋刺杀袁盎，后事露，都被梁孝王赐死。⑥恶（wù）：说人坏话。梁孝王（？—前144年）：刘武。汉文帝的儿子，景帝的弟弟。⑦下之吏：交法官审讯定罪。⑧累：过失；罪名。

　　臣闻忠无不报①，信不见疑，臣常以为然，徒虚语耳②。昔者荆轲慕燕丹之义，白虹贯日，太子畏之③；卫先生为秦画长平之事，太白蚀昴，而昭王疑之④。夫精变天地而信不喻两主⑤，岂不哀哉⑥！今臣尽忠竭诚，毕议愿知，左右不明⑦，卒从吏讯⑧，为世所疑，是使荆轲、卫先生复起，而燕、秦不悟也。愿大王孰察之⑨。

【注释】

①报：赏识；信任。②徒：只。③燕丹：燕国太子。④秦将白起在长平大破赵军想乘胜灭赵，派卫先生回来向昭王请增加兵粮。太白：金星的别名。昴（mǎo）：昴宿。星官名。二十八宿之一。⑤精：精诚；真诚。变：使发生变化。使动用法。喻：晓喻；开导。⑥岂：难道。⑦左右：身旁的近侍。不便直说"王不明"，

⑧卒：终于。吏讯：刑吏审讯。⑨孰：通"熟"。详细；深入。

昔卞和献宝，楚王刖之①；李斯竭忠，胡亥极刑②。是以箕子佯狂③，接舆辟世④，恐遭此患也。愿大王孰察卞和、李斯之意，而后楚王、胡亥之听⑤，无使臣为箕子、接舆所笑⑥。臣闻比干剖心⑦，子胥鸱夷⑧，臣始不信，乃今知之。愿大王孰察，少加怜焉。

【注释】

①卞和献宝，楚月刖（yuè）之：楚国人卞和，得到一块璞玉（未经雕琢的玉），献给楚武王。②李斯竭忠：李斯（？—前208年）：战国末期上蔡（今河南省上蔡县）人。③箕子：殷纣王的叔父。名胥馀，封于箕。因进谏被囚禁，为求避祸，假装疯癫。详：通"佯"。假装。④接舆：春秋时楚国的隐士。辟世：隐居。辟，通"避"。⑤后：放后；摒弃。动词。听：判断。⑥无：不；莫。禁戒副词。⑦比干：殷纣王的叔父。⑧子胥（？—前484年）姓伍，名员。先为楚臣，后为吴国大臣。

谚曰："有白头如新①，倾盖如故②。"何则③？知与不知也。故昔樊於期逃秦之燕，藉荆轲首以奉丹之事④；王奢去齐之魏，临城自刭以却齐而存魏⑤。夫王奢、樊於期非新于齐、秦而故于燕、魏也，所以去二国死两君者，行合于志而慕义无穷也。是以苏秦不信于天下⑥，而为燕尾生⑦；白圭战亡六城，为魏取中山⑧。何则？诚有以相知也。苏秦相燕，燕人恶之于王，王按剑而怒，食以駃騠⑨；白圭显于中山⑩，中山人恶之魏文侯，文侯投之以夜光之璧⑪。何则？两主二臣，剖心坼肝相信⑫，岂移于浮辞哉⑬！

【注释】

①白头如新：相处到老，还像才认知似的。指人不相知。②倾盖如故：途路相遇，一见如故，如同熟识的老朋友。③何则：为什么。④樊於（wū）期：秦将。之：注；去。藉：通"借"。⑤王奢：齐国人。临：面向。⑥苏秦：洛阳（今河南省洛阳市）人，字季子，战国时著名说士。⑦尾生：古代传说中鲁国一个守信的人。⑧白圭：战国时中山将。因作战失败，失去六座城邑，中山君要杀他。他逃到魏国，受到魏文侯重用。后来为魏国攻取了中山。中山：古国名。地在今河北省定县一带，战国时为赵所灭。⑨食（sì）：给人吃。駃騠（jué tí）：骏马。⑩显：显赫。声名大；有权势。⑪魏文侯（？—前396年）：魏斯。战国时魏国的建立者。前445年—前396年在位。夜光璧：传说中夜间发光的宝玉。⑫坼（chè）：分裂；裂开。⑬浮辞：没有事理作根据的空话。

故女无美恶，入宫见妒；士无贤不肖，入朝见嫉。昔者司马喜膑脚于宋，卒相中山①；范雎摺胁折齿于魏，卒为应侯②。此二人者，皆信必然之画③，捐朋党之私④，挟孤独之位⑤，故不能自免于嫉妒之人也。是以申徒狄自沉于河⑥，徐衍负石入海⑦。不容于世，义不苟取，比周于朝⑧，以移主上之心。故百里奚乞食于路⑨，缪公委之以政；宁戚饭牛车下，而桓公任之以国⑩。此二人者，岂借宦于朝⑪，假誉于左右，然后二主用之哉？感于心，合于行，亲于胶漆⑫，昆弟不能离⑬，岂惑于众口哉？故偏听生奸，独任成乱。昔者鲁听季孙之说而逐孔子⑭，宋信子罕之计而囚墨翟⑮。夫以孔、墨之辩，不能自免于谗谀，而二国以危。何则？众口铄金，积毁销骨也⑯。是以秦用戎人由余而霸中国⑰，齐用越人蒙而强威、宣⑱。此二国，岂拘于俗，牵于世，系阿偏之辞哉⑲？公听并观⑳，垂名当世。故意合则胡越为昆弟^㉑，由余、越人蒙是矣；不合，则骨肉出逐不收，朱、象、管、蔡是矣^㉒。今人主诚能用齐、秦之义，后宋、鲁之听，则五伯不足称^㉓，三王易为也。

【注释】

①司马喜：宋国人。膑（bìn）：古代割去膝盖骨的酷刑。②范雎：战国时魏国人。③画：谋划；策划。④捐：舍弃。朋党：为营谋私利，勾结同类。⑤挟：拥有；怀抱。引申为"处于"。⑥申徒狄：姓申徒（可作"申屠"），名狄。⑦徐衍：周末人。因不满乱世，抱石自沉于海。⑧苟：无原则地。比周：结党营私。⑨百里奚：春秋时虞（国名。地在今山西省平陆县北）人。虞亡，被虏为奴隶，后逃到楚国。秦穆公用五张公羊皮把他赎回。后辅佐穆公，建成霸业。缪（mù）：通"穆"。⑩宁戚：春秋时卫（国名。地在今河南淇县、滑县一带）人。隐居为商人。一次他在路边一面喂牛，一面唱歌。桓公知道他不是平常人，任他作客卿。饭：喂。动词。国：国事；国政。⑪官：做官。这里指做官的人。⑫于：比；超过。胶漆：胶和漆。⑬昆弟不能离：即使兄弟也不能离间他们。⑭孔子（前551—前479年）：孔丘，字仲尼。春秋时鲁国陬（zōu）邑（今山东省曲阜市）人。曾作过鲁国的司寇（司法长官）。⑮子罕之计而囚墨翟：事失考，不知所出。⑯铄（shuò）、销：都是熔化的意思。这两句比喻谗言的厉害。⑰由余：春秋时晋国人，逃亡到西戎（古代散居西北地区的部族），秦穆公招致重用，他助秦建成霸业。⑱越人蒙：不知所出。威、宣：齐威王、齐宣王。强：使动用法。⑲拘：拘泥。俗：流俗。牵：牵制。世：世俗。系：缚系。阿（ē）偏：不公正。⑳公听：公正地听取。并观：全面地观察。㉑胡：古代对北方和西方各非华夏部族的泛称。越：古代广泛分布在长江中下游以南的部族。㉒朱：丹朱。唐尧的儿子。相传丹朱不肖，所以尧不把帝位传给他。象：虞舜的弟弟。曾几次想害死舜。管、蔡：管叔鲜和蔡、叔度，都是周武王的弟弟。武王死后，管、蔡起兵反叛，被摄政的周公东征扫平。㉓五伯（bà）：即"五霸"。指春秋时势力强大称霸一时的五个诸侯。

是以圣王觉寤^①，捐子之之心^②，而能不说于田常之贤^③；封比干之后，修孕妇之墓^④，故功业复就于天下。何则？欲善无厌也^⑤。夫晋文公亲其仇，强霸诸侯^⑥；齐桓公用其仇，而一匡天下^⑦。何则？慈仁殷勤^⑧，诚加于心，不可以虚辞借也。

【注释】

①寤：通"悟"。②子之：战国时燕王哙的相。③田常：春秋时齐国大臣。说（yuè）通"悦"。④周武王灭了殷纣后，封赏了殷纣剖心的比干的子孙，给被纣惨杀的孕妇修了墓。⑤厌：通"餍"。饱；满足。⑥晋文公（？—前628年）：春秋时晋国君。⑦齐桓公用其仇：见前"鲁仲连遗燕将书注"。一匡天下：原指齐桓公维护周襄王的王位，稳定了周朝的政局。⑧殷勤：恳切。

至夫秦用商鞅之法^①，东弱韩、魏^②，兵强天下，而卒车裂之^③；越用大夫种之谋^④，禽劲吴，霸中国，而卒诛其身。是以孙叔敖三去相而不悔^⑤，於陵子仲辞三公为人灌园^⑥。今人主诚能去骄傲之心^⑦，怀可报之意，披心腹，见情素，堕肝胆^⑧，施德厚，终与之穷达^⑨，无爱于士^⑩，则桀之狗可使吠尧^⑪，而跖之客可使刺由^⑫，况因万乘之权^⑬，假圣王之资乎^⑭？然则荆轲之湛七族^⑮，要离之烧妻子^⑯，岂足道哉！

【注释】

①商鞅（约前390—前338年）：姓公孙，名鞅。②弱：衰弱。使动用法。

③车裂：古代一种残酷的死刑。将人头部和四肢分别拴在马拉的五辆车上，五马同时分驰，撕裂肢体，俗称"五马分尸"。④大夫种：文种。⑤孙叔敖：楚国令尹（楚国最高官职）。⑥子仲：又名陈仲子。齐国人，居於（wū）陵（今山东省邹平县东南）。⑦去：除去；抛弃。傲：通"傲"。⑧堕（huī）：输；送。⑨穷达：困窘和显达；逆境和顺境。⑩无：不。爱：吝惜。⑪桀：夏代最末一个暴君的名字。尧：传说中的古帝陶唐氏的名字，也称唐尧。他把天下让给了舜。⑫跖（zhí）：春秋时代的奴隶起义领袖，旧时被认为大盗，故称为盗跖。由：许由。⑬因：凭借；依靠。万乘：万辆兵车。借指大国或国王。⑭假：凭借。资：指才能地位、声望等。⑮湛（chén）：通"沉"。沉没；灭亡。七族：家族的统称。一说：上自曾祖，下至曾孙。一说：父之族、姑之子、姊妹之子、女子之子、母之族、从子、妻之父母。⑯要（yāo）离之烧妻子：要离为吴王阖闾谋刺公子庆忌，为了使庆忌相信，假装犯罪，让阖闾砍掉右手，烧死妻儿。终于刺死了庆忌。

臣闻明月之珠，夜光之璧①，以暗投人于道路，人无不按剑相眄者②。何则？燕因而至前也③。蟠木根柢④，轮囷离诡⑤，而为万乘器者？何则？以左右先为之容也⑥。故无因至前，虽出随侯之珠⑦，夜光之璧，犹结怨而不见德。故有人先谈，则以枯木朽株树功而不忘。今夫天下布衣穷居之士⑧，身在贫贱，虽包尧、舜之术⑨，挟伊、管之辩⑩，怀龙逢、比干之意⑪，欲尽忠当世之君，而素无根柢之容，虽竭精思，欲开忠信，辅人主之治，则人主必有按剑相眄之迹，是使布衣不得为枯木朽株之资也。

【注释】

①明月珠、夜光璧：古代传说中夜里发光的珠玉。②眄（miǎn）：斜视。③因：缘故；原由。④蟠（pán）：盘曲。柢（dǐ）：树根。⑤轮囷（qūn）：屈曲的样子。离诡：奇怪。⑥容：修饰。⑦随侯之珠：相传随侯曾救过一条大蛇，这蛇后来衔一宝珠献给他。⑧布衣：古代老百姓穿的布质衣服。因而习惯作为"平民"的代称。⑨舜：传说中古帝有虞氏的名字，也称虞舜。他把天下让给了禹。⑩伊：伊尹。伊尹、管仲，古代常用来指代最贤能的大臣。⑪龙逢（péng）：关龙逢。夏桀的贤臣。因直谏被杀。龙逢、比干，古代常用来指代对君王忠心耿耿的臣子。

是以圣王制世御俗①，独化于陶钧之上②，而不牵于卑乱之语，不夺于众多之口。故秦皇帝任中庶子蒙嘉之言，以信荆轲之说，而匕首窃发③；周文王猎泾、渭，载吕尚而归④，以王天下⑤。故秦信左右而杀，周用乌集而王⑥。何则？以其能越挛拘之语⑦，驰域外之议⑧，独观于昭旷之道也⑨。

【注释】

①制世御俗：治理国家。制：统制；控制。御：驾驭。②独化陶钧之上：这句比喻帝王要独立地运用政教，教化天下。独，独自。化，教化。陶钧，古代制作陶器所用的圆轮。③中庶子：官名。掌握诸侯、卿、大夫的庶子的教育管理。蒙嘉：秦始皇的宠臣。④泾、渭：流经陕西省境内的两条水名。泾水流入渭水，渭水流入黄河。吕尚：姜姓，吕氏。⑤王（wàng）：建立王业。动词。⑥乌集：乌鸟集合在一块。⑦越：超出。挛（luán）拘：牵系，拘束。⑧域外：局限之外。⑨昭旷：光明、宽阔。

今人主沉于谄谀之辞，牵于帷裳之制①，使不羁之士与牛骥同皁②，此鲍焦所以忿于世而不留富贵之乐也③。

【注释】

①帷裳：车旁的布围。②不羁（jī）：不受羁绊。骥（jì）：千里马。这里指马。皁：通"槽"。牛马食槽。③留：留恋。

臣闻盛饰入朝者不以利污义①，砥厉名号者不以欲伤行②，故县名胜母而曾子不入③，邑号朝歌而墨子回车④。今欲使天下寥廓之士⑤，摄于威重之权⑥，主于位势之贵⑦，故回面污行以事谄谀之人而求亲近于左右⑧，则士伏死堀穴岩薮之中耳⑨，安肯有尽忠信而趋阙下者哉⑩！

【注释】

①盛饰：穿着整齐美观。②砥厉：砥和厉（"砺"的本字）都是磨刀石。这里用作动词，磨砺的意思。名号：名节；名誉。欲：利欲；私欲。行：操守；操行。③胜母：古地名。曾子（前505—前435年）：名参。孔子的学生。④朝（zhāo）歌：殷的都城。在今河南省淇县。相传墨子认为这地名与他的"非乐"主张不合，掉转车子走了。⑤寥廓：广阔；高远。寥廓之士，指抱负远大的人。⑥摄：通"慑"。畏惧。⑦主：主宰；掌管。⑧故：故意。回面：丑化面颜。⑨则：那么。连词。堀（kū）：通"窟"。洞穴。薮（sǒu）：少水的沼泽地。⑩趋（qū）：奔赴。

书奏梁孝王①，孝王使人出之，卒为上客②。

【注释】

①奏：臣子向君王进言、上书。②卒：终于。上客：上等宾客。

太史公曰：鲁连其指意虽不合大义①，然余多其在布衣之位②，荡然肆志③，不诎于诸侯，谈说于当世，折卿相之权④。邹阳辞虽不逊，然其比物连类⑤，有足悲者⑥，亦可谓抗直不桡矣⑦，吾是以附之列传焉。

【注释】

①指意：意旨。指，通"旨"。②多：赞许。③荡然：放浪不羁。④折：使折服。使动用法。⑤比物连类：连缀相类的事物，进行比较。⑥悲：感动。⑦桡（náo）：通"挠"。曲折；屈从。

屈原贾生列传第二十四

屈原者①，名平，楚之同姓也②。为楚怀王左徒③。博闻强志④，明于治乱⑤，娴于辞令⑥。入则与王图议国事，以出号令；出则接遇宾客，应对诸侯。王甚任之⑦。

【注释】

①屈原（约前340—前278年）：又名正则，字灵均。②楚：古国名。③楚怀王：熊槐。前328—前299年在位。左徒：楚官名。④闻：学识。志：记忆。⑤治乱：指政治安定清明和动荡混乱，即国家的兴亡盛衰。⑥娴（xián）：熟练。辞令：交际应酬的言辞。⑦任：信任。

上官大夫与之同列①，争宠而心害其能②。怀王使屈原造为宪令③，屈平属草稿未定④。上官大夫见而欲夺之，屈平不与，因谗之曰⑤："王使屈平为令，众莫不知，每一令出，平伐其功⑥，曰，以为'非我莫能为'也。"王怒而疏屈平⑦。

【注释】

①上官大夫：即靳（jìn）尚。同列：同位，官阶相等。②害：嫉妒。能：才能。③宪令：法令。宪，法。④属（zhǔ）：写作。⑤因：于是；就。谗：说坏话。⑥伐：自我夸耀。⑦疏：疏远。

屈平疾王听之不聪也①，谗谄之蔽明也②，邪曲之害公也③，方正之不容也，故忧愁幽思而作《离骚》④。离骚者⑤，犹离忧也。夫天者，人之始也⑥；父母者，人之本也⑦。人穷则反本⑧，故劳苦倦极⑨，未尝不呼天也⑩；疾痛惨怛⑪，未尝不呼父母也。屈平正道直行，竭忠尽智，以事其君，谗人间之⑫，可谓穷矣。信而见疑⑬，忠而被谤，能无怨乎？屈平之作《离骚》，盖自怨生也⑭。《国风》好色而不淫⑮，《小雅》怨诽而不乱⑯，若《离骚》者，可谓兼之矣。上称帝喾⑰，下道齐桓⑱，中述汤、武⑲，以刺世事⑳。明道德之广崇，治乱之条贯，靡不毕见㉑。其文约㉒，其辞微㉓，其志洁，其行廉㉔。其称文小而其指极大㉕，举类迩而见义远㉖。其志洁，故其称物芳㉗；其行廉，故死而不容。自疏㉘濯淖污泥之中㉙，蝉蜕于浊秽，以浮游尘埃之外，不获世之滋垢㉚，皭然泥而不滓者也㉛。推此志也，虽与日月争光可也。

【注释】

①疾：厌恶；憎恶。聪：听觉灵敏清楚。②谗谄：说人坏话、巴结奉承。③邪曲：邪和曲同义。这里指邪恶、不正派的人。④幽思：内心苦闷深思。《离骚》：屈原自叙生平的长篇叙事诗。⑤离：通"罹（lí）"遭受。骚，忧。⑥夫（fú）：句首助助词，无义。⑦父母者、人之本：人由父母所生，因此说父母是人的根本。⑧穷：处境困难；遭遇艰苦。反本：追念根本。反，通"返"。⑨极：疲困。⑩尝：曾；曾经。⑪惨怛（dá）：内心伤痛。⑫间（jiàn）：离间。⑬见：被。⑭盖：推原之词。⑮《国风》：《诗经》的组成部分之一。采自各地民间歌谣，有十五国的民歌，一百六十篇。⑯《小雅》：《诗经》组成部分之一。大部分是西周后期及东周前期贵族宴会的乐歌，小部分是批评当时朝政过失抒发忧愤的民间歌谣。这里是指后者而言。诽（fěi）：诽谤。乱：叛乱。⑰上：和下面提到的"中、下"，分指远古、中古、近古年代。称：和下面的"道、述"，都是谈到的意思。帝喾（kù）：传说中的古代部落首领。⑱齐桓：齐桓公。姜小白。春秋初期齐国的君主，任用管仲作相，进行改革，使齐国富强起来，成为"五霸"之首。详见《齐太公世家》。⑲汤：又称成汤。武：周武王。姬发。⑳刺：指责。㉑靡（mǐ）：元；没有。见：通"现"。表现；呈现。㉒约：简要。㉓微：幽深，精妙。㉔廉：品行方正。㉕称文小：指《离骚》里的文辞多称述花鸟草木的细小事物。指：通"旨"。意义。㉖类：同类；相象。引申为同类或相似的事物。㉗称物芳：指《离骚》

多用香草花香草做比喻。㉘死而不容自疏：虽死去也不肯疏远楚国。㉙濯（zhúo）：洗涤。淖（nào）、污、泥，三字同义，污秽。㉚滋：黑，浊。㉛皭（jiào）然：洁白的样子。泥而不滓（zǐ）：身处秽浊不受污染。滓，污秽。

屈平既绌①，其后秦欲伐齐②，齐与楚从亲③，惠王患之④，乃令张仪详去秦⑤，厚币委质事楚⑥，曰："秦甚憎齐，齐与楚从亲，楚诚能绝齐⑦，秦愿献商於之地六百里⑧。"楚怀王贪而信张仪，遂绝齐，使使如秦受地⑨。张仪诈之曰："仪与王约六里，不闻六百里。"楚使怒去，归告怀王。怀王怒，大兴师伐秦⑩。秦发兵击之，大破楚师于丹、淅⑪，斩首八万，虏楚将屈匄⑫，遂取楚之汉中地⑬。怀王乃悉发国中兵，以深入击秦，战于蓝田⑭。魏闻之⑮，袭楚至邓⑯。楚兵惧，自秦归，而齐竟怒不救楚，楚大困。

【注释】

①绌（chù）：通"黜"；降职；免官。②秦：古国名。嬴（yíng）姓。齐：公元前11世纪周分封的诸侯国。③从（zōng）亲：合从相亲。从：通"纵"。战国时，山东（崤山山东）诸侯国联合抗秦，称为"合纵"。④惠王：秦惠王。嬴驷。前337—前311年在位。患之：以……为忧。以动用法。⑤张仪：魏国人。详：通"佯"。假装。去：离开。佯去秦，事在楚怀王十六年（前313年）。⑥厚币：丰厚的财货。古时帛、皮、珠、璧玉、钱币等统称币。委质：古时臣子向君王献礼，表示献身。质，通"贽"，进见的礼物。⑦诚：如果；果真。绝：绝交。⑧商於（wū）：地名。今陕西省商县至河南省内乡一带地区。⑨使使：前使字，读（shǐ），派遣。后使字，读（shì），使臣。如：往。⑩师：军队。⑪丹、淅（xī）：二水名。⑫屈匄（gài）：楚将。屈为楚王族三大姓（屈、景、昭）之一。匄，通"丐。"⑬汉中：地区名。在今湖北省西北部、陕西省东南部地带。⑭蓝田：县名，在今陕西省蓝田县西。⑮魏：国名。⑯邓：邑名。在今河南郾城县东南。春秋时蔡地。

明年，秦割汉中地与楚以和。楚王曰："不愿得地，愿得张仪而甘心焉①。"张仪闻，乃曰："以一仪而当汉中地②，臣请往如楚。"如楚，又因厚币用事者臣靳尚③，而设诡辩于怀王之宠姬郑袖④。怀王竟听郑袖，复释去张仪。是时屈平既疏，不复在位，使于齐，顾反⑤，谏怀王曰："何不杀张仪？"怀王悔，追张仪，不及。

【注释】

①甘心：快意。②当（dàng）：抵得上。③用事者：当权的。④郑袖：亦名南后。楚怀王的爱妃。⑤顾：及，等到。反：通"返"。

其后诸侯共击楚①，大破之，杀其将唐眛②。

【注释】

①诸侯共击楚：事在楚怀王二十八年（前301年）。②唐眛（mò）：人名。

时秦昭王与楚婚①，欲与怀王会。怀王欲行，屈平曰："秦，虎狼之国，不可信。不如毋行②。"怀王稚子子兰劝王行③："奈何绝秦欢④？"怀王卒行⑤。入武关⑥，秦伏兵绝其后，因留怀王以求割地。怀王怒，不听。亡走赵⑦，赵不内⑧。复之秦⑨，竟死于秦而归葬。

【注释】

①秦昭王：嬴稷。前306—前251年在位。②毋：无；不。③稚子：幼子。④奈何：怎么。⑤卒：终于。⑥武关：在今陕西省商南县南，战国时秦国的南关。⑦亡：逃亡。走：跑。⑧内（nà）：通"纳"。⑨之：往；去。

长子顷襄王立①，以其弟子兰为令尹②。楚人既咎子兰以劝怀王入秦而不反也③。

【注释】

①顷襄王：熊横。前298—前263年在位。②令尹：楚国的最高官职。地位如他国的宰相。③既：尽。咎：责怪；抱怨。

屈平既嫉之①，虽放流，眷顾楚国②，系心怀王③，不忘欲反，冀幸君之一悟④，俗之一改也。其存君兴国而欲反覆之，一篇之中三致志焉。然终无可奈何，故不可以反，卒以此见怀王之终不悟也。人君无愚、智、贤、不肖，莫不欲求忠以自为，举贤以自佐，然亡国破家相随属，而圣君治国累世而不见者，其所谓忠者不忠，而所谓贤者不贤也。怀王以不知忠臣之分⑤，故内惑于郑袖，外欺于张仪，疏屈平而信上官大夫、令尹子兰。兵挫地削，亡其六郡⑥，身客死于秦⑦，为天下笑。此不知人之祸也。《易》曰⑧："井泄不食⑨，为我心恻⑩，可以汲。王明，并受其福。"王之不明，岂足福哉⑪！

【注释】

①嫉：憎恨。②眷（juàn）顾：恋慕；想念。③系心：内心牵挂。④冀幸：希望。⑤以：因；因为。分（fèn）：本分；职分。⑥六郡：指汉中一带地区。⑦身：自身；自己。客死：死在外地。⑧《易》：即《周易》，也叫《易经》。下面几句，引自《易经·井卦》的爻辞。⑨泄（xiè）：通"渫"。淘去污泥。⑩为：使。恻：内心伤痛。⑪哉：表感叹、疑问、反诘的语气词。

令尹子兰闻之，大怒，卒使上官大夫短屈原于顷襄王①，顷襄王怒而迁之②。

【注释】

①短：说人坏话。②迁：贬谪；放逐。

屈原至于江滨，被发行吟泽畔①。颜色憔悴，形容枯槁。渔父见而问之曰②："子非三闾大夫欤③？何故而至此？"屈原曰："举世混浊而我独清，众人皆醉而我独醒，是以见放④。"渔父曰："夫圣人者，不凝滞于物，而能与世推移⑤。举世混浊，何不随其流而扬其波？众人皆醉，何不铺其糟而啜其醨⑥？何故怀瑾握瑜，而自令见放为⑦？"屈原曰："吾闻之，新沐者必弹冠，新浴者必振衣，人又谁能以身之察察⑧，受物之汶汶者乎⑨？宁赴常流而葬乎江鱼腹中耳⑩，又安能以皓皓之白，而蒙世之温蠖乎⑪！"

【注释】

①被：通"披"。②父（fǔ）：对老年人的尊称。③三闾（lú）大夫：楚国官职名。④见：被。放：放逐。⑤凝滞：固执；拘牵。推移：顺随世俗而变化。⑥铺（bǔ）：吃。糟：酒渣。啜（chuò）：喝。醨（lí）：薄酒。随流扬波，则清浊难分；铺糟啜醨，则醉醒莫辨。两句互文同义，意指不使自己突出。⑦瑾、瑜：美玉。为：表疑问的语尾助词。⑧察察：洁白的样子。⑨汶汶（mén）：昏暗的

样子。⑩赴：投入。常流：同"长流"。指流水。⑪皓皓（hào）：通"皓皓"。洁白；光明。温蠖（huò）：尘秽重积的样子。

乃作《怀沙》之赋①。其辞曰：

【注释】

①《怀沙》：屈原写的《九章》里的一篇。

陶陶孟夏兮①，草木莽莽②。伤怀求哀兮，汩徂南土③。眴兮窈窈④，孔静幽墨⑤。冤结纡轸兮⑥，离愍之长鞠⑦；抚情效志兮⑧，俛诎以自抑⑨。

【注释】

①陶陶：天气和暖的样子。孟夏：夏历四月。即夏季第一个月。孟，始。②莽莽：草木生长茂盛的样子。③汩（yù或音 gǔ）：快速的样子。徂（cú）：往；到。④眴（shùn）：看。窈窈（yǎo）：隐晦；深远。⑤孔：甚；很。幽墨：静寂。墨，通"默"。⑥冤结：隐痛郁积。纡：屈。轸（zhěn）：痛。⑦愍（mǐn）：忧痛。鞠（jū）：穷困。⑧抚：循；按。⑨俛诎（fǔ qū）：冤屈。俛，逼"俯"，低头。

刓方以为圜兮①，常度未替②；易初本由兮③，君子所鄙。章画职墨兮④，前度未改；内直质重兮⑤，大人所盛⑥。巧匠不斫兮⑦，孰察其揆正⑧？玄文幽处兮⑨，矇谓之不章⑩；离娄微睇兮⑪，瞽以为无明⑫。变白而为黑兮，倒上以为下。凤凰在笯兮⑬，鸡雉翔舞。同糅玉石兮⑭，一概而相量⑮。夫党人之鄙妒兮⑯，羌不知吾所臧。

【注释】

①刓（wán）：刻；削。圜：同"圆"。②度：法则。替：废弃。③易：改变。初：原有的志趣。④章：彰明；明确。画：规划。墨：木工所用的墨线，引申作准则规矩的代称。⑤内：内心。质：品质。⑥大人：贤人君子。盛：赞美。⑦斫（zhuó）：砍，削。⑧孰：谁。揆：尺度。⑨玄文：黑色花纹。幽处：放在黑暗地方。⑩矇（méng）：盲人。⑪离娄：古代传说中的人名。睇（dì）：斜视；流盼。⑫瞽（gǔ）：盲人。⑬笯（nú）：竹笼。⑭糅（róu）：混杂。⑮概：量米麦时用来刮平斗斛的用具。⑯党人：旧指政治上结成朋党的人。

任重载盛兮①，陷滞而不济②；怀瑾握瑜兮，穷不得余所示③。邑犬群吠兮，吠所怪也；诽骏疑桀兮④，固庸态也⑤。文质疏内兮⑥，众不知吾之异采；材朴委积兮⑦，莫知余之所有⑧。重仁袭义兮⑨，谨厚以为丰⑩；重华不可牾兮⑪，孰知余之从容！古固有不并兮⑬，岂知其故也？汤禹久远兮⑭，邈不可慕也⑮。惩违改忿兮⑯，抑心而自强；离湣而不迁兮⑰，愿志之有象⑱。进路北次兮⑲，日昧昧其将暮⑳；含忧虞哀兮㉑，限之以大故㉒。

【注释】

①盛：多；足。②济：成。③示：告；给人看。④诽（fěi）：诽谤。骏：通"俊"。⑤固：本来。庸态：庸人的常态。⑥文：表面的文采。质：实质；本质。疏：粗疏；疏放。内（nà）：通"讷"。木讷；朴实无华。⑦材：有用的木料。朴：木皮。委积：委弃堆积。⑧所有：具有的才能。⑨重：增益；加多。袭：及；重叠。⑩谨厚：谨慎忠厚。⑪重华：舜的名字。传说中我国父系氏族社会后期部落联盟的领袖，帝尧的接班人。姚姓，史称虞舜。牾（wǔ）：逢。⑫从（cōng）容：

举止行动镇静、沉着。⑬不并：不同时而生。⑭汤：又称成汤。禹：传说中古代部落联盟领袖，又称大禹。他领导人民治理洪水，疏通江河，兴修沟渠，发展农业。后被舜选做接班人。⑮邈（miǎo）：遥远渺茫。⑯惩：止。违：恨。⑰潘（mǐn）：通"闵"，病困。迁：改。⑱象：法则。⑲次：途中的短时停留。⑳昧昧：昏暗的样子。㉑含忧：忍受忧愁。忍受。《楚辞》作"舒"。虞哀：转哀为乐，虞通"娱"，乐。㉒大故：指死亡。

乱曰①：浩浩沅、湘兮②，分流汩兮③。修路幽拂兮④，道远忽兮⑤。曾吟恒悲兮⑥，永叹慨兮。世既莫吾知兮，人心不可谓兮⑦。怀情抱质兮⑧，独无匹兮⑨。伯乐既殁兮⑩，骥将焉程兮⑪？人生禀命兮⑫，各有所错兮⑬。定心广志，徐何畏惧兮⑭？曾伤爰哀⑮，永叹喟兮⑯。世溷不吾知⑰，心不可谓兮。知死不可让兮⑱，愿勿爱兮。明以告君子兮，吾将以为类兮⑲。

【注释】

①乱：理。即总括全文之意。《楚辞》各篇篇末，大都用几句总结性的话作尾声，常用"乱曰"开始。一说"乱"即古文"辞"字。②沅湘：流经湖南省境内的两条大河。湘水在湖南东部，沅水在湖南西部，皆自南往北灌入洞庭湖。③汩（gǔ）：水快流的声音。④修：长。幽拂：幽暗。⑤忽：荒忽；幽暗。⑥曾：通"增"，加。益。⑦谓：说；告语。⑧怀情抱质：同上文"怀瑾握瑜"的意思。⑨匹：双，偶。⑩伯乐：春秋时人，以善相马著称。⑪骥（jì）：千里马。程：计量；考核。⑫禀（bǐng）：承受。⑬错：通"措"，安排。徐：《楚辞》并作"余"。⑭曾：通"重"（chóng），重重。⑯喟（kuì）：叹息。⑰溷：通"混"，混浊。⑱让：避免。⑲类：法，例，榜样。

于是怀石遂自投汩罗以死①。

【注释】

①汩（mì）罗：即汩罗江。

屈原既死之后，楚有宋玉、唐勒、景差之徒者①，皆好辞而以赋见称；然皆祖屈原之从容辞令②，终莫敢直谏。其后楚日以削③，数十年，竟为秦所灭④。

【注释】

①宋玉：楚国人。唐勒、景差：和宋玉同时的辞赋家。之徒：这班人。②祖：取法；仿效。从（cōng）容辞令：指文章委婉含蓄。③削：削弱。④数十年竟为秦所灭：屈原死于前278年，秦灭楚在前223年，距屈原之死五十五年。

自屈原沉汩罗后百有余年，汉有贾生①，为长沙王太傅②，过湘水，投书以吊屈原③。

【注释】

①汉：朝代名。公元前206年，刘邦（汉高祖）灭秦；后又打败项羽，于公元前202年称帝，国号汉。贾生（前200—前168年）：贾谊。②长沙王：吴差。汉朝开国功臣吴芮（ruì）的四世孙。太傅：官名。担任辅佐、教导国王的职务。③吊：悼念。

贾生名谊①，雒阳人也②。年十八，以能诵诗属书闻于郡中③。吴廷尉为河南守④，闻其秀才，召置门下⑤，甚幸爱。孝文皇帝初立⑥，闻河南守吴公治平为天下第一⑦，故与李斯同邑而常学事焉⑧，乃征为廷尉⑨。廷尉乃言贾生年少，颇通诸子百家之书⑩。文帝召以为博士⑪。

【注释】

①生：古代对读书人的通称。②雒（luò）阳：都邑名。即今河南省洛阳市。③闻：闻名；著名。郡：秦、汉时代地方最高行政区域的名称。这里是指"河南郡"。④吴廷尉：姓吴的廷尉，史失其名。掌管司法的长官。河南：郡名。治所在雒阳，辖境相当今河南省黄河以南洛水、伊水下游地区。守（shòu）：官，一郡的长官。⑤门下：官府内面。⑥孝文皇帝：即汉文帝刘桓，前179—157前年在位。⑦治平：政治和平。⑧故：因为。李斯（？—前208年）：战国末期楚国上蔡（今河南省上蔡县）人。常：通"尝"。曾经。学事：师事；向他学习。⑨征：征召。朝廷官府征用人才。⑩诸子百家：指先秦至汉初各派学者及其著作。⑪博士：学官名。

是时贾生年二十余，最为少①。每诏令议下，诸老先生不能言，贾生尽为之对，人人各如其意所欲出。诸生于是乃以为能，不及也。孝文帝说之②，超迁③，一岁中至太中大夫④。

【注释】

①少（shào）：年轻。②说（yuè）：通"悦"。③超迁：越级提拔。④太中大夫：官名。

贾生以为汉兴至孝文二十余年，天下和洽①，而固当改正朔②，易服色③，法制度④，定官名，兴礼乐。乃悉草具其事仪法⑤，色尚黄⑥，数用五⑦，为官名，悉更秦之法⑧，孝文帝初即位，谦让未遑也⑨。诸律令所更定，及列侯悉就国⑩，其说皆自贾生发⑪。于是天子议以为贾生任公卿之位⑫。绛、灌、东阳侯、冯敬之属尽害之⑬，乃短贾生曰："雒阳之人，年少初学，专欲擅权⑭，纷乱诸事。"于是天子后亦疏之，不用其议，乃以贾生为长沙王太傅。

【注释】

①和洽：调和；和顺。②固当：本该。正（zhēng）朔：古指一年开始的时候。正，一年的开始；朔，一月的开始。汉以前的各个朝代，历法各不相同，正朔也就不一样。改正朔，就是改订历法。③服色：指车马服饰的颜色。④法：制定。⑤草具：草拟。⑥色尚黄：色即服色。尚，崇尚。⑦数：指官印的字数。"土"在五行中位次居第五，所以印文也用五数。不够五数的，用"之"字补足，如丞相印作"丞相之印章"。⑧更（gēng）：改变。⑨未遑（huáng）：来不及。遑，闲暇。⑩列侯悉就国：汉初，有不少宗室和功臣受封侯爵。⑪发：提出。⑫任：能够担任。⑬绛：绛侯周勃。灌：颍阴侯灌婴。东阳侯：张相如。冯敬：当时作御史大夫。⑭擅（shàn）：独揽。

贾生既辞往行，闻长沙卑湿，自以寿不得长，又以适去①，意不自得。及渡湘水②，为赋以吊屈原。其辞曰：

【注释】

①适（zhé）：通"谪"。贬官。②湘水：湘江。湖南省内最大的河流。自南往北流经长沙，注入洞庭湖。

共承嘉惠兮①，俟罪长沙②。侧闻屈原兮③，自沉汨罗。造托湘流兮④，敬吊先生。遭时罔极兮⑤，乃陨厥身⑥。呜呼哀哉，逢时不祥。鸾凤伏窜兮⑦，鸱枭翔翔⑧。阘茸尊显兮⑨，谗谀得志⑩；贤圣逆曳兮⑪，方正倒植⑫。世谓伯夷贪兮⑬，谓盗跖廉⑭；莫邪为顿兮⑮，铅刀为铦⑯。于嗟嘿嘿兮⑰，生之无故！斡弃周鼎兮⑱，而宝康瓠⑲，腾驾罢牛兮骖蹇驴⑲，骥垂两耳兮服盐车⑳。章甫荐屦兮㉑，渐不可久；嗟苦先生兮，独离此咎㉒！

【注释】

①共：通"恭"。嘉惠：美好的恩惠。②俟罪：待罪。长沙：封国名。在今湖南省东部。都临湘（今长沙市）。③侧闻：从旁听说。谦辞。④造：到。湘流：湘江。⑤罔：无。极：准则。⑥陨：通"殒（yǔn）"，死亡。厥（jué）：其。代词。⑦鸾凤：传说中吉祥的神鸟。⑧鸱枭（chī xiāo）：猫头鹰一类的鸟。翔（áo）翔：盘旋地飞翔。⑨阘茸（tà rǒng）：指品格平庸，才能低下的人。⑩谗谀：指专搞诽谤、谄媚的小人。⑪逆曳（yè）：向相反的方向拉扯。⑫植：立。⑬伯夷：商代孤竹君的长子。相传孤竹君遗命要立次子叔齐作继承人。孤竹君死后，叔齐让位给伯夷，伯夷不受，叔齐也不愿登位。⑭盗跖（zhí）：跖传说是春秋时代的大盗，故称盗跖。⑮莫邪（yé）：春秋时吴国的著名宝剑。⑯铅刀：铅质的刀。不锋利。铦（xiān）：锋利。⑰于：通"吁"，叹息声。嘿嘿：通"默默"，不得意。⑱斡（wò）：旋转。这里是委弃的意思。周鼎：周朝的传国宝鼎。康瓠（hù）：破旧的空瓦器。瓠：通"壶"。⑲腾：乘骑。罢：通"疲"。骖（cān）：拉车的马。这里是使动用法。蹇（jiǎn）：跛足。⑳垂两耳：马负重过于吃力，就会低头垂耳。服：古代一车驾四马，当中的两匹叫服。㉑章甫：古代的一种礼帽。荐：垫。屦（jù）：麻、葛等制成的单底鞋。㉒离：通"罹"，遭咎（jiù）：灾祸。

讯曰①：已矣，国其莫我知②，独壹郁兮其谁语？凤漂漂其高逝兮④，夫固自缩而远去⑤。袭九渊之神龙兮⑥，汩深潜以自珍⑦。弥融爚以隐处兮⑧，夫岂从蚁与蛭螾⑨？所贵圣人之神德兮⑩，远浊世而自藏。使骐骥可得系羁兮⑪，岂云异夫犬羊？般纷纷其离此尤兮⑫，亦夫子之辜也⑬！瞝九州而相君兮⑭，何必怀此都也？凤皇翔于千仞之上兮⑮，览德辉而下之⑯；见细德之险微兮⑰，摇增翮逝而去之⑱。彼寻常之污渎兮⑲，岂能容吞舟之鱼！横江湖之鱣鲟兮⑳，固将制于蝼蚁。

【注释】

①讯：告。讯曰，相当于《楚辞》里的"乱曰"，是全篇的结束语。②其：句中助词，无义。莫我知：没有谁知我。③壹（yīn）郁：郁闷，忧烦。④漂漂：通"飘飘"，飞翔的样子。逝（shì）：通"逝"，去；往。⑤缩：收敛。引申为深藏不露。⑥袭：因袭。九渊：极深的渊。⑦汩（mì又音wù）：深藏。珍：爱惜。⑧弥：久长，远。融爚（yuè）：光亮。⑨蛭（zhì）：水蛭，蚂蟥。螾（yǐn）：通"蚓"，蚯蚓。⑩神德：非凡的品德。⑪骐骥：良马。系羁：拴缚。⑫般：乱。尤：怨恨，罪过。⑬辜：通"故"，原因。⑭瞝（chī）：遍看，环视。九州：指全中国。古代中国分为九州。相（xiàng）：辅佐。⑮仞：七尺。⑯德辉：指君主的道德光辉。⑰细德：寡德的人。险征：危险的征兆。⑱翮（hè）：羽毛的根部。引申作鸟翼的代称。⑲寻：八尺。常：十六尺。污：停滞不流的水。渎（dú）：小沟渠。⑳横：断绝。鱣（zhān）：鳇鱼。鲟（xún）：鲟鱼的古称。

贾生为长沙王太傅三年，有鸮飞入贾生舍①，止于坐隅②。楚人命鸮曰"服"③。

贾生既以適居长沙，长沙卑湿，自以为寿不得长，伤悼之，乃为赋以自广④。其辞曰：

【注释】

①鸮（xiāo）：猫头鹰。古人以为是不祥之鸟。②坐隅（yú）：座旁。③命：命名。服：通"鵩"。④自广：宽慰自己。

单阏之岁兮①，四月孟夏。庚子日施兮②，服集予舍，止于坐隅，貌甚闲暇。异物来集兮③，私怪其故。发书占之兮④，策言其度⑤。曰"野鸟入处兮⑥，主人将去"。请问于服兮："予去何之？吉乎告我，凶言其灾。淹数之度兮⑦，语予其期。"服乃叹息，举首奋翼，口不能言，请对以意。

【注释】

①单阏（chán yān）：十二地支中"卯"的别称，用以纪年。②施（yí）：斜行。③异物：怪物；不常见的东西。④发：打开。书：这里指占卜的书。⑤策：古代占卦用的蓍（shī）草。度：数，指吉凶的定数。⑥处（chǔ）：居止。⑦淹数：迟速。

万物变化兮，固无休息。斡流而迁兮①，或推而还②。形气转续兮③，化变而嬗④。沕穆无穷兮⑤，胡可胜言⑥！祸兮福所倚，福兮祸所伏⑦；忧喜聚门兮，吉凶同域⑧。彼吴强大兮，夫差以败⑨；越栖会稽兮，句践霸世⑩。斯游遂成兮，卒被五刑⑪；傅说胥靡兮，乃相武丁⑫。夫祸之与福兮，何异纠缪⑬。命不可说兮，孰知其极⑭？水激则旱兮⑮，矢激则远。万物回薄兮⑯，振荡相转⑰。云蒸雨降兮⑱，错缪相纷⑲。大专槃物兮⑳，坱轧无垠㉑。天不可与虑兮㉒，道不可与谋。迟数有命兮，恶识其时㉓？

【注释】

①斡（wò）流：运转。②推：推移。③形：指有形的。气，指无形的。转：互相转化。续：连属；继承。④而：如。嬗（shàn）：演变，蜕化。⑤沕（wù）穆：深微。⑥胡：何。胜（shēng）：尽。⑦倚：托。伏：隐藏。⑧聚门、同域：同在一处。二句意谓祸福相因，吉凶不定。⑨吴：古国名。姬姓。始祖是周太王的儿子泰伯。夫差（？—前473年）：春秋时吴国的最后一个君主。夫差为报父仇，曾大败越军。后终为越国所灭，夫差自杀。⑩越：古国名。姒（sì）姓。相传始祖是夏代少康的庶子无余。句（gōu）践（？—前465年）：春秋时越王。⑪斯：李斯。五刑：五种轻重不等的刑罚。⑫傅说（yuè）：相传傅说在傅岩服劳役，殷高宗武丁选拔作相。胥靡：古代对犯人用绳索连着服劳役的刑罚。因也用作刑徒的代称。⑬纠缪（mò）：多股绞成的绳索。⑭孰：谁。极：终极；止境。⑮激：阻遏水势使之腾涌、飞溅。⑯薄：迫，侵，冲激。⑰振：通"震"⑱蒸：指气体受热而上升。⑲缪（jiū）：绞。⑳大专（yuán）：大自然。天体。槃：承盘（承水器），引申作"承受"。㉑坱轧（yǎng yà）：无边无际。㉒与（yù）：通"预"。事先。㉓恶（wū）：何；怎么。

且夫天地为炉兮，造化为工；阴阳为炭兮，万物为铜。合散消息兮①，安有常则②；千变万化兮，未始有极。忽然为人兮③，何足控抟④；化为异物兮⑤，又何足患！小知自私兮⑥，贱彼贵我⑦；通人大观兮⑧，物无不可⑨。贪夫徇财兮⑩，烈士徇名⑪；夸者死权兮⑪，品庶冯生⑫。怵迫之徒兮⑬，或趋西东；大人不曲兮⑭，亿变齐同⑮。拘士系俗兮⑯，攌如囚拘⑰；至人遗物兮⑱，独与道俱。众人或或兮⑲，好恶积意⑳；真人淡漠兮，独与道息㉑。释知遗形兮㉒，超然自丧㉓；寥廓忽荒兮㉔，与道翱翔。乘流则逝兮㉕，得坻则止㉖；纵躯委命兮，不私与己。其生若浮兮，其死若休；澹乎若深渊之静，泛乎若不系之舟。不以生故自宝兮，养空而游。德人无累兮，知命不忧。细故蒂葪兮㉗，何足以疑！

【注释】

①消息：指万物生灭、盛衰。消，消灭；息，增长。②常则：一定的法则。③忽然：偶然。④控抟（tuán）：引持；把握。⑤化为异物：指死去。⑥知：通"智"。⑦贱、贵：把……认作卑贱、高贵。以动用法。⑧通人：和下面所提到的"大人、至人、真人、德人"，都是用道家的概念，指道德修养极其高深的人。⑨可：合适。⑩徇（xùn）：通"殉"。以身从物。⑪夸者：贪求虚荣喜好权势的人。⑫品庶：众庶。一般的人。冯（píng）：通"凭"。依靠。⑬怵（chù）：被名利所诱惑。⑭曲：屈曲。⑮齐同：等量齐观。⑯系俗：为习俗所牵累。⑰摎（huǎn）：拘禁。⑱遗物：遗弃物累。⑲或或：通"惑惑"。迷惑。⑳意：通"臆"。胸臆。㉑息：止。引申为"存在"。㉒释：放弃。知（zhì）：智虑。㉓自丧：忘却自己。㉔忽荒：恍惚。不可辨认，不易捉摸。㉕流：流水。㉖坻（chí）：水中小洲。㉗蒂葪（dì jiè）：同"蒂芥"。细小的梗塞物。

后岁余，贾生征见。孝文帝方受釐①，坐宣室②。上因感鬼神事③，而问鬼神之本。贾生因具道所以然之状。至夜半，文帝前席④。既罢，曰："吾久不见贾生，自以为过之，今不及也。"居顷之⑤，拜贾生为梁怀王太傅⑥。梁怀王，文帝之少子，爱，而好书⑦，故令贾生傅之。

【注释】

①釐（xī）：通"禧"。福。祭神后的祭肉。祭天地五畤，皇帝不自行，祭还受福，即受釐。②宣室：未央宫的正室。③上：皇上。④前席：人在座席上渐渐前移。⑤居：过。顷之：不久。⑥拜：授予官职。梁怀王：刘揖。⑦好（hào）：爱好。

文帝复封淮南厉王子四人皆为列侯①。贾生谏，以为患之兴自此起矣。贾生数上疏②，言诸侯或连数郡，非古之制，可稍削之③。文帝不听。

【注释】

①淮南厉王：刘长。汉高祖的少子。②数（shuò）：多次。疏：奏章。③稍：逐渐。

居数年，怀王骑，堕马而死，无后。贾生自伤为傅无状①，哭泣岁余，亦死。贾生之死时年三十三矣。及孝文崩②，孝武皇帝立③，举贾生之孙二人至郡守④，而贾嘉最好学，世其家⑤，与余通书。至孝昭时⑥，列为九卿⑨。

【注释】

①无状：不像样；不肖。②崩：天子死叫"崩"。③孝武皇帝：汉武帝刘彻。前140—前87年在位。④举：选拔。⑤世：继承。⑥至孝昭时：司马迁未活到此时，这两句是后人妄加的，当删。⑦九卿：古代中央高级官员的总称。

太史公曰：余读《离骚》《天问》《招魂》《哀郢》①，悲其志。适长沙②，观屈原所自沉渊，未尝不垂涕，想见其为人。及见贾生吊之，又怪屈原以彼其材，游诸侯，何国不容，而自令若是。读《服鸟赋》，同生死，轻去就③，又爽然自失矣。

【注释】

①《天问》《招魂》《哀郢》：都是屈原作品的篇名。②适：往；到。③同生死，轻去就：二句是《服鸟赋》全篇的主旨。

吕不韦列传第二十五

吕不韦者，阳翟大贾人也①。往来贩贱卖贵，家累千金②。

【注释】

①阳翟（dí 或音 zhái）：邑名。在今河南省禹县。大贾（gǔ）人；大商人。②累：积累。

秦昭王四十年①，太子死。其四十二年，以其次子安国君为太子②。安国君有子二十余人。安国君有所甚爱姬，立以为正夫人，号曰华阳夫人。华阳夫人无子。安国君中男名子楚③，子楚母曰夏姬，毋爱④。子楚为秦质子于赵⑤。秦数攻赵⑥，赵不甚礼子楚⑦。

【注释】

①秦昭王：嬴稷。前306—前251年在位。②安国君：嬴柱。在位一年（前250年）③子楚：即秦庄襄王。前249—前247年在位。中男：排行居中的儿子。中，通"仲"。④毋：通"无"。⑤质子：古时派到别国去作抵押的人，多为王子或世子。⑥数（shuò）：多次。⑦礼：以礼相待。

子楚，秦诸庶孽孙①，质于诸侯，车乘进用不饶②，居处困，不得意。吕不韦贾邯郸③，见而怜之，曰："此奇货可居④。"乃往见子楚，说曰⑤："吾能大子之门⑥。"子楚笑曰："且自大君之门，而乃大吾门！"吕不韦曰："子不知也，吾门待子门而大。"子楚心知所谓，乃引与坐，深语⑦，吕不韦曰："秦王老矣，安国君得为太子，窃闻安国君爱幸华阳夫人⑧，华阳夫人无子，能立適嗣者⑨，独华阳夫人耳。⑩今子兄弟二十余人，子又居中，不甚见幸⑪，久质诸侯。即大王薨⑫，安国君立为王，则子毋几得与长子及诸子旦暮在前者争为太子矣⑬。"子楚曰："然⑭。为之奈何⑮？"吕不韦曰："子贫，客于此⑯，非有以奉献于亲及结宾客也。不韦虽贫，请以千金为子西游，事安国君及华阳夫人，立子为適嗣。"子楚乃顿首曰："必如君策⑰，请得分秦国与君共之。"

【注释】

①庶孽（niè）孙：姬妾所生的子孙。②进：通"赆"（jìn）。财物。③邯郸（hán dān）：战国时期赵国的国都，即现在的河北省邯郸市西南。④奇货：稀有的物品。

⑤说（shuì）：用言语劝说别人使听从自己的意见。⑥大：使动用法。⑦深语：深谋密语。⑧窃：私下。⑨適（dí）：通"嫡"。嗣：儿子；子孙。適嗣：正妻所生的长子。⑩独：只；只有。耳：罢了。语气助词，表决定语气。⑪见：被。⑫即：如；如果。薨（hōng）：诸侯死叫"薨"。⑬毋几（jǐ）：没有希望。⑭然：对。⑮奈何：怎么；怎么办。⑯客：作客，动词。⑰必：果真。

吕不韦乃以五百金与子楚，为进用，结宾客①；而复以五百金买奇物玩好，自奉而西游秦，求见华阳夫人姊，而皆以其物献华阳夫人。因言子楚贤智，结诸侯宾客遍天下，常曰："楚也以夫人为天②。日夜泣思太子及夫人。"夫人大喜。不韦因使其姊说夫人曰："吾闻之，以色事人者，色衰而爱弛。今夫人事太子，甚爱而无子，不以此时蚤自结于诸子中贤孝者③，举立以为適而子之④，夫在则尊重，夫百岁之后，所子者为王⑤，终不失势，此所谓一言而万世之利也。不以繁华时树本，即色衰爱弛后，虽欲开一言，尚可得乎？今子楚贤，而自知中男也，次不得为適，其母又不得幸，自附夫人，夫人诚以此时拔以为適⑥，夫人则竟世有宠于秦矣⑦。"华阳夫人以为然，承太子间，从容言子楚质于赵者绝贤⑧，来往者皆称誉之。乃因涕泣曰："妾幸得充后宫，不幸无子，愿得子楚立以为適嗣，以托妾身。"安国君许之，乃与夫人刻玉符⑨，约以为適嗣。安国君及夫人因厚馈遗子楚⑩，而请吕不韦傅之，子楚以此名誉益盛于诸侯。

【注释】

①结：结交；结识。②天：终身唯一的依靠。③蚤：通"早"。④子之：认他做儿子。子，以动用法。⑤所子：所认为的儿子。⑥诚：如；如果。⑦竟世：整整一生。竟，终，尽。⑧从（cōng）容：舒缓；委婉。⑨符：古代朝廷用的一种凭证，多用于传达命令或调遣兵将，用金、玉、铜，或竹、木制成双方各执一半，合之以验真伪。⑩馈（kuì）遗：赠送财物。

吕不韦取邯郸诸姬绝好善舞者与居①，知有身②。子楚从不韦饮，见而说之③，因起为寿④，请之⑤。吕不韦怒，念业已破家为子楚，欲以钓奇⑥，乃遂献其姬。姬自匿有身，至大期时⑦，生子政⑧。子楚遂立姬为夫人。

【注释】

①绝好：最美。居：同居。②有身：怀孕。③说：通"悦"。④寿：祝酒。⑤请：求；想得到。⑥钓奇：以钓鱼作比喻，意思是牺牲小利去获取大利。⑦期（jī）：十二个月。⑧政：即秦王嬴政。前246—前210年在位。

秦昭王五十年，使王齮围邯郸①，争，赵欲杀子楚。子楚与吕不韦谋，行金六百斤予守者吏②，得脱，亡赴秦军，遂以得归。赵欲杀子楚妻子，子楚夫人赵豪家女也，得匿，以故母子竟得活。秦昭王五十六年，薨，太子安国君立为王，华阳夫人为王后，子楚为太子。赵亦奉子楚夫人及子政归秦。

【注释】

①王齮（yǐ）：秦将。②予：通"与"。给。

秦王立一年，薨，谥为孝文王①。太子子楚代立，是为庄襄王②。庄襄王所养母华阳后为华阳太后③，真母夏姬尊以为夏太后④。庄襄王元年，以吕不韦为丞相⑤，封为文信侯，食河南雒阳十万户⑥。

【注释】

①谥（shì）：古代帝王或高级官吏死后，统治阶级所给予的含有褒贬意义的称号。②是：这。代词。③所寻：所拜认的母亲。④真母：生母。⑤丞相：官名。⑥食：即食邑，也称采（cài）邑或采地。

庄襄王即位三年，薨，太子政立为王，尊吕不韦为相国，号称"仲父"①。秦王年少②，太后时时窃私通吕不韦。不韦家僮万人。

【注释】

①仲父：亚父；次父。②秦王年少：秦王政继位时，只十三岁。

当是时，魏有信陵君①，楚有春申君②，赵有平原君③，齐有孟尝君④，皆下士喜宾客以相倾⑤。吕不韦以秦之强，羞不如，亦招致士，厚遇之，至食客三千人。是时诸侯多辩士，如荀卿之徒⑥，著书布天下。吕不韦乃使其客人人著所闻，集论以为八览、六论、十二纪⑦，二十余万言。以为备天地万物古今之事，号曰《吕氏春秋》。布咸阳市门⑧，悬千金其上，延诸侯游士宾客有能增损一字者予千金。

【注释】

①信陵君（？—前243年）：即魏无忌，魏安釐王的弟弟，号信陵君，有食客三千人。②春申君（？—前238年）：即黄歇，楚国贵族。曾任左徒、令尹等职二十多年，有食客三各人。详见《春申君列传》。③平原君（？—前251年）：即赵胜，赵惠文王的弟弟。④孟尝君：即田文。齐国贵族，作过齐湣王的国相，有食客数千人。⑤下士：谦恭礼貌地对待士子。倾：超越；压倒。⑥荀卿（前315—前238年）：即荀况。战国时思想家、教育家。著作有《荀子》。⑦《吕氏春秋》分为"八览"（包括《有始》《孝行》《慎大》《先识》《审分》《审应》《离俗》《寺君》八卷，"六论（包括《开春》《慎行》《贵直》《不苟》《以顺》《士容》六卷），十二纪（纪十二月，十二卷）。这书既有儒家学说，又有道、名、法、墨、阴阳各家的学说，保存了许多先秦旧说和古代史料。⑧咸阳：秦都城。在今陕西省咸阳市东北。

始皇帝益壮，太后淫不止。吕不韦恐觉祸及己，乃私求大阴人嫪毐以为舍人①，时纵倡乐，使毐以其阴关桐轮而行②，令太后闻之，以啖太后③。太后闻，果欲私得之。吕不韦乃进嫪毐④，诈令人以腐罪告之⑤。不韦又阴谓太后曰⑥："可事诈腐，则得给事中⑦。"太后乃阴厚赐主腐者吏，诈论之⑧，拔其须眉为宦者⑨，遂得侍太后。太后私与通⑩，绝爱之。有身，太后恐人知之，诈卜当避时⑪，徙宫居雍⑫。嫪毐常从，赏赐甚厚，事皆决于嫪毐。嫪毐家僮数千人，诸客求宦为嫪毐舍人者千余人⑬。

【注释】

①阴：男女生殖器的通称。嫪毐（lào ǎi）：人名。舍人：家臣、门客之类或官吏左右亲信。②关：贯穿。③啖（dàn）：引诱。④进：引进；荐举。⑤腐罪：判处宫刑的罪。阉割去睾丸及阴茎。古代刑罚的一种。⑥阴：隐秘地。⑦给事：供职。中：宫中。⑧论：定罪。⑨宦者：被阉割失去性能力在宫廷内侍奉皇帝及后妃的官员。⑩通：私通；通奸。⑪避时：必须改换一下居住环境，才能避免灾祸。⑫雍：邑名。在今陕西省凤翔县南。⑬宦：做官。

始皇七年，庄襄王母夏太后薨。孝文王后曰华阳太后，与孝文王会葬寿陵①。夏太后子庄襄王葬芷阳②，故夏太后独别葬杜东③，曰"东望吾子，西望吾夫。后百年，旁当有万家邑"。

【注释】

①寿陵：秦孝文王坟墓名。②芷（zhǐ）阳：邑名。③杜：杜原，地名。

始皇九年，有告嫪毐实非宦者，常与太后私乱，生子二人，皆匿之。与太后谋曰"王即薨，以子为后。"于是秦王下吏治，具得情实①，事连相国吕不韦。九月，夷嫪毐三族②，杀太后所生两子，而遂迁太后于雍。诸嫪毐舍人皆没其家而迁之蜀③，王欲诛相国，为其奉先王功大，及宾客辩士为游说者众④，王不忍致法⑤。

【注释】

①具：通"俱"。全；都。②夷：诛灭。③没入：旧时刑罚的一种，没收财物入官。家：家产。④游说（shuì）：战国时代的策士，周游各国，向统治者陈说形势，提出政治、军事、外交方面的主张，以求取高官厚禄。⑤致法：给予法律制裁。

秦王十年十月，免相国吕不韦。及齐人茅焦说秦王①，秦王乃迎太后于雍，归复咸阳，而出文信侯就国河南②。

【注释】

①茅焦：齐国说士。他劝说始皇不该把母亲迁居外地。②出：使动用法。就国：到封国去居住。

岁余，诸侯宾客使者相望于道，请文信侯①。秦王恐其为变，乃赐文信侯书曰："君何功于秦？秦封君河南，食十万户。君何亲于秦？号称仲父。其与家属徙处蜀②！"吕不韦自度稍侵③，恐诛，乃饮酖而死④。秦王所加怒吕不韦、嫪毐皆已死，乃皆复归嫪毐舍人迁蜀者。

【注释】

①请：问候。②其：当；应该。处（chǔ）：居住。动词。③度（duó）：估计；推测。侵：侵犯；侵害。④酖（zhèn）：毒酒。传说中一种有剧毒的鸩鸟。喜食蛇，羽毛紫绿色，放在酒中，能毒杀人。

始皇十九年，太后薨，谥为帝太后，与庄襄王会葬茝阳①。

【注释】

①茝（zhǐ）阳：即"芷阳"。

太史公曰："不韦及嫪毐贵①，封号文信侯②。人之告嫪毐，毐闻之。秦王验左右③，未发④。上之雍郊⑤，毐恐祸起，乃与党谋，矫太后玺发卒以反蕲年宫⑥。发吏攻毐，毐败亡走⑦，追斩之好畤⑧，遂灭其宗⑨。而吕不韦由此绌矣⑩。孔子之所谓'闻'者⑪，其吕子乎？"

【注释】

①及：涉及；连及。②《索隐》指出：文信侯是吕不韦的封号，嫪毐封号叫长信侯。这里说嫪毐的显贵是由于吕不韦的荐引，且上文也多次说到吕不韦的封号，因此这里的"文信侯"应改为"长信侯"。③验：证实。④发：揭发；暴露。⑤郊：古代祭天的礼节。⑥矫：伪造。玺（xǐ）：皇帝的印。蕲（qí）年宫：秦宫名。旧址在今陕西省凤翔县南。⑦走：逃跑。⑧好畤：县名。在今陕西省乾县。⑨宗：

宗人；同族的人。⑩绌：通"黜（chù）"。贬退；排斥。⑪闻：本义是"名声"，这里是指言行表里不一，沽名钓誉，欺世盗名的人。

刺客列传第二十六

曹沫者①，鲁人也②，以勇力事鲁庄公③。庄公好力。曹沫为鲁将，与齐战，三败北④。鲁庄公惧，乃献遂邑之地以和⑤。犹复以为将⑥。

【注释】

①曹沫（mò）：《左传》《穀梁传》有曹刿（guì），《公羊传》只称曹子，《战国策》有曹沫，《吕氏春秋》有曹翙，各书所载事迹有很大出入。②鲁：国名。公元前11世纪周分封的诸侯国，姬姓，地在今山东省西南部，建都曲阜（今曲阜市）。③鲁庄公：姬同。前693—前662年在位。④败北：战败逃走。北，背；转身逃走。⑤遂：国名。地在今山东省肥城市南。邑：城市。⑥犹：还是；仍旧。以为：以（之）为。

齐桓公许与鲁会于柯而盟①。桓公与庄公既盟于坛上②，曹沫执匕首劫齐桓公③，桓公左右莫敢动，而问曰："子将何欲④？"曹沫曰："齐强鲁弱，而大国侵鲁亦甚矣⑤。今鲁城坏即压齐境⑥，君其图之⑦。"桓公乃许尽归鲁之侵地⑧。既已言，曹沫投其匕首，下坛，北面就群臣之位⑨，颜色不变，辞令如故。桓公怒，欲倍其约⑩。管仲曰⑪："不可。夫贪小利以自快⑫，弃信于诸侯⑬，失天下之援⑭，不如与之。"于是桓公乃遂割鲁侵地，曹沫三战所亡地尽复予鲁⑮。

【注释】

①齐桓公：姜小白。为春秋五霸之首。前685—前643年在位。柯：齐邑名。在今山东省阳谷县东北。盟：订立盟约。②坛：土坛。古时开会都设有坛，便于表示尊卑礼让。③匕首：短剑。劫：胁迫；劫持。④左右：指随从人员。据《公羊传》说，此指管仲。曹沫以匕首威劫齐桓公，桓公仓促不知所措，管仲代为问曹沫。子：古代对男子的敬称。⑤甚矣：太过分了。⑥鲁城：指鲁国都城。鲁城坏即压齐境，意思是：齐国侵占鲁国土地太多，齐国的国境已经深入到鲁国的都城下来了。⑦图：考虑；打算。⑧鲁之侵地：指鲁国被侵占的土地，并非鲁国占别国的土地。⑨北：面向北方。古代国君向南而坐，群臣向北而朝。⑩倍：通"背"。违背。⑪管仲：名夷吾，齐国大臣。⑫快：快意，指不归还土地以泄愤。⑬弃信：丢弃失去信用。⑭援：援助；支持。⑮亡：失去。

其后百六十有七年而吴有专诸之事①。

【注释】

①前"有（yòu）"字：通"又"。用在整数和零数之间。

专诸者①，吴堂邑人也②。伍子胥之亡楚而如吴也③，知专诸之能④。伍子胥既见吴王僚⑤，说以伐楚之利。吴公子光曰⑥："彼伍员父兄皆死于楚而员言伐楚，欲自为报私仇也，非能为吴。"吴王乃止。伍子胥知公子光之欲杀吴王僚，乃曰："彼光将有内志，未可说以外事⑦。"乃进专诸于公子光⑧。

【注释】

①专诸：《左传》作"鱄（zhuān）设诸"。②吴：国名。堂邑：吴邑名。在今江苏省六合市西北。③伍子胥：名员（yún），楚国人。如：往；到。④能：能干。⑤吴王僚：姬僚。前526—前515年在位。⑥吴公子光：即后来的吴王阖闾。⑦内志：指在国内有夺取王位的意图。外事：指伐楚。⑧进：推荐。

光之父曰吴王诸樊①。诸樊弟三人：次曰余祭②，次曰夷眜③，次曰季子札④。诸樊知季子札贤而不立太子，以次传三弟⑤，欲卒致国于季子札⑥。诸樊既死，传余祭。余祭死，传夷眜。夷眜死，当传季子札；季子札逃不肯立，吴人乃立夷眜之子僚为王。公子光曰："使以兄弟次邪⑦，季子当立；必以子乎，则光真适嗣⑧，当立。"故尝阴养谋臣以求立⑨。

【注释】

①诸樊：前560—前548年在位。②余祭（zhài）：前547—前531年在位。③夷眜（mò）：前530—前527年在位。④季子札：即延陵季子、季札。⑤以次：按长幼次序。⑥卒：最终。致国：传给王位。⑦邪（yé）：通"耶"，疑问语气助词。⑧适（dí）：正妻的长子。适，通"嫡"。⑨尝：通"常"。阴养谋臣：暗中供养有谋略的臣子。

光既得专诸，善客待之①。九年而楚平王死②。春，吴王僚欲因楚丧③，使其二弟公子盖余、属庸将兵围楚之潜④；使延陵季子于晋，以观诸侯之变⑤。楚发兵绝吴将盖余、属庸路⑥，吴兵不得还。于是公子光谓专诸曰："此时不可失，不求何获！且光真王嗣，当立，季子虽来，不吾废也⑦。"专诸曰："王僚可杀也。母老子弱，而两弟将兵伐楚，楚绝其后。方今吴外困于楚，而内空无骨鲠之臣⑧，是无如我何⑨。"公子光顿首曰："光之身，子之身也⑩。"

【注释】

①善客待之：像对待上宾一样款待专诸。善，贵。②楚平王：熊居。前528—前516年在位。③因：趁。④潜（qián）：今作"潜"。楚邑名。在今安徽省霍山县东北。⑤诸侯之变：指诸侯对吴伐楚的反应。⑥绝……路：断绝其退路。⑦不吾废：不废吾。⑧骨鲠（gěng）：正直。鲠，通"骾"。⑨无如我何：不能奈我何。⑩光之身，子之身也：我的身体就是你的身体。意即你身后之事一切由我担当。

四月丙子①，光伏甲士于窟室中②，而具酒请王僚③。王僚使兵陈自宫至光之家④，门户阶陛左右⑤，皆王僚之亲戚也⑥。夹立侍，皆持长铍⑦。酒既酣⑧，公子光详为足疾⑨，入窟室中，使专诸置匕首鱼炙之腹中而进之⑩。既至王前，专诸擘鱼⑪，因以匕首刺王僚，王僚立死。左右亦杀专诸，王人扰乱⑫。公子光出其伏甲以攻王僚之徒，尽灭之，遂自立为王，是为阖闾⑬。阖闾乃封专诸之子以为上卿⑭。

【注释】

①丙子：古代用干支纪日的日期。②甲士：穿铠甲的武士。窟室：地下室。③具酒：备办酒席。④陈：排列。⑤陛：殿堂的高台阶。⑥亲戚：古代指包括血亲和姻亲的亲属，这里指亲信。⑦长铍（pī）：装有长柄的两刃刀。⑧酣：饮酒畅快，到半醉的时候叫"酣"。⑨详（yáng）：通"佯"。假装；伪装。⑩鱼炙（zhì）：烤熟的整鱼。炙，炰烤。进：献。⑪擘（bò）：用手把东西分开或折断。⑫王人：王僚随带的士兵。扰乱：骚动。⑬阖闾：前514—前496年在位。⑭上卿：官名。诸侯国最高的官职。

其后七十余年而晋有豫让之事。

豫让者，晋人也①，故尝事范中行氏②，而无所知名。去而事智伯③，智伯甚尊宠之。及智伯伐赵襄子④，赵襄子与韩、魏合谋灭智伯⑤，灭智伯之后而三分其地。赵襄子最怨智伯，漆其头以为饮器。豫让遁逃山中，曰："嗟乎！士为知己者死，女为说己者容⑥。今智伯知我，我必为报仇而死，以报智伯，则吾魂魄不愧矣！"乃变名姓为刑人⑦，入宫涂厕⑧，中挟匕首⑨，欲以刺襄子。襄子如厕，心动⑩，执问涂厕之刑人，则豫让，内持刀兵⑪，曰："欲为智伯报仇！"左右欲诛之。襄子曰："彼义人也，吾谨避之耳。且智伯亡无后，而其臣欲为报仇，此天下之贤人也。"卒醳去之⑫。

【注释】

①晋：西周封国，开国君主唐叔虞，始封于唐，后其子燮改国号为晋，建都于翼（今山西省翼城县东南），地当今山西省和河北省一部分。②范氏：指晋国大夫范吉射。中行（háng）氏：指晋国大夫中行寅。范氏、中行氏与智氏、魏氏、韩氏、赵氏并执晋政，是为六卿。③智伯：智襄子，荀瑶。六卿中智伯势力最强。去：离去。④赵襄子：赵毋恤。晋国大夫。⑤赵襄子与韩、魏合谋灭智伯：赵襄子被攻，退保晋阳（今山西省太原市西南）。智伯与韩康子（名虔）、魏桓子（名驹）共围之，又决汾水灌城。⑥容：修饰打扮。⑦为刑人：装着被判罪刑，罚充苦役的人。⑧入宫涂厕：进入赵襄子宫中，修治厕所。⑨中挟：衣内暗藏着。⑩心动：心惊；有所察觉。⑪刀兵：泛指武器。⑫醳（shì）：通"释"。释放。

居顷之①，豫让又漆身为厉②，吞炭为哑③，使形状不可知，行乞于市。其妻不识也。行见其友，其友识之，曰："汝非豫让邪④？"曰："我是也。"其友为泣曰："以子之才，委质而臣事襄子⑤，襄子必近幸子⑥。近幸子，乃为所欲，顾不易邪⑦？何必残身苦形，欲以求报襄子，不亦难乎！"豫让曰："既已委质臣事人，而求杀之，是怀二心以事其君也。且吾所为者极难耳！然所以为此者，将以愧天下后世之为人臣怀二心以事其君者也⑧。"

【注释】

①居顷之：过不久。顷，不久。②厉（lài）：通"癞"。一种恶疮病，亦称癞病，今谓之麻风。③吞炭为哑：吞炭坏嗓，使声音沙哑。④汝：你（们）。⑤委质：臣子向君主献礼，表示献身。质，通"贽"。臣事：像臣子一样侍奉襄子。臣，名词用作状语。⑥近幸：接近亲信。⑦顾：反而。邪，情态副词。⑧愧：使之感到羞愧。

既去，顷之，襄子当出，豫让伏于所当过之桥下①。襄子至桥，马惊，襄子曰："此必是豫让也。"使人问之，果豫让也。于是襄子乃数豫让曰②："子不尝事范、中行氏乎？智伯尽灭之，而子不为报仇，而反委质臣于智伯。智伯亦已死矣，而子独何以为之报仇之深也③？"豫让曰："臣事范中行氏，范中行氏皆众人遇我④，我固众人报之。至于智伯，国士遇我⑤，我故国士报之。"襄子喟然叹息而泣曰："嗟乎豫子⑥！子之为智伯，名既成矣，而寡人赦子⑦，亦已足矣。子其自为计，寡人不复释子！"使兵围之。豫让曰："臣闻明主不掩人之美，而忠臣有死名之义。前君已宽赦臣，天下莫不称君之贤。今日之事，臣固伏诛⑧，然愿请君之衣而击之，焉以致报仇之意⑨，则虽死不恨。非所敢望也，敢布腹心⑩！"于是襄子大义之⑪，乃使使持衣与豫让⑫。豫让拔剑三跃而击之，曰："吾可以下报智伯矣⑬！"遂伏剑自杀。死之日，赵国志士闻之，皆为涕泣。

【注释】

①桥：指汾桥。旧址在今太原市境。②数（shǔ）：列举罪状。③何以：为什么。④众人遇我：像对待众人一样对待我。⑤国士：一国中最杰出的人士。⑥豫子：对豫让的尊称。⑦寡人：寡德之人。⑧伏诛：受死刑。⑨焉：是，于是。⑩敢布腹心：敢于披露我的衷心。⑪义之：认为他有义气。⑫使使（shǔ shǐ）：前"使"字是动词，作"派遣"解；后"使"字是名词，即"使者"。⑬下：泉下；地下。

其后四十余年而轵有聂政之事。

聂政者，轵深井里人也①。杀人避仇②，与母、姊如齐，以屠为事。

【注释】

①轵（zhǐ）：魏邑名。在今河南省济源市东南。②避仇：逃避仇人。

久之，濮阳严仲子事韩哀侯①，与韩相侠累有郤②。严仲子恐诛，亡去，游求人可以报侠累者。至齐，齐人或言聂政勇敢士也，避仇隐于屠者之间。严仲子至门请，数反③，然后具酒自畅聂政母前④。酒酣，严仲子奉黄金百溢⑤，前为聂政母寿⑥。聂政惊怪其厚，固谢严仲子⑦。严仲子固进，而聂政谢曰："臣幸有老母，家贫，客游以为狗屠，可以旦夕得甘毳以养亲⑧。亲供养备，不敢当仲子之赐。"严仲子辟人⑨，因为聂政言曰："臣有仇，而行游诸侯众矣；然至齐，窃闻足下义甚高⑩，故进百金者，将用为大人粗粝之费⑪，得以交足下之欢，岂敢以有求望邪！"聂政曰："臣所以降志辱身居市井屠者⑫，徒幸以养老母⑬；老母在，政身未敢以许人也。"严仲子固让，聂政竟不肯受也。然严仲子卒备宾主之礼而去。

【注释】

①濮阳：卫国都城，在现在的河南省濮阳县西南。严仲子：严遂，字仲子。韩哀侯：前376—前371年在位。②侠累：《战国策》作"韩傀"（kuī）。韩国相，韩哀侯的叔父。③数（shuò）：屡次；频繁。反：通"返"。④畅：《战国策》作觞，盛酒器。⑤溢："镒"，古代重量单位，等于二十两或二十四两。⑥寿：祝寿；祝福。⑦厚：厚礼。固谢：坚决谢绝。⑧甘毳（cuì）：指甘甜松脆的食物。毳，通"脆"。⑨辟（bì）人：避开人。辟，通"避"。⑩义甚高：讲义气的名声很高。⑪大人：对别人父母的敬称。⑫降志辱身：降低志气，屈辱身份。⑬徒：仅仅；只。

久之，聂政母死。既已葬，除服①，聂政曰："嗟乎！政乃市井之人②，鼓刀以屠；而严仲子乃诸侯之卿相也，不远千里，枉车骑而交臣③。臣之所以待之，至浅鲜矣④，未有大功可以称者⑤，而严仲子奉百金为亲寿，我虽不受，然是者徒深知政也⑥。夫贤者以感忿睚眦之意而亲信穷僻之人⑦，而政独安得嘿然而已乎⑧！且前日要政，政徒以老母；老母今以天年终，政将为知己者用。"乃遂西至濮阳⑨，见严仲子曰："前日所以不许仲子者，徒以亲在；今不幸而母以天年终。仲子所欲报仇者为谁？请得从事焉⑩！"严仲子具告曰："臣之仇韩相侠累，侠累又韩君之季父也⑪，宗族盛多，居处兵卫甚设⑫，臣欲使人刺之，终莫能就。今足下幸而不弃，请益其车骑壮士可为足下辅翼者⑬。"聂政曰："韩之与卫，相去中间不甚远，今杀人之相，相又国君之亲，此其势不可以多人，多人不能无生得失，生得失则语泄⑭，语泄是韩举国而与仲子为仇，岂不殆哉⑮！"遂谢车骑人徒，聂政乃辞独行。

【注释】

①除服：丧服期满，脱去孝服，叫作除服。②市井：做买卖的地方。③枉：委屈；屈辱。车骑：车马。④至：极。浅鲜（xiǎn）：淡薄。⑤称：相称；配得上。⑥是者：指严仲子对他的尊礼。⑦贤者：指仲子。睚眦（yá zì）：怒目而视。引申为仇恨。⑧嘿（mò）：通"默"。沉默。⑨西：西行。动词。⑩从事：进行。⑪季父：叔父。⑫兵卫甚设：兵卫设置多，防卫严密。⑬益：增益；增加。⑭泄：泄露；泄密。⑮殆：危险。

杖剑至韩①，韩相侠累方坐府上，持兵戟而卫侍者甚众。聂政直入，上阶刺杀侠累，左右大乱。聂政大呼，所击杀者数十人，因自皮面决眼②，自屠出肠③，遂以死。

【注释】

①杖：执持。②皮面决眼：剥去面皮，剜出眼睛。③自屠出肠：自己剖腹，把肠子掏出。

韩取聂政尸暴于市①，购问莫知谁子②。于是韩县购之③，有能言杀相侠累者予千金。久之莫知也。

【注释】

①暴（pù）：暴露。②购：征求。③县（xuán）：通"悬"。悬赏。

政姊荣闻人有刺杀韩相者，贼不得①，国不知其名姓，暴其尸而悬之千金，乃于邑曰②："其是吾弟与③？嗟乎，严仲子知吾弟！"立起④，如韩，之市⑤，而死者果政也，伏尸哭极哀，曰："是轵深井里所谓聂政者也。"市行者诸众人皆曰："此人暴虐吾国相⑥，王县购其名姓千金，夫人不闻与？何敢来识之也？"荣应之曰："闻之。然政所以蒙污辱自弃于市贩之间者⑦，为老母幸无恙⑧，妾未嫁也。亲既以天年下世，妾已嫁夫，严仲子乃察举吾弟困污之中而交之⑨，泽厚矣⑩，可奈何⑪！士固为知己者死，今乃以妾尚在之故，重自刑以绝从⑫，妾其奈何畏殁身之诛⑬，终灭贤弟之名⑭！"大惊韩市人。乃大呼天者三，卒于邑悲哀而死政之旁。

【注释】

①荣：聂政姊名，一作"婪"。贼不得：本意说凶手没有拿到，但这里是指凶手的姓名不知道。②於（wū）邑：哽咽；哭不成声。③与（yú）：通"欤"。语气助词。④立：立即；马上。⑤之：往；到。⑥暴虐：残暴。这里作动词用。⑦蒙污辱：受污辱。含羞忍辱。蒙，受。⑧无恙：平安无事。⑨察举：选中。⑩泽：

恩泽；恩情。⑪奈何：怎么；怎么办。⑫重自刑以绝从：狠狠地自残肢体，使人辨认不出本来面目，用来切断牵累别人的线索。⑬殁身之诛：杀身之祸。⑭终灭：一辈子埋没。

晋、楚、齐、卫闻之，皆曰："非独政能也，乃其姊亦烈女也。乡使政诚知其姊无濡忍之志①，不重暴骸之难②，必绝险千里以列其名③，姊弟俱僇于韩市者④，亦未必敢以身许严仲子也。严仲子亦可谓知人能得士矣！"

【注释】

①乡（xiàng）使：从前假使；昔倘若。乡，通"向"。昔，从前。濡（rú）忍之志：软弱忍耐的性格。②重：顾惜。③绝：越过。列：布陈；显露。④僇：通"戮"。杀戮。

其后二百二十余年秦有荆轲之事。

荆轲者，卫人也①。其先乃齐人②，徙于卫③，卫人谓之庆卿④。而之燕⑤，燕人谓之荆卿⑥。

【注释】

①卫：国名。开国君主是周武王弟康叔。②先：祖先；先人。齐：国名。开国君主是吕尚，姜姓。③徙：迁移。④庆卿：荆轲的祖先本为齐人，而齐有庆氏，或者本姓庆，故卫人称他为庆卿。卿是当时对人的尊称。⑤燕：国名。开国君主是召公奭（shì）。地在今河北省北部和辽宁省西端，建都蓟（今北京城西南隅）。⑥荆卿：荆轲至卫而改姓荆，因荆、庆声相近。

荆卿好读书击剑，以术说卫元君①，卫元君不用。其后秦伐魏，置东郡②，徙卫元君之支属于野王③。

【注释】

①术：指剑术。说（shuì）：游说。卫元君：前252—前230年在位。②东郡：郡名。地在今河南省山东省交界地区，治所在濮阳（今河南濮阳县西南）。③徙卫元君之支属：这次所徙者包括卫元君在内，不只是他的支属（旁支亲属）。

荆轲尝游过榆次①，与盖聂论剑②，盖聂怒而目之③。荆轲出，人或言复召荆卿。盖聂曰："曩者吾与论剑有不称者④，吾目之；试往，是宜去⑤，不敢留。"使使往之主人⑥，荆卿则已驾而去榆次矣⑦。使者还报，盖聂曰："固去也，吾曩者目摄之⑧。"

【注释】

①榆次：赵邑名。即今山西省榆次县。②盖聂：人名。③目：视；看。④曩（nǎng）者：过去。这里指不久以前。不称（chèn）：不适宜。称，适宜。⑤是宜去：在这种情况下，他当走了。是，此；这。宜，当。⑥之：其；他（们）的。⑦驾：乘车。⑧摄：有两解：一、整治；降伏。二、通"慑"。震慑，威慑。

荆轲游于邯郸①，鲁勾践与荆轲博②，争道③，鲁勾践怒而叱之④，荆轲嘿而逃去⑤，遂不复会。

【注释】

①邯郸：赵都城。在今河北省邯郸市西。②鲁勾践：人名。③争道：在博局上争取通路。④叱：大声呵斥。⑤嘿：通"默"。

荆轲既至燕，爱燕之狗屠及善击筑者高渐离①。荆轲嗜酒，日与狗屠及高渐离饮于燕市，酒酣以往②，高渐离击筑，荆轲和而歌于市中，相乐也③，已而相泣④，旁若无人者。荆轲虽游于酒人乎⑤，然其为人沉深好书⑥；其所游诸侯⑦，尽与其贤豪长者相结⑧。其之燕，燕之处士田光先生亦善待之⑨，知其非庸人也。

【注释】

①狗屠：以宰狗为职业的人。善：精通。筑：古代弦乐器，像琴，用竹尺敲打发声。高渐（jiān）离：人名。②以往：以后。③相乐：共同娱乐。④已而：随即；不久。时间副词。⑤游：交往。酒人：酒徒。⑥沉深：深沉稳重。⑦诸侯：指各诸侯国。⑧贤豪长者：贤能豪杰和德高望重的人。⑨处（chǔ）士：隐居不做官的贤人。

居顷之，会燕太子丹质秦亡归燕①。燕太子丹者，故尝质于赵，而秦王政生于赵，其少时与丹欢。及政立为秦王，而丹质于秦。秦王之遇燕太子丹不善②，故丹怨而亡归。归而求为报秦王者③，国小，力不能。其后秦日出兵山东以伐齐、楚、三晋④，稍蚕食诸侯⑤，且至于燕，燕君臣皆恐祸之至。太子丹患之，问其傅鞠武⑥。武对曰："秦地遍天下，威胁韩、魏、赵氏，北有甘泉、谷口之固⑦，南有泾、渭之沃⑧，擅巴、汉之饶⑨，右陇、蜀之山⑩，左关、殽之险⑪，民众而士厉⑫，兵革有余⑬。意有所出⑭，则长城之南⑮，易水以北⑯，未有所定也⑰。奈何以见陵之怨⑱，欲批其逆鳞哉⑲！"丹曰："然则何由？"对曰："请入图之⑳。"

【注释】

①会：适逢。质：抵押品。这里作动词用。亡：逃跑。②遇：待遇。不善：不友好。③报：报仇。④山东：战国时代，通称崤山或华山以东为山东，一般特指黄河流域，有时也泛指秦国以外的六国。三晋疆域屡有变迁，战国晚期约当今山西省，河南省中部、北部和河北省南部、中部。⑤稍：逐渐。蚕食：像蚕吃桑叶一样地渐渐侵吞。⑥傅：师傅，有太傅、少傅之分。⑦甘泉：山名，在今陕西省淳化县西北。谷口：在今陕西省泾阳县西北，礼泉县东北，当泾水出山之处，俗称寒门。⑧泾、渭之沃：泾，即泾河。渭，即渭河。泾、渭流域上游在今甘肃省境内，下游在今陕西省境内，土地肥沃。⑨擅巴、汉之饶：擅，专有。巴，巴郡（今四川东部）。汉，汉中郡（今陕西省南部和湖北省西北部）。饶，富饶。指物产丰富。⑩陇、蜀：陇，陇山，在今陕西省陇县西北。蜀，指四川省境内的山。⑪关：指函谷关，在今河南省灵宝市东北。⑫士厉：士卒奋勇。⑬兵革：指武器装备。兵，武器。革，皮革制的甲胄等。⑭意有所出：意，意图；有所出，有所表现，有所指向。此指向外出兵。⑮长城：指燕国筑以防御匈奴的长城，在今河北省、辽宁省境内，为燕国的北界。⑯易水以北：此句连上句所言，即指燕国的全部疆土。易水，古水名，有北易水、中易水、南易水之分，其源皆出于今河北省易县附近，为燕国的南界。⑰未有所定：指燕国的全部领土都不会稳定（也指燕国的局势不稳）。⑱见陵：被欺凌。⑲批：触击；冒犯。逆鳞：相传龙颈上有逆生着的鳞甲，触动了它就要吃人，用来比喻暴君的凶残。⑳入：深入。图：谋划，考虑。

居有间①，秦将樊於期得罪于秦王②，亡之燕，太子受而舍之③。鞠武谏曰："不可。夫以秦王之暴而积怒于燕，足为寒心④，又况闻樊将军之所在乎？是谓'委肉当饿虎之蹊'也⑤，祸必不振矣！虽有管、晏⑥，不能为之谋也。愿太子疾遣樊将军入匈奴以灭口⑦。请西约三晋，南连齐、楚，北购于单于⑧，其后乃可图也。"太子曰："太傅之计，旷日弥久⑨，心惛然⑩，恐不能须臾⑪。且非独于此也，夫樊将军穷困于天下，归身于丹，丹终不以迫于强秦而弃所哀怜之交，置之匈奴，是固丹命卒之时也。愿太傅更虑之⑫。"鞠武曰："夫行危欲求安，造祸而求福，计浅而怨深，连结一人之后交⑬，不顾国家之大害，此所谓'资怨而助祸'矣⑭。夫以鸿毛燎于炉炭之上⑮，必无事矣！且以雕鸷之秦⑯，行怨暴之怒，岂足道哉！燕有田光先生，其为人智深而勇沉⑰，可与谋。"太子曰："愿因太傅而得交于田先生，可乎？"鞠武曰："敬诺。"出见田先生，道"太子愿图国事于先生也"。田光曰："敬奉教。"乃造焉⑱。

【注释】

①居有间：过了不久。间，顷；不久。②樊於（wū）期：秦将。③舍：居住。使动用法。④寒心：害怕；战栗。⑤委肉当饿虎之蹊（xī）：把肉抛在饿虎出入的路口，比喻祸患不能幸免。⑥管、晏：管，管仲，齐桓公的相。晏，晏婴，齐景公的相。⑦疾：快速；赶快。灭口：消灭物证。⑧购：通"媾"。和好。单（chán）于：匈奴君主的称号。⑨旷日弥久：时间长久。旷、弥，皆为长久之意。⑩惛（hūn）然：忧闷烦乱。⑪须臾：片刻。⑫更虑：重新考虑。⑬后交：晚交；新交。⑭资怨：积蓄仇怨。⑮鸿毛：大雁的羽毛，比喻燕国力量的微弱。⑯雕鸷：猛禽类的通称，如鹫、雕之类。⑰智深而勇沉：智谋藏于内而勇气潜于心，表面上非常含蓄沉着。⑱造：拜访。

太子逢迎，却行为导①，跪而蔽席②。田光坐定，左右无人，太子避席而请曰③："燕秦不两立，愿先生留意也。"田光曰："臣闻骐骥盛壮之时④，一日而驰千里；至其衰老，驽马先之⑤。今太子闻光盛壮之时，不知臣精已消亡矣⑥。虽然，光不敢以图国事，所善荆卿可使也。"太子曰："愿因先生得结交于荆卿，可乎？"田光曰："敬诺。"即起，趋出。太子送至门，戒曰⑦："丹所报，先生所言者，国之大事也，愿先生勿泄也！"田光俯而笑曰："诺。"偻行见荆卿⑧，曰："光与子相善，燕国莫不知。今太子闻光壮盛之时，不知吾形已不逮也⑨，幸而教之曰：'燕秦不两立，愿先生留意也'。光窃不自外⑩，言足下于太子也，愿足下过太子于宫。"荆轲曰："谨奉教。"田光曰："吾闻之，长者为行，不使人疑之。今太子告光曰'所言者，国之大事也，愿先生勿泄'，是太子疑光也。夫为行而使人疑之，非节侠也⑪。"欲自杀以激荆卿，曰："愿足下急过太子，言光已死，明不言也⑫。"因遂自刭而死。

【注释】

①却行为导：慢慢后退给田光引路，表示尊敬。②跪而蔽（piē）席：跪下来掸拂坐垫上的灰尘。蔽：掸拂，揩。③避席：离开自己的座位。请：谒见；拜见。④骐骥：好马。⑤驽马：劣马。⑥精：精力；精神。⑦戒：告诫；嘱咐。⑧偻（lǚ）行：曲背弯腰而行。⑨形：形体；身体。⑩窃：私下。谦辞。⑪节侠：节操，侠义。⑫明：表白；表露。

荆轲遂见太子，言田光已死，致光之言。太子再拜而跪，膝行流涕，有顷而后言曰："丹所以诫田先生毋言者①，欲以成大事之谋也。今田先生以死明不言，岂丹之心哉！"荆轲坐定，太子避席顿首曰："田先生不知丹之不肖②，使得至前③，敢有所道，此天之所以哀燕而不弃其孤也④。今秦有贪利之心，而欲不可足也⑤。

非尽天下之地，臣海内之王者⑥，其意不厌⑦。今秦已虏韩王⑧，尽纳其地⑨。又举兵南伐楚，北临赵⑩；王翦将数十万之众距漳、邺⑪，而李信出太原、云中⑫。赵不能支秦，必入臣⑬，入臣则祸至燕。燕小弱，数困于兵，今计举国不足以当秦。诸侯服秦，莫敢合从⑭。丹之私计愚，以为诚得天下之勇士使于秦，窥以重利⑮；秦王贪，其势必得所愿矣。诚得劫秦王，使悉反诸侯侵地，若曹沫之与齐桓公，则大善矣。则不可⑯，因而刺杀之。彼秦大将擅兵于外而内有乱⑰，则君臣相疑，以其间诸侯得合从⑱，其破秦必矣。此丹之上愿，而不知所委命⑲，唯荆卿留意焉。"久之，荆轲曰："此国之大事也，臣驽下，恐不足任使。"太子前顿首，固请毋让，然后许诺。于是尊荆卿为上卿，舍上舍。太子日造门下，供太牢具⑳，异物间进㉑，车骑美女恣荆轲所欲㉒，以顺适其意。

【注释】

①毋：勿；不要。②不肖：不贤。自谦之词。③前：指荆轲面前。④孤：穷独；无依无靠。⑤欲：欲望。⑥尽：全部占有。臣：使之臣服。使动用法。⑦厌：通"餍"。满足。⑧韩王：韩安。⑨纳：收取。⑩临：临近；逼近。⑪王翦：秦将。详见《白起王翦列传》。距：至；抵达。漳、邺：赵国的南境，即今河北省临漳县至河南省安阳市一带地方。⑫李信：秦将。太原：秦郡名。地在今山西省中部，治所在晋阳（今太原市西南）。⑬支：支撑；招架。入臣：向秦国称臣。⑭合从（zōng）：即"合纵"，指六国联合抗秦。⑮窥：示；引诱。⑯则：如果；假设。⑰擅兵于外：掌握重兵在外。⑱以其间（jiàn）：趁这个机会。间，间隙。⑲上愿：最高的愿望。委命：以使命相委托。⑳太牢具：用大型食器盛着牛、羊、猪各一只成一套。㉑异物间（jiàn）进：隔不了多时就把珍异的东西送给荆轲。㉒恣：放纵；听任。

久之，荆轲未有行意。秦将王翦破赵，虏赵王①，尽收入其地，进兵北略地至燕南界②。太子丹恐惧，乃请荆轲曰："秦兵旦暮渡易水③，则虽欲长侍足下，岂可得哉！"荆轲曰："微太子言④，臣愿谒之⑤，今行而毋信⑥，则秦未可亲也。夫樊将军，秦王购之金千斤，邑万家⑦。诚得樊将军首与燕督亢之地图⑧，奉献秦王，秦王必说见臣⑨，臣乃得有以报。"太子曰："樊将军穷困来归丹，丹不忍以己之私而伤长者之意，愿足下更虑之！"

【注释】

①赵王：赵迁。②略：侵夺。③旦暮：早晚间。指很短的时间。④微：无。⑤谒：请求；请示。⑥毋：通"无"。⑦邑万家：有一万户人家的封地。⑧督亢：燕国南界的肥沃之地，约当今河北省涿州市、定兴、新城、固安一带。⑨说：通"悦"。喜欢。

荆轲知太子不忍，乃遂私见樊於期曰："秦之遇将军可谓深矣①，父母宗族皆为戮没②。今闻购将军首金千斤，邑万家，将奈何？"於期仰天太息流涕曰："於期每念之，常痛于骨髓③，顾计不知所出耳④！"荆轲曰："今有一言可解燕国之患，报将军之仇者，何如？"於期乃前曰："为之奈何？"荆轲曰："愿得将军之首以献秦王，秦王必喜而见臣，臣左手把其袖，右手揕其匈⑤，然则将军之仇报而燕见陵之愧除矣⑥。将军岂有意乎？"樊於期偏袒搤腕而进曰⑦："此臣之日夜切齿腐心也⑧，乃今得闻教！"遂自刭。太子闻之，驰往，伏尸而哭，极哀。既已不可奈何，乃遂盛樊於期首函封之⑨。

【注释】

①深：深刻；刻毒。②戮：刑杀。没（mò）：没收当官奴婢。③痛于骨髓：极端的痛楚。④顾：但；只。连词。⑤揕（zhèn）：击刺。⑥见陵：被凌辱。见，被。⑦偏袒搤腕：脱下一边衣袖，露出半边肩膊；用一只手紧紧握着另一只手腕。搤，通"扼"。⑧切齿：上下牙齿相磨切。⑨盛（chéng）：装入；放进。

于是太子豫求天下之利匕首①，得赵人徐夫人匕首②，取之百金，使工以药焠之③，以试人，血濡缕④，人无不立死者。乃装为遣荆卿⑤。燕国有勇士秦舞阳⑥，年十三，杀人，人不敢忤视⑦。乃令秦舞阳为副。荆轲有所待，欲与俱⑧；其人居远未来，而为治行⑨。顷之，未发，太子迟之⑩，疑其改悔，乃复请曰："日已尽矣，荆卿岂有意哉？丹请得先遣秦舞阳。"荆轲怒，叱太子曰："何太子之遣？往而不返者，竖子也⑪！且提一匕首入不测之强秦，仆所以留者⑫，待吾客与俱。今太子迟之，请辞决矣⑬！"遂发。

【注释】

①豫求：预先访求。豫，通"预"。②徐夫人：人名。一男子，姓徐名夫人。③以药焠（cuì）之：将剑烧红，用毒药液体浸染剑锷。④血濡缕：血出仅沾湿丝缕。意即只要渗出一点点血。⑤装：置办行装。⑥秦舞阳：燕将秦开之孙。⑦忤视：逆视，用反抗的眼光看人。⑧俱：偕行；同行。⑨为治行：替他（荆轲的朋友）准备行装。⑩迟之：嫌他迟了。迟，以动用法。⑪竖子：小子。鄙贱的称呼。⑫仆：古人自称的谦辞。⑬辞决：辞别。决，通"诀"，长别。

太子及宾客知其事者，皆白衣冠以送之①。至易水之上，既祖②，取道，高渐离击筑，荆轲和而歌，为变徵之声③，士皆垂泪涕泣。又前而为歌曰："风萧萧兮易水寒④，壮士一去兮不复还！"复为羽声忼慨⑤，士皆瞋目⑥，发尽上指冠⑦。于是荆轲就车而去，终已不顾⑧。

【注释】

①白衣冠：白衣冠本来是丧服，太子知道荆轲一去难返，所以像送丧那样送他，同时也含有激励的意思。②祖：古人出行时祭祀路神。③变徵（zhǐ）之声：按，古代音律，分为宫、商、角、变徵、徵、羽、变宫七声，即西乐所用的 C、D、E、F、G、A、B 七调。④萧萧：象声词。⑤羽声：相当于 A 调。忼，通"慷"。⑥瞋（chēn）目：瞪出或睁大眼睛。⑦发尽上指冠：头发直立，把帽子都掀开了。夸张的说法。⑧顾：回顾。

遂至秦，持千金之资币物①，厚遗秦王宠臣中庶子蒙嘉②。嘉为先言于秦王曰："燕王诚振怖大王之威③，不敢举兵以逆军吏④，愿举国为内臣，比诸侯之列⑤，给贡职如郡县⑥，而得奉守先王之宗庙⑦。恐惧不敢自陈⑧，谨斩樊於期之头，及献燕督亢之地图，函封，燕王拜送于庭，使使以闻大王⑨，唯大王命之。"秦王闻之，大喜，乃朝服，设九宾⑩，见燕使者咸阳宫⑪，荆轲奉樊於期头函，而秦舞阳奉地图柙⑫，以次进。至陛，秦舞阳色变振恐⑬，群臣怪之。荆轲顾笑舞阳，前谢曰："北蕃蛮夷之鄙人⑭，未尝见天子，故振慑⑮。愿大王少假借之⑯，使得毕使于前⑰。"秦王谓轲曰："取舞阳所持地图。"轲既取图奏之，秦王发图⑱，图穷而匕首见⑲。因左手把秦王之袖，而右手持匕首揕之。未至身，秦王惊，自引而起⑳，袖绝。拔剑，剑长，操其室㉑。时惶急，剑坚㉒，故不可立拔。荆轲逐秦王，秦王环柱而走。群臣皆愕㉓，卒起不意㉔，尽失其度㉕。而秦法，群臣侍殿上者不得持尺寸之兵㉖，诸郎中执兵皆陈殿下㉗，非有诏召不得上㉘。方急时，不及召下兵，以故荆轲乃逐秦王。而卒惶急，无以击轲，而以手共搏之。是时侍医夏无且以其所奉药囊提荆轲也㉙。秦王方环柱走，卒惶急，不知所为，左右乃曰："王负剑㉚！"负剑，遂拔以击荆轲，断其左股㉛。荆轲废，乃引其匕首以擿秦王㉜，不中㉝，中桐柱㉞。秦王复击轲，轲被八创㉟。轲自知事不就㊱，倚柱而笑，箕踞以骂曰㊲："事所以不成者，以欲生劫之，必得约契以报太子也㊳。"于是左右既前杀轲，秦王不怡者良久㊴。已而论功，赏群臣及当坐者各有差㊵，而赐夏无且黄金二百镒，曰："无且爱我，乃以药囊提荆轲也。"

【注释】

①资：资财；价值。币物：礼物。②遗（wèi）：赠予；致送。中庶子：官名。侍从官。③诚：真是；的确。振怖：畏惧。振，通"震"。④逆：抗拒。⑤比诸侯之列：排在朝见秦王的诸侯的行列里。比，比照。意即和其他已被征服的诸侯国王一样臣服秦国。⑥给：供应；负担。职：赋税。⑦宗庙：帝王、诸侯祭祀祖先的处所。⑧陈：陈述；说明。⑨闻：报闻。被动用法。⑩九宾：有三解：一、九种规格不同的礼节。二、九个接待宾客的礼宾人员。三、九种地位不同的礼宾人员。⑪咸阳宫：秦宫名。⑫柙（xiá）：通"匣"。⑬振恐：惊恐，振，通"震"。⑭北蕃（fán）：北方的藩属。蕃，通"藩"。⑮振慴（zhé）：害怕；恐惧。⑯假借：宽容。⑰毕使：完成使命。⑱发图：把卷成一轴的地图展开。⑲图穷而匕首见（xiàn）：地图被展开到尽头，匕首露出来了。⑳自引而起：自己抽身急跳起来。引，退却，急忙。㉑室：剑鞘。㉒剑坚：指剑与鞘套得很紧。㉓愕：惊慌而发愣。㉔卒（cù）：通"猝"。突然。㉕度：态；常态。㉖尺寸：形容短小。兵：武器。㉗郎中：官名。属郎中令，掌管宫殿门户，是守卫宫禁的近侍人员。㉘诏：皇帝的命令。召：召唤。㉙侍医：随侍的医官。夏无且（jū）：秦王的侍医。提（tí）：掷击。㉚负剑：因佩剑太长不能立拔，使推至背上则前面短就容易拔出来了。㉛股：大腿。㉜擿（zhì）：通"掷"。投郑。㉝中（zhòng）：正对上。㉞桐柱：一作"铜柱"。㉟被：受。㊱就：成功。㊲箕踞：伸出两脚而坐，其形似箕，古人以箕踞而坐为倨傲不敬的表现。㊳约契：诺言。㊴怡：愉快。㊵坐：指办罪的原由。差（cī）：等级；差别。

于是秦王大怒，益发兵诣赵①，诏王翦军以伐燕。十月而拔蓟城②。燕王喜、太子丹等尽率其精兵东保于辽东③。秦将李信追击燕王急，代王嘉乃遗燕王喜书曰④："秦所以尤追燕急者，以太子丹故也。今王诚杀丹献之秦王，秦王必解⑤，而社稷幸得血食⑥。"其后李信追丹，丹匿衍水中⑦，燕王乃使使斩太子丹，欲献之秦⑧。秦复进兵攻之。后五年，秦卒灭燕，虏燕王喜。

【注释】

①益：增加；多。诣（yì）：前往；到……去。②蓟城：燕都城。③辽东：郡名。地在今辽宁省东南部，治所在襄平（今辽阳市）。④代王嘉：赵嘉。赵王迁被虏后，赵国大夫拥立赵嘉为代王。⑤解：宽释。⑥社稷：古代常用作国家的代称。社，土神；稷，谷神。血食：享受祭祀。因祭祀时要宰杀牲畜，故称血食。⑦衍水：水名。在今辽宁省辽阳市北，俗名太子河，即由太子丹而得名。⑧欲献之秦：准备把太子丹的头献给秦王。

其明年，秦并天下，立号为皇帝。于是秦逐太子丹、荆轲之客，皆亡。高渐离变名姓为人庸保①，匿作于宋子②。久之，作苦③，闻其家堂上客击筑，傍偟不能去④。每出言曰："彼有善有不善。"从者以告其主，曰："彼庸乃知音，窃言是非。"家大人召使前击筑⑤，一坐称善⑥，赐酒。而高渐离念久隐畏约无穷时⑦，乃退，出其装匣中筑与其善衣⑧，更容貌而前。举坐客皆惊，下与抗礼⑨，以为上客。使击筑而歌，客无不流涕而去者。宋子传客之⑩，闻于秦始皇。秦始皇召见，人有识者，乃曰："高渐离也。"秦皇帝惜其善击筑，重赦之，乃矐其目⑪，使击筑，未尝不称善。稍益近之⑫，高渐离乃以铅置筑中，复进得近，举筑朴秦皇帝⑬，不中。于是遂诛高渐离，终身不复近诸侯之人。

【注释】

①庸保：给人当了酒店的店员。《汉书》作"酒家保"。②宋子：邑名。在今河北省赵县北。③苦：辛苦；苦恼。④傍偟：徘徊。⑤家大人：酒家的主人。⑥一坐：在座的人。坐，通座。⑦念：想到。畏：畏缩；害怕。约：贫穷俭约。⑧匣：行李箱笼。⑨抗礼：平等的礼节。⑩客：款待。以动用法。⑪矐（huò）：瞎；弄瞎。⑫稍益：逐渐。⑬朴（pū）：通"扑"。击打。

鲁勾践已闻荆轲之刺秦王，私曰："嗟乎，惜哉其不讲于刺剑之术也①！甚矣吾不知人也！曩者吾叱之，彼乃以我为非人也②！"

【注释】

①讲：讲究；精研。②非人：不是同类人。

太史公曰：世言荆轲，其称太子丹之命①，"天雨粟，马生角"也②，大过。又言荆轲伤秦王，皆非也。始公孙季功、董生与夏无且游③，具知其事，为余道之如是。自曹沫至荆轲五人，此其义或成或不成，然其立意较然④，不欺其志⑤，名垂后世，岂妄也哉⑥！

【注释】

①命：命运；运气。②"天雨（yù）粟，马生角"：据《燕丹子》记载：燕太子丹在秦想回国，秦王说：如果乌鸦的头变白，天上落下谷子，马头上长出角来，才可以回去。太子丹仰天长叹，果然这些事都出现了。雨：落下。动词。③公孙季功：人名。④较：明显；明白。⑤欺：辱没。⑥妄：荒诞；荒谬。

李斯列传第二十七

李斯者，楚上蔡人也①。年少时，为郡小吏②，见吏舍厕中鼠食不洁③，近人犬④，数惊恐之。斯入仓，观仓中鼠，食积粟⑤，居大庑之下⑥，不见人犬之忧。于是李斯乃叹曰："人之贤不肖譬如鼠矣⑦，在所自处耳⑧！"

【注释】

①楚：国名。战国七雄之一。②郡：古代行政区。③不洁：脏东西④近：接近。⑤积粟：存粮。⑥大庑（wǔ）：有走廊的大屋子。⑦不肖：不像样；没出息。⑧这句话的意思是：一个人有出息、没出息，好像老鼠一样，在于能不能给自己找到优越的环境和顺利的条件。

乃从荀卿学帝王之术①。学已成，度楚王不足事②，而六国皆弱，无可为建功者，欲西入秦③。辞于荀卿曰："斯闻得时无怠④，今万乘方争时⑤，游者主事⑥。今秦王欲吞天下，称帝而治，此布衣驰骛之时而游说者之秋也⑦。处卑贱之位而计不为者⑧，此禽鹿视肉⑨，人面而能强行者耳⑩。故诟莫大于卑贱⑪，而悲莫甚于穷困。久处卑贱之位，困苦之地，非世而恶利⑫，自托于无为⑬，此非士之情也⑭。故斯将西说秦王矣。"

【注释】

①荀卿：荀况。荀卿是当时人对他的尊称。战国时赵国人。他曾先后到齐、楚、赵、秦等国讲学，后应楚国的邀请，出任兰陵（今山东省苍山县西南）县令，终于兰陵。他是当时伟大的思想家，批判和总结了先秦诸子的学术思想，对古代唯物主义有所发展，所著有《荀子》。②度（duó）：估计；预料。事：侍奉；服事。③西：向西。④时：时机。无：勿；莫。怠：松懈；放过。⑤乘（shèng）：一辆车四匹马叫一乘。万乘，指万辆车。⑥游者：游说（shuì）之士。主事：掌权。⑦布衣：古代百姓皆穿粗麻布、葛布衣服。故布衣即指平民。这里指游说之士。驰骛（wù）：奔走。秋：时期；时机；机会。⑧计不为：犹豫而不去干。⑨禽鹿：泛指禽兽。禽鹿视肉，意思是只有看到现成的肉才会张嘴吃的禽兽。⑩这句话的意思是：仅仅具有人的面孔，勉强能直立行走罢了。⑪诟（gòu）：耻辱。⑫非：责难；反对。动词。恶（wù）：厌恶。⑬无为：道家标榜的人生哲学，即清心寡欲，与世无争。⑭情：意愿；本意。

至秦，会庄襄王卒①，李斯乃求为秦相文信侯吕不韦舍人②；不韦贤之③，任以为郎④。李斯因以得说⑤，说秦王曰⑥："胥人者，去其几也⑦。成大功者，在因瑕衅而遂忍之⑧。昔者秦穆公之霸⑨，终不东并六国者⑩，何也？诸侯尚众⑪，周德未衰⑫，故五伯迭兴⑬，更尊周室⑭。自秦孝公以来⑮，周室卑微⑯，诸侯相兼⑰，关东为六国⑱，秦之乘胜役诸侯⑲，盖六世矣⑳。今诸侯服秦，譬若郡县。夫以秦之强，大王之贤，由灶上骚除㉑，足以灭诸侯，成帝业，为天下一统，此万世之一时也。今怠而不急就㉒，诸侯复强，相聚约从㉓，虽有黄帝之贤㉔，不能并也。"秦王乃拜斯为长史㉕，听其计，阴遣谋士赍持金玉以游说诸侯㉖。诸侯名士可下以财者㉗，厚遗结之㉘；不肯者，利剑刺之。离其君臣之计㉙，秦王乃使其良将随其后。秦王拜斯为客卿㉚。

【注释】

①会：恰巧；适逢。卒：死。庄襄王：嬴子楚。②吕不韦（？—前235年）：卫国濮阳（今河南省濮阳县西南）人，是阳翟（今河南省禹县）的巨商。③贤：认为贤能。以动用法。④郎：宫廷侍卫官，隶属郎中令。⑤说（shuì）：游说。⑥秦王：指秦王嬴政，即后来的秦始皇。⑦胥人：小人。几（jī）：时机；机会。⑧因：乘；趁着；凭借；利用。瑕衅（xìn）：空隙；可乘之机。忍：忍心；下狠心。⑨秦穆公：嬴任好。⑩东并：东进并吞。⑪诸侯尚众：春秋时代见于记载的诸侯

国共有一百四十八个，中经兼并，最后还剩十二个。⑫德：威望；威信。⑬五伯（bà）：即五霸，指齐桓公、晋文公、宋襄公、秦穆公、楚庄王。迭兴：一个接一个地兴起。⑭更：更相；交互。⑮秦孝公（前381—前338年）：嬴渠梁。前361—前338年在位。⑯卑微：衰落。⑰相兼：互相兼并。⑱关东：函谷关以东。⑲役：奴役。控制。动词。⑳六世：指秦孝公、惠文王、武王、昭襄王、孝文王、庄襄王。㉑由：通"犹"。犹如；好像。骚：通"扫"。扫除。㉒就：就时；抓紧时机。㉓从（zōng）：通"纵"。即"合纵"。㉔黄帝：姓公孙，名轩辕。传说中的上古帝王。㉕长（zhǎng）史：官名。㉖赍（jī）：携带。㉗下：收服；收买。㉘遗（wèi）：赠送；给予。结：交结；笼络。㉙离其君臣之计：这些（收买和暗杀）手段都是为了实现离间各国君臣关系的计谋。㉚客卿：战国时任用别国人士在本国任职谓之客卿。

　　会韩人郑国来间秦①，以作注溉渠②，已而觉③。秦宗室大臣皆言秦王曰④："诸侯人来事秦者，大抵为其主游间于秦耳，请一切逐客⑤。"李斯议亦在逐中⑥。斯乃上书曰⑦：

【注释】

　　①韩：国名。战国七雄之一。郑国：韩国的水利技术人员。②注溉：灌溉。注，灌。③已而：不多久。时间副词。觉：被发觉。④宗室：王室；王族。⑤一切：一律；一概。尽数。逐：驱逐出境。客：宾客、客卿。⑥李斯议亦在逐中：经过（宗室大臣）讨论后，李斯也在被逐之列。⑦李斯在被逐途中，向秦始皇呈交这封《谏逐客书》，秦始皇即派人追赶，李斯从骊邑返回。

　　臣闻吏议逐客，窃以为过矣①。昔缪公求士，西取由余于戎②，东得百里奚于宛③，迎蹇叔于宋④，求丕豹、公孙支于晋⑤。此五子者，不产于秦，而缪公用之，并国二十，遂霸西戎⑥。孝文用商鞅之法⑦，移风易俗，民以殷盛，国以富强，百姓乐用，诸侯亲服，获楚、魏之师⑧，举地千里，至今治强⑨。惠王用张仪之计⑩，拔三川之地⑪，西并巴蜀⑫，北收上郡⑬，南取汉中⑭，包九夷⑮，制鄢郢⑯，东据成皋之险⑰，割膏腴之壤⑱，遂散六国之从⑲，使之西面事秦，功施到今⑳。昭王得范雎㉑，废穰侯㉒，逐华阳㉓，强公室㉔，杜私门㉕，蚕食诸侯，使秦成帝业。此四君者，皆以客之功。由此观之，客何负于秦哉！向使四君却客而不内㉖，疏士而不用㉗，是使国无富利之实，而秦无强大之名也。

【注释】

　　①窃：私下。　谦敬副词。过：过失；错误。②由余：原为晋国人，流寓在戎地，秦穆公时，戎王派他到秦国考察，穆公很赏识他，由余回国后，因见戎王沉于女色，多次劝谏，戎王不听，他便归顺秦国。后来穆公采用他的计策，消灭了十二戎国，扩大土地千里，于是称霸西戎。戎：古代对西方各部族的统称。③百里奚：楚国宛（今河南省南阳市）人，原为虞国（今山西省平陆县北）大夫。④蹇（jiǎn）叔：岐（今陕西省岐山县东北）人，曾经在宋国居住，是百里奚的朋友，经百里奚推荐，秦穆公聘他为上大夫。宋：国名。⑤丕豹：晋大夫丕郑的儿子。丕郑被晋惠公所杀。公孙支：岐人，曾在晋国居住，后来到秦国，秦穆公任用他为上大夫。晋：春秋时北方最强大的诸侯国，国都在绛（今山西省翼城县东南）。⑥遂霸西戎：秦穆公征服诸戎后，周襄王派召公送金鼓表示祝贺，命他为西方诸侯的首袖。⑦商鞅（约前390—前338年）：公孙鞅。卫国人。⑧获楚、魏之师：秦

孝公二十二年商鞅率领秦军大破魏军，俘获魏公子卬（áng），魏国割河西地（今陕西省澄城县以东一带）求和。同年，秦又攻楚，取得了胜利。⑨治强：安定强盛。⑩惠王：即秦嬴驷。前337—前331年在位。秦国他始称王。张仪：魏国人，游说入秦，惠王任用他为相，封武信君。⑪拔：攻占。三川之地：指今河南省黄河以南的伊、洛河流域和北汝河上游地区。⑫巴、蜀：当时的两个小国。巴在今四川省东部，建都江州（今重庆市北）。蜀在今四川省西部，建都成都（今成都市）。⑬上郡：郡名。原属魏国，地在今陕西省洰水以北到内蒙古河套东南。⑭汉中：楚郡中。郡治南郑，即今陕西省汉中市。⑮九夷：指楚国境内的各少数民族部落。夷，我国古代对东方各部族的统称。九，泛指多数。⑯鄢郢（yāng yǐng）：楚都。在今湖北省宜城市南。春秋末，吴侵楚，入郢，楚昭王迁都郢（又名鄢），即以此改名郢，故称鄢郢，以别于旧都郢。鄢郢为一城，而非二地。⑰成皋：韩邑名。在今河南省荥（xíng）阳市汜水镇。是古代军事要地。⑱膏腴（yú）：肥沃；肥美。⑲从：通"纵"。指"合纵"。⑳施（yì）：延续。㉑昭王：秦昭襄王嬴稷。前306—前251年在位。㉒穰（ráng）侯：魏冉。㉓华阳：宣太后弟芈（mǐ）戎，封华阳君，同穰侯一起在朝专政，后来同穰侯一道被逐。华阳，一作"叶阳"，韩地，后属秦，在今河南新郑市北。㉔强：加强。动词。公室：指以国君为首的公族。㉕杜：堵塞；杜绝。私门：指贵戚权门。㉖向使：从前假使。假设连词。内（nà）：通"纳"。㉗疏士：疏远游士。"士"与上句"客"是互文，都指外国人士。

今陛下致昆山之玉①，有随、和之宝②，垂明月之珠③，服太阿之剑④，乘纤离之马⑤，建翠凤之旗⑥，树灵鼍之鼓⑦。此数宝者，秦不生一焉，而陛下说之，何也？必秦国之所生然后可，则是夜光之璧不饰朝廷⑧，犀象之器不为玩好⑨，郑、卫之女不充后宫⑩，而骏良駃騠不实外厩⑪，江南金锡不为用，西蜀丹青不为采⑫。所以饰后宫、充下陈⑬、娱心意、说耳目者，必出于秦然后可，则是宛珠之簪⑭，傅玑之珥⑮，阿缟之衣⑯，锦绣之饰不进于前；而随俗雅化、佳冶窈窕赵女不立于侧也⑰。夫击瓮叩缶、弹筝搏髀⑱，而歌呼呜呜快耳目者，真秦之声也；《郑》《卫》《桑间》《昭》《虞》《武》《象》者⑲，异国之乐也。今弃击瓮叩缻而就《郑》《卫》，退弹筝而取《昭》《虞》，若是者何也？快意当前，适观而已矣。今取人则不然。不问可否，不论曲直⑳，非秦者去，为客者逐。然则是所重者在乎色乐珠玉，而所轻者在乎人民也。此非所以跨海内制诸侯之术也㉑。

【注释】

①陛下：对帝王的尊称。②随、和之宝：即随侯珠、和氏璧。随，周初小国，在今湖北省随县境内。传说随侯曾救活一条受伤的大蛇，后来此蛇从江中衔来一粒大珠报答他，后人便称之为随珠。和氏璧：楚国人卞和所发现的宝玉。③明月：宝珠名。④太阿：宝剑名。⑤纤离：骏马名。⑥翠凤之旗：用翠凤羽毛装饰的旗子。⑦灵鼍（tuó）：形似鳄鱼，俗名猪婆龙，它的皮可制鼓，声音宏大。⑧夜光之璧：玉名。楚王所献。⑨犀象：犀角象牙。玩好：供人玩赏，令人爱好的东西。⑩郑、卫之女：泛指各国的美女。后宫：妃嫔（pín）所居的宫室。也用作妃嫔的代称。⑪駃騠（jué tí）：良马名。厩（jiù）：马棚。⑫丹青：丹砂、青雘（hù），泛指颜料。采：通"彩"。彩色。⑬下陈：下列。⑭宛珠：宛地出产的珍珠。宛，邑名。即今河南省南阳市。⑮傅玑之珥（ěr）：装饰着小珍珠的耳环。傅，通"附"

粘贴。玑：不圆的小珠。珥，妇女的耳饰。⑯阿：轻细的丝织物。缟：白色的细绢。⑰随俗雅化：娴雅变化应时随俗。佳冶窈窕：形容容颜身段的美好。赵女：泛指美女。⑱瓮、瓴（fǒu）：都是瓦器，秦国用作打击乐器。筝：秦国的一种弦乐器。搏：拍打。髀（bì）：大腿。⑲《郑》《卫》：指郑国、卫国的民间乐曲。这里指地方音乐。《昭》《虞》：虞舜时的乐曲。昭，一作"韶"。《武》《象》：周武王时的舞蹈乐曲。⑳曲直：是非。㉑跨：凌驾；统辖。

臣闻地广者粟多，国大者人众，兵强则士勇①。是以太山不让土壤②，故能成其大；河海不择细流③，故能就其深；王者不却众庶，故能明其德④。是以地无四方，民无异国，四时充美，鬼神降福，此五帝三王之所以无敌也⑤。今乃弃黔首以资敌国⑥，却宾客以业诸侯⑦，使天下之士退而不敢西向，裹足不入秦⑧，此所谓"借寇兵而赍盗粮"者也⑨。

【注释】

①兵：武器，也可以泛指军队和军事。②太山：即泰山。在今山东省泰安市北。壤：细小的泥土。③择：选择；挑剔。④王者：治理天下的人。却：推开；舍弃。众庶：百姓。明：显示；表现。⑤五帝：指黄帝、颛顼（zhuān xū）、帝喾（kù）、尧、舜。三王：指夏禹、商汤、周文王、武王。⑥黔首：人民。黔，黑色。人发黑，所以用黔首称人民。资：资助。⑦业：使诸侯成就业绩。使动用法。⑧裹足：双脚如被缠住。⑨借寇兵而赍盗粮：把武器借给敌寇，把粮食送给强盗。

夫物不产于秦，可宝者多；士不产于秦，而愿忠者众。今逐客以资敌国，损民以益仇①，内自虚而外树怨于诸侯②，求国无危，不可得也。

【注释】

①益：增益；增加。②虚：使动用法。

秦王乃除逐客之令，复李斯官，卒用其计谋①。官至廷尉②。二十余年，竟并天下，尊王为皇帝，以斯为丞相。夷郡县城③，销其兵刃④，示不复用。使秦无尺土之封，不立子弟为王，功臣为诸侯者，使后无战攻之患。

【注释】

①卒：终于。②廷尉：主管司法的最高长官，九卿之一。③夷：削平。④销其兵刃：秦灭六国后，收集天下兵器，集中于都城咸阳，熔化销毁，铸成钟架和十二个金（铜）人。

始皇三十四年①，置酒咸阳宫，博士仆射周青臣等颂称始皇威德②。齐人淳于越进谏曰："臣闻之，殷周之王千余岁③，封子弟功臣自为支辅④。今陛下有海内，而子弟为匹夫，卒有田常、六卿之患⑤，臣无辅弼⑥，何以相救哉？事不师古而能长久者⑦，非所闻也。今青臣等又面谀以重陛下过⑧，非忠臣也。"始皇下其议丞相⑨。丞相谬其说，绌其辞⑩，乃上书曰："古者天下散乱，莫能相一⑪，是以诸侯并作，语皆道古以害今⑫，饰虚言以乱实⑬，人善其所私学⑭，以非上所建立⑮。今陛下并有天下，辩白黑而定一尊⑯；而私学乃相与非法教之制⑰，闻令下，即各以其私学议之⑱。入则心非⑲，出则巷议⑳，非主以为名㉑，异趣以为高㉒，率群下以造谤㉓。如此不禁，则主势降乎上，党与成乎下㉔。禁之便。臣请诸有文学《诗》《书》百家语者㉕，蠲除去之㉖。令到满三十日弗去㉗，黥为城旦㉘。所不去者，医药卜筮种树之书。若有欲学者㉙，以吏为师。"始皇可其议㉚，收去《诗》《书》

百家之语以愚百姓，使天下无以古非今。明法度，定律令，皆以始皇起。同文书㉛。治离宫别馆㉜，周遍天下。明年，又巡狩㉝，外攘四夷㉞，斯皆有力焉。

【注释】

①始皇三十四年，即前213年。②博士仆射（yè）：领导和考核博士的官员。周青臣：人名。③王（wàng）：统治。动词。④支辅：支持辅助的力量。这里指诸侯。⑤卒（cù）：通"猝"。仓促；突然。田常：春秋时齐国的大夫。六卿：指春秋时晋国大臣范氏、中行氏、智氏、韩氏、魏氏、赵氏。六卿势力强大，公室日渐衰弱。他们经过互相兼并，剩下韩、赵、魏三家瓜分了晋国，各自立国为诸侯。详见《晋世家》。⑥臣无辅弼：犹言下无辅弼之臣。弼，辅佐。⑦师：学习；效法。动词。⑧谀：阿谀奉承。⑨下：下达。动词。⑩谬：认为荒谬。以动用法。绌：通"黜"。废弃不用。⑪相一：统一。⑫害：指责。⑬饰：假托；粉饰。乱：扰乱。⑭善：称道；喜爱。私学：指当时诸子的学说。⑮非：非难；否定。上所建立：指朝廷所建立的制度、法令。⑯别：分别；辨别。⑰法教之制：指秦统一后所颁布的法律、教育制度。⑱"闻令下"二句：听说朝廷的命令一颁布，这些人就各自根据他们自己的一套来批评、议论朝政。⑲入则心非：入，指归家独处。⑳出则巷议：出，指出而聚众。巷议，在街头巷尾议论。㉑非主：批评君主。名：炫耀自己的名声。㉒异趣（qū）：标新立异，与朝廷持不同政见。趣：趋向；意向。㉓群下：下层群众。㉔党与：小集团。㉕文学：泛指书籍。《诗》：《诗经》。㉖蠲（juān）除：废除。㉗弗：不。㉘黥（qíng）：古代刑罚，在罪犯脸上刺字，然后涂黑。城旦：徒刑的一种，判处四年筑城劳役。㉙学：指学习法令。㉚可：同意；批准。㉛同文书：文书就是文字，六国时文字体制不同，到秦始皇时才全面统一。同，统一，使动用法。㉜离宫别馆：皇帝在外巡视和游览时所住的宫室。㉝巡狩：巡视。㉞攘：排除；平定。四夷：指四方各部族。

斯长男由为三川守①，诸男皆尚秦公主②，女悉嫁秦诸公子③。三川守李由告归咸阳④，李斯置酒于家，百官长皆前为寿⑤，门廷车骑以千数⑥。李斯喟然而叹曰⑦："嗟乎！吾闻之荀卿曰'物禁太盛⑧'。夫斯乃上蔡布衣，闾巷之黔首⑨，上不知其驽下⑩，遂擢至此⑪。当今人臣之位无居臣上者⑫，可谓富贵极矣。物极则衰⑬，吾未知所税驾也⑭！"

【注释】

①三川：郡名。治所在洛阳（今河南省洛阳市东北）。守：郡守，一郡的行政长官。②尚：高攀门第结婚称尚。③悉：完全；全部。公子：皇族子弟。④告归：请假回家。⑤前：走向前。动词。⑥以千数：数以千计。⑦喟（kuì）然：长叹的样子。⑧物禁太盛：意思是富贵权势不宜享受太过。物，指事物。⑨闾巷：里弄。⑩驽下：才能低下。⑪擢：提拔。⑫人臣：臣下。⑬物极则衰：事物发展到了顶点，就会走向自己的反面。⑭税驾：本意为停车、驻脚休息，引申为归宿。

始皇三十七年十月，行出游会稽①，并海上②，北抵琅邪③。丞相斯、中车府令赵高兼行符玺令事④，皆从。始皇有二十余子，长子扶苏以数直谏上，上使监兵上郡⑤，蒙恬为将⑥。少子胡亥爱⑦，请从，上许之。余子莫从。

【注释】

①会（kuài）稽：指会稽山，在今浙江省绍兴市东南。②并（bàng）：依傍；沿着。③琅邪（láng yá）：山名。在今山东省胶南市南。④中车府令：掌管皇帝

车驾的官员。行：代理。符玺令：掌管皇帝印信的官员。⑤上郡：郡名。地在今陕西省北部和内蒙古自治区鄂托克旗一带。⑥蒙恬：当时驻守上郡，威震匈奴。⑦胡亥：即秦二世。爱：宠爱。被动用法。

其年七月①，始皇帝至沙丘②，病甚，令赵高为书赐公子扶苏曰："以兵属蒙恬，与丧会咸阳而葬③。"书已封，未授使者，始皇崩④。书及玺皆在赵高所⑤，独子胡亥、丞相李斯、赵高及幸宦者五六人知始皇崩⑥，余群臣皆莫知也。李斯以为上在外崩，无真太子⑦，故秘之⑧。置始皇居辒辌车中⑨，百官奏事上食如故，宦者辄从辒辌车中可诸奏事⑩。

【注释】

①其年七月：这一年七月。②沙丘：地名。在今河北平乡县东北。③与丧：参加丧事。④崩：古代称帝王死亡为崩。⑤所：处所。⑥独：唯独；仅有。⑦真太子：正式确定的太子。⑧秘：保密；封锁消息。⑨辒辌（wēn liáng）车：古代的卧车。车箱两旁装有窗户，闭则温，开则凉。⑩"百官奏事"二句：百官照平时一样向车子里的始皇奏事并进献食物，宦官们假托始皇的命令，从车里批示百官的奏本。

赵高因留所赐扶苏玺书①，而谓公子胡亥曰："上崩，无诏封王诸子而独赐长子书②。长子至，即立为皇帝，而子无尺寸之地③，为之奈何？"胡亥曰："固也④。吾闻之，明君知臣，明父知子。父捐命⑤，不封诸子，何可言者！"赵高曰："不然。方今天下之权，存亡在子与高及丞相耳，愿子图之⑥。且夫臣人与见臣于人⑦，制人与见制于人，岂可同日道哉⑧！"胡亥曰："废兄而立弟，是不义也；不奉父诏而畏死⑨，是不孝也；能薄而材谫⑩，强因人之功⑪，是不能也⑫。三者逆德⑬，天下不服，身殆倾危⑭，社稷不血食⑮。"高曰："臣闻汤、武弑其主⑯，天下称义焉，不为不忠。卫君弑其父⑰，而卫国载其德，孔子著之⑱，不为不孝。夫大行不小谨，盛德不辞让⑲，乡曲各有宜而百官不同功⑳。故顾小而忘大，后必有害；狐疑犹豫，后必有悔。断而敢行，鬼神避之，后有成功。愿子遂之㉑！"胡亥喟然叹曰："今大行未发㉒，丧礼未终，岂宜以此事干丞相哉㉓！"赵高曰："时乎时乎，间不及谋㉔！赢粮跃马，唯恐后时㉕！"

【注释】

①玺书：盖过皇帝印玺的文书。②王诸子：封诸公子为王。③子：您；古代对男子的尊称。④固：固然；本来就是这样。⑤捐命：舍弃生命；临终。⑥图：图谋；谋划。⑦臣人：使别人向自己称臣。臣，使动用法。⑧岂可同日道哉：难道可以同日而语等量齐观吗！⑨畏死：胡亥设想扶苏做了皇帝，自己就有被杀头的危险，如果因为怕死而阴谋篡位，这是不孝的。⑩谫（jiǎn）：浅陋。⑪强因人之功：勉强去抢夺别人的功业。因，袭，劫取。⑫不能：犹言不智，缺乏自知之明。⑬逆德：违反道德；品行坏。⑭殆：将要；可能。⑮社稷：帝王、诸侯所祭祀的土谷神。常用以代称国家。血食：指祭祀不衰。⑯汤、武弑其主：汤，指商汤，原是夏桀的臣子。武王建立了周朝。⑰卫君弑其父：《卫世家》有卫国贤君武公杀兄夺权的记载，此事为后世多数史学家所怀疑，赵高大概就是附会此事编造的。⑱孔子著之：孔子曾把这件事记在他所著的《春秋》一书中。⑲大行不小谨，盛德不辞让：做大事的人可以不拘细枝末节，道德高尚的人不必注意细小的礼让。⑳乡曲：穷乡僻壤。㉑遂：依顺；就这样。㉒大行：皇帝新死，称为大行皇帝。一说是去而不复返的意思；一说是称颂死去的皇帝有伟大的功绩。㉓干：

告求；麻烦。㉔间（jiàn）：空隙，指时间、机会。极言时间之紧迫。谋：商量；策划。㉕赢：携带；背负。

胡亥既然高之言①，高曰："不与丞相谋，恐事不能成，臣请为子与丞相谋之。"高乃谓丞相斯曰："上崩，赐长子书，与丧会咸阳而立为嗣②。书未行，今上崩，未有知者也。所赐长子书及符玺皆在胡亥所③，定太子在君侯与高之口耳④。事将何如？"斯曰："安得亡国之言⑤！此非人臣所当议论也！"高曰："君侯自料能孰与蒙恬⑥？功高孰与蒙恬？谋远不失孰与蒙恬？无怨于天下孰与蒙恬？长子旧而信之孰与蒙恬⑦？"斯曰："此五者皆不及蒙恬，而君责之何深也⑧？"高曰："高固内官之厮役也⑨，幸得以刀笔之文进入秦宫⑩，管事二十余年，未尝见秦罢免丞相功臣有封及二世者也⑪，卒皆以诛亡⑫。皇帝二十余子，皆君之所知。长子刚毅而武勇⑬，信人而奋士⑭，即位必用蒙恬为丞相，君侯终不怀通侯之印归于乡里⑮，明矣。高受诏教习胡亥⑯，使学以法事数年矣⑰，未尝见过失。慈仁笃厚⑱，轻财重士，辩于心而诎于口⑲，尽礼敬士，秦之诸子未有及此者，可以为嗣。君计而定之。"斯曰："君其反位⑳，斯奉主之诏，听天之命，何虑之可定也？"高曰："安可危也，危可安也。安危不定，何以贵圣㉑？"斯曰："斯，上蔡间巷布衣也，上幸擢为丞相，封为通侯，子孙皆至尊位重禄者，故将以存亡安危属臣也。岂可负哉！夫忠臣不避死而庶几㉒，孝子不勤劳而见危㉓，人臣各守其职而已矣。君其勿复言，将令斯得罪。"高曰："盖闻圣人迁徙无常㉔，就变而从时㉕，见末而知本，观指而睹归，物固有之，安得常法哉！方今天下之权命悬于胡亥㉖，高能得志焉㉗。且夫从外制中谓之惑，从下制上谓之贼㉘。故秋霜降者草花落㉙，水摇动者万物作㉚，此必然之效也。君何相见之晚？"斯曰："吾闻晋易太子，三世不安㉛；齐桓兄弟争位㉜，身死为戮；纣杀亲戚㉝，不听谏者，国为丘墟，遂危社稷：三者逆天，宗庙不血食。斯其犹人哉，安足为谋㉞！"高曰："上下合同，可以长久；中外若一，事无表里㉟。君听臣之计，即长有封侯，世世称孤㊱，必有乔、松之寿㊲，孔、墨之智㊳。今释此而不从㊴，祸及子孙，足以为寒心㊵。善者因祸为福，君何处焉㊶？"斯乃仰天而叹，垂泪太息曰㊷："嗟乎！独遭乱世，既以不能死㊸，安托命哉㊹！"于是斯乃听高。高乃报胡亥曰："臣请奉太子之明命以报丞相，丞相斯敢不奉令！"

【注释】

①然：同意；赞成。②嗣：继承人。③秦始皇赐扶苏的诏书和符玺本在赵高手中，赵高说这话的意思是以胡亥来要挟李斯。④君侯：秦时称有列侯爵位的丞相为君侯。⑤安：怎么。亡国之言：李斯认为赵高有意搞阴谋，会导致国家灭亡，所以称为"亡国之言"。⑥能：《史记探源》认为，下面脱"多"字，"能多"与下文"功高""谋远"相对。⑦旧：故旧；往日的情谊。⑧责：责备；苛求。⑨内官：指宦官。厮役：仆役。⑩刀笔之文：此指刑法条文。⑪有：保有；保持。二世：指儿辈。⑫卒：终；终于。⑬刚毅：果断。⑭信人：信任人。奋士：善于鼓励士人，使他们效忠。⑮通侯：秦汉爵位二十级，最高的一级是彻侯，因避汉武帝刘彻名讳改名通侯，后改称列侯。⑯教习：教授。⑰法事：法律之事。⑱笃厚：诚实厚道。⑲辩：通"辨"。有分辨能力，引申为聪明。诎（qū）：言语笨拙。⑳君其反位：反位，犹言回到本来的职位上去，意思是说赵高应该有自知之明，不要越权过问朝政。㉑"安可"四句：前二句说局势的安定和危险是可以互相转化的。后二句是说：如果不能掌握自己命运安危的关键，怎么能算是像圣人

一样的聪明人呢！㉒庶几：或许；侥幸。㉓孝子不勤劳而见危：孝子不宜过于勤劳而使自己受到危险。㉔迁徙：本意为迁移，这里引申为善变，意思是为人处事，应灵活多变，不宜固守陈规。㉕就变：抓紧时机变化。从时：顺应潮流。㉖权命：权柄和命运。悬：系；掌握。㉗高能得志焉：我赵高能揣摩出胡亥的意志。言外之意是：我可以因胡亥而得志，为所欲为。㉘从外制中谓之惑，从下制上谓之贼：意思是：如果由内部控制外部，由中央控制地方，便是正常情况；如果由外部控制内部，由下面控制上面，那就难免要成为乱臣贼子了。因为扶苏在外，胡亥在内，始皇为上，扶苏为下，客观形势有利于除去扶苏；如果错过机会，上下内外的形势发生了变化，再想除掉扶苏，那就成为犯上作乱了。㉙秋霜降者草花落：天寒霜降，草木零落凋谢。者，结构助词，下句同。㉚水摇动者万物作：水摇，指春天冰雪融解。㉛晋易太子，三世不安：春秋时晋献公宠爱妃子骊姬，迫使太子申生自杀，改立骊姬子奚齐为太子，导致晋国长期混乱，杀戮时起，直至晋文公回国继位，才扭转形势。㉜齐桓兄弟争位：春秋时齐桓公与他的哥哥公子纠争夺君位，桓公得胜掌权后，迫使鲁国杀死公子纠。详见《齐太公世家》。㉝纣杀亲戚：商纣的叔父比干，见纣无道，屡次劝谏，被纣剖心而死。纣不听规劝，结果国破身亡。亲戚，亲族。㉞谋：指叛逆阴谋。㉟表里：参差；不一致。㊱称孤：称王称侯。孤，古代王侯的谦称。㊲乔、松：王子乔、赤松子。指古代传说中的仙人。㊳孔、墨：指孔丘和墨翟。㊴释：放弃。㊵以：据王念孙考证是衍文。㊶何处（chǔ）：何以自处。㊷太息：叹息。㊸以：通"已"。㊹托命：寄托自己的命运。

于是乃相与谋，诈为受始皇诏丞相①，立子胡亥为太子。更为书赐长子扶苏曰："朕巡天下②，祷祠名山诸神以延寿命③。今扶苏与将军蒙恬将师数十万以屯边④，十有余年矣，不能进而前⑤，士卒多耗，无尺寸之功，乃反数上书直言诽谤我所为，以不得罢归为太子，日夜怨望⑥。扶苏为人子不孝，其赐剑以自裁！将军恬与扶苏居外，不匡正⑦，宜知其谋。为人臣不忠，其赐死，以兵属裨将王离⑧。"封其书以皇帝玺，遣胡亥客奉书赐扶苏于上郡。

【注释】

①"诈为"二句：语意不顺，《史记探源》认为：应改作"诈为受始皇诏，诏丞相立胡亥为太子"。②朕：古人的自称。③祷祠：祈祷，祭祀。④将师：率领军队。屯：驻守；驻扎。⑤进而前：指扩充土地。⑥怨望：怨恨。⑦匡：纠正。⑧裨将：偏将；副将。

使者至，发书，扶苏泣，入内舍，欲自杀。蒙恬止扶苏曰："陛下居外，未立太子，使臣将三十万众守边，公子为监，此天下重任也。今一使者来，即自杀，安知其非诈？请复请，复请而后死，未暮也①。"使者数趣之②。扶苏为人仁，谓蒙恬曰："父而赐子死③，尚安复请！"即自杀。蒙恬不肯死，使者即以属吏④，系于阳周⑤。

【注释】

①暮：迟暮；晚。②趣（cù）：催促。③而：之。④属吏：交给狱吏看管。属，交给，委托。⑤系：囚禁。阳周：县名。在今陕西省子长县西北。

使者还报，胡亥、斯、高大喜。至咸阳，发丧，太子立为二世皇帝。以赵高为郎中令①，常侍中用事②。

【注释】

①郎中令：皇帝的亲近大臣，守卫宫殿门户。②侍中：指在宫禁内侍奉皇帝。用事：掌权。

二世燕居①，乃召高与谋事，谓曰："夫人生居世间也，譬犹骋六骥过决隙也②。吾既已临天下矣③，欲悉耳目之所好④，穷心志之所乐⑤，以安宗庙而乐万姓⑥，长有天下，终吾年寿，其道可乎？"高曰："此贤主之所能行也，而昏乱主之所禁也。臣请言之，不敢避斧钺之诛⑦，愿陛下少留意焉⑧。夫沙丘之谋，诸公子及大臣皆疑焉，而诸公子尽帝兄，大臣又先帝之所置也。今陛下初立，此其属意怏怏皆不服⑨，恐为变。且蒙恬已死，蒙毅将兵居外⑩，臣战战栗栗⑪，唯恐不终。且陛下安得为此乐乎？"二世曰："为之奈何？"赵高曰："严法而刻刑，令有罪者相坐诛⑫，至收族⑬。灭大臣而远骨肉⑭，贫者富之，贱者贵之⑮。尽除去先帝之故臣，更置陛下之所亲信者近之。此则阴德归陛下⑯，害除而奸谋塞⑰，群臣莫不被润泽⑱，蒙厚德，陛下则高枕肆志宠乐矣。计莫出于此。"二世然高之言，乃更为法律⑲。于是群臣诸公子有罪，辄下高，令鞫治之⑳。杀大臣蒙毅等，公子十二人戮死咸阳市㉑，十公主矺死于杜㉒，财物入于县官㉓，相连坐者不可胜数㉔。

【注释】

①燕居：闲居。燕，通"宴"。②骋：奔驰。六骥：六匹骏马所驾的车子。决隙：裂缝；缝隙。③临：统治。④悉：尽；全部满足。⑤穷：尽；全部做到。⑥宗庙：帝王、诸侯祭祀祖先的处所。万姓：百姓。⑦钺（yuè）：类似斧的兵器，即大柯斧。⑧少：少许。⑨属：类；等辈。怏怏：不乐不平的样子。⑩蒙恬已死，蒙毅将兵居外：据《蒙恬列传》记载，蒙毅先死，蒙恬自杀在后，而在外带兵的是蒙恬。⑪栗栗：恐惧的样子。栗，通"慄"，害怕。⑫相坐：株连；牵连。⑬收族：拘捕犯法者的家族。⑭远：疏远。骨肉：比喻至亲。⑮贫者富之，贱者贵之：贫者、贱者，指原来在政治上没有地位的人。⑯阴德：指被胡亥提拔的人会暗中念记他的恩德。⑰塞：堵塞；杜绝。⑱润泽：雨露滋润。借喻恩惠。⑲更为：修改。⑳鞫治：审讯定罪。鞫，通"鞫"，审讯。㉑戮（lù）：通"戮"。杀；陈尸。㉒矺（tuō）：意同通"磔"。古代酷刑，分裂肢体。杜：县名。在今陕西省西安市西南。㉓入：没收。县官：指皇帝。古时称帝都为内县，县官便是皇帝的别称。后又用以指朝廷、官府。㉔不可胜数（shēng shǔ）：难以数清。胜，尽。

公子高欲奔①，恐收族，乃上书曰："先帝无恙时②，臣入则赐食，出则乘舆③。御府之衣④，臣得赐之；中厩之宝马⑤，臣得赐之。臣当从死而不能，为人子不孝，为人臣不忠。不忠者无名以立于世，臣请从死，愿葬郦山之足⑥。唯上幸哀怜之。"书上，胡亥大说，召赵高而示之，曰："此可谓急乎⑦？"赵高曰："人臣当忧死而不暇⑧，何变之得谋！"胡亥可其书，赐钱十万以葬。

【注释】

①公子高：秦始皇子。②无恙：无病；安好。③舆：车箱；车。④御府：官署名。掌管皇帝衣服，属于少府。⑤中厩：皇宫内的马房。⑥郦山：即骊山。⑦急：急迫无奈；走投无路。⑧当：正遇上；碰到。不暇：没有空闲；来不及。

法令诛罚日益刻深，群臣人人自危，欲畔者众①。又作阿房之宫②，治直道、驰道③，赋敛愈重，戍徭无已。于是楚戍卒陈胜、吴广等乃作乱④，起于山东⑤，杰俊相立，自置为侯王，叛秦，兵至鸿门而却⑥。李斯数欲请间谏⑦，二世不许。而二世责问李斯曰："吾有私议而有所闻于韩子也⑧，曰'尧之有天下也，堂高三尺⑨，采椽不斫⑩，茅茨不翦⑪，虽逆旅之宿不勤于此矣⑫。冬日鹿裘⑬，夏日葛衣⑭，粢粝之食⑮，藜藿之羹⑯，饭土匦⑰，啜土铏⑱，虽监门之养不觳于此矣⑲。禹凿龙门⑳，通大夏㉑，疏九河㉒，曲九防㉓，决渟水致之海㉔，而股无胈㉕，胫无毛㉖，手足胼胝㉗，面目黎黑，遂以死于外，葬于会稽㉘，臣虏之劳不烈于此矣㉙'。然则夫所贵于有天下者，岂欲苦形劳神，身处逆旅之宿，口食监门之养，手持臣虏之作哉？此不肖人之所勉也㉚，非贤者之所务也。彼贤人之有天下也，专用天下适己而已矣，此所以贵于有天下也。夫所谓贤人者，必能安天下而治万民，今身且不能利，将恶能治天下哉㉛！故吾愿赐志广欲㉜，长享天下而无害，为之奈何？"李斯子由为三川守，群盗吴广等西略地，过去弗能禁。章邯以破逐广等兵㉝，使者复案三川相属㉞，诮让斯居三公位㉟，如何令盗如此。李斯恐惧，重爵禄，不知所出，乃阿二世意㊱，欲求容㊲，以书对曰：

【注释】

　　①畔：通"叛"。背叛。②阿房（ē páng）之宫：即阿房宫。在今陕西省西安市西。③直道：为迅速通行而开山填谷所修的直通大道。从九原（今内蒙古自治区包头市西）到甘泉（今陕西省淳化县西北），挖山填谷，长达一千八百里。驰道：行车大道。④陈胜：字涉。阳城（今河南省登封市东南）人。被征守边，同吴广在大泽乡（今安徽省宿州市东南），建立我国历史上第一个农民政权，国号楚。详见《陈涉世家》。吴广：字叔。阳夏（jiǎ 今河南太康县）人。和陈胜一同起义。⑤山东：崤（yáo）山以东，泛指战国时除秦以外的六国地区。⑥兵至鸿门而却：陈胜部将周章率兵西击秦，至鸿门（今陕西省西安市临潼区东）附近的戏水，被秦将章邯打败。⑦请间（jiàn）：请求个别接见，单独谈话。间，间隙。⑧韩子：韩非。战国时韩国的贵族，是我国法家思想的集大成者。⑨堂高三尺：殿堂的基地只有三尺高，极言其居室俭朴。⑩采：木名。即柞木。椽：支架屋面和瓦片的木条。斫：音 zhuó，砍削。⑪茅茨：用茅草盖的屋顶。⑫逆旅：迎接宾客。⑬裘：毛皮衣。⑭葛：麻布。⑮粢（zī）：谷类的总称。粝（lì）：粗米。⑯藜：野草，嫩时可以吃。藿：豆叶。⑰饭：吃饭，动词。土匦（guǐ）：陶土制的食器。匦，通"簋"。⑱啜（chuò）：吸；喝。铏（xíng）：盛汤菜的罐钵。⑲监门：看门人。⑳禹：传说中古代部落联盟领袖。姓姒，名文命。传说他治理洪水有大功。龙门：山名。在今山西省河津市西北、陕西省韩城市东北，分跨黄河两岸，形如门阙。相传禹凿开此山，以通黄河。㉑大夏：地区名。在今山西省中南部。㉒九河：即徒骇河、太史河、马颊河、覆釜河、胡苏河、简河、洁河、钩盘河、鬲津河。㉓曲九防：在黄河的许多弯曲地段修筑堤防。古代称黄河九曲，九，泛指多数。㉔决：开通；疏导。渟（tíng）水：积水。㉕股：大腿。胈（bá）：人体腿脚上的细毛。㉖胫（jìng）：小腿。㉗胼胝（pián zhī）：手脚掌上的厚皮，俗称老茧。㉘会稽（kuài jī）：指会稽山。㉙臣虏：奴仆；奴隶。烈：剧，酷。㉚不肖人：指被剥削、被统治的人民。勉：努力从事。㉛恶（wū）：如何；怎么。疑问副词。㉜赐：一本作肆。尽量；尽情。㉝以：通"已"。㉞复案：调查；核实。㉟诮让：责备。三公：秦时称丞相、太尉、御史大夫为三公。㊱阿：阿顺，迎合。㊲容：宽容；包含。

　　夫贤主者，必且能全道而行督责之术者也①，督责之，则臣不敢不竭能以徇其主矣②。此臣主之分定③，上下之义明，则天下贤不肖莫敢不尽力竭任以徇其君矣。是故主独制于天下而无所制也。能穷乐之极矣④。贤明之主也，可不察焉！

【注释】

①全道：建立一套办法。②徇：顺从；服从。③分：名分；身份。④穷乐之极：享尽一切乐事；达到享乐的顶点。

故申子曰"有天下而不恣睢①，命之曰以天下为桎梏"者②，无他焉，不能督责，而顾以其身劳于天下之民③，若尧、禹然，故谓之"桎梏"也。夫不能修申、韩之明术，行督责之道，专以天下自适也，而徒务苦形劳神④，以身徇百姓，则是黔首之役，非畜天下者也⑤，何足贵哉！夫以人徇己，则己贵而人贱；以己徇人，则己贱而人贵。故徇人者贱，而人所徇者贵，自古及今，未有不然者也。凡古之所为尊贤者，为其贵也；而所为恶不肖者，为其贱也。而尧、禹以身徇天下者也，因随而尊之⑥，则亦失所为尊贤之心矣！夫可谓大缪矣⑦。谓之为"桎梏"，不亦宜乎？不能督责之过也。

【注释】

①申子：申不害。郑国京邑（今河南省荥阳市南）人。战国初期任韩相。恣睢（suī）：放纵；任所欲为。②桎梏：束缚犯人手脚的刑具，等于现在的镣铐。③顾：反而。转折连词。④形：形质；身体。⑤畜：统治；占有。⑥因随：因循守旧，不加思考地追随前人。⑦缪（miù）：通"谬"。错误。

故韩子曰"慈母有败子而严家无格虏"者①，何也？则能罚之加焉必也②。故商君之法，刑弃灰于道者③。夫弃灰，薄罪也，而被刑，重罚也。彼唯明主为能深督轻罪。夫罪轻且督深，而况有重罪乎？故民不敢犯也。是故韩子曰"布帛寻常④，庸人不释，铄金百溢⑤，盗跖不搏"者⑥，非庸人之心重，寻常之利深，而盗跖之欲浅也；又不以盗跖之行，为轻百镒之重也，搏必随手刑⑦，则盗跖不搏百镒；而罚不必行也，则庸人不释寻常。是故城高五丈，而楼季不轻犯也⑧；泰山之高百仞⑨，而跛牂牧其上⑩。夫楼季也而难五丈之限，岂跛牂也而易百仞之高哉？峭堑之势异也⑪。明主圣王之所以能久处尊位，长持重势而独擅天下之利者，非有异道也，能独断而审督责⑫，必深罚，故天下不敢犯也。今不务所以不犯⑬，而事慈母之所以败子也⑭，则亦不察于圣人之论矣。夫不能行圣人之术，则舍为天下役何事哉⑮？可不哀邪⑯！

【注释】

①格虏：强悍的奴隶。②罚之加焉：惩罚施之于他。加，施用。焉，代词。必：必然的结果，指"严家无格虏"。③刑：判刑；行刑。动词。④寻常：古代的两个长度单位，一寻等于八尺，一常等于十六尺。这里用来指数量不多。⑤铄（shuò）金：熔化了的金子。一镒等于二十两或二十四两。百溢，泛指其多。⑥盗跖（zhí）：传说中春秋末期的一个大盗，他曾带领九千人横行天下。跖，是他的名字。搏：攫取。者：结构助词，称代以上四句话的内容。⑦随手刑：指手必被熔金灼伤。刑，伤。⑧楼季：战国时魏文侯的弟弟。犯：冒犯；冒险。⑨仞：古代长度单位。八尺或七尺为一仞。百仞，泛指其高。⑩跛牂（zāng）：瘸腿的羊。牂，母羊。从上下文意看来，跛牂牧其上，似应指在山上的跛脚牧羊人，"牧羊人"与楼季相对。⑪峭堑：陡峻。堑（qiàn）：陂陁，平缓。⑫审：细；严。⑬务：勉力从事。动词。⑭事：作；从事。⑮舍：舍弃；除去。⑯邪（yé）：通"耶"。疑问语气助词。

且夫俭节仁义之人立于朝，则荒肆之乐辍矣[1]；谏说论理之臣间于侧[2]，则流漫之志诎矣[3]；烈士死节之行显于世，则淫康之虞废矣[4]。故明主能外此三者[5]，而独操主术以制听从之臣，而修其明法，故身尊而势重也。凡贤主者，必将能拂世磨俗[6]，而废其所恶，立其所欲，故生则有尊重之势，死则有贤明之谥也。是以明君独断，故权不在臣也。然后能灭仁义之涂[7]掩驰说之口，困烈士之行，塞聪掩明[8]，内独视听[9]，故外不可倾以仁义烈士之行[10]，而内不可夺以谏说忿争之辩[11]。故能荦然独行恣睢之心而莫之敢逆[12]。若此然后可谓能明申、韩之术，而修商君之法。法修术明而天下乱者，未之闻也。故曰"王道约而易操"也[13]。唯明主为能行之。若此，则谓督责之诚，则臣无邪[14]，臣无邪则天下安，天下安则主严尊，主严尊则督责必[15]，督责必则所求得，所求得则国家富，国家富则君乐丰[16]。故督责之术设，则所欲无不得矣。群臣百姓救过不给[17]，何变之敢图？若此则帝道备，而可谓能明君臣之术矣[18]。虽申、韩复生，不能加也。

【注释】

①辍（chuò）：停止；中断。②间（jiàn）：插入；参与。③流漫：放荡不拘。④淫：过度；尽情。康：乐。虞：通"娱"。娱乐。⑤外：排除。动词。⑥拂世：超世；和世情相反。⑦涂：通"途"。⑧塞聪掩明：塞住耳朵，蒙住眼睛。⑨内独视听：即内视独听，一切全凭个人的眼光，个人的见解。⑩倾以：为之倾倒，因而改变自己的原意。⑪夺：更改。⑫荦（luò）然：独立特出的样子。⑬约：简明；简要。操：掌握。⑭若此，则谓督责之诚，则臣无邪：语意不顺，中间似有脱漏，宜作"若此，则谓之督责成，督责成则臣无邪"。⑮必：必行；一定能严格执行。⑯乐丰：逸乐丰裕。⑰给（jǐ）：暇，空闲。⑱君：统治；驾驭。动词。

书奏，二世悦。于是行督责益严，税民深者为明吏[1]。二世曰："若此则可谓能督责矣。"刑者相半于道[2]，而死人日成积于市[3]，杀人众者为忠臣，二世曰："若此则可谓能督责矣。"

【注释】

①税民：向人民征税。②刑者相半于道：在路上行走的人，有一半是受过刑罚的。③成积：成堆。

初，赵高为郎中令，所杀及报私怨众多，恐大臣入朝奏事毁恶之[1]，乃说二世曰："天子所以贵者，但以闻声，群臣莫得见其面，故号曰'朕'[2]。且陛下富于春秋[3]，未必尽通诸事，今坐朝廷，谴举有不当者[4]，则见短于大臣，非所以示神明于天下也。且陛下深拱禁中[5]，与臣及侍中习法者待事[6]，事来有以揆之[7]。如此则大臣不敢奏疑事[8]，天下称圣主矣。"二世用其计，乃不坐朝廷见大臣，居禁中。赵高常侍中用事，事皆决于赵高。

【注释】

①毁恶（wù）：毁谤；说人坏话。②朕：本意为朕兆，表明事物发生前的一种预兆，是看不见的。赵高从字义牵强附会，愚弄二世。③富于春秋：春秋指年龄，年轻人未来的时日还多，所以说富于春秋。④谴：谴责；责罚。举：推荐；选拔。⑤拱：本意为拱手，引申为闲坐无事。⑥侍中：官名。秦汉时为皇帝的侍从人员。待事：等待事情了再处理。⑦揆：研究；参议。⑧疑事：有疑难或不真实的事。

高闻李斯以为言①，乃见丞相曰："关东群盗多，今上急益发繇治阿房宫②，聚狗马无用之物。臣欲谏，为位贱。此真君侯之事，君何不谏？"李斯曰："固也，吾欲言之久矣。今时上不坐朝廷，上居深宫，吾有所言者，不可传也，欲见无间③。"赵高谓曰："君诚能谏，请为君侯上间语君④。"于是赵高待二世方燕乐⑤，妇女居前，使人告丞相："上方间，可奏事。"丞相至宫门上谒⑥，如此者三。二世怒曰："吾常多闲日，丞相不来。吾方燕私，丞相辄来请事。丞相岂少我哉⑦？且固我哉⑧？"赵高因曰："如此殆矣⑨！夫沙丘之谋，丞相与焉。今陛下已立为帝，而丞相贵不益，此其意亦望裂地而王矣。且陛下不问臣，臣不敢言。丞相长男为三川守，楚盗陈胜等皆丞相傍县之子⑩，以故楚盗公行，过三川，城守不肯击⑪。高闻其文书相往来，未得其审⑫，故未敢以闻。且丞相居外，权重于陛下。"二世以为然。欲案丞相⑬，恐其不审，乃使人案验三川守与盗通状⑭。李斯闻之。

【注释】

①以为言：以此为言，指李斯对这事（二世不坐朝廷）不满而有非议。②繇（yáo）：通"徭"。徭役，这里指服徭役的百姓。③无间（jiàn）：无空隙；无机会。④语（yù）：告诉；通知。⑤燕乐：安闲取乐。⑥谒：名片。⑦少：轻视；瞧不起。⑧固：陋；鄙视。⑨殆：危险。⑩傍县：邻县。⑪城守：据城防守。⑫审：确实。这里作名词用。⑬案：通"按"。审问。⑭状：形状；情况。

是时，二世在甘泉①，方作觳抵优俳之观②，李斯不得见，因上书言赵高之短曰："臣闻之，臣疑其君③，无不危国，妾疑其夫，无不危家。今有大臣于陛下擅利擅害④，与陛下无异，此甚不便。昔者司城子罕相宋⑤，身行刑罚，以威行之，期年遂劫其君⑥。田常为简公臣⑦，爵列无敌于国，私家之富与公家均，布惠施德⑧，下得百姓，上得群臣，阴取齐国，杀宰予于庭⑨，即弑简公于朝，遂有齐国。此天下所明知也。今高有邪佚之志⑩，危反之行⑪，如子罕相宋也；私家之富，若田氏之于齐也。兼行田常、子罕之逆道而劫陛下之威信⑫，其志若韩玘为韩安相也⑬。陛下不图⑭，臣恐其为变也。"二世曰："何哉？夫高，故宦人也，然不为安肆志，不以危易心，洁行修善，自使至此。以忠得进，以信守位，朕实贤之，而君疑之，何也？且朕少失先人，无所识知，不习治民，而君又老，恐与天下绝矣⑮。朕非属赵君⑯，当谁任哉？且赵君为人精廉强力，下知人情，上能适朕，君其勿疑。"李斯曰："不然，夫高，故贱人也，无识于理，贪欲无厌，求利不止，列势次主⑰，求欲无穷，臣故曰殆。"二世已前信赵高，恐李斯杀之，乃私告赵高。高曰："丞相所患者独高，高已死，丞相即欲为田常所为。"于是二世曰："其以李斯属郎中令⑱。"

【注释】

①甘泉：山名。在今陕西省淳化县西北。②方：正好；正在。觳抵：通"角抵"。古代摔跤表演，是一种杂技与舞蹈相结合的游戏。优俳（pái）：优，古代杂戏之一种，可以化装表演；俳，也是杂戏的一种，带诙谐滑稽的性质。③疑（nǐ）：通"拟"。比拟。即势均力敌、不相上下的意思。④擅：专擅；独揽。⑤司城子罕相宋：据《韩非子·二柄》说，子罕为宋国相，他对宋君说："庆贺赏赐的事是臣民所喜欢的，您来执行，诛杀刑罚的事是臣民所厌恨的，我来担当好了。"宋君说："好！我来当美差，您来做恶人。"⑥期（jī）年：一周年。⑦田常：齐国大臣。简公：齐简公。姜壬。前484—前481年在位。⑧布惠施德：田常曾用大斗借粮给人民，用小斗收回，以收买人心。⑨宰予：字子我，鲁国人，

孔丘弟子。田常所杀之人名监止，字子我，与田常同为齐相，不是宰予。⑩邪佚：邪恶。佚，放纵。⑪危反：危害，反叛。⑫劫：窃取。⑬韩玘（qǐ）为韩安相：此事可能为李斯所经历，但史传无记载。⑭图：设法对付。⑮绝：指断绝联系，失取统治管理能力。⑯属：托付；依靠。⑰列势：地位、权势。⑱属郎中令：交给郎中令查办。

赵高案治李斯。李斯拘执束缚①，居囹圄中②，仰天而叹曰："嗟乎，悲夫！不道之君，何可为计哉③！昔者桀杀关龙逢④，纣杀王子比干⑤，吴王夫差杀伍子胥⑥。此三臣者，岂不忠哉！然而不免于死，身死而所忠者非也。今吾智不及三子，而二世之无道过于桀、纣、夫差，吾以忠死，宜矣。且二世之治岂不乱哉！日者夷其兄弟而自立也⑦，杀忠臣而贵贱人，作为阿房之宫，赋敛天下。吾非不谏也，而不吾听也⑧。凡古圣王，饮食有节，车器有数，宫室有度，出令造事，加费而无益于民利者禁，故能长治久安。今行逆于昆弟⑨，不顾其咎⑩；侵杀忠臣⑪，不思其殃；大为宫室，厚赋天下，不爱其费。三者已行，天下不听。今反者已有天下之半矣，而心尚未寤也⑫，而以赵高为佐，吾必见寇至咸阳，麋鹿游于朝也⑬。"

【注释】

①拘执束缚：被拘捕而且上了刑具。②囹圄（líng yǔ）：监狱。③为计：为他谋虑打算。④桀（jié）：夏朝末代暴君。⑤纣：商朝末代暴君。比干：商纣叔父，因极力劝谏，被纣剖心而死。⑥吴王夫差：春秋末期吴国国君。前495—前473年在位，被越王勾践所灭。伍子胥：伍员，字子胥。春秋时楚国人。⑦日者：往日。⑧不吾听："不听吾"的倒装句。否定句中，代词宾语提前。⑨行逆：倒行逆施。昆弟：兄弟。⑩咎：灾祸；罪过。⑪侵杀：枉杀；错杀。⑫寤：通"悟"。⑬麋（mí）鹿：鹿的一种，即四不像。

于是二世乃使高案丞相狱，治罪，责斯与子由谋反状，皆收捕宗族宾客。赵高治斯，榜掠千余①，不胜痛，自诬服②。斯所以不死者，自负其辩，有功，实无反心，幸得上书自陈，幸二世之寤而赦之。李斯乃从狱中上书曰："臣为丞相治民，三十余年矣。逮秦地之狭隘③。先王之时秦地不过千里，兵数十万。臣尽薄材，谨奉法令，阴行谋臣④，资之金玉⑤，使游说诸侯，阴修甲兵⑥，饰政教⑦，官斗士⑧，尊功臣，盛其爵禄⑨，故终以胁韩弱魏，破燕、赵，夷齐、楚，卒兼六国，虏其王，立秦为天子。罪一矣。地非不广，又北逐胡、貉⑩，南定百越⑪，以见秦之强。罪二矣。尊大臣，盛其爵位，以固其亲⑫。罪三矣。立社稷，修宗庙，以明主之贤。罪四矣。更克画⑬，平斗斛度量文章⑭，布之天下，以树秦之名。罪五矣。治驰道，兴游观⑮，以见主之得意。罪六矣。缓刑罚，薄赋敛，以遂主得众之心，万民载主，死而不忘。罪七矣。若斯之为臣者，罪足以死固久矣。上幸尽其能力，乃得至今，愿陛下察之！"书上，赵高使吏弃去不奏，曰："囚安得上书！"

【注释】

①榜：通"搒"。捶打。掠：拷打。②诬服：冤屈地认了罪。③逮：及；赶上。④行：派遣；派出。⑤资：供给。动词。⑥甲兵：武器，军队。⑦饰：整顿；修明。⑧官：授予官职。使动用法。⑨盛：满，广大，多。使动用法。⑩胡：古代对北方和西方各部族的泛称。貉（mò）：也作"貊"。东北部族名。⑪百越：东南部族名。⑫固：巩固。亲：指大臣与皇帝之间的亲密关系。⑬克画：书写。克，通"刻"。⑭平：平衡；统一。斗：量器。十升为一斗。斛：量器。十斗为一斛。

度：量长度的标准。量：量容积的标准。文章：即文字。⑮游观：周游巡视。

赵高使其客十余辈诈为御史、谒者、侍中①，更往复讯斯②。斯更以其实对，辄使人复榜之。后二世使人验斯，斯以为如前，终不敢更言，辞服③。奏当上④，二世喜曰："微赵君⑤，几为丞相所卖⑥。"及二世所使案三川之守至⑦，则项梁已击杀之⑧。使者来，会丞相下吏，赵高皆妄为反辞⑨。

【注释】

①御史：官员。掌管内廷图籍秘书，兼管监察弹劾，属御史大夫统管。②更：更替；轮流。③辞服：招供认罪。④奏：进呈。当：判决；判罪。⑤微：没有。⑥几（jī）：几乎。⑦案：调查。⑧项梁：战国末期楚国人。⑨妄：捏造；诬陷。

二世二年七月①，具斯五刑②，论腰斩咸阳市。斯出狱，与其中子俱执③，顾谓其中子曰："吾欲与若复牵黄犬俱出上蔡东门逐狡兔④，岂可得乎！"遂父子相哭，而夷三族⑤。

【注释】

①二世二年：前208年。②五刑：古代以墨（脸上刺字涂墨）、劓（割鼻）、剕（剁脚）、宫（男割生殖器、女幽闭）、大辟（砍头）为五刑。③中（zhòng）子：次子；中间的儿子。④若：你（们）。⑤夷：诛灭。三族：指父母、兄弟、妻子。

李斯已死，二世拜赵高为中丞相①，事无大小辄决于高。高自知权重，乃献鹿，谓之马。二世问左右："此乃鹿也？"左右皆曰："马也。"二世惊，自以为惑②，乃召太卜③，令卦之。太卜曰："陛下春秋郊祀④，奉宗庙鬼神，斋戒不明⑤，故至于此。可依盛德而明斋戒。"于是乃入上林斋戒⑥。日游弋猎⑦，有行人入上林中，二世自射杀之。赵高教其女婿咸阳令阎乐劾不知何人贼杀人移上林⑧，高乃谏二世曰："天子无故贼杀不辜人，此上帝之禁也，鬼神不享⑨，天且降殃，当远避宫以禳之⑩。"二世乃出居望夷之宫⑪。

【注释】

①中丞相：一说因为在宫中执政，一说因赵高为中人（宦官），故名。②惑：神经错乱。③太卜：官名。④郊祀：祭祀名。⑤斋戒：古人在祭祀之前，不近女色，不饮酒，不胡思乱想，称为斋戒，表示虔诚。⑥上林：即上林苑，秦朝皇帝的打猎游乐场所。⑦弋（yì）：用绳系在箭上射。代指射猎。⑧令：县令。秦代万户以上的县所设的行政长官。贼杀：杀害。贼，劫杀。⑨不享：不享受祭祀。⑩禳（rǎng）：祈祷消除灾祸。⑪望夷之宫：望夷宫。旧址在今陕西省泾阳县东南。

留三日，赵高诈诏卫士，令士皆素服持兵内乡①，入告二世曰："山东群盗兵大至！"二世上观而见之，恐惧，高即因劫令自杀②，引玺而佩之，左右百官莫从，上殿，殿欲坏者三。高自知天弗与，群臣弗许，乃召始皇弟③，授之玺。

【注释】

①乡（xiàng）：通"向"。②劫：强迫。③始皇弟：一本作"始皇弟子婴"，《秦本纪》云"二世之兄子"，故"弟"误，当为"孙"。

子婴即位，患之，乃称疾不听事，与宦者韩谈及其子谋杀高①。高上谒，请病，因召入，令韩谈刺杀之，夷其三族。

【注释】

①其子：指子婴的儿子。

子婴立三月，沛公兵从武关入①，至咸阳，群臣百官皆畔，不适②。子婴与妻子自系其颈以组③，降轵道旁④。沛公因以属吏，项王至而斩之，遂以亡天下。

【注释】

①沛公：即汉高帝刘邦。武关：关名。旧址在今陕西省丹凤县东南丹江上。②适（dí）：通"敌"。抵御。③自系其颈以组：这是古代投降者的礼节，表示服罪。组，丝带。④轵道：驿亭名。

太史公曰：李斯以闾阎历诸侯①，入事秦，因以瑕衅，以辅始皇，卒成帝业，斯为三公，可谓尊用矣。斯知《六艺》之归②，不务明政以补主上之缺，持爵禄之重，阿顺苟合，严威酷刑，听高邪说，废适立庶③。诸侯已畔，斯乃欲谏争，不亦末乎④！人皆以斯极忠而被五刑死，察其本，乃与俗议之异⑤。不然，斯之功且与周、召列矣⑥。

【注释】

①闾阎：里巷的门；借指平民。历：选择。②《六艺》：即"六经"。指《诗》《书》《礼》《乐》《易》《春秋》。归：宗旨；旨趣。③适（dí）：通"嫡"。④末：指非根本的、不重要的事物。⑤俗议：一般人的看法。异：有区别、出入。⑥周：周公姬旦，周武王的弟弟，周成王叔父。召（shào）：召公姬奭（shì），周宗室大臣，成王时任太保，与周公一周辅佐成王。

蒙恬列传第二十八

蒙恬者，其先齐人也①。恬大父蒙骜②，自齐事秦昭王③，官至上卿④。秦庄襄王元年⑤，蒙骜为秦将，伐韩⑥，取成皋、荥阳⑦，作置三川郡⑧。二年，蒙骜攻赵⑨，取三十七城。始皇三年，蒙骜攻韩，取十三城。五年，蒙骜攻魏，取二十城，作置东郡⑩。始皇七年，蒙骜卒⑪。骜子曰武，武子曰恬。恬尝书狱典文学⑫。始皇二十三年，蒙武为秦裨将军⑬，与王翦攻楚⑭，大破之，杀项燕。二十四年，蒙武攻楚，虏楚王⑮。蒙恬弟毅。

【注释】

①先：祖先。齐：前11世纪周武王封给姜尚的诸侯国。②大父：祖父。③事：侍奉；服事。秦昭王（前324—前251年）：嬴稷。即秦昭襄王。前306—前251年在位。④上卿：诸侯国的最高级大臣。⑤秦庄襄王（前282—前246年）：嬴子楚。前249—前247年在位。⑥韩：国名。开国君主韩虔。⑦成皋：韩邑名。古代为军事要地。在今河南省荥阳市西北汜水镇。荥阳：韩邑名。

在今河南省荥阳市东北。⑧三川郡：郡名。地在今河南省黄河以南的伊河、洛河流域。治所在雒阳（今洛阳市东北）。⑨赵：国名。开国君主赵籍。⑩东郡：郡名。地在今河南省东部和山东省西部交界地区，治所在濮阳（今河南省濮阳县西南）。⑪卒：古代称大夫死亡和年老寿终，后来作为死亡的通称。⑫书狱：学习治理刑狱的法律。典文学：担任审理狱讼的文书工作。⑬裨将军：次于主将的副将，或称偏将。⑭王翦：秦将。频阳（今陕西省富平县）人。楚：国名。⑮楚王：熊负刍。前227—前223年在位。

始皇二十六年，蒙恬因家世得为秦将，攻齐，大破之，拜为内史①，秦已并天下，乃使蒙恬将三十万众北逐戎狄②，收河南③。筑长城，因地形，用险制塞④，起临洮⑤，至辽东⑥，延袤万余里⑦。于是渡河⑧，据阳山⑨，逶蛇而北⑩。暴师于外十余年⑪，居上郡⑫。是时蒙恬威振匈奴。始皇甚尊宠蒙氏，信任贤之⑬。而亲近蒙毅，位至上卿，出则参乘⑭，入则御前⑮。恬任外事而毅常为内谋⑯，名为忠信，故虽诸将相莫敢与之争焉。

【注释】

①内史：官名。秦朝京城的最高行政长官。②将：率领。动词。戎狄：古代泛指我国西北和北方的各部族。戎，古族名，主要居住在西北地区。狄，古族名，主要居住在北方。③河南：地区名。秦汉时期指今内蒙古河套一带。④险塞：艰险阻塞的形势。⑤临洮（táo）：县名。在今甘肃省岷县。⑥辽东：郡名。地在今辽宁省大凌河以东地区。治所在襄平（今辽宁辽阳市）。⑦延袤（mào）：连绵不断。袤，南北长度。⑧河：古代黄河的专名。⑨阳山：秦汉时把阴山最西的一段称为阳山，即今内蒙古乌拉特后旗的狼山。⑩逶蛇（wēi yí）：同"逶迤"。⑪暴（pù）师：指军队经受风霜雨雪驻守在外。⑫上郡：郡名。⑬贤：认为贤能。以动用法。⑭参乘（chéng）：也作"骖乘"。指陪乘的人，居车之右。⑮御：侍奉。⑯内谋：为内政出谋献策。

赵高者，诸赵疏远属也①。赵高昆弟数人②，皆生隐宫③，其母被刑僇④，世世卑贱。秦王闻高强力⑤，通于狱法⑥，举以为中车府令⑦。高即私事公子胡亥⑧，喻之决狱⑨。高有大罪，秦王令蒙毅法治之⑩。毅不敢阿法⑪，当高罪死⑫，除其宦籍。帝以高之敦于事也⑬，赦之，复其官爵⑭。

【注释】

①诸赵：指赵国王族赵氏的各支派。②昆弟：兄和弟。③隐宫：指宫刑。④刑僇（lǔ）：刑罚。僇，杀戮。⑤强力：指办事能力很强。⑥狱法：刑法。⑦举：推荐；选拔。中车府令：车府令是掌管皇帝出巡车辆的官吏。⑧私事：私自交结。胡亥（前230—前207年）：即秦二世。秦始皇少子。前210—前207年在位。后被赵高逼迫自杀。⑨喻：开导；告诉。决狱：审理和判决诉讼案。⑩法治：依法惩治。⑪阿：歪曲；违背。⑫当：处以相当的刑罚；判罪。⑬敦：办事认真努力。⑭官爵：官职，爵位。

始皇欲游天下，道九原①，直抵甘泉②，乃使蒙恬通道，自九原抵甘泉堑山堙谷③，千八百里。道未就④。

【注释】

①道：道经；经过。九原：地名，在现在的内蒙古包头市西。又为郡名。地

在今内蒙古包头市一带。②甘泉：山名，又为汉宫名。③塹（qiàn）：同"堑"。挖掘。埋：堵塞。④就：成功；完成。

始皇三十七年冬，行出游会稽①，并海上②，北走琅邪③。道病，使蒙毅还祷山川④，未反⑤。

【注释】

①会（kuài）稽：山名。在今浙江省绍兴市东南。②并（bàng）：通"傍"。③琅邪（láng yá）：山名。在今山东省胶南市南部。④祷：祭神求福。⑤反：通"返"。

始皇至沙丘崩①，秘之②，群臣莫知。是时丞相李斯、少子胡亥、中车府令赵高常从③，高雅得幸于胡亥④，欲立之，又怨蒙毅法治之而不为己也⑤，因有贼心⑥，乃与丞相李斯、少子胡亥阴谋⑦，立胡亥为太子⑧。太子已立，遣使者以罪赐公子扶苏、蒙恬死⑨。扶苏已死，蒙恬疑而复请之⑩。使者以蒙恬属吏⑪，更置⑫。胡亥以李斯舍人为护军⑬。使者还报，胡亥已闻扶苏死，即欲释蒙恬。赵高恐蒙氏复贵而用事⑭，怨之。

【注释】

①沙丘：地名。在今河北省平乡县东北。崩：旧称帝王死。②秘：不公开；封锁消息。③李斯（？—前208年）：楚国上蔡人。④雅：素来；一向。⑤为：帮助；卫护。⑥贼心：阴狠害人之心。⑦阴谋：暗中策划。⑧太子：确定继承皇位的皇子，一般为嫡长子。⑨扶苏：秦始皇长子。因谏阻秦始皇焚书坑儒，被派驻上郡监蒙恬军。⑩复请：再次请求申诉。⑪属：交付；委托。吏：指执法官吏。⑫更置：调换接替。⑬舍人：派有职务的门客；家臣。护军：武官名。负责调节各将领的关系。⑭用事：掌权；执政。

毅还至，赵高因为胡亥忠计，欲以灭蒙氏，乃言曰："臣闻先帝欲举贤立太子久矣①，而毅谏曰'不可'。若知贤而俞弗立②，则是不忠而惑主也③。以臣愚意，不若诛之。"胡亥听而系蒙毅于代④。前已囚蒙恬于阳周⑤。丧至咸阳⑥，已葬，太子立为二世皇帝，而赵高亲近，日夜毁恶蒙氏⑦，求其罪过⑧，举劾之⑨。

【注释】

①先帝：指秦始皇。举贤立太子：选贤才确定太子。②若：此；其。俞：通"逾"。③惑：迷惑。蛊惑。④代：县名。在今河北省蔚县东北。⑤阳周：县名。在今陕西省子长县西北。⑥丧：指秦始皇的丧车。⑦毁恶：诽谤中伤。⑧求：寻求；寻找。⑨举劾：检举，弹劾。

子婴①进谏曰："臣闻故赵王迁杀其良臣，李牧而用颜聚②，燕王喜因用荆轲之谋③，而倍秦之约④，齐王建杀其故世忠臣而用后胜之议④。此三君者，皆各以变古者失其国而殃及其身，今蒙氏，秦之大臣谋士也⑤，而主欲一旦弃去之⑥，臣窃以为不可⑦。臣闻轻虑者不可以治国⑧，独智者不可以存君⑨，诛杀忠臣而立无节行之人⑩，是内使群臣不相信而外使斗士之意离也⑪，臣窃以为不可。"

【注释】

①子婴：嬴子婴。②赵王迁：赵迁。前235—前228年在位，被秦国所虏。李牧：赵将。赵王中了秦国的反间计，将他杀了。③燕王喜：姬喜。前254—前222年在位，被秦国所虏。荆轲：卫国人。刺客。公元前227年受燕太子丹派遣去行刺

秦王，未成，被杀。详见《刺客列传》。④齐王建：田建。前264—前221年在位，被秦国所虏。故世忠臣：前代忠臣；元老。后胜：齐国相。前221年秦兵攻齐，齐王建听信他的意见，向秦国投降，终于使齐国灭亡。⑤谋士：出谋献策的人。⑥一旦：一时；忽然。⑦窃：私下；私自。谦敬副词。⑧轻虑：考虑问题轻率。⑨独智：独断专行，自以为是。⑩节行（xíng）：节操品行。⑪意：意志；思想。离：离散。

　　胡亥不听。而遣御史曲宫乘传之代①，令蒙毅曰："先主欲立太子而卿难之②。今丞相以卿为不忠，罪及其宗③。朕不忍④，乃赐卿死，亦甚幸矣。卿其图之⑤！"毅对曰："以臣不能得先主之意⑥，则臣少宦⑦，顺幸没世⑧，可谓知意矣。以臣不知太子之能，则太子独从，周旋天下⑨，去诸公子绝远⑩，臣无所疑矣。夫先主之举用太子⑪，数年之积也⑫，臣乃何言之敢谏，何虑之敢谋！非敢饰辞以避死也⑬，为羞累先主之名，愿大夫为虑焉⑭，使臣得死情实⑮。且夫顺成全者，道之所贵也⑯；刑杀者，道之所卒也⑰。昔者秦穆公杀三良而死⑱，罪百里奚而非其罪也⑲，故立号曰'缪'⑳。昭襄王杀武安君白起㉑。楚平王杀伍奢㉒。吴王夫差杀伍子胥㉓。此四君者，皆为大失，而天下非之㉔，以其君为不明，以是籍于诸侯㉕。故曰'用道治者不杀无罪，而罚不加于无辜。'唯大夫留心㉖！"使者知胡亥之意，不听蒙毅之言，遂杀之。

【注释】

　　①御史：官名。春秋战国时各国皆有御史，掌管文书和记事。曲宫：人名。传（zhuàn）：指驿站或驿站的车马。之：去到。②难（nàn）：非难；责问。③宗：宗族；族家。④朕（zhèn）：古人自称，从秦始皇起专用作皇帝的自称。⑤其：应当。祈使副词。图：图谋；考虑。⑥以：以为；认为。先主：指秦始皇。⑦少：年少时。宦：做官。⑧顺幸：顺意而得到宠幸。⑨周旋：周游。⑩去：距离；超过。⑪夫：发语词。⑫积：积累。⑬饰辞：托词粉饰。⑭大夫：官阶名。这里作为尊称。⑮情实：实情；真相。⑯道：事物的规律；道理；道义。贵：重视；崇尚。⑰卒：穷尽。⑱秦穆公：嬴任好。前659—前621年在位。三良：三位贤臣。⑲前"罪"字：加罪；惩罚。动词。百里奚：春秋时虞国人。⑳立号曰"缪"："缪"作为谥号用字，有两音两义：一、音义均同"穆"，是美谥；二、音义均同"谬"，是恶谥。史籍通常认为嬴任好的谥号是美谥，故多作"穆"。㉑白起：秦国郿（今陕西省眉县）人，秦将。以战功封武安君。后因与秦昭王意见不合，又遭秦将范雎忌刻，被赐死。详见《白起列传》。㉒楚平王：熊居。春秋时楚国国君，前528—前516年在位。伍奢：春秋时楚国人，任太子太傅。因少傅费无忌诬陷太子，伍奢劝平王不要听谗言而疏远骨肉，平王怒，将伍奢和他的儿子伍尚一道杀死。㉓吴王夫差：春秋时吴国国君，前495—前473年在位。伍子胥：伍员。伍奢的次子。㉔非：非议；责怪。㉕籍（jiè）：通"藉"（jí）。狼藉；名声不好。㉖唯：表示希望的意思。

　　二世又遣使者之阳周，令蒙恬曰："君之过多矣①，而卿弟毅有大罪，法及内史②。"恬曰："自吾先人③，及至子孙，积功信于秦三世矣④。今臣将兵三十余万，身虽囚系，其势足以倍畔⑤，然自知必死而守义者⑥，不敢辱先人之教，以不忘先主也。昔周成王初立⑦，未离襁褓，周公旦负王以朝⑧，卒定天下⑨。及成王有病甚殆⑩，公旦自揃其爪以沉于河⑪，曰：'王未有识⑫，是旦执事⑬。有罪殃，且受其不祥⑭。'乃书而藏之记府⑮，可谓信矣。及王能治国，有贼臣言：'周公旦欲为乱久矣，王若不备⑯，必有大事。'王乃大怒，周公旦走而奔于楚，成王观于记府，得周公旦沉书，乃流涕曰：'孰谓周公旦欲为乱乎⑰！'杀言之者而反周公旦⑱。故《周书》曰：'必参而伍之'⑲。今恬之宗，世无二心，而事卒于此，是必孽臣逆乱⑳，内陵之道也㉑。夫成王失而复振则卒昌㉒；桀杀关龙逢㉓，纣杀王子比干而不悔㉔，则身死国亡。臣故曰过可振而谏可觉也㉕，察于参伍㉖，上圣之法也㉗。凡臣之言，非以求免于咎也㉘，将以谏而死，愿陛下为万民思从道也。"使者曰："臣受诏行法于将军㉙，不敢以将军言闻于上也㉚。"蒙恬喟然太息曰："我何罪于天，无过而死乎？"良久㉛，徐曰㉜："恬罪固当死矣。起临洮属之辽东㉝，城堑万余里㉞，此其中不能无绝地脉哉㉟！此乃恬之罪也。"乃吞药自杀。

【注释】

①君：古代对男子的尊称。②法及：依法律涉及；株连。③先人：祖先。指蒙骜、蒙武。④功信：功劳；忠信。⑤倍畔：同"背叛"。⑥义：适宜合理。这里指所谓君臣大义。⑦周成王：姬诵。西周国王。⑧襁褓：包裹婴儿的布幅被子。周公旦：姬旦。⑨卒：终于。⑩殆：危险。⑪揃（jiǎn）：剪断手足指甲。⑫识：知识；识别事物的能力。⑬执事：掌管国家大事。⑭不祥：灾祸；灾难。⑮记府：收藏文书的地方；档案馆。⑯备：提防。⑰孰：谁。⑱反：通"返"。使动用法。⑲周书：指《逸周书》。参（sān）而伍之：多方咨询，反复审察。⑳孽臣：乱臣贼子。暗指赵高。㉑陵：通"凌"。侵犯；欺侮。㉒失：过失；过错。振：挽救；弥补。㉓桀（jié）：夏朝末代君主。历史上有名的暴君。后被商汤所放逐。关龙逢：夏桀的大臣，因劝谏桀而被杀。㉔纣：商朝末代君主。比干：商纣的叔父。㉕觉：觉悟；省悟。㉖察：考察；询问。㉗上圣：最英明的君主。㉘咎：灾祸；罪过。㉙诏：皇帝的命令文告。㉚闻：传报。㉛良久：很久。㉜徐：慢慢地。㉝固：本来。属：连接。㉞城：指城墙。堑：壕沟，即护城河。㉟绝地脉：古代的迷信观点，以为断绝土地脉络的人是要受上天惩罚的。

太史公曰：吾适北边①，自直道归②，行观蒙恬所为秦筑长城亭障③，堑山堙谷，通直道，固轻百姓力矣④。夫秦之初灭诸侯，天下之心未定，痍伤者未瘳⑤，而恬为名将，不以此时强谏⑥，振百姓之急⑦，养老存孤，务修众庶之和⑧，而阿意兴功⑨，此其兄弟遇诛，不亦宜乎！何乃罪地脉哉？

【注释】

①适：去；到。②直道：指秦从九原直达甘泉的大道。③亭障：供防守用的堡垒。④轻：轻视；乱用。⑤痍：创伤。瘳（chōu）：痊愈。⑥强（qiǎng）谏：极力劝说。⑦振：振救；救济。⑧务：努力维护。和：和平；和睦。⑨阿：迎合；曲从。

张耳陈馀列传第二十九

张耳者，大梁人也①。其少时，及魏公子毋忌为客②。张耳尝亡命游外黄③。外黄富人女甚美，嫁庸奴，亡其夫④，去抵父客⑤。父客素知张耳，乃谓女曰："必欲求贤夫从张耳。"女听，乃卒为请决⑥，嫁之张耳。张耳是时脱身游，女家厚奉给张耳，张耳以故致千里客⑦。乃宦魏为外黄令。名由此益贤。陈馀者。亦大梁人也，好儒术⑧，数游赵苦陉⑨。富人公乘氏以其女妻之⑩，亦知陈馀非庸人也。馀年少，父事张耳，两人相与为刎颈交⑪。

【注释】

①大梁：战国时魏国都城，故址在今河南省开封市西北。②毋忌：魏毋（通作"无"）忌。③亡命：改名换姓，逃亡在外。外黄：县名。在今河南省民权县西北。④亡其夫：潜逃离开她的丈夫。亡，逃亡。⑤抵：投奔。父客：父亲旧时的朋友或宾客。⑥卒：终于。请决：要求离婚。决，决裂。⑦致：招致；招引。⑧儒术：儒家学术思想。⑨赵：战国时国名。苦陉：赵邑名。在今河北省定县东南。⑩妻（qì）：以女嫁人。动词。⑪刎颈交：生死之交。

秦之灭大梁也①，张耳家外黄。高祖为布衣时②，尝数从张耳游，客数月。秦灭魏数岁，已闻此两人魏之名士也，购求有得张耳千金，陈馀五百金。张耳、陈馀乃变名姓，俱之陈③，为里监门以自食④。两人相对。里吏尝有过笞陈馀⑤，陈馀欲起，张耳蹑之⑥，使受笞。吏去，张耳乃引陈馀之桑下而数之曰⑦："始吾与公言何如？今见小辱而欲死一吏乎⑧？"陈馀然之⑨。秦诏书购求两人，两人亦反用门者以令里中。

【注释】

①公元前225年，王贲攻魏，引河水灌大梁，大梁城坏，魏王假请降，魏国灭亡。②高祖（前256—前195年）。布衣：穿粗布衣服的人，即平民。③俱：同行；一道。之：去；到。陈：郡名。地在今河南省东部，治所在陈县（今淮阳县）。④里：古代居民区，在周代为二十五户，后代户数有变更。监门：看守里门的人。⑤笞（chī）：用竹板打。⑥蹑：蹈；踩。⑦数（shǔ）：数落；批评。⑧死：拼死；拼命。⑨然：是；对。以动用法。

陈涉起蕲①，至入陈，兵数万。张耳、陈馀上谒陈涉②。涉及左右生平数闻张耳、陈馀贤，未尝见，见即大喜。

【注释】

①陈涉：陈胜，字涉。阳城（今河南省登封市东南）人。蕲（qí）：县名。在今安徽省宿州市东南。②谒：名片。

陈中豪杰父老乃说陈涉曰："将军身被坚执锐①，率士卒以诛暴秦，复立楚社稷②，存亡继绝，功德宜为王。且夫监临天下诸将③，不为王不可，愿将军立为楚王也。"陈涉问此两人，两人对曰："夫秦为无道，破人国家，灭人社稷，绝人后世，罢百姓之力④，尽百姓之财。将军瞋目张胆⑤，出万死不顾一生之计，为天下除残也。今始至陈而王之⑥，示天下私。愿将军毋王⑦，急引兵而西，遣人立六国后⑧，自为树党，为秦益敌也⑨。敌多则力分，与众则兵强⑩。如此野无交兵，县无守城，诛暴秦，据咸阳以令诸侯⑪，诸侯亡而得立，以德服之，如此则帝业成矣。今独王陈，恐天下解也⑫。"陈涉不听，遂立为王。

【注释】

①被（pī）坚执锐：身披坚甲，手执锐利武器。②社稷：帝王、诸侯所祭祀的土神和谷神。常用以代称国家。③监临：监督；察看。④罢（pí）：通"疲"，疲困。使动用法。⑤瞋（chēn）目张胆：怒目圆睁，英勇无畏。⑥王（wàng）：称王。动词。⑦毋：莫；不要。⑧六国：指战国时的齐、楚、燕、韩、魏、赵国。⑨益：增益；增加。⑩与：同盟者。⑪咸阳：秦朝都城，在今陕西省咸阳市东北。⑫解：瓦解；解体。

陈馀乃复说陈王曰："大王举梁、楚而西①，务在入关②，未及收河北也③。臣尝游赵，知其豪桀及地形④，愿请奇兵北略赵地⑤"，于是陈王以故所善陈人武臣为将军⑥，邵骚为护军⑦，以张耳、陈馀为左右校尉⑧，予卒三千人，北略赵地。

【注释】

①举：兴起。梁：陈胜建都陈县，陈县在战国时是魏地，而魏国别称为梁国，故称梁。楚：陈胜在蕲县起义，蕲县在战国时是楚地，故称楚。西：西进。秦朝都城在陈县以西，所以说西进。②务：任务；奋斗目标。关：指函谷关，旧址在今河南省灵宝市东北。当时是东方入秦的要道。③河北：泛指黄河以北地区。河，古代黄河的专称。④桀（jié）：通"杰"。⑤奇兵：出乎敌人意料的军队。⑥善：要好。将军：武官名。⑦护军：武官名。⑧校尉：武官名。职位略次于将军。

武臣等从白马渡河①，至诸县，说其豪桀曰："秦为乱政虐刑以残贼天下，数十年矣。北有长城之役②，南有五岭之戍③，外内骚动，百姓罢敝④，头会箕敛⑤，以供军费，财匮力尽⑥，民不聊生⑦。重之以苛法峻刑，使天下父子不相安。陈王奋臂为天下倡始，王楚之地，方二千里⑧，莫不响应，家自为怒，人自为斗，各报其怨而攻其仇，县杀其令丞⑨，郡杀其守尉⑩。今已张大楚⑪，王陈，使吴广、周文将卒百万西击秦⑫。于此时而不成封侯之业者，非人豪也。诸君试相与计之！夫天下同心而苦秦久矣。因天下之力而攻无道之君⑬，报父兄之怨而成割地有土之业⑭，此士之一时也⑮"。豪桀皆然其言。乃行收兵，得数万人，号武臣为武信君。下赵十城⑯，余皆城守⑰，莫肯下。

【注释】

①白马：黄河渡口名。旧址在今河南省滑县东北。②长城之役：秦始皇三十三年（前214年），蒙恬率领三十万人北筑长城，西起临洮（今甘肃省岷县），

东至辽东（至今朝鲜境），连绵一万多里。百姓徭役不息，人力耗尽。③五岭之戍：秦始皇曾派五十万人防守五岭。④罢（pí）敝：困苦穷乏。罢，通"疲"。⑤头会（kuài）箕敛：说赋税苛刻繁重。⑥匮：缺乏。⑦聊生：赖以维持生活。⑧方：纵横见方。⑨令：县令。辖区在万户以上的县的长官称令，在万户以下的称长。丞：县丞。县级的主要助理官员。⑩郡：秦、汉时代的最高地方行政区域，设郡守掌管郡政，另设郡尉辅佐郡守，并掌管全郡军事。⑪张大楚："楚"本是陈胜的国号。"张楚"，取张大楚国的意思。⑫吴广：阳夏（今河南省太康县）人。与陈胜同时领导了大泽乡起义。周文：陈县人。⑬因：以；用。⑭割地有土：割据土地，即封王封侯。⑮时：时机；机会。⑯下：攻克；降服。⑰城守（shòu）：据城防守。

乃引兵东北击范阳①。范阳人蒯通说范阳令曰②："窃闻公之将死，故吊③。虽然，贺公得通而生。"范阳令曰："何以吊之？"对曰："秦法重，足下为范阳令十年矣，杀人之父，孤人之子④，断人之足，黥人之首⑤，不可胜数⑥。然而慈父孝子莫敢倳刃公之腹中者⑦，畏秦法耳。今天下大乱，秦法不施，然则慈父孝子且倳刃公之腹中以成其名⑧，此臣之所以吊公也。今诸侯畔秦矣⑨，武信君兵且至，而君坚守范阳，少年皆争杀君，下武信君。君急遣臣见武信君，可转祸为福，在今矣。"

【注释】

①范阳：县名。在今河北省徐水县北。②蒯通：辩士。③吊：慰问遭遇不幸的人。④孤：使人家的孩子成为孤儿。使动用法。⑤黥：墨刑。即用刀刺人面额后用墨涂染。⑥胜（shēng）：尽。⑦倳（zì）刃：用刀刺入人体。⑧且：将要；快要。副词。⑨畔：通"叛"。

范阳令乃使蒯通见武信君曰："足下必将战胜然后略地，攻得然后下城，臣窃以为过矣①。诚听臣之计②，可不攻而降城，不战而略地，传檄而千里定③，可乎？"武信君曰："何谓也？"蒯通曰："今范阳令宜整顿其士卒以守战者也，怯而畏死，贪而重富贵，故欲先天下降，畏君以为秦所置吏，诛杀如前十城也。然今范阳少年亦方杀其令④，自以城距君⑤。君何不赍臣侯印⑥，拜范阳令，范阳令则以城下君，少年亦不敢杀其令。令范阳令乘朱轮华毂⑦，使驱驰燕、赵郊⑧。燕、赵郊见之，皆曰此范阳令，先下者也，即喜矣，燕、赵城可毋战而降也。此臣之所谓传檄而千里定者也。"武信君从其计，因使蒯通赐范阳令侯印。赵地闻之，不战以城下者三十余城。

【注释】

①窃：私下里。②诚：如果；果真。③檄（xí）：古代写在木板上的公文，用以征召、晓喻或声讨。④方：将要；正准备。时间副词。⑤距：通"拒"。抗拒。⑥赍（jī）：以物送人；让人带着。⑦朱轮华毂（gǔ）：指装饰富丽堂皇的车辆。⑧驱驰：乘车马飞快行驶。燕（yān）：战国时国名。地在今河北省北部和辽宁省西端，公元前222年为秦所灭。这里指燕国旧地。

至邯郸，张耳、陈馀闻周章军入关①，至戏却②；又闻诸将为陈王徇地③，多以谗毁得罪诛④，怨陈王不用其策不以为将而以为校尉。乃说武臣曰："陈王起蕲，至陈而王，非必立六国后。将军今以三千人下赵数十城，独介居河北⑤，不王无以填之⑥。且陈王听谗，还报，恐不脱于祸。又不如立其兄弟；不⑦，即立赵后。将军毋失时，时间不容息⑧。"武臣乃听之，遂立为赵王。以陈馀为大将军，张耳为右丞相，邵骚为左丞相。

【注释】

①周章：即周文。②戏（xī）：戏水。在今陕西省西安市临潼区东。③徇（xùn）：夺取。④谗（chán）毁：谗言毁谤。⑤介：隔开。⑥填（zhèn）：通"镇"。⑦不（fǒu）：通"否"。⑧时间（jiàn）不容息：极言时间紧迫，不容许有一分半秒的迟疑。间，间隔。

使人报陈王，陈王大怒，欲尽族武臣等家①，而发兵击赵。陈王相国房君谏曰②："秦未亡而诛武臣等家，此又生一秦也③。不如因而贺之，使急引兵西击秦。"陈王然之，从其计，徙系武臣等家宫中④，封张耳子敖为成都君⑤。

【注释】

①族：灭族。②相国：陈胜起义之初，多沿用楚国官制，楚国有上柱国（或称柱国），此误。③又生一秦：又树一敌。④系：拘囚。⑤成都：今四川成都市。

陈王使使者贺赵①，令趣发兵西入关②。张耳、陈馀说武臣曰："王王赵，非楚意，特以计贺王③。楚已灭秦，必加兵于赵。愿王毋西兵，北徇燕、代④，南收河内以自广⑤。赵南据大河，北有燕、代，楚虽胜秦，必不敢制赵。"赵王以为然，因不西兵，而使韩广略燕，李良略常山⑥，张黡略上党⑦。

【注释】

①使使（shǐ shǐ）：前"使"字是动词，意为派遣；后"使"字是名词，意为使者。②趣（cù）：催促，赶快。③计：权宜之计：策略。④代：春秋战国时国名。地在今河北省西北部，治所在代（今河北蔚县东北），后为赵国所灭。这里指代国旧址。⑤河内：地区名。指今河南省黄河以北的地区。⑥常山：郡名。地在今河北省西部。郡治元氏（今元氏县西北）。⑦上党：郡名。地在今山西省东南部。秦时郡治壶关（今山西长治市北）。

韩广至燕，燕人因立为燕王。赵王乃与张耳、陈馀北略地燕界。赵王间出①，为燕军所得。燕将囚之，欲与分赵地半，乃归王。使者往，燕辄杀之以求地②。张耳、陈馀患之。有厮养卒谢其舍中曰③："吾为公说燕④，与赵王载归。"舍中皆笑曰："使者往十余辈⑤，辄死，若何以能得王⑥？"乃走燕壁⑦，燕将见之，问燕将曰："知臣何欲？"燕将曰："若欲得赵王耳。"曰："君知张耳、陈馀何如人也？"燕将曰："贤人也。"曰："知其志何欲？"曰："欲得其王耳。"赵养卒乃笑曰："君未知此两人所欲也。夫武臣、张耳、陈馀杖马捶下赵数十城⑧，此亦各欲南面而王，岂欲为卿相终已邪⑨？夫臣与主岂可同日而道哉，顾其势初定⑩，未敢参分而王⑪，且以少长先立武臣为王，以持赵心⑫。今赵地已服，此两人亦欲分赵而王，时未可耳。今君乃囚赵王。此两人名为求赵王，实欲燕杀之，此两人分赵自立。夫以一赵尚易燕⑬，况以两贤王左提右挈⑭，而责杀王之罪，灭燕易矣。"燕将以为然，乃归赵王，养卒为御而归⑮。

【注释】

①间出：空余的时间私自外出。②辄：就。③厮养卒：即炊事兵。谢：诉说；告诉。舍中：指同宿舍的人。④公：指张耳、陈馀。⑤辈：同类的人；批。⑥若：你（们）。代词。⑦壁：军营的墙壁，引申为军营。⑧杖：执持。动词。马捶（chuí）：马鞭。⑨邪（yé）：通"耶"。疑问语气助词。⑩顾：思念；考虑。⑪参（sān）：

通"三"。⑫持：稳住。⑬易：轻视。⑭左提右挈（qiè）：互相扶持。⑮御：驾车。

李良已定常山，还报，赵王复使良略太原①。至石邑②，秦兵塞井陉③，未能前。秦将诈称二世使人遗李良书④，不封，曰："良尝事我得显幸。良诚能反赵为秦，赦良罪，贵良。"良得书，疑不信。乃还之邯郸，益请兵。未至，道逢赵王姊出饮，从百余骑。李良望见，以为王，伏谒道旁。王姊醉，不知其将，使骑谢李良。李良素贵，起，惭其从官。从官有一人曰："天下畔秦⑤，能者先立。且赵王素出将军下，今女儿乃不为将军下车，请追杀之。"李良已得秦书，固欲反赵，未决，因此怒，遣人追杀王姊道中，乃遂将其兵袭邯郸⑥。邯郸不知，竟杀武臣、邵骚。赵人多为张耳、陈馀耳目者，以故得脱出。收其兵，得数万人。客有说张耳曰："两君羁旅⑦，而欲附赵⑧，难；独立赵后⑨，扶以义，可就功。"乃求得赵歇⑩，立为赵王。居信都⑪。李良进兵击陈馀，陈馀败李良，李良走归章邯⑫。

【注释】

①太原：郡名。地在今山西省中部。郡治晋阳（今太原市西南）。②石邑：县名。在今河北省石家庄市西南。③井陉（xíng）：关名。④遗（wèi）：赠送；致送。⑤畔：通"叛"。⑥将：率领。动词。⑦羁旅：寄居在外；作客他乡。⑧附：归附。使动用法。⑨独：唯独；只有。⑩赵歇：赵国王族的后代。⑪信都：县名。⑫章邯：秦末将领。

章邯引兵至邯郸，皆徙其民河内①，夷其城郭②。张耳与赵王歇走入巨鹿城③，王离围之④。陈馀北收常山兵，得数万人，军巨鹿北。章邯军巨鹿南棘原⑤，筑甬道属河⑥，饷王离⑦。王离兵食多，急攻巨鹿。巨鹿城中食尽兵少，张耳数使人召前陈馀，陈馀自度兵少，不敌秦，不敢前。数月，张耳大怒，怨陈馀，使张黡、陈泽往让陈馀曰⑧："始吾与公为刎颈交，今王与耳旦暮且死，而公拥兵数万，不肯相救，安在其相为死！苟必信⑨，胡不赴秦军俱死⑩？且有十一二相全。"陈馀曰："吾度前终不能救赵，徒尽亡军⑪。且馀所以不俱死，欲为赵王、张君报秦。今必俱死，如以肉委饿虎，何益？"张黡、陈泽曰："事已急，要以俱死立信，安知后虑⑫！"陈馀曰："吾死顾以为无益，必如公言。"乃使五千人令张黡、陈泽先尝秦军⑬，至皆没。

【注释】

①河内：泛指黄河以北。②夷：荡平；毁坏。城郭：内城和外城。城，内城。郭，外城。③巨鹿：县名。在今河北省平乡县西南。④王离：秦将。后被项羽所俘。⑤棘原：地名。在今河北省平乡县南。⑥甬道：两侧筑有墙壁的通道。属（zhǔ）：连接。⑦饷：军粮。此处作动词用。⑧让：谴责；责问。⑨苟：假如；如果。⑩胡：为什么。疑问副词。⑪徒：徒然；白白地。⑫安：何；哪。⑬尝：尝试；试一试。

当是时，燕、齐、楚闻赵急，皆来救。张敖亦北收代兵，得万余人，来，皆壁馀旁①，未敢击秦。项羽兵数绝章邯甬道，王离军乏食，项羽悉引兵渡河，遂破章邯。章邯引兵解②，诸侯军乃敢击围巨鹿秦军，遂虏王离。涉间自杀③。卒存巨鹿者，楚力也。

【注释】

①壁：本意为营垒，此处活用为动词，意为扎营驻守。②解：溃散；瓦解。③涉间：秦将。

于是赵王歇、张耳乃得出巨鹿，谢诸侯。张耳与陈馀相见，责让陈馀以不肯救赵，及问张黡、陈泽所在。陈馀怒曰："张黡、陈泽以必死责臣，臣使将五千人先尝秦军，皆没不出。"张耳不信，以为杀之，数问陈馀。陈馀怒曰："不意君之望臣深也①！岂以臣为重去将哉②？"乃脱解印绶③，推予张耳。张耳亦愕不受。陈馀起如厕④。客有说张耳曰："臣闻'天与不取，反受其咎'⑤。今陈将军与君印，君不受，反天不祥。急取之！"张耳乃佩其印，收其麾下⑥。而陈馀还，亦望张耳不让⑦，遂趋出⑧。张耳遂收其兵。陈馀独与麾下所善数百人之河上泽中渔猎⑨。由此陈馀、张耳遂有郤⑩。

【注释】

①望：怨恨。②重：为难；珍惜。③印绶（shòu）：指印信。绶，系印组的丝带。④如：去往。⑤天与不取，反受其咎：语本《国语》。⑥麾（huī）下：部下。指指挥部的官兵。⑦望：怨恨。不让：指不让还印绶。⑧趋：急走。⑨之：去；到。⑩郤（xì）：通"隙"。缝隙。

赵王歇复居信都。张耳从项羽诸侯入关。汉元年二月，项羽立诸侯王，张耳雅游①，人多为之言，项羽亦素数闻张耳贤，乃分赵立张耳为常山王，治信都。信都更名襄国。陈馀客多说项羽曰："陈馀、张耳一体有功于赵。"项羽以陈馀不从入关，闻其在南皮②，即以南皮旁三县以封之③，而徙赵王歇王代④。

[注释]

①雅：素来；向来。游：交游。②南皮：县名。在今河北省南皮县东北。③县下"以"字是衍文。④徙：迁移。王（wàng）：治理，统治。代：郡名。地在今山西、河北两省北部，治所在代县（今河北省蔚县东北）。

张耳之国，陈馀愈益怒，曰："张耳与馀功等也，今张耳王，馀独侯，此项羽不平。"及齐王田荣畔楚①，陈馀乃使夏说说田荣曰②："项羽为天下宰不平，尽王诸将善地，徙故王王恶地，今赵王乃居代！愿王假臣兵③，请以南皮为扞蔽④。"田荣欲树党于赵以反楚，乃遣兵从陈馀。陈馀因悉三县兵袭常山王张耳⑤。张耳败走，念诸侯无可归者，曰："汉王与我有旧故⑥，而项羽又强，立我，我欲之楚。"甘公曰⑦："汉王之入关，五星聚东井⑧。东井者，秦分也⑨。先至必霸。楚虽强，后必属汉。"故耳走汉。汉王亦还定三秦⑩，方围章邯废丘⑪。张耳谒汉王，汉王厚遇之。

【注释】

①田荣：战国时齐国的王族。②夏说（yuè）：人名。③假：借。④扞蔽：掩护；屏障。扞，通"捍"。⑤悉：尽其所有。动词。⑥旧故：老交情。⑦甘公：甘德。天文学家。⑧五星聚东井：水、金、火、木、土五大行星同时出现在井宿天区。东井，井宿，二十八宿中南方七宿的第一宿。详见《天官书》。⑨东井者，秦分也：古代占星术认为，地上各州郡邦国和天上一定的区域相对应，在某一天区发生的天象预兆着对应地方的吉凶。⑩还定三秦：项羽分封天下，三分秦国旧地关中，封秦降将章邯为雍王，领有今陕西省西部和甘肃省东部地区；司马欣为塞王，领有今陕西省东部地区；董翳为翟王，领有今陕西省西北地区。合称三秦。⑪废丘：县名，在今陕西省兴平市南。

陈馀已败张耳，皆复收赵地，迎赵王于代，复为赵王。赵王德陈馀①，立以为代王。陈馀为赵王弱，国初定，不之国，留傅赵王②，而使夏说以相国守代。

【注释】

①德：感激恩德。动词。②傅：辅佐。

汉二年，东击楚，使使告赵，欲与俱。陈馀曰："汉杀张耳乃从。"于是汉王求人类张耳者斩之①，持其头遗陈馀。陈馀乃遣兵助汉。汉之败于彭城西②，陈馀亦复觉张耳不死，即背汉。汉三年，韩信已定魏地③，遣张耳与韩信击破赵井陉，斩陈馀泜水上④，追杀赵王歇襄国。汉立张耳为赵王。汉五年，张耳薨，谥为景王。子敖嗣立为赵王。高祖长女鲁元公主为赵王敖后。

【注释】

①类：相像。②汉之败于彭城西：汉二年四月，刘邦带领张耳等五王的军队，借项羽北进攻齐的机会，突袭楚国，攻入彭城。项羽闻讯，回军猛攻，在睢水沿岸大败汉军，刘邦向西溃退。③魏地：项羽大封诸侯王时，改封魏豹为西魏王，领有河东地区，大致相当于今山西省西南部。韩信平定魏地后，在那里设置了河东、太原、上党三郡，这样就扩大到了今山西省中部和东南部。④泜（chí）水：即今槐河，发源于河北省赞皇县西南，经柏乡县南流入滏阳河。

汉七年，高祖从平城过赵①，赵王朝夕袒韝蔽②，自上食，礼甚卑，有子婿礼。高祖箕踞詈③，甚慢易之④。赵相贯高、赵午等年六十余，故张耳客也。生平为气⑤，乃怒曰："吾王孱王也⑥！"说王曰："夫天下豪桀并起，能者先立。今王事高祖甚恭，而高祖无礼⑦，请为王杀之！"张敖啮其指出血⑧，曰："君何言之误！且先人亡国，赖高祖得复国，德流子孙，秋毫皆高祖力也。愿君无复出口。"贯高、赵午等十余人皆相谓曰："乃吾等非也。吾王长者，不倍德⑨。且吾等义不辱，今怨高祖辱我王，故欲杀之，何乃污王为乎⑩？令事成归王，事败独身坐耳⑪！"

【注释】

①平城：县名。在今山西省大同市东北。②袒：脱去外衣，露出短衣。韝（gōu）蔽：革制的袖套。③箕踞：张开两脚而坐，形状如簸箕。古人认为这是轻慢的态度。詈：骂；责骂。④慢易：轻慢；轻侮。⑤为气：性情刚强，容易被激怒。⑥孱（chán）：懦弱，软弱。⑦高祖：这是刘邦死后的庙号（定庙号比定谥号更晚一些），当时人不可能这样称呼他，下文还有四处，《汉书》同传都改成了"皇帝"或"帝"，是对的。⑧啮（niè）：咬。⑨倍：通"背"。⑩污：玷污；连累。⑪坐：承担罪责。

汉八年，上从东垣还①，过赵，贯高等乃壁人柏人②，要之置厕③。上过欲宿，心动，问曰："县名为何？"曰："柏人。""柏人者，迫于人也④！"不宿而去。

【注释】

①上：皇上。东垣：县名。在今河北省石家庄市东。②壁人：藏人于夹壁中。壁，指夹壁，作动词用。柏（bó）人：县名。在今河北省隆尧县西。这里指柏人县城的馆舍（招待所）。③要（yāo）：拦截；刺杀。置厕：把人藏在隐蔽处所。④柏人者，迫于人也：柏，通"迫"。

汉九年，贯高怨家知其谋①，乃上变告之②。于是上皆并逮捕赵王、贯高等。十余人皆争自刭，贯高独怒骂曰："谁令公为之？今王实无谋，而并捕王；公等皆死，谁白王不反者③！"乃辒车胶致④，与王诣长安⑤。治张敖之罪。上乃诏赵群臣宾客有敢从王皆族。贯高与客孟舒等十余人⑥，皆自髡钳⑦，为王家奴，从来。贯高至，对狱，曰："独吾属为之⑧，王实不知。"吏治榜笞数千⑨，刺剟⑩，身无可击者，终不复言。吕后数言张王以鲁元公主故⑪，不宜有此。上怒曰："使张敖据天下，岂少而女乎⑫！"不听。廷尉以贯高事辞闻⑬，上曰："壮士！谁知者，以私问之⑭。"中大夫泄公曰⑮："臣子邑子⑯，素知之。此固赵国立名义不侵为然诺者也⑰。"上使泄公持节问之箯舆前⑱。仰视曰："泄公邪？"泄公劳苦如生平欢⑲，与语，问张王果有计谋不⑳。高曰："人情宁不各爱其父母妻子乎？今吾三族皆以论死㉑，岂以王易吾亲哉㉒！顾为王实不反，独吾等为之。"具道本指所以为者王不知状㉓。于是泄公入，具以报，上乃赦赵王。

【注释】

①怨家：仇家。②上变：向朝廷报告紧急事变。③白：表白；洗雪。动词。④辒（jiàn）车：装载猛兽或囚禁押解犯人的车。胶致：密封押送。⑤诣：到；去。⑥贯高：他是主谋，已被逮捕押送，从来的是未与谋的孟舒、田叔等人。⑦髡（kūn）钳：剃去头发和用铁圈束颈，都是古代的刑罚。孟舒等人这样做是表示服罪。⑧属：等辈。⑨榜：捶击；打。⑩刺剟（duó）：刺、击。剟，刺，击。同义词联用。⑪吕后：汉高帝皇后吕雉。⑫而（ér）：你。⑬廷尉：官名。掌管刑狱。为九卿之一。⑭私：私情。⑮中大夫：官名。掌议论。属于郎中令。⑯邑子：同乡人。⑰名义：名誉和道义。侵：辜负；背弃。然诺：许诺；答应。⑱节：符节。古代使者所持的凭证。箯（biān）舆：用竹子编成的躺椅。⑲劳（lào）苦：慰问其辛苦。⑳不：通"否"。㉑三族：父母、兄弟、妻子。以：通"已"。㉒易：交换。㉓具：都；完全。本指：原意。状：情况；情形。

上贤贯高为人能立然诺，使泄公具告之，曰："张王已出。"因赦贯高。贯高喜曰："吾王审出乎①？"泄公曰："然。"泄公曰："上多足下②，故赦足下。"贯高曰："所以不死一身无余者，白张王不反也。今王已出，吾责已塞，死不恨矣。且人臣有篡杀之名，何面目复事上哉！纵上不杀我，我不愧于心乎？"乃仰绝肮③，遂死。当此之时，名闻天下。

【注释】

①审：的确；果然。②多：称赞；推重。③绝：断绝。肮（háng）：喉咙；一说为颈动脉。

张敖已出，以尚鲁元公主故①，封为宣平侯。于是上贤张王诸客，以钳奴从张王入关，无不为诸侯相、郡守者。及孝惠、高后、文帝、孝景时②，张王客子孙皆得为二千石③。

【注释】

①尚：高攀门第结婚。②孝惠：汉惠帝刘盈。前195—前188年在位。高后：即吕后。文帝：汉文帝，刘恒。前180—前157年在位。孝景：汉景帝刘启。前157—前141年在位。③二千石（shí）：官阶的代称。秦、汉官阶的高低常按俸禄的多少计算，从中二千石递减至百石为止。

张敖，高后六年薨。子偃为鲁元王。以母吕后女故，吕后封为鲁元王。元王弱，兄弟少，乃封张敖他姬子二人：寿为乐昌侯，侈为信都侯。高后崩，诸吕无道①，大臣诛之，而废鲁元王及乐昌侯、信都侯。孝文帝即位，复封故鲁元王偃为南宫侯，续张氏。

【注释】

①诸吕：指吕后的侄儿吕产、吕禄等。

太史公曰：张耳、陈馀，世传所称贤者；其宾客厮役，莫非天下俊桀，所居国无不取卿相者。然张耳、陈馀始居约时①，相然信以死②，岂顾问哉③。及据国争权，卒相灭亡，何乡者相慕用之诚④，后相倍之戾也⑤！岂非以利哉？名誉虽高，宾客虽盛，所由殆与太伯、延陵季子异矣⑥。

【注释】

①始居约时：当初处在贫贱时。约，贫。②相然信：互相信任。③顾问：顾虑。④乡（xiàng）者：以往；过去。乡，通"向"。⑤戾（lì）：暴；猛烈。⑥殆：大概；恐怕。太伯：周太王的长子，吴国的始祖，以让国著称。

魏豹彭越列传第三十

魏豹者，故魏诸公子也。其兄魏咎①，故魏时封为宁陵君②。秦灭魏，迁咎为家人③。陈胜之起王也④，咎往从之。陈王使魏人周市徇魏地⑤，魏地已下，欲相与立周市为魏王。周市曰："天下昏乱，忠臣乃见⑥。今天下共畔秦⑦，其义必立魏王后乃可。"齐、赵使车各五十乘⑧，立周市为魏王。市辞不受，迎魏咎于陈。五反，陈王乃遣立咎为魏王⑨。

【注释】

①魏咎：魏豹的堂兄，魏国王族。②宁陵：魏邑名。在今河南省宁陵县东南。③家人：庶人；平民。④王（wàng）：称王。动词。⑤市（fú）："韍"本字，古代祭服。与"市"不同。徇（xùn）：夺取。⑥天下昏乱，忠臣乃见（xiàn）：语本《老子》。⑦畔：通"叛"。⑧齐、赵：陈胜起义后，各地纷纷响应，齐国旧贵族田儋自立为齐王，陈胜部将武臣自立为赵王。⑨当时魏咎在陈县，是陈胜的部下，陈胜不同意立原魏国后裔为魏王，主张立周市。

章邯已破陈王①，乃进兵击魏王于临济②。魏王乃使周市出请救于齐、楚。齐、楚遣项它、田巴将兵随市救魏③。章邯遂击破杀周市等军，围临济。咎为其民约降。约定，咎自烧杀。

【注释】

①章邯：秦末将领，这时率大军东进镇压起义军。②临济：城名。在今河南封丘县东。③项它：楚将。田巴：齐将。

魏豹亡走楚①。楚怀王予魏豹数千人②，复徇魏地。项羽已破秦，降章邯③，豹下魏二十余城，立豹为魏王。豹引精兵从项羽入关。汉元年，项羽封诸侯，欲有梁地④，乃徙魏王豹于河东⑤，都平阳⑥，为西魏王。

【注释】

①亡：逃跑。②楚怀王：熊心。③降：降服。④梁地：即魏地。战国时魏国建都大梁，所以也称魏国为梁国。⑤河东：郡名。地在今山西省西南部，治所在安邑（今夏县西北）。⑥平阳：县名。在今山西省临汾市西南。

汉王还定三秦①，渡临晋②，魏王豹以国属焉。遂从击楚于彭城③。汉败，还至荥阳④，豹请归视亲病，至国，即绝河津畔汉⑤。汉王闻魏豹反，方东忧楚，未及击，谓郦生曰⑥："缓颊往说魏豹⑦，能下之，吾以万户封若。"郦生说豹。豹谢曰："人生一世间，如白驹过隙耳⑧。今汉王慢而侮人，骂詈诸侯群臣如骂奴耳，非有上下礼节也。吾不忍复见也⑨。"于是汉王遣韩信击虏豹于河东，传诣荥阳⑩，以豹国为郡⑪。汉王令豹守荥阳。楚围之急，周苛遂杀魏豹⑫。

【注释】

①还定三秦：见《张耳陈余列传》同注。②临晋：即临晋关，又叫蒲津关。③彭城：县名。在今江苏省徐州市，当时为楚国都城。④荥阳：县名。在今河南省荥阳市东北，为古代军事要地。⑤绝河津：断绝黄河渡口，阻止汉军渡河。津，渡口。⑥郦生：郦食其（yì jī）。陈留县高阳乡（今河南省杞县西南）人。⑦缓颊：婉言劝解；代人讲情。⑧白驹过隙：极言人生短促，就像骏马驰过隙缝之地。⑨忍：忍耐；容忍。引申为"抑制"。⑩传（zhuàn）：指驿站或驿站的车马。诣：到。⑪以豹国为郡：在西魏地区设置河东、太原、上党三郡。⑫周苛遂杀魏豹：汉三年五月，汉王派周苛、枞公与魏豹守荥阳，周苛、枞公说："反国之王，难与守城。"因杀魏豹。

彭越者，昌邑人也①，字仲。常渔巨野泽中②，为群盗。陈胜、项梁之起，少年或谓越曰："诸豪桀相立畔秦③，仲可以来，亦效之。"彭越曰："两龙方斗④，且待之。"

【注释】

①昌邑：县名。在现在的山东省金乡县西北。②巨野泽：亦称大野泽。在今山东巨野县。③桀（jié）：通"杰"。④两龙：指秦与陈胜。

居岁余，泽间少年相聚百余人，往从彭越，曰："请仲为长。"越谢曰："臣不愿与诸君①。"少年强请，乃许。与期旦日日出会②，后期者斩③。旦日日出，十余人后，后者至日中。于是越谢曰："臣老，请君强以为长。今期而多后，不可尽诛，诛最后者一人。"令校长斩之④。皆笑曰："何至是？请后不敢。"于是越乃引一人斩之，设坛祭，乃令徒属。徒属皆大惊，畏越，莫敢仰视。乃行略地，收诸侯散卒，得千余人。

【注释】

①与：跟随。②旦日：明天。③后期：迟到。④校（xiào）长：武官名。一校之长，校：古代为军以下的一个编制单位。

沛公之从砀北击昌邑①，彭越助之。昌邑未下，沛公引兵西。彭越亦将其众居巨野中，收魏散卒。项籍入关，王诸侯②，还归，彭越众万余人毋所属③。汉元年秋④，齐王田荣畔项王⑤，汉乃使人赐彭越将军印，使下济阴以击楚⑥。楚命萧公角将兵击越⑦。越大破楚军。汉王二年春，与魏王豹及诸侯东击楚。彭越将其兵三万余人归汉于外黄⑧。汉王曰："彭将军收魏地得十余城，欲急立魏后。今西魏王豹亦魏王咎从弟也，真魏后。"乃拜彭越为魏相国，擅将其兵⑨，略定梁地。

【注释】

①砀：郡名。地在今河南省、山东省、安徽省交界地区，治所在砀县（今安徽砀山县南，河南省永城市东北）。②王（wàng）：封王，动词。③毋：通"无"。④汉元年：相当公元前206年，即刘邦进入关中，项羽大封诸侯之年。⑤田荣：田儋从弟。随田儋起兵，楚汉战争之际自立为王。⑥济阴：郡名。地在今山东省西南部，治所在定陶（今定陶县西北）。⑦萧公角：曾任萧县县令，名角。⑧外黄：县名。在今河南省民权县西北。⑨擅：专；独揽。

汉王之败彭城解而西也①，彭越皆复亡其所下城，独将其兵北居河上。汉王三年，彭越常往来为汉游兵，击楚，绝其后粮于梁地。汉四年冬，项王与汉王相距荥阳，彭越攻下睢阳、外黄十七城②。项王闻之，乃使曹咎守成皋③，自东收彭越所下城邑，皆复为楚。越将其兵北走谷城④，汉五年秋，项王之南走阳夏⑤，彭越复下昌邑旁二十余城，得谷十余万斛⑥，以给汉王食。

【注释】

①汉王之败彭城解而西：汉二年四月，刘邦乘项羽北进攻齐的机会，突袭攻入楚都彭城。项羽随即回军反击刘邦，刘邦大败西逃，屯驻荥阳。②睢（suī）阳：县名。在今河南省商丘市南。③成皋：邑名。在今河南省荥阳市汜水镇，古代军事要地。④谷城：城名。旧址在今山东省平阴县西南。⑤阳夏（xià）：县名。⑥斛（hú）：一种量器，方形或圆形，口小底大。

汉王败，使使召彭越并力击楚。越曰："魏地初定，尚畏楚，未可去。"汉王追楚，为项籍所败固陵①。乃谓留侯曰②："诸侯兵不从，为之奈何？"留侯曰："齐王信之立，非君王之意③，信亦不自坚。彭越本定梁地，功多，始君王以魏豹故，拜彭越为魏相国。今豹死毋后，且越亦欲王，而君王不蚤定④。与此两国约：即胜楚，睢阳以北至谷城⑤，皆以王彭相国；从陈以东傅海⑥，与齐王信。齐王信家在楚，此其意欲复得故邑。君王能出捐此地许二人，二人今可致；即不能，事未可知也。"于是汉王乃发使使彭越，如留侯策。使者至，彭越乃悉引兵会垓下⑦，遂破楚。五年，项籍已死。春，立彭越为梁王，都定陶⑧。

【注释】

①固陵：地名。在今河南省太康县南。②留侯：张良的封号。留，县名。在今江苏省沛县东南。③齐王信之立，非君王意：据《淮阴侯列传》，韩信平定齐地之后，派人请示刘邦立他为齐国代理国王，以稳定局势。④蚤：通"早"。⑤睢阳以北至谷城：大体包括今河南省东北部和山东省西部一带地区。⑥从陈以东傅海：大体包括今河南省东部、山东省西南部和安徽、江苏两省的北部地区。傅：附近。⑦垓（gāi）下：地名。在今安徽省灵璧县东南的沱河北岸。⑧定陶：县名。在今山东省定陶县西北。

六年，朝陈①。九年，十年，皆来朝长安②。

【注释】

①陈：县名。在今河南省淮阳县。②长安：西汉都城，在今陕西省西安市西北。

十年秋，陈豨反代地①，高帝自往击，至邯郸，征兵梁王。梁王称病，使将将兵诣邯郸。高帝怒，使人让梁王②。梁王恐，欲自往谢③。其将扈辄曰："王始不往，见让而往，往则为禽矣④。不如遂发兵反。"梁王不听，称病。梁王怒其太仆⑤，欲斩之。太仆亡走汉，告梁王与扈辄谋反。于是上使使掩梁王⑥，梁王不觉，捕梁王，囚之雒阳⑦，有司治反形已具⑧，请论如法⑨。上赦以为庶人，传处蜀青衣⑩，西至郑⑪，逢吕后从长安来，欲之雒阳，道见彭王。彭王为吕后泣涕，自言无罪，愿处故昌邑。吕后许诺，与俱东至雒阳。吕后白上曰："彭王壮士，今徙之蜀，此自遗患，不如遂诛之。妾谨与俱来⑫。"于是吕后乃令其舍人告彭越复谋反⑬。廷尉王恬开奏请族之⑭。上乃可，遂夷越宗族⑮，国除。

【注释】

①陈豨（xī）：宛句（今山东省菏泽市西南）人。②让：责备。③谢：谢罪。④禽：通"擒"，捉拿。⑤太仆：官名。春秋时始设，掌管皇帝的车马和马政。为九卿之一。⑥掩：偷袭。⑦雒（luò）阳：都邑名。即今河南省洛阳市东北。⑧有司：主管官吏。⑨请论如法：请依法判处。⑩蜀：郡名。地在今四川省西部，治所在成都（今成都市）青衣：县名。在现在的四川省名山县北。⑪郑：县名。⑫妾：古代妇女自称的谦辞。⑬舍人：家臣。⑭廷尉：官名。秦代始设，汉代沿设，掌管刑狱。为九卿之一。王恬开：人名。族：灭族。动词。⑮夷：杀戮；诛灭。

太史公曰：魏豹、彭越虽故贱，然已席卷千里①，南面称孤②，喋血乘胜日有闻矣③。怀畔逆之意，及败，不死而虏囚④，身被刑戮⑤何哉？中材已上且羞其行，况王者乎？彼无异故，智略绝人，独患无身耳⑥。得摄尺寸之柄⑦，其云蒸龙变⑧，欲有所会其度⑨，以故幽囚而不辞云⑩。

【注释】

①席卷：像卷席子一样全部占有。②南面称孤：建国称王。③喋（dié）血：踏着敌人的血迹前进。④不死：指不自杀。虏囚：被拘捕囚禁。⑤戮：杀。⑥智略绝人，独患无身耳：才智过人，只怕不能够实现自己的抱负，所以权且受辱，留得青山在。⑦摄：取得。尺寸之柄：比喻微小的权力。⑧云蒸龙变：云气上升，飞龙变化。⑨会其度：满足他们的愿望。⑩幽囚：囚禁。云：语尾助词，无义。

黥布列传第三十一

黥布者①，六人也②，姓英氏③。秦时为布衣④。少年，有客相之曰⑤："当刑而王⑥。"及壮，坐法黥⑦。布欣然笑曰："人相我当刑而王，几是乎⑧？"人有闻者，共俳笑之⑨。布已论输丽山⑩，丽山之徒数十万人⑪，布皆与其徒长、豪桀交通⑫，乃率其曹偶⑬，亡之江中为群盗⑭。

【注释】

①黥（qíng）布（？—前195年）：本名英布。②六：古国名，秦改为县。在今安徽省六安市东北。③姓英氏：英，古国名，在今安徽金寨县东南，一说在今河南固始县北。皋陶的后代，子孙以国为姓。古代姓、氏有区别，氏是姓的支系。到汉代，姓、氏就不分了。④布衣：平民。⑤相（xiàng）：看相，一种迷信行为。⑥王（wàng）：称王。⑦坐法：犯法。坐，指办罪的原由。黥：古代的一种肉刑，用刀在犯人脸上刺字，再涂上墨，所以又叫墨刑。⑧几（jī）：近似；大概。⑨俳（pái）笑：戏笑。⑩论：定罪。⑪徒：刑徒；服劳役的犯人。⑫豪桀（jié）：才能出众的人。桀，通"杰"。交通：交接；来往。⑬曹偶：朋辈；伙伴。曹，辈；偶，类。⑭亡：逃亡。之：往；到。江：古代长江的专称。

陈胜之起也①，布乃见番君②，与其众叛秦，聚兵数千人。番君以其女妻之③。章邯之灭陈胜④，破吕臣军⑤，布乃引兵北击秦左、右校⑥，破之清波⑦，引兵而东⑧。闻项梁定江东会稽⑨，涉江而西。陈婴以项氏世为楚将⑩，乃以兵属项梁，渡淮南⑪，英布、蒲将军亦以兵属项梁⑫。

【注释】

①陈胜（？—前208年）：字涉，阳城（今河南省登丰县东南）人。秦二世元年（前209年），同吴广在蕲县大泽乡（今安徽省宿州市东南刘村集）起义，后被推为王，国号楚。详见《陈涉世家》。②番（pó）君：即吴芮（ruì。？—前202年）。③妻（qī）：将女儿嫁给别人做妻子。动词。④章邯之灭陈胜：秦二世二年（前208年），陈胜被秦将章邯战败，退至下城父（今安徽省涡阳县东南），被驾车人庄贾杀死。⑤吕臣：陈胜部将。⑥左、右校：左、右校尉。稍次于将军的军官。⑦清波：《陈涉世家》作"青波"，即青陂，古地名。在今河南省新蔡县西南。⑧东：东进。动词。⑨项梁（？—前208年）：秦末起义将领之一。江东：长江在芜湖、南京之间作西南东北流向，历史上称自此以下的长江南岸地区为江东。会（kuài）稽：郡名。辖境相当今江苏省长江以南、浙江省北部和安徽省南部。郡治在吴（今江苏苏州市）。⑩陈婴：东阳县（在今江苏省盱眙县东南）书吏。⑪淮南：淮，淮河。南，疑衍字。⑫蒲将军：当时起义军首领，姓名不详。

项梁涉淮而西，击景驹、秦嘉等①，布常冠军②。项梁至薛③，闻陈王定死④，乃立楚怀王⑤。项梁号为武信君，英布为当阳君⑥。项梁败死定陶⑦，怀王徙都彭城⑧，诸将英布亦皆保聚彭城。当是时，秦急围赵⑨，赵数使人请救。怀王使宋义为上将⑩，范曾为末将⑪，项籍为次将⑫，英布、蒲将军皆为将军，悉属宋义，北救赵。及项籍杀宋义于河上⑬，怀王因立籍为上将军，诸将皆属项籍。项籍使布先涉渡河击秦⑭，布数有利，籍乃悉引兵涉河从之，遂破秦军，降章邯等⑮。楚兵常胜，功冠诸侯。诸侯兵皆以服属楚者，以布数以少败众也⑯。

【注释】

①景驹：楚国贵族的后代。秦嘉：凌县（今江苏省宿迁市东南）人。②冠（guàn）军：在军队中是最勇敢的。冠，为首。③薛：县名。在今山东省滕州市南。④定：确实。⑤楚怀王：陈胜死后，项梁采纳范增的计策，在民间寻访到战国时楚怀王熊槐的孙子熊心，立为楚怀王。⑥当阳：县名。在今湖北省当阳市东北。⑦定陶：

县名。在今山东省定陶县西北。⑧徙都彭城：指楚怀王由盱眙（今江苏省盱眙县东北）迁都彭城。彭城，县名，今江苏省徐州市。⑨赵：这时，张耳、陈馀立赵国后代赵歇为赵王。⑩宋义：曾做过战国时楚国的令尹（丞相），这时在项梁军中。上将：主帅。⑪范曾（前277—前204年）：即范增。居鄛（今安徽省巢县东北，一说在今安庆市北。）人。⑫项籍（前232—前202年）：即项羽。后自立为西楚霸王。详见《项羽本纪》。次将：副帅。⑬项籍杀宋义于河上：宋义与项羽不和，派儿子宋襄去辅佐齐国，项羽怀疑他有异谋，因此借"反楚"的罪名在安阳（今山东省曹县东南）军营中将他杀死。河上：黄河故道南岸，在今山东省北部。⑭河：指漳河。发源于山西，流经河北省南部。⑮降（xiáng）：投降。使动用法。⑯数（shuò）：屡次。

项籍之引兵西至新安①，又使布等夜击坑章邯秦卒二十余万人②。至关③，不得入，又使布等先从间道破关下军④，遂得入，至咸阳⑤。布常为军锋⑥。项王封诸将，立布为九江王⑦，都六。

【注释】

①新安：县名。在今河南省渑池县东。②"又使布"句：章邯等投降项羽时，手下有秦兵二十余万。③关：指函谷关。在今河南省灵宝市东北。公元前207年，刘邦西入咸阳，派兵守关以拒绝诸侯军。因此下文说项羽"不得入"。④间（jiàn）道：偏僻的小路。⑤咸阳：秦国都城。在今陕西省咸阳市东北。⑥军锋：先锋。⑦九江：郡名。辖境相当今安徽省淮河以南、江苏省长江以北和江西省全省。

汉元年四月①；诸侯皆罢戏下②，各就国③。项氏立怀王为义帝④，徙都长沙⑤，乃阴令九江王布等行击之。其八月，布使将击义帝，追杀之郴县⑥。

【注释】

①汉元年：相当于公元前206年。②戏（huī）下：同"麾下"，即帅旗下。③国：诸侯封国。④义帝：义是"义父"的"义"，有外、假、挂名的意思。⑤徙都长沙：逼楚怀王迁离彭越。长沙，郡名，辖境相当今湖南省资水流域以东及广东、广西两省一部分地方。⑥郴（chēn）县：县名。即今湖南省郴县。

汉二年，齐王田荣畔楚①，项王往击齐，征兵九江。九江王布称病不往，遣将将数千人行。汉之败楚彭城②，布又称病不佐楚。项王由此怨布，数使使者诮让③，召布。布愈恐，不敢往。项王方北忧齐、赵，西患汉，所与者独九江王④，又多布材⑤，欲亲用之，以故未击。

【注释】

①齐王田荣畔（叛）楚：田荣，本齐国王族。②汉之败楚彭城：指汉二年三月，汉王趁项羽进攻齐国的机会，胁迫五诸侯的兵力，攻入彭城。③诮（qiào）让：谴责。④与：亲附。⑤多：推重；赞美。

汉三年①，汉王击楚，大战彭城，不利，出梁地②，至虞③，谓左右曰："如彼等者，无足与计天下事。"谒者随何进曰④："不审陛下所谓⑤。"汉王曰："孰能为我使淮南⑥，令之发兵倍楚⑦，留项王于齐数月⑧，我之取天下可以百全。"随何曰："臣请使之。"乃与二十人俱，使淮南。至，因太宰主之⑨，三日不得见。随何因说太宰曰："王之不见何，必以楚为强，以汉为弱，此臣之所以为使。使何得见，言之而是邪⑩，是大王所欲闻也；言之而非邪，使何等二十人伏斧质淮南市①，以明王倍汉而与楚也。"太宰乃言之王，王见之。随何曰："汉王使臣敬进书大王御者②，窃怪大王与楚何亲也。"淮南王曰："寡人北乡而臣事之③。"随何曰："大王与项王俱列为诸侯，北乡而臣事之，必以楚为强，可以托国也。项王伐齐，身负板筑④，以为士卒先，大王宜悉淮南之众，身自将之，为楚军前锋，今乃发四千人以助楚。夫北面而臣事人者，固若是乎？夫汉王战于彭城，项王未出齐也，大王宜骚淮南之兵渡淮⑤，日夜会战彭城下，大王抚万人之众，无一人渡淮者，垂拱而观其孰胜⑥。夫托国于人者，固若是乎？大王提空名以乡楚，而欲厚自托，臣窃为大王不取也。然而大王不背楚者，以汉为弱也。夫楚兵虽强，天下负之以不义之名⑰，以其背盟约而杀义帝也⑱。然而楚王恃战胜自强，汉王收诸侯，还守成皋、荥阳⑲，下蜀、汉之粟⑳，深沟壁垒㉑，分卒守徼乘塞㉒，楚人还兵㉓，间以梁地，深入敌国八九百里，欲战则不得，攻城则力不能，老弱转粮千里之外；楚兵至荥阳、成皋，汉坚守而不动，进则不得攻，退则不得解。故曰楚兵不足恃也㉔。使楚胜汉，则诸侯自危惧而相救。夫楚之强，适足以致天下之兵耳。故楚不如汉，其势易见也。今大王不与万全之汉而自托于危亡之楚，臣窃为大王惑之。臣非以淮南之兵足以亡楚也。夫大王发兵而倍楚，项王必留；留数月，汉之取天下可以万全。臣请与大王提剑而归汉，汉王必裂地而封大王㉕，又况淮南，淮南必大王有也。故汉王敬使使臣进愚计，愿大王之留意也。"淮南王曰："请奉命。"阴许畔（叛）楚与汉，未敢泄也。

【注释】

①汉三年：衍文。②梁：泛指战国时魏国旧地，魏国后期建都大梁，所以又称为梁。③虞：县名。在今河南省虞城县。④谒者：官名。为国君掌管传达。随何：说客。名声与陆贾齐称。⑤审：明悉。陛（bì）下：臣下对帝王的尊称。这里应作"大王"，因刘邦当时并没有称帝。⑥淮南：郡、封国名。⑦倍：通"背"。背叛。⑧留项王于齐数月：据《项羽本纪》，项羽去齐然后有彭城之战，汉败彭城然后有随何之说。这里应作"留项王于楚"。⑨太宰：官名。掌管膳食。主：以为主人。以动用法。⑩邪（yé）：通"耶"。语气助词。⑪斧质：杀人的刑具。质，砧板。⑫进书大王御者：表示尊敬的说法。御者，驾驶车马的人。⑬寡人：古时诸侯对下的自称。意思是寡得之人。北乡（xiàng）而臣事之：即向他称臣的意思。乡，通"向"。事，服事。⑭板筑：筑墙的工具。板，筑墙用的夹板；筑，捣土的杵。⑮骚（sǎo）：通"扫"。扫数出动。⑯垂拱：垂衣拱手。袖手旁观的意思。孰：谁。哪个。⑰负：加给。⑱背盟约：指项羽违背楚怀王与诸侯"先入关中者王之"的约言，而封刘邦为汉王。⑲成皋：又名虎牢。荥（xíng）阳：县名。在今河南省荥阳市东北。⑳蜀：郡名。辖境相当今四川省西部及原西康省东部。治所在成都（今四川省成都市）。汉：即汉中郡。㉑深沟壁垒：壁，应为"坚"。指挖深护营的壕沟，坚固军营的围墙，用以固守。㉒徼（jiào）：边界。乘（chéng）：登。塞（sài）：边界险要之处。㉓"楚人还兵"以下三句：梁地在楚、汉之间。楚军从彭城到荥阳、成皋，当经过梁地。㉔恃：依靠；凭借。㉕裂地：割地。

楚使者在①，方急责英布发兵，舍传舍②。随何直入，坐楚使者上坐，曰："九江王已归汉，楚何以得发兵？"布愕然。楚使者起。何因说布曰："事已构③，可遂杀楚使者，无使归，而疾走汉并力④。"布曰："如使者教，因起兵而击之耳。"于是杀使者，因起兵而攻楚。楚使项声、龙且攻淮南⑤，项王留而攻下邑⑥。数月，龙且击淮南，破布军。布欲引兵走汉，恐楚王杀之，故间行与何俱归汉⑦。

【注释】

①楚使者在：指在九江王所。②舍传（zhuàn）舍：住于客馆。③构：结成；造成。④走：归向。并力：合力。⑤项声：楚军将领。龙且（jū）：齐国人。项羽的勇将，后被韩信杀死。⑥下邑：县名。在今安徽省砀山县。⑦间（jiàn）行：偷偷地从偏僻的小路走。

淮南王至①，上方踞床洗②，召布入见，布大怒，悔来，欲自杀。出就舍，帐御饮食从官如汉王居，布又大喜过望。于是乃使人入九江。楚已使项伯收九江兵③，尽杀布妻子④。布使者颇得故人幸臣⑤，将众数千人归汉。汉益分布兵而与俱北，收兵至成皋。四年七月，立布为淮南王，与击项籍。

【注释】

①淮南王至：汉三年（前204年）十二月，九江王至汉。②上：指汉王。踞：古人席地而坐，一般是两膝着地，两脚向后。洗：洗脚。③项伯：名缠，字伯。项羽的叔父。④妻子：妻子和儿女。⑤故人：老朋友。幸臣：亲近、宠幸的臣子。

汉五年①，布使人入九江，得数县。六年②，布与刘贾入九江③，诱大司马周殷④，周殷反楚，遂举九江兵与汉击楚，破之垓下⑤。

【注释】

①汉五年：《汉书》无"汉五年"，系衍文。②六年：黥布与刘贾入九江，系汉五年十一月。十二月，项羽死。③刘贾：刘邦的堂兄，汉初封荆王，后为黥布所杀。④大司马：武官名。主管军事。周殷：项羽部将。⑤垓（gāi）下：地名。在今安徽灵璧县东南。

项籍死，天下定，上置酒。上折随何之功①，谓何为腐儒②，为天下安用腐儒③。随何跪曰："夫陛下引兵攻彭城，楚王未去齐也，陛下发步卒五万人，骑五千，能以取淮南乎？"上曰："不能。"随何曰："陛下使何与二十人使淮南，至，如陛下之意，是何之功贤于步卒五万人骑五千也④。然而陛下谓何腐儒，为天下安用腐儒，何也？"上曰："吾方图子之功⑤。"乃以随何为护军中尉⑥。布遂剖符为淮南王⑦，都六，九江、庐江、衡山、豫章郡皆属布⑧。

【注释】

①折：损；毁。②腐儒：指迂腐保守、不合时宜的读书人。③安：怎么；哪里。④于：比。⑤图：考虑。⑥护军中尉：武官名。⑦剖符：封功臣时，把表示凭证的符分成两半，朝廷和功臣各存一半，以示信用。⑧庐江：郡名。在今安徽省潜山县一带。衡山：郡名。治所在邾（今湖北省黄冈市西北）。豫章：郡名。辖境相当今江西省。治所在南昌（今南昌市）。

七年①，朝陈②。八年，朝雒阳③。九年，朝长安④。

【注释】

①七年：《高祖本纪》和《汉书·英布传》均作"六年"。②陈：县名。即今河南省淮阳县。③雒（luò）阳：即洛阳。在今河南洛阳市东北。④长安：我国古都之一。汉高帝七年（前200年）建都于此。故城在今陕西省西安市西北。

十一年，高后诛淮阴侯①，布因心恐。夏，汉诛梁王彭越②，醢之③，盛其醢遍赐诸侯。至淮南，淮南王方猎，见醢，因大恐，阴令人部聚兵④，候伺旁郡警急⑤。

【注释】

①高后（前241—前180年）：即吕后，详见《吕太后本纪》。淮阴侯：即韩信。淮阴，县名，在今江苏省淮安市淮阴区东南。②梁王彭越：彭越（？—前196年），字仲，昌邑（今山东省金乡县西北）人。③醢（hǎi）：古代的一种酷刑，把人剁成肉酱。④部聚：部署，积聚。⑤候伺：侦探；侦察。

布所幸姬疾①，请就医。医家与中大夫贲赫对门②，姬数如医家③，贲赫自以为侍中④，乃厚馈遗⑤，从姬饮医家。姬侍王，从容语次⑥，誉赫长者也⑦。王怒曰："汝安从知之？"具说状。王疑其与乱。赫恐，称病。王愈怒，欲捕赫。赫言变事，乘传诣长安⑧。布使人追，不及。赫至，上变⑨，言布谋反有端⑩，可先未发诛也。上读其书，语萧相国⑪。相国曰："布不宜有此，恐仇怨妄诬之。请系赫，使人微验淮南王⑫。"淮南王布见赫以罪亡，上变，固已疑其言国阴事；汉使又来，颇有所验，遂族赫家⑬，发兵反。反书闻，上乃赦贲赫，以为将军。

【注释】

①幸姬：宠爱的妾。②中大夫：官名。掌管议论。属于郎中令。贲（féi）赫（人名，贲也读bēn）：所封期思侯。③如：往。④侍中：官名。⑤馈遗（kuì wèi）：赠送。⑥从（cōng）容：闲暇无事的样子。⑦长者：忠厚老成的人。⑧乘传（zhuàn）：四匹下等马拉的传车。传，指驿站或驿站的车马。诣（yì）：前往；去到。⑨上变：上书报告急变的事情。⑩端：征兆；苗头。⑪萧相国：即萧何（？—前193年）。刘邦的重要谋臣，西汉王朝的第一任丞相（相国），封鄷侯。详见《萧相国世家》。⑫微验：暗地侦察。⑬族：灭族；杀尽全家人。

上召诸将问曰："布反，为之奈何？"皆曰："发兵击之，坑竖子耳①，何能为乎！"汝阴侯滕公召故楚令尹问之②。令尹曰："是故当反。"滕公曰："上裂地而王之，疏爵而贵之③，南面而立万乘之主④，其反何也？"令尹曰："往年杀彭越⑤，前年杀韩信，此三人者，同功一体之人也。自疑祸及身，故反耳。"滕公言之上曰："臣客故楚令尹薛公者，其人有筹策之计⑥，可问。"上乃召见问薛公。薛公对曰："布反不足怪也。使布出于上计，山东非汉之有也⑦；出于中计，胜败之数未可知也；出于下计，陛下安枕而卧矣。"上曰："何谓上计？"令尹对曰："东取吴⑧，西取楚⑨，并齐取鲁⑩，传檄燕、赵⑪，固守其所，山东非汉之有也。""何谓中计？""东取吴，西取楚，并韩取魏⑫，据敖庾之粟⑬，塞成皋之口，胜败之数未可知也。""何谓下计？""东取吴，西取下蔡⑭，归重于越⑮，身归长沙⑯，陛下安枕而卧，汉无事矣。"上曰："是计将安出⑰？"令尹对曰："出下计。"上曰："何谓废上中计而出下计？"令尹曰："布故丽山之徒也，自致万乘之主，此皆为身，不顾后为百姓万世虑者也，故曰出下计。"上曰："善。"封薛公千户。乃立皇子长为淮南王⑱。上遂发兵自将东击布。

【注释】

①竖子：小子。卑贱的称呼。②汝阴侯滕公：即夏侯婴（？—前172年）。刘邦的同乡好友。③疏爵：分赐爵位。疏，分赐。贵：使动用法。④万乘（shèng）之主：指诸侯王。乘，一车四马；万乘，万辆兵车，战国时用以指大国。⑤"往年"以下二句：措辞有错误。韩信、彭越都在汉高帝十一年春被杀，同年七月黥布反叛。⑥筹策：计谋策划。⑦山东：指崤山或华山以东地区，与"关东"的含义相同。战国时也称六国的领土为"山东。"⑧吴：县名。当时为荆国国都。⑨楚：

刘邦弟楚王刘交的封国。⑩齐：刘邦长庶子齐悼惠王刘肥的封国。齐都临淄（今山东淄博市东北）。鲁：指春秋战国时鲁国旧地。当时已归入楚境。⑪传檄（xí）：传递檄文。传，从驿站传递。檄，古代官府用来征召、晓喻或声讨的文书。燕：燕王卢绾的封国。赵：刘邦第三个儿子赵隐王刘如意的封国。赵都邯郸（今河北邯郸市）。⑫韩：指战国时韩国旧地。当时淮阳王刘友的封地。魏：指战国时魏国旧地。⑬敖庚（yǔ）：即敖仓。秦代在敖山上建造的大粮仓。旧址在今河南省郑州市西北邙山上。⑭下蔡：县名。在今安徽省凤台县。⑮重：辎重。这里指贵重的财物。越：指南越。当时由赵佗割据的国家。在今广东广西及越南北部一带。⑯长沙：吴芮由衡山王改封长沙王。这时长沙国王是吴芮的儿子吴臣。⑰是：此；这。指代黥布。⑱长：指淮南厉王刘长（前198—前174年）。

布之初反，谓其将曰："上老矣，厌兵，必不能来。使诸将，诸将独患淮阴、彭越，今皆已死，余不足畏也。"故遂反。果如薛公筹之，东击荆①，荆王刘贾走死富陵②。尽劫其兵，渡淮击楚。楚发兵与战徐、僮间③，为三军，欲以相救为奇。或说楚将曰："布善用兵，民素畏之。且兵法，诸侯战其地为散地④。今别为三，彼败吾一军，余皆走，安能相救！"不听。布果破其一军，其二军散走。

【注释】

①荆：刘邦堂兄荆王刘贾的封国，即上文所说的"吴"。②富陵：县名。已没入今江苏洪泽湖中。③徐：县名。在今江苏泗洪县南。僮：县名。在今安徽省泗县东北。④诸侯战其地为散地：语本《孙子·九地篇》："诸侯自战其地为散地，是故散地则无战。"

遂西，与上兵遇蕲西会甄①。布兵精甚，上乃壁庸城②，望布军置陈如项籍军③，上恶之。与布相望见，遥谓布曰："何苦而反？"布曰："欲为帝耳。"上怒骂之，遂大战。布军败走，渡淮，数止战，不利，与百余人走江南④。布故与番君婚，以故长沙哀王使人绐布⑤，伪与亡，诱走越，故信而随之番阳⑥。番阳人杀布兹乡民田舍⑦，遂灭黥布。

【注释】

①蕲（qí）：县名。在今安徽省宿州市东南。会甄（kuài chuí）：乡名。在今安徽宿县东南。②壁：壁垒。这里是坚守不出战的意思。在会甄北，相毗邻。③陈（zhèn）：通"阵"。④江：古代长江的专称。⑤长沙哀王：应为成王，吴芮的儿子吴臣。⑥番（pó）阳：县名。在今江西省鄱阳县东。⑦兹乡：番阳县乡名。

立皇子长为淮南王，封贲赫为期思侯①，诸将率多以功封者②。

【注释】

①期思：县名。在今河南省淮滨县南。②率：通"帅"。这次受封的有六人。

太史公曰：英布者，其先岂《春秋》所见楚灭英、六①，皋陶之后哉②？身被刑法③，何其拔兴之暴也④！项氏之所坑杀人以千万数，而布常为首虐⑤。功冠诸侯，用此得王⑥，亦不免于身为世大僇⑦。祸之兴自爱姬殖⑧，妒媚生患⑨，竟以灭国！

【注释】

①英、六：古国名，偃姓，皋陶的后代。前622年为楚所灭。②皋陶（yáo）：一作咎繇。传说中东夷族的首领。偃姓。③被：遭；受。④拔兴：迅速兴起。暴：

突然。⑤首虐：罪魁；最残暴的。⑥用：因；由。⑦大僇（lù）：大耻辱。⑧殖：滋生；萌发。⑨妒媢（mào）：嫉妒。媢，妒。

淮阴侯列传第三十二

淮阴侯韩信者①，淮阴人也。始为布衣时②，贫，无行③，不得推择为吏④，又不能治生商贾⑤，常从人寄食饮⑥，人多厌之者。常数从其下乡南昌亭长寄食⑦，数月，亭长妻患之⑧，乃晨炊蓐食⑨。食时信往，不为具食⑩。信亦知其意，怒，竟绝去⑪。

【注释】

①淮阴：县名。在今江苏省淮安市淮阴区西南。淮阴侯：韩信最后的封爵。②始：当初。布衣：平民。③无行（xìng）：没有好的品行。④推择：推选。⑤治生：谋生。商贾（gǔ）：运货贩卖的叫"商"，囤积营利的叫"贾"。⑥从人：到人家那里去。寄：依附。⑦常：通"尝"，曾经。数（shuò）：多次。下乡：淮阴的一个乡。南昌亭长：亭，秦、汉时乡以下的一种行政机构，每十里设一亭，置亭长一人，负责治安警卫，兼管过往停留旅客，治理民事。⑧患：嫌恶；讨厌。⑨蓐（rù）食：端到床上吃掉。蓐，草席。⑩具食：准备饭食。⑪竟：终于。绝：断绝关系。

信钓于城下，诸母漂①，有一母见信饥，饭信②，竟漂数十日③。信喜，谓漂母曰："吾必有以重报母④。"母怒曰："大丈夫不能自食⑤，吾哀王孙而进食⑥，岂望报乎！"

【注释】

①母：古代对年老妇女的尊称。②饭：给……饭吃。用作动词。③竟：完毕。④有以："有所以"的省略。⑤大丈夫：泛指有大志、有作为、有气节的男子。自食（sì）：自己养活自己。⑥哀：怜悯。

淮阴屠中少年有侮信者①，曰："若虽长大②，好带刀剑，中情怯耳③。"众辱之曰④："信能死⑤，刺我；不能死，出我袴下⑥。"于是信孰视之⑦，俛出袴下，蒲伏⑧。一市人皆笑信，以为怯。

【注释】

①屠：屠夫；宰杀牲畜的人。②若：你。③中情：内心。怯（qiè）：怯懦；胆小。④众辱之：当众侮辱他（指韩信）。⑤信：有两解：一、指韩信；二、诚然。⑥袴：有两解：一、通"胯（kuà）"。指两腿间。后文"召辱己之少年令出胯下者"正用"胯"。二、同"裤"。⑦孰：通"熟"。仔细。⑧蒲伏：同"匍匐"。在地上用手脚爬行。

及项梁渡淮①，信杖剑从之②，居戏下③，无所知名④。项梁败，又属项羽⑤，羽以为郎中⑥。数以策干项羽⑦，羽不用。汉王之入蜀⑧，信亡楚归汉⑨，未得知名，为连敖⑩。坐法当斩⑪，其辈十三人皆已斩⑫，次至信⑬，信乃仰视，适见滕公⑭，曰："上不欲就天下乎⑮？何为斩壮士！"滕公奇其言⑯，壮其貌，释而不斩。与语，大说之⑰。言于上，上拜以为治粟都尉⑱，上未之奇也⑲。

【注释】

①项梁（？—前208年）：秦末起义将领之一。下相（今江苏省宿迁市西南）人。②杖：持，执。动词。③戏（huī）下：同"麾下"。即部下。戏，通"麾"。④知名：出名。⑤项羽（前232—前202年）：名籍。⑥郎中：官名。负责警卫工作。⑦干：求。⑧汉王：即汉高祖刘邦。⑨亡楚：即"亡于楚"，从楚军逃出。⑩连敖：即典客。指接待宾客的官员。⑪坐法：犹坐罪。因犯法而获罪。⑫其辈：指韩信的同案犯人。⑬次：按次序。⑭适：恰好。滕公：即夏侯婴，刘邦的同乡好友。⑮上：秦、汉以来对皇帝的通称，这里指汉王。就：成就；得到。⑯奇：以动用法。⑰说（yuè）：通"悦"。⑱拜：授予官职。治粟都尉：管理粮饷的军官。⑲未之奇：即"未奇之"。否定句中代词宾语前置。

信数与萧何语①，何奇之。至南郑②，诸将行道亡者数十人③，信度何等已数言上④，上不我用⑤，即亡。何闻信亡，不及以闻⑥，自追之。人有言上曰："丞相何亡。"上大怒，如失左右手。居一二日⑦，何来谒上⑧，上且怒且喜⑨，骂何曰："若亡，何也？"何曰："臣不敢亡也，臣追亡者。"上曰："若所者谁？"何曰："韩信也。"上复骂曰："诸将亡者以十数⑩，公无所追⑪；追信，诈也⑫。"何曰："诸将易得耳。至如信者，国士无双⑬。王必欲长王汉中⑭，无所事信⑮；必欲争天下，非信无所与计事者⑯。顾王策安所决耳⑰。"王曰："吾亦欲东耳⑱，安能郁郁久居此乎？"何曰："王计必欲东，能用信，信即留；不能用，信终亡耳。"王曰："吾为公以为将⑲。"何曰："虽为将，信必不留。"王曰："以为大将。"何曰："幸甚！"于是王欲召信拜之。何曰："王素慢无礼⑳，今拜大将如呼小儿耳，此乃信所以去也。王必欲拜之，择良日，斋戒㉑；设坛场㉒，具礼㉓，乃可耳。"王许之。诸将皆喜，人人各自以为得大将。至拜大将，乃韩信也，一军皆惊。

【注释】

①萧何（？—前193年）：刘邦的重要谋臣，西汉王朝第一任丞相，封酂（cuó）侯。②南郑：县名。当时为汉的都城，今陕西省汉中市。③行（háng）：等；辈。道亡者：半路逃跑的。④度（duó）：估计；推测。⑤不我用：即"不用我"。⑥闻：让人闻知。使动用法。⑦居：停留；过。⑧谒（yè）：拜见。⑨且：又。⑩以十数（shǔ）：用十来计算。⑪公：对人的尊称。⑫诈：扯谎。⑬国士：一国中的杰出人物。⑭必：果真；假使。王（wàng）：称王。汉中：郡名。⑮事：用。⑯计事者：商议大事的人。⑰顾：但。策：指"长王汉中"和"争天下"两种计划。⑱东：向东，动词。指出关与项羽争夺天下。⑲为公：看在您的分上。为，因为。⑳素慢：向来傲慢。㉑斋戒：古代在祭祀或举行典礼前，沐浴更衣、独宿、不饮酒、不吃荤，清心洁身，表示诚敬。㉒坛场：指拜将的场所。㉓具礼：准备仪式。

信拜礼毕，上坐①。王曰："丞相数言将军，将军何以教寡人计策②？"信谢③，因问王曰："今东乡争权天下④，岂非项王邪⑤？"汉王曰："然。"曰："大王自料勇悍仁强孰与项王⑥？"汉王默然良久，曰："不如也。"信再拜贺曰⑦："惟信亦为大王不如也⑧。然臣尝事之，请言项王之为人也⑨。项王喑恶叱咤⑩，千人皆废⑪，然不能任属贤将⑫，此特匹夫之勇耳⑬。项王见人恭敬慈爱，言语呕呕⑭，人有疾病，涕泣分食饮，至使人有功当封爵者⑮，印刓敝⑯，忍不能予⑰，此所谓妇人之仁也⑱。项王虽霸天下而臣诸侯⑲，不居关中而都彭城⑳。有背义帝之约㉑，而以亲爱王，诸侯不平。诸侯之见项王迁逐义帝置江南㉒，亦皆归逐其主而自王善地。项王所过无不残灭者，天下多怨，百姓不亲附，特劫于威强耳㉓。名虽为霸，实失天下心。故曰其强易弱。今大王诚能反其道㉔：任天下武勇㉕，何所不诛！以天下城邑封功臣，何所不服！以义兵从思东归之士㉖，何所不散！且三秦王为秦将㉗，将秦子弟数岁矣，所杀亡不可胜计㉘，又欺其众降诸侯㉙，至新安㉚，项王诈坑秦降卒二十余万㉛，唯独邯、欣、翳得脱，秦父兄怨此三人，痛入骨髓㉜。今楚强以威王此三人㉝，秦民莫爱也。大王之入武关㉝，秋豪无所害㉞，除秦苛法，与秦民约，法三章耳㉟，秦民无不欲得大王王秦者。于诸侯之约㊱，大王当王关中，关中民咸知之㊲。大王失职入汉中㊳，秦民无不恨者。今大王举而东，三秦可传檄而定也㊴。"于是汉王大喜，自以为得信晚。遂听信计，部署诸将所击㊵。

【注释】

①上：指韩信坐上位。②寡人：古代帝王或诸侯对下的自称。③谢：表示谦让。④东乡（xiàng）：向东方。乡，通"向"。⑤邪（yé）：同"耶"，语气助词。⑥仁强：兼有精良和强盛的意思。孰：谁。⑦贺：嘉许；赞同。⑧惟：通"虽"。为：认为。⑨请：表示谦敬。⑩喑恶叱咤（yìn wù chì zhà）：厉声怒喝。⑪废：偃伏，不敢动弹。⑫任属：任凭委托。⑬匹夫之勇：指不用智谋，单凭个人的血气之勇。匹夫，本指一个男子，引申为极平常的人。⑭呕（xū）呕：温和的样子。⑮使人：所任用的人。爵：爵位。贵族、功臣的封位。⑯刓（wán）敝：亦作"刓弊"。在手里磨损的意思。刓，通"玩"。⑰忍：有舍不得的意思。⑱妇人之仁：意思是说，不能明大局、识大体，只懂得婆婆妈妈的小恩小惠。⑲臣：使之臣服。⑳关中：古地区名。一般指函谷关以西、散关以东为关中。都：建都。彭城：县名。即今江苏省徐州市。㉑有（yòu）：通"又"。义帝（？—前205年）：战国时楚怀王的孙子，名熊心。㉒江南：秦、汉时一般指今湖北省南部和湖南省、江西省一带。㉓特：只不过。劫：被逼迫。㉔诚：果真。㉕任：任用，信任。㉖思东归之士：指刘邦的将士。㉗且：况且。三秦王：指章邯、司马欣、董翳。㉘胜（shēng）：尽。㉙降诸侯：指向项羽的投降。㉚新安：县名。在今河南省渑池县东。㉛"项王"句：章邯等投降项羽时，手下有秦兵二十万。坑，活埋。㉜痛：恨。㉝武关：古代通往关中的重要关口，在今陕西商南县东南丹江上。㉞秋豪：通"秋毫"。鸟兽在秋天新长出来的细毛，比喻极细微的东西。㉟法三章：刘邦进驻咸阳后，废除秦朝的苛法，与关中父老约法三章，即"杀人者死，伤人及盗抵罪"。㊱于诸侯之约：指"先入关中者王之"的约言。㊲咸：都；全。㊳失职：失去应得的封地和爵位。㊴传檄（xí）而定：指不必用兵，只要下一道文书就可以平定。传，从驿站递送。㊵部署：布置。

八月，汉王举兵东出陈仓①，定三秦②。汉二年③，出关④，收魏、河南⑤，韩、殷王皆降⑥。合齐、赵共击楚⑦。四月，至彭城，汉兵败散而还。信复收兵与汉王会荥阳⑧，复击破楚京、索之间⑨。以故，楚兵卒不能西⑩。

【注释】

①陈仓：县名。在今陕西省宝鸡市东。②定三秦：公元前206年，刘邦采用

韩信的计策，暗度陈仓，击败雍王章邯，进入咸阳，塞王司马欣、翟王董翳投降。③汉二年：即公元前205年。④关：指函谷关。在今河南省灵宝市东北。⑤魏：指魏王魏豹。⑥韩、殷王：指韩王郑昌和殷王司马印。⑦齐、赵：齐，指齐王田荣；赵，指赵王歇及赵相陈馀。这时都已叛楚从汉。⑧荥（xíng）阳：县名。在今河南省荥阳市东北。⑨京：县名。在今河南省荥阳市东南。⑩西：西进。动词。

汉之败却彭城①，塞王欣、翟王翳亡汉降楚，齐、赵亦反汉与楚和。六月，魏王豹谒归视亲疾②，至国，即绝河关反汉③，与楚约和。汉王使郦生说豹④，不下。其八月，以信为左丞相，击魏。魏王盛兵蒲坂⑤，塞临晋⑥，信乃益为疑兵⑦，陈船欲度临晋⑧，而伏兵从夏阳以木罂缻渡军⑨，袭安邑⑩。魏王豹惊，引兵迎信⑪，信遂虏豹，定魏为河东郡⑫。汉王遣张耳与信俱⑬，引兵东，北击赵、代⑭。后九月⑮，破代兵，禽夏说阏与⑯。信之下魏破代，汉辄使人收其精兵⑰，诣荥阳以距楚⑱。

【注释】

①却：退。②谒归：请假回家。谒，请求。亲：母亲。③河关：黄河的渡口临晋关，后来改名蒲津关。④郦生：郦食其（lì yì jī）。刘邦的谋士。⑤盛：聚集很多。用作动词。蒲坂：邑名。即今山西省永济市西蒲州镇，隔黄河与临晋关相对。⑥塞：封锁。⑦疑兵：虚张旗鼓，以迷惑敌人。⑧度：通"渡"。⑨夏阳：县名。在今陕西省韩城市南。木罂缻（yīng fǒu）：木制的盆瓮，用来缚在身上渡河。罂，小口大腹的盛酒器；缻，同"缶"，盛酒器，形状像罂而较小。⑩安邑：县名。在今山西省夏县西北。⑪迎：迎击。⑫《高祖本纪》作"遂定魏地，置三郡，曰河东、太原、上党"。⑬俱：同行。⑭赵、代：指赵王歇和代王陈馀。⑮后九月：即汉二年的闰九月。⑯禽：通"擒"。阏（yù）与：古邑名。在今山西省和顺县西北。⑰辄：就，总是。⑱诣（yì）：前往。距：通"拒"。

信与张耳以兵数万，欲东下井陉击赵①。赵王、成安君陈馀闻汉且袭之也，聚兵井陉口，号称二十万。广武君李左车说成安君曰②："闻汉将韩信涉西河③，虏魏王，禽夏说，新喋血阏与④，今乃辅以张耳，议欲下赵，此乘胜而去国远斗，其锋不可当。臣闻'千里馈粮⑤，士有饥色；樵苏后爨，师不宿饱⑥'。今井陉之道，车不得方轨⑦，骑不得成列，行数百里，其势粮食必在其后。愿足下假臣奇兵三万人⑧，从间道绝其辎重⑨；足下深沟高垒⑩，坚营勿与战。彼前不得斗，退不得还，吾奇兵绝其后，使野无所掠，不至十日，而两将之头可致于戏下⑪。愿君留意臣之计。否，必为二子所禽矣。"成安君，儒者也⑫，常称义兵不用诈谋奇计，曰："吾闻兵法'十则围之，倍则战⑬'，今韩信兵号数万，其实不过数千。能千里而袭我⑭，亦已罢极⑮。今如此避而不击，后有大者，何以加之⑯！则诸侯谓吾怯，而轻来伐我⑰。"不听广武君策。

【注释】

①井陉（xíng）：即井陉口。在现在的河北省井陉县东北的井陉山上，称井陉关，又叫土门关。②李左车：赵国的谋士。③涉：渡。西河：指今山西、陕西间龙门以南一段黄河。④喋（dié）血：踩着血走。⑤馈（kuì）：运送。⑥樵苏后爨（cuàn），师不宿饱：意思是说，靠临时打柴割草来点火做饭，部队就不可能安饱。⑦方轨：两车并行。方，并列；轨，车子两轮间的距离。⑧足下：称对方的敬辞。古时下称上或同辈相称，都可用"足下"。假：暂时拨给。奇兵：从事偷袭的突击部队。

⑨间（jiàn）道：偏僻抄近的小路。绝：拦截。辎（zī）重：泛指一切军需物资。这里主要指粮草。⑩深沟高垒：挖深护营的壕沟，加高军营的围墙，用以固守。⑪致：送到。⑫儒者：信奉儒家学说的书生。⑬十则围之，倍则战：语出《孙子·谋攻篇》，文字略有出入。⑭能：乃；竟。⑮罢（pí）：通"疲"。⑯加：胜过；压倒。⑰轻：轻易。

广武君策不用。韩信使人间视①，知其不用，还报，则大喜，乃敢引兵遂下。未至井陉口三十里，止舍②。夜半传发③，选轻骑二千人④，人持一赤帜，从间道萆山而望赵军⑤，诫曰⑥："赵见我走⑦，必空壁逐我⑧，若疾入赵壁⑨，拔赵帜，立汉赤帜。"令其裨将传飧⑩，曰："今日破赵会食！"诸将皆莫信，详应曰⑪："诺。"谓军吏曰："赵已先据便地为壁⑫，且彼未见吾大将旗鼓⑬，未肯击前行⑭，恐吾至阻险而还。"信乃使万人先行，出⑮，背水陈⑯。赵军望见而大笑。平旦⑰，信建大将之旗鼓，鼓行出井陉口⑱，赵开壁击之，大战良久。于是信、张耳详弃鼓旗，走水上军。水上军开入之⑲，复疾战。赵果空壁争汉鼓旗，逐韩信、张耳。韩信、张耳已入水上军，军皆殊死战⑳，不可败。信所出奇兵二千骑，共候赵空壁逐利㉑，则驰入赵壁，皆拔赵帜，立汉赤帜二千。赵军已不胜，不能得信等㉒，欲还归壁，壁皆汉赤帜，而大惊㉓，以为汉皆已得赵王将矣㉔，兵遂乱，遁走㉕，赵将虽斩之，不能禁也。于是汉兵夹击，大破虏赵军，斩成安君泜水上㉖，禽赵王歇。

【注释】

①间（jiàn）视：探听。②止舍：停止行军，驻扎宿营。舍，古代称住一夜为舍。③传发：传令军队出发。④轻骑（jì）：轻装的骑兵。⑤萆（bì）山：在山上隐蔽。萆，通"蔽"。⑥诫：告诫；命令。⑦走：败逃。⑧空壁：全军出动。壁，营垒；空，使动用法。⑨若：你们。⑩裨（pí）将：副将。⑪详（yáng）：通"佯"。假装。⑫便地：有利的地形。⑬大将旗鼓：军中主将的旗帜和仪仗鼓吹。⑭前行：先遣部队。⑮出：指出井陉口。⑯背水陈：背水列阵。水，指绵蔓水，发源于山西省寿阳县东，东经河北省井陉县，流入滹沱河。⑰平旦：太阳刚露出地面。⑱鼓行：击鼓前进。⑲入：使动用法。⑳殊死战：拼命战斗。殊，决绝，竭尽。㉑逐利：追夺战利品。㉒得：捉住。㉓而：通"乃"。始，才。㉔得：收降。㉕遁（dùn）走：逃跑。㉖泜（zhī，又读chí或dī）水：即今槐河（此处"泜"读chí）。发源于河北省赞皇县西南，东经元氏县向南流入滏阳河。

信乃令军中毋杀广武君，有能生得者购千金①。于是有缚广武君而致戏下者，信乃解其缚，东乡坐②，西乡对，师事之。

【注释】

①生得：活捉。购：悬赏征求。②东乡坐：当时接见宾客以向东的座位为尊贵。

诸将效首虏①，毕贺②，因问信曰："兵法'右、倍山陵，前、左水泽③'。今者将军令臣等反背水陈，曰'破赵会食'，臣等不服。然竟以胜，此何术也？"信曰："此在兵法，顾诸君不察耳。兵法不曰'陷之死地而后生，置之亡地而后存④'？且信非得素拊循士大夫也⑤，此所谓'驱市人而战之⑥'，其势非置之死地，使人人自为战⑦；今予之生地⑧，皆走，宁尚可得而用之乎⑨？"诸将皆服，曰："善。非臣所及也。"

【注释】

　　①效：呈献。首虏：首级和俘虏。②毕：都。③"右、倍"二句：语出《孙子·行军篇》："丘陵堤防，必处其阳（南）而右背之。"倍，背向，背着。④"陷之死地"二句：语出《孙子·九地篇》："投之亡地然后存，陷之死地然后生，夫众陷于害，然后能为胜败。"意思是，必须把士兵置于生死关头，才能拼死作战，然后死中求生，获得胜利。⑤素：平素。拊：同"抚"。抚爱。循：顺从。士大夫：指将士。⑥市人：集市上的老百姓。⑦"非置之"二句：意思是，非置之死地，使人人自为战不可。人人自为战，每个人都主动独立作战。⑧予：给；置。生地：有活路的地方。⑨宁：怎么；哪里。

　　于是信问广武君曰："仆欲北攻燕①，东伐齐，何若而有功②？"广武君辞谢曰："臣闻'败军之将不可以言勇，亡国之大夫不可以图存③'。今臣败亡之虏，何足以权大事乎④！"信曰："仆闻之，百里奚居虞而虞亡⑤，在秦而秦霸，非愚于虞而智于秦也，用与不用，听与不听也。诚令成安君听足下计，若信者亦已为禽矣。以不用足下，故信得侍耳⑥。"因固问曰："仆委心归计⑦，愿足下勿辞。"广武君曰："臣闻'智者千虑，必有一失；愚者千虑，必有一得'。故曰'狂夫之言，圣人择焉'。顾恐臣计未必足用，愿效愚忠。夫成安君有百战百胜之计，一旦而失之，军败鄗下⑧，身死泜上。今将军涉西河，虏魏王，禽夏说阏与，一举而下井陉，不终朝破赵二十万众⑨，诛成安君。名闻海内，威震天下，农夫莫不辍耕释耒⑩，褕衣甘食⑪，倾耳以待命者⑫，此将军之所长也。然而众劳卒罢，其实难用。今将军欲举倦弊之兵⑬，顿之燕坚城之下⑭，欲战恐久力不能拔，情见势屈⑮，旷日粮竭⑯，而弱燕不服，齐必距境以自强也⑰。燕、齐相持而不下⑱，则刘、项之权未有所分也⑲。若此者，将军所短也。臣愚，窃以为亦过矣⑳。故善用兵者不以短击长，而以长击短。"韩信曰："然则何由㉑？"广武君对曰："方今为将军计，莫如案甲休兵㉒，镇赵抚其孤，百里之内，牛酒日至，以飨士大夫醳兵㉓，北首燕路㉔，而后遣辩士奉咫尺之书㉕，暴其所长于燕㉖，燕必不敢不听从。燕已从，使諠言者东告齐㉗，齐必从风而服，虽有智者，亦不知为齐计矣。如是，则天下事皆可图也。兵固有先声而后实者㉘，此之谓也。"韩信曰："善。"从其策，发使使燕，燕从风而靡㉙。乃遣使报汉，因请立张耳为赵王，以镇抚其国。汉王许之，乃立张耳为赵王。

【注释】

　　①仆：自称谦辞。燕：项羽封燕将臧荼为燕王，都蓟（今北京市西南）。②何若：若何；如何。③败军之将"两句：当时流行的成语。图存：图谋国家存亡的大事。④权：权衡。⑤百里奚：春秋时虞国人。⑥侍：侍奉。这里韩信不说广武君被俘，而说自己能有机会事奉他，以表示对广武君的敬重。⑦委心归计：完全听从他的计策。委，丢弃；委心，自己不作主张。归，依从。⑧鄗（hào）：古邑名。在今河北省高邑县东。⑨不终朝：不到一上午。⑩辍（chuò）耕：停止耕作。⑪褕（yú）衣甘食：美好的衣服，香甜的食物。褕，美。⑫倾耳：侧耳静听，表示专心。以上三句，意思是说农民预感到兵灾的到来，十分害怕，因而停止耕作，只顾眼前享受，不作长远打算，专心倾听韩信下令进军的消息。⑬倦弊：疲惫劳乏。弊，仆倒，引申为疲乏。⑭顿：停顿。使动用法。⑮情见（xiàn）势屈：军队的实情暴露给敌方，自己的威势就削弱了。见，通"现"。⑯旷日：空废时日。旷，耽误，荒废。⑰距境：在边境上拒守距，通"拒"。⑱燕、齐相持：指

韩信同燕、齐相持。不下：指燕、齐不肯降服。⑲权：秤锤。这里比喻胜负的比重。⑳窃：私下。谦辞。过：过失；失策。动词。㉑由：遵循。㉒案：通"按"。㉓飨（xiǎng）：宴请。醳（yì）：醳酒。使动用法。㉔首（shòu）：向着。㉕咫（zhǐ）尺：指当时写信使用的木简的尺寸，或八寸或一尺。咫，八寸。㉖暴（pù）：显露。㉗諠（xuān）言者：善于诡辩的人，即说客、辩士。諠，通"谖"，诡诈。㉘声：虚张声势。㉙从风而靡：听到消息，立即投降。靡，倒下，这里指降服。

楚数使奇兵渡河击赵，赵王耳、韩信往来救赵，因行定赵城邑，发兵诣汉。楚方急围汉王于荥阳，汉王南出，之宛、叶间①，得黥布②，走入成皋③，楚又复急围之。六月，汉王出成皋，东渡河，独与滕公俱，从张耳军修武④。至，宿传舍⑤。晨自称汉使，驰入赵壁。张耳、韩信未起，即其卧内，上夺其印符⑥，以麾召诸将⑦，易置之。信、耳起，乃知汉王来，大惊。汉王夺两人军，即令张耳备守赵地，拜韩信为相国，收赵兵未发者击齐。

【注释】

①宛（yuān）：县名。即今河南省南阳市。叶（shè）：县名。在今河南省叶县南。②黥（qíng）布：原名英布详见《黥布列传》。③成皋：古邑名。即今河南省荥阳市汜水镇。④修武：县名。在今河南省获嘉县境。⑤传（zhuàn）舍：客馆。⑥上：指汉王。⑦麾（huī）：旌麾，军队中用来召唤将领的旗子。

信引兵东，未渡平原①，闻汉王使郦食其已说下齐，韩信欲止。范阳辩士蒯通说信曰②："将军受诏击齐，而汉独发间使下齐③，宁有诏止将军乎？何以得毋行也！且郦生一士，伏轼掉三寸之舌④，下齐七十余城，将军将数万众，岁余乃下赵五十余城，为将数岁，反不如一竖儒之功乎⑤？"于是信然之⑥，从其计，遂渡河。齐已听郦生，即留纵酒，罢备汉守御⑦。信因袭齐历下军⑧，遂至临菑⑨。齐王田广以郦生卖己⑩，乃亨之⑪，而走高密⑫，使使之楚请救。

【注释】

①平原：平原津，当时黄河渡口。在今山东省平原县境。②范阳：县名。在今河北省定兴县南。蒯（kuǎi）通：楚、汉之际有名的辩士。③独：只不过。间使：密使。④伏轼：为了表示敬意，乘车的人将身子伏在车前的横木上。掉：摇；鼓弄。⑤竖儒：鄙贱的称谓，犹"侏儒"。⑥然之：即"以之为然"。认为蒯通的话正确。然，对。⑦罢：撤除。⑧历下：古邑名。即今山东省济南市。⑨临菑（zī）：即临淄，古邑名，当时齐国的都城。在今山东省淄博市东北。⑩田广：齐国贵族的后裔，田荣的儿子。⑪亨（pēng）：通"烹"。⑫高密：县名。在今山东省高密市西南。

韩信已定临菑，遂东追广至高密西。楚亦使龙且将①，号称二十万，救齐。齐王广、龙且并军与信战，未合。人或说龙且曰："汉兵远斗穷战②，其锋不可当。齐、楚自居其地战，兵易败散③。不如深壁④，令齐王使其信臣招所亡城，亡城闻其王在，楚来救，必反汉。汉兵二千里客居，齐城皆反之，其势无所得食，可无战而降也。"龙且曰："吾平生知韩信为人，易与耳。且夫救齐，不战而降之⑤，吾何功？今战而胜之，齐之半可得⑥，何为止！"遂战，与信夹潍水陈⑦。韩信乃夜令人为万余囊，满盛沙，壅水上流⑧，引军半渡，击龙且。佯不胜，还走。龙且果喜曰："固知信怯也。"遂追信渡水。信使人决壅囊，水大至。龙且军大半不得渡，即急击，杀龙且。龙且水东军散走，齐王广亡去⑨。信遂追北至城阳⑩，皆虏楚卒。

【注释】

①龙且（jū）：项羽部下将领。②穷战：尽力战斗。穷，尽、极。③兵易败散：是说齐、楚兵士在自己乡土作战，眷恋家室，容易逃散。④深壁：深沟高垒，坚守不战。⑤降：使动用法。⑥齐之半可得：意思是说，如果战胜了韩信，就可以受封而得到半个齐国。⑦潍水：指今山东省的潍河。⑧壅：堵塞。⑨齐王广亡去：《高祖本纪》和本传说田广在这次战役中逃跑，而《秦楚之际月表》和《田儋列传》说田广在这次战役中被杀。⑩追北：追赶败兵。北，败。城阳：古地名。在今山东省菏泽市东北。

汉四年①，遂皆降，平齐。使人言汉王曰："齐伪诈多变，反复之国也。南边楚②。不为假王以镇之③，其势不定。愿为假王便④。"当是时，楚方急围汉王于荥阳，韩信使者至，发书⑤，汉王大怒，骂曰："吾困于此，旦暮望若来佐我，乃欲自立为王！"张良、陈平蹑汉王足⑥，因附耳语曰："汉方不利，宁能禁信之王乎？不如因而立，善遇之，使自为守；不然，变生⑦。"汉王亦悟，因复骂曰："大丈夫定诸侯，即为真王耳，何以假为！"乃遣张良往，立信为齐王，征其兵击楚。

【注释】

①汉四年：公元前203年。②边：接近；连接。③假王：暂时代理的王。④便：便利。⑤发书：打开书信。⑥张良（？—前186年）：字子房，韩国贵族的后裔。秦末农民战争中，聚众归刘邦，为刘邦重要谋士。汉朝建立后，被封为留侯。陈平（？—前178年）：陈胜起义时，他依附魏咎，为太仆。后从项羽入关，任都尉。不久投奔刘邦，是刘邦的重要谋士。汉朝建立后，封曲逆侯。⑦变生：发生变乱。

楚已亡龙且，项王恐，使盱眙人武涉往说齐王信曰①："天下共苦秦久矣，相与戮力击秦②。秦已破，计功割地，分土而王之③，以休士卒。今汉王复兴兵而东，侵人之分④，夺人之地；已破三秦，引兵出关，收诸侯之兵以东击楚，其意非尽吞天下者不休，其不知厌足如是甚也！且汉王不可必⑤，身居项王掌握中数矣，项王怜而活之⑥；然得脱，辄倍约，复击项王，其不可亲信如此。今足下虽自以与汉王为厚交，为之尽力用兵，终为之所禽矣。足下所以得须臾至今者⑦，以项王尚存也。当今二王之事，权在足下：足下右投则汉王胜，左投则项王胜⑧。项王今日亡，则次取足下。足下与项王有故⑨，何不反汉与楚连和，参分天下王之⑩？今释此时，而自必于汉以击楚，且为智者固若此乎！"韩信谢曰："臣事项王，官不过郎中，位不过执戟⑪，言不听，画不用⑫，故倍楚而归汉。汉王授我上将军印，予我数万众，解衣衣我⑬，推食食我⑭，言听计用，故吾得以至于此。夫人深亲信我⑮，我倍之不祥，虽死不易。幸为信谢项王⑯！"

【注释】

①盱眙（xū yí）：县名。②戮力：合力。③"计功"二句：指项羽分封诸侯王。④分（fèn）：职分；职权。⑤必：信任；靠得住。⑥活之：使刘邦活。活，使动用法。⑦须臾：一会儿。这里引申为"苟延""从容"。⑧"足下"二句：右投，指依附刘邦；左投，指依附项羽。右，指向西方；左，指向东方。⑨故：老交情。⑩参（sān）：古"三"字。⑪执戟（jǐ）：与上句"郎中"为互文。⑫画：计谋。⑬衣（yì）我：给我穿。衣，动词。⑭推：让。⑮夫（fú）人：那个人。

指刘邦。夫，指示代词。⑯幸：希望。

武涉已去，齐人蒯通知天下权在韩信①，欲为奇策而感动之，以相人说韩信曰②："仆尝受相人之术。"韩信曰："先生相人何如？"对曰："贵贱在于骨法③，忧喜在于容色④，成败在于决断，以此参之⑤，万不失一。"韩信曰："善。先生相寡人何如？"对曰："愿少间⑥。"信曰："左右去矣。"通曰："相君之面⑦，不过封侯，又危不安；相君之背，贵乃不可言。"韩信曰："何谓也？"蒯通曰："天下初发难也，俊雄豪桀建号壹呼⑧，天下之士云合雾集⑨，鱼鳞杂遝⑩，熛至风起⑪。当此之时，忧在亡秦而已。今楚、汉分争，使天下无罪之人肝胆涂地⑫，父子暴骸骨于中野，不可胜数。楚人起彭城，转斗逐北，至于荥阳，乘利席卷，威震天下。然兵困于京、索之间，迫西山而不能进者⑬，三年于此矣。汉王将数十万之众，距巩、雒⑭，阻山河之险，一日数战，无尺寸之功，折北不救⑮，败荥阳⑯，伤成皋⑰，遂走宛、叶之间——此所谓智、勇俱困者也⑱。夫锐气挫于险塞⑲，而粮食竭于内府⑳，百姓罢极怨望㉑，容容无所倚㉒。以臣料之，其势非天下之贤圣固不能息天下之祸。当今两主之命县于足下㉓：足下为汉则汉胜，与楚则楚胜。臣愿披腹心，输肝胆㉔，效愚计，恐足下不能用也。诚能听臣之计，莫若两利而俱存之，叁分天下，鼎足而居㉕，其势莫敢先动。夫以足下之贤圣，有甲兵之众，据强齐，从燕、赵㉖，出空虚之地而制其后，因民之欲，西乡为百姓请命，则天下风走而响应矣，孰敢不听！割大弱强㉗，以立诸侯；诸侯已立，天下服听而归德于齐。案齐之故㉘，有胶、泗之地㉙，怀诸侯之德㉚，深拱揖让㉛，则天下之君王相率而朝于齐矣。盖闻'天与弗取，反受其咎；时至不行，反受其殃㉜'。愿足下孰虑之！"韩信曰："汉王遇我甚厚，载我以其车，衣我以其衣，食我以其食。吾闻之，乘人之车者载人之患，衣人之衣者怀人之忧，食人之食者死人之事；吾岂可以乡利倍义乎！"蒯生曰："足下自以为善汉王，欲建万世之业，臣窃以为误矣。始常山王、成安君为布衣时，相与为刎颈之交㉝，后争张黡、陈泽之事，二人相怨㉞。常山王背项王，奉项婴头而窜，逃归于汉王。汉王借兵而东下，杀成安君泜水之南，头足异处，卒为天下笑。此二人相与，天下至欢也。然而卒相禽者，何也？患生于多欲而人心难测也。今足下欲行忠信以交于汉王，必不能固于二君之相与也，而事多大于张黡、陈泽。故臣以为足下必汉王之不危己，亦误矣。大夫种、范蠡存亡越㉟，霸句践㊱，立功成名而身死亡㊲。野兽已尽而猎狗亨。夫以交友言之，则不如张耳之与成安君者也；以忠信言之，则不过大夫种、范蠡之于句践也。此二人者㊳，足以观矣。愿足下深虑之！且臣闻勇略震主者身危，而功盖天下者不赏。臣请言大王功略：足下涉西河，虏魏王，禽夏说，引兵下井陉，诛成安君，徇赵㊴，胁燕，定齐，南摧楚人之兵二十万㊵，东杀龙且，西乡以报。此所谓功无二于天下，而略不世出者也㊶。今足下戴震主之威㊷，挟不赏之功，归楚，楚人不信；归汉，汉人震恐。足下欲持是安归乎㊸？夫势在人臣之位而有震主之威，名高天下，窃为足下危之！"韩信谢曰："先生且休矣，吾将念之。"

【注释】

①齐人蒯通：蒯通原是燕国人，后游于齐，故又称齐人。②相人：给人相面。③骨法：骨骼；骨相。④容色：容貌，气色。⑤参：参验。⑥愿少间（jiàn）：希望稍稍屏退从人。⑦"相君之面"与下文的"相君之背"都是双关语，意即依附刘邦和背叛刘邦。⑧桀（jié）：通"杰"。建号：建立名号，自立为侯王。壹：同"一"。⑨云合雾集：像云雾那样地聚拢来。⑩杂遝（tà）：众多而杂乱的样

子。遝，通"沓"。⑪燢（biāo）至风起："燢"和"风"都用作状语，形容响应起义的人的迅速。⑫肝胆涂地：到处是惨死的死尸。⑬迫西山：在成皋以西的山地被阻。迫，阻。⑭巩：县名。在今河南省巩义市西南。雒（luò）：即雒阳（洛阳）。在今洛阳市东北。⑮折北不救：屡战屡败，无法自救。折，挫败；北，败逃。⑯败荥阳：汉三年（前204年）四月，项羽将刘邦围困在荥阳。刘邦采用纪信的计策，率数十骑从城西门逃往成皋。⑰伤成皋：汉四年十月。刘邦驻广武（成皋附近）西城。楚、汉两军隔着广武涧对话。刘邦数项羽十大罪状，项羽伏弩射中刘邦胸部，刘邦回成皋养伤。⑱智：指刘邦。勇：指项羽。意思是，双方相持不下，结果两败俱伤。⑲锐气挫于险塞：照应上文"迫西山而不能进"，指项羽。锐气，勇气。⑳粮食竭于内府：荥阳一战，刘邦因缺粮而败北。内府，仓库。㉑怨望：怨恨。㉒容容：飞扬貌，动荡不安的样子。㉓命：命运。县（xuán）：通"悬"。㉔披腹心输肝胆：比喻竭尽忠诚，后来也说"披肝沥胆"。披，披露。输，献出。㉕鼎足：鼎是古时煮东西的器物，有三只脚。㉖从：迫使……服从。使动用法。㉗弱：削弱。使动用法。㉘案：通"按"。占据。故：指故土。㉙胶、泗之地：指胶河和泗水流域，即今山东省的东部和南部。㉚怀：怀柔；安抚。㉛深拱：两手拱得很高，引申为无所事事。揖让：外表做出谦逊的样子。㉜"天与弗取"四句：这是当时流行的谚语。与，赐予；咎，追究罪责。㉝刎颈之交：虽割颈也不反悔的交情，即同生死、共患难的朋友。㉞"后争张黡"二句：张耳和陈馀原是生死与共的朋友。秦二世元年（前208年）闰九月，秦将章邯攻赵，将赵歇和张耳围困在巨鹿城中。当时，陈馀带领几万军队驻扎在巨鹿城以北，章邯军驻扎在巨鹿城以南。章邯急攻巨鹿，城中食尽兵少，张耳多次派人催陈馀救援，而陈馀以为力量单薄，不敢出兵。于是张耳派张黡、陈泽去责备陈馀。陈馀不得已，给张黡、陈泽五千人去对秦军作试探性进攻，结果全军覆没。第二年，项羽解巨鹿之围后，张耳责怪陈馀不肯救援，并一再追问张黡、陈泽的下落。陈馀以实情相告，张耳不信。陈馀一怒之下，交还将印，离开张耳，张耳也就收编了陈馀的军队，从此二人结下怨仇。㉟大夫种、范蠡（lí）：文种和范蠡都是春秋末年越王勾践的大臣。㊱霸：使动用法。句（gōu）：通"勾"。㊲死：指文种。亡：逃亡。指范蠡。㊳二人：指陈馀和文种。㊴徇：攻取；占领。㊵"南摧"二句："南摧"和"东杀"虽措辞不同，实际都是指潍水之战。㊶略不世出：谋略在当世不再出现，意即谋略是世上少有的。㊷戴：拥有。㊸是：指代"震主之威"和"不赏之功"。

　　后数日，蒯通复说曰："夫听者事之候也①，计者事之机也②；听过计失而能久安者③，鲜矣④！听不失一二者，不可乱以言⑤；计不失本末者⑥，不可纷以辞⑦。夫随厮养之役者⑧，失万乘之权⑨；守儋石之禄者⑩，阙卿相之位⑪。故知者决之断也⑫，疑者事之害也。审毫氂之小计⑬，遗天下之大数⑭，智诚知之，决弗敢行者⑮，百事之祸也。故曰'猛虎之犹豫，不若蜂虿之致螫⑯；骐骥之跼躅⑰，不如驽马之安步⑱；孟贲之狐疑⑲，不如庸夫之必至也⑳；虽有舜、禹之智，吟而不言㉑，不如瘖聋之指麾也㉒'，此言贵能行之㉓。夫功者，难成而易败；时者㉔，难得而易失也。时乎时，不再来。愿足下详察之！"韩信犹豫，不忍倍汉，又自以为功多，汉终不夺我齐。遂谢蒯通。蒯通说不听，已详狂为巫㉕。

【注释】
　　①听者事之候：善于听取意见，就容易预见事物的征兆。候，征候，先兆。②计者事之机：反复思考，就容易掌握事情成败的关键。③听过：听取意见产生

错误，即不善于听取意见。计失：考虑问题失误，即不善于思考问题。④鲜（xiǎn）：少。⑤乱以言：即"以言乱之"。用言语来迷惑他。⑥计不失本末者：考虑问题不至于不周到的人。⑦纷：乱。⑧随：顺从。引申为安心。厮养之役：旧指侍候他人的下贱工作。厮，劈柴养马；养，烧柴做饭。⑨万乘之权：即君权。万乘，指天子；战国时代的大国也叫万乘。⑩儋石：形容米粟不多。儋，通"担"。禄：官俸。⑪阙：今通写作"缺"，失掉的意思。⑫知者决之断：王念孙说，应作"决者知之断"。意思是，做事坚决不疑，是聪明果断的表现。⑬审毫釐之小计：在一毫一厘的小事情上用心思。⑭遗：漏掉。大数：大计；大事。⑮"智诚"二句：明明知道事情应该怎样做，但决定了不敢去执行。⑯虿（chài）：蝎子一类的毒虫。致螫（zhē, shì）：用毒刺刺人。螫，毒刺。⑰骐骥：骏马。踟蹰（jú zhú）：徘徊不前。⑱驽马：劣马。⑲孟贲（bēn）：战国时著名的勇士。⑳必至：一定达到目的。㉑吟（jìn）：通"噤"。不开口。㉒瘖（yīn）：哑巴。指麾：用手势比画来表达意思。麾，通"挥"。㉓贵：意动用法。㉔时：时机；机会。㉕已：已而；后来。巫：古代装神弄鬼，为人求福或治病的迷信职业者。

汉王之困固陵①，用张良计召齐王信②，遂将兵会垓下③。项羽已破，高祖袭夺齐王军④。汉五年正月⑤，徙齐王信为楚王，都下邳⑥。

【注释】

①汉王之困固陵：汉四年（前203年）八月，刘、项讲和，以鸿沟（古运河名。魏惠王时修成）。②"用张良计"句：刘邦采用张良计策，将陈（今河南省淮阳县）以东至沿海地区划给韩信，诱促韩信等用兵共灭项羽。③垓（gāi）下：古地名。④汉五年十二月，刘邦灭项羽后，回军定陶，夺了韩信的军权。⑤汉五年正月：当时汉以十月为岁首，因此汉五年正月实为五年的第四个月。⑥下邳：县名。在今江苏邳州市西南。

信至国①，召所从食漂母，赐千金。及下乡南昌亭长，赐百钱，曰："公，小人也，为德不卒。"召辱己之少年令出胯下者以为楚中尉②。告诸将相曰："此壮士也。方辱我时，我宁不能杀之邪？杀之无名③，故忍而就于此。"

【注释】

①国：都城。指下邳。②中尉：这里指诸侯王国的中尉，是掌握巡城、捕盗等治安工作的武官。③无名：没有理由。名，名义，名目。

项王亡将钟离眛家在伊庐①，素与信善。项王死后，亡归信。汉王怨眛，闻其在楚，诏楚捕眛。信初之国，行县邑②，陈兵出入。汉六年③，人有上书告楚王信反。高帝以陈平计，天子巡狩会诸侯④，南方有云梦⑤，发使告诸侯会陈⑥："吾将游云梦。"实欲袭信，信弗知。高祖且至楚⑦，信欲发兵反，自度无罪；欲谒上，恐见禽。人或说信曰："斩眛谒上，上必喜，无患。"信见眛计事。眛曰："汉所以不击取楚，以眛在公所。若欲捕我以自媚于汉，吾今日死，公亦随手亡矣。"乃骂信曰："公非长者⑧！"卒自刭。信持其首，谒高祖于陈。上令武士缚信，载后车⑨。信曰："果若人言：'狡兔死，良狗烹；高鸟尽，良弓藏；敌国破，谋臣亡。'天下已定，我固当亨！"上曰："人告公反。"遂械系信⑩。至雒阳，赦信罪，以为淮阴侯。

【注释】

①钟离眜（mò）：复姓钟离，名眜。项羽手下的名将。伊庐：邑名。②行（xíng）：巡视。③汉六年：公元前201年。④巡狩会诸侯：古代天子亲自到诸侯所守备的地区巡视叫"巡狩"。⑤云梦：古泽名。⑥陈：县名。即今河南省淮阳县。⑦且：将要。⑧长者：忠厚诚实的人。⑨后车：跟随皇帝出行的副车。⑩械系：用刑具锁绑。

信知汉王畏恶其能①，常称病不朝从②。信由此日夜怨望，居常鞅鞅③，羞与绛、灌等列④。信尝过樊将军哙⑤，哙跪拜送迎，言称臣，曰："大王乃肯临臣⑥！"信出门，笑曰："生乃与哙等为伍⑦！"上常从容与信言诸将能不⑧，各有差⑨。上问曰："如我，能将几何？"信曰："陛下不过能将十万⑩。"上曰："于君何如？"曰："臣多多而益善耳。"上笑曰："多多益善，何为为我禽？"信曰："陛下不能将兵，而善将将，此乃信之所以为陛下禽也。且陛下所谓天授，非人力也。"

【注释】

①其：指代韩信自己。②朝从：朝见和从行。③居：平日在家。鞅鞅（yàng）：通"怏怏"。愁闷失意的样子。④羞：意动用法。绛：指绛侯周勃（？—前171年），秦末从刘邦起义，以军功为将军，封绛侯，后来曾任太尉、丞相。灌：指灌婴（？—前176年），秦末从刘邦起义，转战各地，汉朝建立后，任车骑将军，封颍阴侯，后来曾任太尉、丞相。⑤过（guō）：拜访。樊哙（kuài）：刘邦的同乡，随刘邦起义，以军功封贤成君，后封舞阳侯，汉初曾任左丞相。⑥临：有居高视下的意思。⑦生：活着。引申为一生。为伍：同列。⑧从（cōng）容：闲暇无事的样子。能：有才能。形容词。不（fǒu）：通"否"。⑨差（cī）：等差；参差，高低不齐。⑩陛（bì）下：臣下对皇帝的尊称。

陈豨拜为巨鹿守①，辞于淮阴侯。淮阴侯挈其手②，辟左右与之步于庭③，仰天叹曰："子可与言乎？欲与子有言也。"豨曰："唯将军令之！"淮阴侯曰："公所居，天下精兵处也；而公，陛下之信幸臣也。人言公之畔④，陛下必不信；再至，陛下乃疑矣；三至，必怒而自将。吾为公从中起⑤，天下可图也。"陈豨素知其能也，信之，曰："谨奉教！"汉十一年⑥，陈豨果反。上自将而往，信病不从。阴使人至豨所⑦，曰："弟举兵⑧，吾从此助公。"信乃谋与家臣夜诈诏赦诸官徒奴⑨，欲发以袭吕后、太子⑩。部署已定，待豨报。其舍人得罪于信⑪，信囚，欲杀之。舍人弟上变⑫，告信欲反状于吕后。吕后欲召，恐其党不就⑬，乃与萧相国谋⑭，诈舍人从上所来，言豨已得死⑮，列侯群臣皆贺。相国绐信曰⑯："虽疾，强入贺。"信入，吕后使武士缚信，斩之长乐钟室⑰。信方斩，曰："吾悔不用蒯通之计，乃为儿女子所诈⑱，岂非天哉！"遂夷信三族⑲。

【注释】

①陈豨（xī）：宛句（今山东省菏泽市西南）人。汉建国后曾多次随刘邦平定叛乱，因功封阳夏侯，为代相国。巨鹿守：巨鹿郡郡守。陈豨任巨鹿郡郡守一事，《史记》前后说法不一，据《汉书·高帝纪》和《韩信传》，当指担任代相国监边兵。巨鹿，郡名，地在今河北省南部，郡治巨鹿（今平乡县西南）。②挈（qiè）：携着；拉着。③辟：通"避"。使动用法。④畔：通"叛"。⑤中：指京城中。⑥汉十一年：公元前196年。⑦阴：暗中。⑧弟：通"第"。只管。⑨诸官徒奴：各官府的罪犯和奴隶。⑩吕后（前241—前180年）：刘邦的妻子吕雉。太子：

指刘邦的儿子刘盈，即汉惠帝。⑪舍人：派有差使的门客。⑫上变：上书报告急变的事情。⑬党（tǎng）：通"倘"。倘若；万一。⑭萧相国：即萧何，当时任相国（即丞相）。⑮得：指陈豨被擒。⑯绐（dài）：欺骗。⑰长乐：汉宫名。故址在今陕西省西安市西北郊。钟室：悬挂钟（乐器）的房子。⑱儿女子：即"妇人"，有轻视的意思。这里指吕后。⑲夷：诛灭。三族：指父母、兄弟、妻子。一说指父族、母族、妻族。

高祖已从豨军来，至①，见信死，且喜且怜之，问："信死亦何言？"吕后曰："信言恨不用蒯通计。"高祖曰："是齐辩士也。"乃诏齐捕蒯通。蒯通至，上曰："若教淮阴侯反乎？"对曰："然，臣固教之。竖子不用臣之策，故令自夷于此②。如彼竖子用臣之计，陛下安得而夷之乎！"上怒曰："亨之！"通曰："嗟乎，冤哉亨也！"上曰："若教韩信反，何冤？"对曰："秦之纲绝而维弛③，山东大扰④，异姓并起⑤，英俊乌集⑥。秦失其鹿⑦，天下共逐之，于是高材疾足者先得焉。跖之狗吠尧⑧，尧非不仁，狗固吠非其主。当是时，臣唯独知韩信，非知陛下也。且天下锐精持锋欲为陛下所为者甚众⑨，顾力不能耳⑩。又可尽亨之邪？"高帝曰："置之⑪。"乃释通之罪。

【注释】

①至：到了京城。②自夷：自己诛杀自己，即自寻死路。夷，灭尽。③纲绝而维弛：纲，网上的总绳；维，系物的大绳。④山东：指战国时秦以外的六国领土。⑤异姓：指与秦不同姓的各国诸侯。⑥乌集：像乌鸦那样聚集在一起。⑦鹿：与"禄"（禄位）同音，用来比喻帝位。⑧跖（zhí）：人名。相传为春秋时柳下惠之弟，是率九千人横行天下之大盗，故谓之盗跖。尧：即唐尧。传说中上古五帝之一。⑨锐精持锋：磨快武器，拿着利刃。锐，使动用法；精，精铁。锋，利刃。⑩顾：但；只不过。⑪置：饶恕；赦免。

太史公曰：吾如淮阴①，淮阴人为余言，韩信虽为布衣时，其志与众异。其母死，贫无以葬，然乃行营高敞地②，令其旁可置万家③。余视其母冢④，良然。假令韩信学道谦让，不伐己功⑤，不矜其能⑥，则庶几哉⑦，于汉家勋可以比周、召、太公之徒⑧，后世血食矣⑨。不务出此⑩，而天下已集⑪，乃谋畔逆⑫，夷灭宗族，不亦宜乎！

【注释】

①如：往；去。②行营：到处寻求。③令其旁可置万家：使坟墓旁边能住下万户人家。④冢（zhǒng）：高大的坟墓。⑤伐：夸耀。⑥矜：骄傲。⑦庶几：差不多。⑧周、召（shào）：指周公姬旦和召公姬奭（shì）。太公：即吕尚，传说中的姜太公，曾辅佐周武王灭商，后封于齐。徒：一辈人物。⑨血食：受享祭。古代祭祀时要宰杀牲畜做祭品，所以叫"血食"。⑩此：指"学道谦让"。⑪集：通"辑"。和睦；安定。⑫畔：通"叛"。